인권과
대안을 위한
정신건강
사회복지론

이용표, 강상경, 배진영 공저

이 책은 정신건강복지체계를 정확히
이해하는 것을 목표로 한다. 그리고 불편한
현실의 인식을 토대로 정신장애인의 인권 및 복지문제를
정리하고 실천적 대안을 모색한다.

EM

CONTENTS ...

서 문 • 8

제1부 정신장애와 사회적 실천의 역사

제1장 정신보건의 역사와 체계 ·· 12
　　제1절 정신장애에 관한 사회적 실천의 역사를 보는 관점 ············ 12
　　제2절 정신장애와 사회적 실천 ·· 14
　　제3절 미국의 정신보건운동사 ··· 20
　　제4절 정신장애인 당사자운동 ··· 29

제2장 우리나라 정신장애에 관한 사회적 실천의 역사 ················ 34
　　제1절 서론 ·· 34
　　제2절 정신장애인 시설수용 변천의 역사적 맥락 ························ 37
　　제3절 정신장애인 시설수용의 변천과정 ··································· 41
　　제4절 정신보건법 제정 이후 한국사회에서의 장기수용 구조의 형성 ·· 52
　　제5절 결론 ·· 56

제3장 우리나라 정신건강복지체계의 문제점과 개선방향 ·············· 58
　　제1절 서론 ·· 58
　　제2절 정신보건법의 변천과정 ··· 59
　　제3절 정신건강복지체계의 현황 ·· 65
　　제4절 정신건강복지체계의 구조적 문제 ··································· 75
　　제5절 정신건강복지체계의 개선방향 ······································· 78
　　제6절 결론 ·· 87

제2부 정신장애의 이해

제4장 정신장애의 이해 ··· 90

　제1절 도입 ··· 90

　제2절 심리학적 관점들 ······································ 94

　제3절 사회학적 접근 및 체계론적 관점 ··············· 110

　제4절 생물학적 관점 ·· 112

　제5절 결론: 정신장애 이해를 위한 통합적 접근 ········· 114

제5장 진단분류체계 ·· 116

　제1절 도입 ·· 116

　제2절 신경발달장애(Neurodevelopmental Disorders) ········ 120

　제3절 조현병 스펙트럼 장애(Schizophrenia spectrum
　　　and other psychotic disroders) ················· 126

　제4절 정동장애-양극성장애(Bipolar Disorders)와
　　　우울장애(Depressive Disorders) ················· 129

　제5절 불안장애(Anxiety Disorders) ···················· 132

　제6절 강박 및 관련 장애(Obsessive-compulsive and
　　　related disorders) ······························· 137

　제7절 외상 및 스트레스 관련 장애
　　　(Trauma-and Stressor-Related Disorders) ··········· 139

　제8절 물질 관련 및 중독장애
　　　(Substance-related and addictive disorders) ·········· 145

　제9절 신경인지장애(Neurocognitive Disorders: NCD) ········ 146

　제10절 결론 ·· 150

제6장 신체·심리·사회적 사정 ·· 151

  제1절 도입: 개입과정상 사정의 위상 ······························· 151

  제2절 사정(Assessment)이란? ·· 152

  제3절 사정 시 고려해야 할 관점들 ································· 156

  제4절 정신장애의 특성 및 다차원 사정 ························· 162

  제5절 다차원 사정법에 의한 사정의 예 ······················· 172

  제6절 결론 ··· 174

제3부 정신의학패러다임의 특징과 한계

제7장 정신의학적 접근의 특징과 한계 ··································· 178

  제1절 정신의학적 접근의 철학적 기초 ··························· 178

  제2절 정신의학적 접근 ··· 180

  제3절 정신약물의 효능과 한계 ··· 182

  제4절 매드스터디와 반정신의학 ······································· 184

제8장 정신장애에 관한 회복패러다임 ··································· 199

  제1절 정신건강복지영역에서 회복(Recovery)개념의 등장배경 ······ 199

  제2절 지역사회지원(Community Support)과 회복 ·········· 201

  제3절 장애를 보는 다양한 관점과 정신장애의 본질 ········ 203

  제4절 회복의 개념 및 원리와 회복정책 ························· 204

  제5절 회복정책의 사례 ··· 208

  제6절 당사자관점의 회복과 회복프로그램 ······················ 210

  제7절 당사자관점의 회복과 정체성의 문제 ···················· 216

제9장 정신재활 ·· 219

　제1절 회복과 정신재활 ······································ 219

　제2절 정신재활패러다임의 형성 ···························· 220

　제3절 정신재활의 기본원리 ································· 227

　제4절 정신재활과 치료의 비교 ···························· 230

　제5절 정신재활패러다임의 정책적 적용 ···················· 232

　제6절 맺는 말 ·· 238

제10장 사회기술훈련 ·· 239

　제1절 사회기술과 사회기술훈련의 개념 ···················· 239

　제2절 사회기술훈련의 이론적 배경 ························ 241

　제3절 사회기술훈련의 방법 ································· 242

　제4절 사회기술의 평가 ······································ 245

　제5절 사회기술훈련의 모형 ································· 247

　제6절 사회기술훈련의 실제 ································· 252

제4부 정신장애인의 인권문제

제11장 정신장애와 인권 ···································· 262

　제1절 인권의 개념 ·· 262

　제2절 정신장애인 인권의 내용 ···························· 264

　제3절 정신장애인 인권의 쟁점 ···························· 269

　제4절 권익옹호와 의사결정지원 ···························· 279

　제5절 정신장애인 권익옹호제도 ···························· 283

　제6절 정신장애인 권익옹호의 과제 ························ 287

제12장 정신장애와 위기지원 ·· 289
　　제1절 정신건강 위기(Mental Health Crisis) ··············· 289
　　제2절 위기 지원 ··· 297
　　제3절 외국의 위기지원체계 ································· 305

제5부 대안정신보건프로그램의 모색

제13장 서구의 대안정신보건프로그램 ························ 312
　　제1절 대안정신보건프로그램의 필요성 ··············· 312
　　제2절 오픈다이얼로그 ··· 319
　　제3절 소테리아 하우스 ··· 326
　　제4절 대안프로그램의 의의 ································· 335

제14장 일본의 대안정신보건프로그램: 베델의 집과 당사자연구 · 344
　　제1절 서론 ··· 344
　　제2절 당사자연구의 기원 ····································· 345
　　제3절 당사자연구의 철학과 방법 ························· 353
　　제4절 Mad Studies와 베델의 집 당사자연구의 의의 ·········· 367
　　제5절 맺는 말 ··· 372

제15장 커뮤니티케어와 정신장애인 ·························· 374
　　제1절 커뮤니티케어 도입배경과 정신장애인 ··········· 374
　　제2절 커뮤니티케어에 관한 이론적 검토 ··············· 377
　　제4절 정신장애인 커뮤니티케어 선도사업 ··············· 384
　　제5절 정신장애인 커뮤니티케어의 발전을 위한 과제 ········· 394

참고문헌 ··· 398
찾아보기 ··· 412

서 문

　2000년 이전까지 사회복지전공자들이 정신장애인을 직접 대면하기 쉽지 않았다. 정신의료기관에 자원봉사를 하면서 그들을 접촉하는 것이 유일한 방법인 것처럼 보였다. 그래서 당시에 발간된 논문들은 정신의료기관 내에서 진행되는 프로그램의 성과를 측정한 것이 대부분이다. 정신건강영역을 전공하는 사회복지사들도 병원에게 일하기를 희망하는 경우가 많았다. 이러한 상황이 조금씩 변화하기 시작한 것은 2000년 이후이다. 정신보건법이 1995년 제정되고, 1997년부터 시행됨으로써 지역사회에 사회복귀시설(정신재활시설)이 등장한 것이다.

　그런데 정신보건법 시행이 사회복귀시설을 조금씩 확대할 수 있는 기회를 제공했지만, 다른 측면에서 큰 문제를 가져다주었다. 정신보건법은 이전에 관행적으로 이루어지던 강제입원을 합법화할 수 있도록 해주었다. 강제입원의 합법화는 법시행부터 2000년대 중후반까지 정신의료기관의 병상수를 놀랄만한 속도로 증가시켰다. 적어도 2007년까지 강제입원의 비율은 90%를 넘었다. 이후에도 계속되는 병상의 증가는 입원의 장기화를 예단할 수 있는 지표였지만 실제 장기화가 어떻게 진행되고 있는지 파악할 수 있는 공식통계는 존재하지 않으며 현재도 감추어져 있다.

　이러한 정신건강시스템의 문제를 처음으로 공식 제기한 곳은 국가인권위원회였다. 2007년 국가인권위원회는 정신보건에 관한 국가보고서 작성에 들어갔으며, 2008년 현행의 정신보건체계를 지역사회 중심 정신보건체계로 재편할 것을 정부에 권고하였다. 그 일부가 정신보건법 개정에 반영되기는 하였지만 실제 정신병상수는 지속적으로 증가하였다. 2011년이 되자 정신장애인 당사자단체가 움트기 시작하였다. 2013년 정부는 정신건강증진법안을 입법예고하였는데 당사자들의 복지문제는 법안에 포함된 것이 없었다. 이를 계기로 당사자그룹과 인권단체를 정신장애인지역사회생존권연대를 결성하고 정신장애인복지지원법안을 발의하게 되었다. 현행의 정신건강복지법은 이 두 법안을 국회가 병합하는 방식을 통해 개정되었다.

우리나라에서는 이러한 과정을 거쳐 정신장애에 관한 사회적 실천의 제도화 과정이 진행되었다. 적어도 이전 제도보다는 현행 제도가 진전된 것이기는 하지만 당사자 입장에서는 실체적인 변화를 느끼지 못하고 있다. 실제 정신의료기관으로부터 퇴원자 수의 변화가 거의 없으며, 지역사회에 거주하는 사람의 경우에도 복지서비스의 발전을 체감하지 못한다. 개정된 법과 제도도 여전히 의료모델에 갇혀있는 상태이다. 즉 정신장애는 병이기 때문에 병원에서 치료를 하면 다른 문제는 저절로 해결된다는 패러다임이다. 그러나 현실은 치료와는 별개의 장애문제로 많은 정신장애인들이 실업과 빈곤상태에 있다.

이 책은 한국사회의 정신건강복지체계를 정확히 이해하는 것을 목표로 한다. 그리고 불편한 현실의 인식을 토대로 정신장애인의 인권문제를 정리하고 실천적 대안을 모색하고자 한다. 왜냐하면 현실을 비판한다고 하더라도 구체적인 대안이 없으면 아무 것도 변화하지 않을 것이기 때문이다. 이러한 기획 의도에 따라 1, 2, 3장은 정신장애에 관한 사회적 실천의 역사와 역사적 과정에서 형성된 우리나라 정신건강복지체계를 정리하여 현실에 대한 비판의식을 제고하고자 하였다. 4, 5, 6장에서는 정신장애에 대한 심리, 사회, 생물학적 관점과 정신의학적 분류체계 및 심리사회적 사정방법을 정리하여 정신장애에 관한 다양한 관점의 이해를 도모하였다. 7, 8. 9, 10장에서는 현재 정신건강영역에서 지배적인 정신의학패러다임의 특징과 한계를 설명하고 그 대안으로 등장한 회복패러다임, 정신재활 그리고 정신재활의 대표적인 실천기술인 사회기술훈련을 소개하였다. 10, 11장은 정신장애인의 인권문제를 정리하고 강제입원과 관련 인권문제를 해소할 수 있는 정신장애인의 위기지원문제를 정리하였다. 이 책의 마지막 부분인 13, 14, 15장은 서구와 일본에서 발전하고 있는 대안프로그램을 구체적으로 소개하고 향후 우리나라 정신장애인 사회적 돌봄체계의 근간이 될 커뮤니티케어의 발전방향을 정리하였다.

이 책에서 의도하는 정신건강복지정책에 관한 비판능력과 인권의식 그리고 구체적인 대안의 탐색이 사회복지사가 되고자하거나 이 분야를 연구하려는 사람들에게 새로운 정신건강체계의 비전을 만드는데 조그만 도움이 될 수 있기를 기대한다. 정신건강복지영역은 새로운 비전을 요구하고 있다. 아마 새로운 비전은 당사자의 경험에서 출현할 것이다. 이 책에서 당사자들의 경험과 말 그리고 생각들을 담아내기 위해 노력했지만 미흡한 점이 많았다. 이 책을 이후에 발전시키지 위해서는 더 많은 당사자들의 이야기를 듣는 것이 필요할 것이다. 책의 공동저작에 참여해주신 서울대 강상경 교수께 심심한 감사의 말씀을 드린다. 이 책의 핵심적 부분을 맡아서 교과서로서의 생명을 불어넣어 주셨다. 그리고 이 분야의 대안프로그램 연구에 몰두하고 있는 장애우권익문제연구소 정신장애인사회통합연구센터 배진영 연구원의 열정이 없었다면 이 책의 빈곳이 더 많았을 것이다. 또한 일본 대안프로그램을 이 책에서 소개할 수 있었던 것은 이진의 선생님의 탁월한 일본자료 번역능력의 덕이었다. 이 지면을 빌어 함께 여러 연구를 같이 하면서 영감을 주고 고생해준 제자들에게 감사드린다. 정신장애인 인권분야에서 열심히 노력해오고 있는 송승연 박사, 새로운 프로그램의 연구를 위해 발 벗고 나선 정유석 총장, 당사자단체에서 헌신하면서 공부하는 이은미, 이한결 제자 모두에게 감사드린다. 또한 이 책의 편집과 출간을 위해서 애써주신 우리나라 최초의 정신장애인 보호작업장 이엠실천 김영환 원장님, 권장윤 국장님 그리고 편집자님께 감사드리고 싶다. 마지막으로 이 책을 정리하고 있는 동안 아이들 돌보느라 정신이 없는 아내에게 미안함과 감사를 전하고 싶다.

2021. 2. 10
대표저자 이용표

제1부

정신장애와 사회적 실천의 역사

제1장 정신보건의 역사와 체계
제2장 우리나라 정신장애에 관한 사회적 실천의 역사
제3장 우리나라 정신건강복지체계의 문제점과 개선방향

제1장 정신보건의 역사와 체계

제1절 정신장애에 관한 사회적 실천의 역사를 보는 관점

정신보건을 정신건강을 지키고 유지하기 위해 이루어지는 공적인 행위라고 규정한다면, 정신보건의 역사를 논의하는 초점은 정신장애에 대하여 사회적으로 이루어졌던 실천의 내용과 의미를 파악하는 것에 두어질 것이다. 즉 정신보건 역사를 이해한다는 것은 정신장애라는 현상이 각각의 시기에 사회적으로 인식되었던 방식과 그에 연유하는 실천형태를 이해하는 것이라고 볼 수 있다.

정신보건의 역사에 관한 논의를 출발함에 있어 현대 사회에서 보편적으로 정신장애를 질병으로 규정하고 있는 것 자체도 사회적 구성물임을 전제하는 것은 중요한 의미를 가진다. 실제 정신장애가 질병으로 인식된 것도 세계사적으로 보면 19세기 이후의 일이며 그 이전 시대에서 이것을 바라보는 관점은 오늘날 우리가 가진 인식 토대와는 다른 것이었기 때문이다. 이와 같은 관점을 견지하고 오늘날 정신장애와 관련하여 사회적으로 수행되는 행위, 즉 입원치료, 지역사회 재활프로그램 등을 다시 한번 재고해본다면 많은 시사점들을 발견할 수 있다. 즉 정신장애를 가진 사람들이 왜 병원에 의존하며, 의료전문가들이 왜 정신장애를 다루도록 사회적으로 용인하고 있는가하는 문제들을 이해할 수 있다. 적어도 이전 시대에 성직자, 무당, 수용소 관리인 등이 다루었던 정신장애가 현대 사회에서는 의료전문가의 역할이 되고 있다. 현대인들은 이와 같은 현상을 지극히 당연하게 여길 수 있다. 그러나 수많은 입원치료에도 정신장애가 사라지지 않고 있는 사람들이 무수히 존재함에도 왜 여전히 병원이 가장 중요한 정신장애를 다루는 장소가 되고 있는가 하는 문제를 생각해본다면 정신장애를 질병으로 보는 시각 자체도 특정한 시대의 사회적 구성물이며, 지배이데 올로기임을 인식할 수 있다.

정신보건 역사를 보는 관점은 크게 두 가지로 나누어 볼 수 있다. 하나의 관점은 근대화론적 시각으로서 정신장애를 질병으로 규정하고, 정신의학의 발전에 의해 정신장애인의 수용과 감금은 완화되어 왔다고 보는 것이다(Bloom, 1984). 즉 서구에서 16세기에서 20세기 초반까지 지속되었던 정신장애인 감금의 역사는 정신의학의 발전에 의해 종료되었고, 이에 따라 많은 정신장애인들은 인간다운 삶을 영위할 수 있게 되었다고 보는 관점이다. 푸코는 정신보건의 역사에 관하여 이와 상반되는 관점을 보여 주었다. 즉 정신보건의 역사는 정신장애를 가진 사람들에 대한 배제와 축출의 역사로서, 시대에 따라 배제와 축출에 관여되는 지식과 기술이 형태를 달리해왔으며 현대사회는 의료적인 지식과 기술로서 정신장애를 정상적인 것에 반대되는 병적인 것으로 인식하여 정신장애인을 배제하고 있다고 보았다. 푸코에게서 정신의학은 정신장애인을 이 사회에서 배제하려는 권력의 필요에 따라 지속적으로 감금하고 수용할 사람들을 구분하는 도구로서 태동한 것이며, 의학의 발전에 따라 정신장애인은 해방된 것이 아니라 정신병원으로 수용의 장소만 바뀌었을 뿐이다. 이 과정에서 정신의학은 정신장애인을 지역사회로부터 축출하고 배제하려는 권력의 요구를 정당화하는 지식의 생산자가 된다.

이와 같이 정신보건에 대한 상반되는 관점은 정신보건의 역사 해석에 나름대로의 통찰을 제공한다. 정신보건 역사의 이해에서 중요한 측면은 현재 우리가 정신장애라는 현상을 인식하는 틀 조차도 현재의 위치에서 벗어나서 다시 한번 관조해보는 자세가 될 것이다. 왜냐하면 정신장애를 단순히 질병이라고 규정하는 관점에서는 역사를 고찰함으로써 얻을 수 있는 현재의 정신보건 상황에 대한 합리적인 해결방안을 도출해내기 어려우며, 마련된 해결책조차도 그 효용에 비해 사회적으로 매우 비싼 비용지불을 요구하는 의료방식의 틀 안에서 맴돌게 될 것이기 때문이다.

여기에서는 정신보건의 역사를 정신의학의 역사로 보는 한정된 관점을 넘어 정신장애에 대한 사회적 실천의 역사로 규정하고 서구의 정신보건역사를 간략하게 살펴보고자 한다.

제2절 정신장애와 사회적 실천

1. 선사시대에서 중세까지

역사적으로 정신장애에 관한 사회적 실천들은 각각의 시대에서 그에 대한 사회적 인식이나 그러한 인식을 만들어내는 지식들과 관련되어 있다. 정신장애에 관한 가장 오랜 관점은 그것은 초자연적인 것에서 발생하고 환자들은 악령에 침범 당하여 귀신이 된 것이라고 보았으며, 치료법은 두개골을 잘라내고, 두들기고, 불태우는 것이었다(Bloom, 1984). 그리고 정신장애를 질병으로 인식하는 경우에도 그 원인을 금기의 침범이나 이전의 잘못에 대한 인과적 처벌로 보는 원시적 질병관에 입각해있었던 것으로 추정된다.

고대 인물 중 히포크라데스와 그리스 의사들은 정신장애를 다른 질병의 과정과 마찬가지의 질병과정으로 보는 견해를 가지고 있었다. 따라서 그들은 정신장애는 성직자가 아니라 의사에 의해 다루어져야 한다고 보았다.

고대사회의 정신장애에 대한 치료법은 반드시 온유한 방법은 아니었고 몸을 깨끗하게 씻기거나, 피를 빼내고 토하게 하는 약을 주는 방법이었다. 이와 같은 치료법은 그 당시 사회가 인식하는 정신장애의 원인에 관한 가설로부터 도출되는 것으로 볼 수 있는데, 그 시대에 정신장애는 인간의 몸속에 나쁜 기운이나 악령이 침범한 것으로 인식했기 때문에 그것을 밖으로 내보는 것이 중요한 치료방법이 되었다.

고대사회에서 사회적으로 정신장애인을 적극적으로 배제하거나 격리하는 행위가 있었는지에 관해서는 기록을 찾기 어렵다. 푸코는 이 시기에 정신장애에 관한 사회적 인식은 성스러운 것과 속된 것으로 정신장애를 구분한 것으로 이해한다. 즉 신성한 힘에 의하여 통제되는 것을 정신장애로 보았다. 따라서 정신장애를 신에 의한 징벌이나 관여로 보았기 때문에 속된 인간이 함부로 정신장애인들에게 개입하는 행위를 꺼렸던 것으로 볼 수 있다. 중세 말기에 소극적인 형태로 정신장애인의 사회적 배제가 출현하는데, 푸코는 이를 '광인들의 배'라 칭하였다. 이 시대에 광인들의 커다란 배에 집단적으로 태워서 목적지가 없이 정처 없이 떠돌아다니는 항해를 하게하는 방식으로 사회로부터 격리되고 잊혀지게 되었다.

가장 오래된 정신병원이 어느 것인가에 관해서는 학자들에 따라 다른 견해가 나타난다. 그것은 정신병원을 어떻게 이해하는가에 따른 문제와 관련된다. 즉 정신장애인들만 수용하고 의료인력이 갖추어진 장소를 병원으로 본다고 하더라도 정신장애에 관한 규정을 넓은 의미의 정신장애로 규정하는가 아니면 정신지체나 노인성 치매와 같은 경우를 제외한 좁은 의미로 보는가에 따라 달라질 수 있으며, 정신장애에 대한 전문인력이 존재하지 않았던 중세 사회에서 어떤 인력을 적합한 인력으로 보는가하는 문제에서도 다양한 견해가 존재할 수 있다. Bloom(1984)은 중세 말기인 1409년 스페인 발렌시아에서 가장 오래된 정신병원이 시작되었으며, 이 병원은 자발적 입원이 장려되었고 사회생활에서 잘 기능할 수 있는 상태가 되자마자 환자들은 퇴원하도록 하는 현대적 의미에서도 모범적인 병원이었다고 기록하고 있다.

알려진 최초의 시설보호의 대안으로서의 지역사회 프로그램은 13세기부터 벨기에의 Geel이라는 마을에서 나타난다. Roosen(1974)에 의하면, Geel 보호체계는 1250년대 초부터 성 Dympna를 기념하기 위한 의식에서 기원하였다. 그녀는 국왕인 아버지가 어머니의 사후 자신과 결혼하려고 하자 이를 피해 Geel 마을로 왔다. 여기에 병사들에게 체포된 그녀는 스스로 참수의 길을 택함으로써 자신의 아버지에게 악령이 빠져나가도록 하였고, 이때부터 그녀는 정신장애인과 그들의 치료의 수호자가 되었다.

1800년까지 Geel에 온 정신장애인의 치료는 교회의 통제 하에 있었고, 그것은 종교의식과 귀신을 쫓는 의식으로 이루어졌다. 그런데 그 순례자의 수가 너무 많아 교회는 지역사회에서 거주할 수 있도록 호소하였으며

15

지역사회의 가정들이 그들이 머물 수 있도록 받아들임으로써 기숙체계가 시작되었다. 1800년에 200명이던 것이 1850년에 900명을 넘었으며, 1900년에 약 2,000명이 되었고 1938년에 3,736명으로 최고조에 달했다. 그 후 1975년에 3만 명의 Geel 거주자 중 1,000가정에 1,256명이 기숙을 하였으며, 이 프로그램은 더 이상 교회의 책임이 아니라 벨기에 공중보건 및 가족부의 병원국 소관이 되었다. Geel에서 정신병원과 가정보호체계 간에는 긴밀하고 상호의존적인 관계를 가지고 있으며, 모든 새로운 환자는 주립정신병원에 입원되었고, 가정보호로 의뢰된 사람들도 처음에는 병원에서 관찰기간을 보내야 한다. Geel 프로그램의 대상들 모두 정신장애를 가진 사람들은 아니었다. 대략 2/3는 오히려 정신지체를 가진 사람들이었다. 그리고 대부분의 사람들에게 이곳은 영구적 가정이 되었다. 즉 평균 거주기간이 15~20년이었다.

2. 16~18세기

16세기는 서구의 역사에서 중세봉건사회가 해체되고 르네상스시대가 열리는 시기이며, 다른 한편으로는 초기 산업혁명이 시작되면서 부르조아 절대왕정이 등장하는 시기이다. 이 시기가 정신보건의 역사에서는 정신장애를 가진 사람들에 대한 대규모의 수용과 감금이 사회적으로 자행되었던 때이다.

푸코에 의하면 유럽사회에서 정신장애인을 비롯한 다양한 유형의 부랑인에 대한 대규모의 수용은 16세기에 시작되어 17세기 그리고 18세기 프랑스 대혁명 직전에 극에 달하였다가 대혁명 이후 급격하게 감소한다. 프랑스 비세트르의 경우 17세기에는 수용자가 2천명에 조금 못 미치는 수준이었으나 대혁명의 시기에는 3,874명으로 증가하였으며, 살페트리에르의 수용인원은 1690년에 3,059명이었으나 백년 후에는 두 배 이상으로 늘어났다. 또한 이 시기에 수용시설의 설립이 매우 급속하게 이루어진 것을 감안하면 인구증가율보다 훨씬 가파르게 상승하였음을 보여준다.

이 시기의 수용과 감금의 장소는 주로 구빈원이나 노역장이었다. 16세기 유럽의 왕조는 엄청난 규모의 부랑인 문제에 봉착해있었으며, 부랑을 규제하기 위하여 많은 구빈원과 노역장에 부랑인들을 감금하기 시작하였다. 정신장애인들은 빈민, 무직자, 경범죄자들과 함께 이와 같은 장소에 감금되었다. 푸코에 따르면 이 시대에도 정신장애인은 대부분 빈민이었으며 빈곤의 문제는 도덕의 지평에서만 지각되게 된다. 부랑상태에 있는 정신장애인은 다른 수용자들과 함께 비이성적이고 비도덕적인 사람, 즉 나쁜 인간으로 단죄되었다. 이 시기에 사람들을 분리하고 배제하는 이분법은 이성/비이성 혹은 도덕/비도덕에 의해 나누어졌으며, 정신장애인들은 비이성의 그늘 아래 들어가게 된다.

이와 같은 사회적 배제는 당시 절대왕조의 성격과 관련된다. 즉 절대왕조는 생산수단을 독점하고 있는 특권적 상인계층의 조세를 권력의 물적 기반으로 하고 있었기 때문에 사회적 노동력을 확보하고 공급하는 역할이 가장 중요한 권력의 과제였다. 따라서 권력은 적정한 노동력을 가지지 못한 자나 노동할 수 없는 자를 사회적으로 배제하고 축출하거나 노동을 하도록 훈육할 필요가 있었다. 부랑인들의 문제는 중요한 통치의 문제가 되었고, 이 시대의 담론은 이전 시대에 신성한 영역에 속해있던 정신장애를 비이성, 비도덕적인 것으로 비추게 된다. 따라서 노역장은 정신장애인을 노동할 수 있는 사람으로 훈육시키고 처벌하는 장소가 된다.

3. 19세기 이후

푸코의 박사학위논문인 광기의 역사는 광기를 소재로 지식의 시대적 단절성을 밝히고. 그에 따라 정신장애에 대한 사회적 실천이 어떻게 변화하였는지를 분석하고 있다. 여기에서 시대적 단절성과 사회적 실천방식의 변화는 권력에 의해 지배된다. 시대 권력의 변화는 필요한 지식을 생산하고 지식은 사회적 실천을 정당화한다. 18세기말의 프랑스대혁명은 권력의 변화를 가져온다. 군주를 중심으로 종교인, 귀족 그리고 특권을 부여받은 상인계층의 권력은 법률가, 의사 등의 전문가들로 분산되기 시작한다. 즉, 일상적 권력이 광범위하게 작동하게 된다. 여기에서는 정신장애와 관련한 사회적 실천의 변화를 도덕치료와 프로이트의 등장을 중심으로 살펴본다.

1) 도덕치료

정신장애인에 대한 감금과 학대적인 처우에 대한 반성은 프랑스대혁명과 함께 나타났다. 프랑스 정신과의사 Philippe Pinel은 그 중 큰 영향을 미친 인물인데, 이전과는 다른 역할모델(role model)이라는 방식으로 환자들이 어떻게 행동하여야 하는지에 관한 시범을 보여주는 방법을 사용하여 치료하고자 하였다. 1806년 그는 이와 같은 자신의 접근방법에 대해 다음과 같이 기록하고 있다.

> 나는 많은 정신질환자가 함께 모여 있는 것을 보았고, 그들이 일정한 규율체계에 복종하도록 하였다. 끝없이 다양한 형태로 나타나는 그들의 무질서, 즉 불일치하는 행동은 통제되었다. 가장 위대한 기술에 의해 그들의 방종과 무질서는 질서와 조화 속으로 정렬되었다. 그리고 나서 나는 많은 예에서 광기가 온유한 처우방식과 마음의 상태에 대한 주의를 통해 치료될 수 있음을 발견하였다. 그리고 강제가 불가피한 경우에도 이 방법은 육체적 모욕 없이 효과적으로 적용될 수 있을 것이다. 도덕적 방식의 성공적인 적용은 많은 사례에서 뇌의 조직적 결함이 없다는 가정에 큰 무게를 얹어 준다(Bloom, 1984에서 재인용).

이와 같은 새로운 정신장애에 대한 접근방법은 '도덕치료(moral treatment)'라 명명되며, 기존의 비인간적인 치료법에 반대하는 사람들에 의해 시행되었고, 이들은 요양, 즐거운 환경 그리고 좋은 영양과 같은 회복적(restorative), 강화적 치료법을 옹호하였다. 이들은 주로 성직자와 의사들이었고, 정신장애인들이 세상의 심리적인 고난으로부터 탈출할 수 있는 은둔의 개념을 개발한 것은 성직자들이었다. 한편 1813년 요크요양원 책임자였던 영국인 튜크도 고용과 잠재능력의 개발 등과 같은 접근방법을 강조하였다(Bloom, 1984).

그러나 피넬이나 튜크의 개혁 그리고 19세기의 정신의학은 실제 정신장애인의 해방과는 어느 정도 거리가 있는 것이었다. 즉 정신장애인의 수용소에 그대로 존치시키는 한계를 명확히 가진다. 오히려 제한된 환경 속에서 정신장애인을 사회적 규범에 복속시키려는 접근법이라는 관점에서 비판이 제기될 수 있다.

2) 프로이트의 정신분석

프로이트(1856~1939)는 이전에 신학과 철학의 영역에 자리하고 있던 인간의 정신세계를 과학의 영역으로 이끌고자 하였던 사람이다. 그의 학설은 인간의 행동은 무의식에 의해 결정되는 것으로 보았다는 점에서 '무의식결정론'이라고 볼 수 있다. 인간은 무의식적 불안을 해결하는 방법으로 방어기제를 활용하며, 그것은 과학적으로 분석될 수 있다고 보았다. 그래서 이 패턴을 이해하고 통찰하게 되면 불안을 해소할 수 있다는 것이다. 인간의 무의식영역에 접근하는 방법으로 꿈의 해석과 자유연상법을 사용하여 무의식의 지도를 그려내고자 하였다.

실제 프로이트는 초기 신체의 마비와 관련된 신경생리학분야의 의사로 활동하였다. 이때 그는 파리에서 약 5개월간 머물면서 신경학자 장 마르탱 샤르코를 만나 최면치료를 경험한 것이 이후 정신치료에 몰두하게 되는 계기를 제공하였다고 한다. 그는 신경생리학적으로 설명될 수 없는 신체 마비증상이나 통증을 호소하는 환자를 치료하는 과정에서 인간의 무의식에 관한 초기 구상을 형성하였다. 즉, 한 환자는 팔이 절단되어 상실하였음에도 밤에 잠을 자면 매일 팔에 심각한 통증을 발생한다고 호소하였는데, 이 경험은 프로이트가 인간의 무의식에 관한 가설을 수립하게 되는 사건이었다. 현재 정신건강분야의 관점에서 본다면 정신장애를 생의학적으로 접근하는 것을 거부하고 인간 내면의 정신세계에서 문제와 해결방법을 추구했다고 볼 수 있다.

그렇지만 프로이드가 정신분석을 제창한 것은 정신장애가 정신의학영역에서 포괄되는 근거가 되었다. 그리고 초기 정신의학은 프로이트의 정신분석이 주된 접근방법이 되었다. 현재까지도 정신장애에 대한 생물학적 원인 불분명한 가운데 항정신병약물이 정신장애인에게 사용되는 것이 공인되었으며 지속적으로 그 사회적 실천에 관한 지식은 정신의학에 의해 제공되고 있다. 결국 정신장애가 있는 사람들의 감금장소는 이전 시대의 노역장에서 정신병원으로 이동하였으며, 지역사회에서 생활하는 경우에도 정신약물이라는 생화학적 구속방식에 복종하도록 훈육되고 있다.

제3절 미국의 정신보건운동사

1. 19세기 미국에서의 주립정신병원운동

19세기 전반기 동안 미국에는 정신장애인의 치료를 위한 시설이 거의 존재하지 않았다. 그마나 존재하는 것들은 사적으로 운영되고 있어 지불능력이 있는 환자들에게 서비스를 제공하였고, 능력이 없는 대부분은 지역사회에서 와병환자, 빈민, 노인, 정신지체인, 나태한 자들과 같은 처우를 받았으며 결국은 지방정부에서 지원하는 감방이나 빈민원에 수용되었다.

미국에서의 주립병원운동은 수치스러울 정도로 비인간적이고 빈약한 지역사회프로그램에 반대하는 항의로서 시작되었다. 즉 차라리 대책없는 퇴원보다 입원생활이 더 정신장애인들에게 필요할 수 있다는 생각을 가진 사람들에 의해 시작되었다. 그 주도자는 Dorothea Dix(1802~1887)이다. 1848년 도로시 딕스는 '치료를 필요로 하는 정신장애인의 1/12도 수용할 수 없으며, 나머지는 방치되어 있다'는 실태조사를 근거로 이를 위한 토지의 할당을 요구하는 내용의 탄원서를 연방정부에 제출하였다. 이 탄원서는 연방의회를 통과하였으나 당시 피스 대통령에 의해 불행한 사람을 돕는 권한은 주정부에 있으며 구호를 이유로 연방정부가 주정부에 간섭해서는 안된다는 이유로 거부되었다. 그리고 그후 1935년 사회보장법이 제정될 때까지 사회복지에 대한 연방불개입의 원칙은 고수되었다(김종해, 2005).

이에 따라 정신장애인의 보호를 위한 정신병원은 19세기 말에서 20세기 초반까지 약 300여개가 연방병원이 아니라 주립병원으로 설립되었다.

그러나 불행하게도 주립병원운동은 이전 시대의 도덕치료 운동을 실제적으로 파괴시키는 결과를 가져온다. 19세기 말까지 Dorothea Dix의 주도적 노력으로 미국에서 주립정신병원은 크기나 수에서 성장해왔지만 치료의 질은 매우 저하되었다. 정신장애인 보호를 위한 새로운 주립정신병원에는 재정이 거의 할당되지 못했으며, 요구되는 숙련된 인력을 훈련할 프로그램도 충분하지 않았다. 게다가 미국으로의 이주자가 증가함에 따라 외국 출생자들에 대한 적대감이 가중되었는데, 빈민들과 정신질환자중에 외국출생자가 과도하게 많은 것이 상황을 어렵게 만들었다. 매사추세츠의 Worcester 주립정신병원의 경우 입원자 중 외국출생자의 비율은 1844년에 10%에서 1863년에 47%로 증가하였다. 이에 따라 정신질환자를 위한 병원은 많은 미국인들이 동정하지 않는 외국출생자들에 의해 과밀하게 되어 적절한 치료는 불가능해지게 되었다. 예를 들면 Worcester 주립병원의 경우 1830년대에서 1870년대까지 평균 1일 입원자수가 약 400명이고 평균 재원기간이 약 1년이었는데, 1950년에 이르러 하루 입원자수 2,500명, 평균 재원일수 5년으로 증가하였다.

이러한 상황은 수용된 환자들의 저항을 불러왔다. 그들은 The Opal (1851~1860년)이라는 주립정신병원의 수용실태를 고발하는 인쇄물을 발간하였으며, 1868년에 Elizabeth Packard는 반정신장애인수용시설협회를 설립하고, 자신들의 병원 입원경험을 책이나 인쇄물로 출간하였다. 그리고 Clifford W. Beers는 1908년 정신병원 입원경험을 기록한 'A Mind that Found Itself'를 출간하고, 1909년 전국정신위생위원회(the National Committee on Mental Hygiene)를 설립하였다. 이후 이 조직은 전국정신건강협회(the National Mental Health Association)로 발전하였다. 1940년대 뉴욕에서 당사자들이 'We Are Not Alone(WANA)'이라는 자조집단을 설립하여 환자들이 퇴원하여 지역사회로 돌아오는 것을 지원하였다. 이 단체는 이후 세계적으로 확산된 Fountain House 설립하였으며, 우리나라의 샘솟는집은 이 모형에 의해 운영되고 있다. 이 시기의 미국에서의 정신건강영역 사회운동은 주립정신병원운동이 오히려 비참한 감금과 격리로 변화한 것에 저항하면서 병원의 처우와 치료환경 개선에 초점을 두었다.

한편 정신의학 전문가는 약물 전문가로 발전하고 있었으며, 인간적이고 도덕적인 치료는 특성상 의료로서 간주되지 않았다(Bloom, 1984). 정신과의사들은 의사동료들 사이에서 지위를 발전시키고 유지하기 위하여 생체적 원인과 치료를 추구해야만 하였으며 도덕치료에 흥미를 잃었고 아무도 그 자리를 대처하지 않았다. 결국 전문주의의 부정적인 결과는 정신장애인의 인간적인 삶을 위한 전문가개입보다는 전문가로서의 지위와 권력유지에 부합하는 개입방식으로 스스로를 편협하게 만들어갔다.

2. 미국에서의 지역사회정신보건시대

1) 지역사회정신보건 직전의 미국 정신보건상황

미국에서 주립정신병원의 어려움은 제2차 세계대전 이후까지 지속되었다. 대부분의 병원은 매우 열악한 재정상태에서 운영되었다. 직원들은 과로상태에 있었고 잘 훈련되지 않았으며 박봉이었다. 1845년부터 1945년 사이에 미국에서 대략 300개의 주립정신병원이 설립되었지만 급속도로 가장 무능하고 불행한 사람들을 위한 '거대한 창고'로 전락하였다. 1957년에 공공, 민간 그리고 보훈병원을 포함한 정신병원에 입원 중인 약 1,241,000명 중 840,000명이 주립정신병원에 있었다. 효과적인 보호를 제공하지 못하는 정신병원의 지속적인 실패에 대한 경고로서 입원 후 발달하는 새로운 증상이 나타났다. 이 증상은 사회도피증후군(social breakdown syndrome)으로 불리는 것으로 심각한 철회, 사회적 기능이나 인간관계에서의 흥미 상실, 분노, 공격성, 인격의 황폐화 등을 포함한다. 이 증후군은 사회적인 장애이며, 입원의 결과이고 정신병의 만성화에 책임이 있는 것으로 여겨졌다.

2) 지역사회정신보건시대의 도래

주정부가 운영하는 정신병원에 대한 비판이 일고 지역사회 보호가 점차 확산되면서, 정신장애인을 지역사회에서 보호하는 것이 가능한 대안이라는 인식이 생겨났으며 연방정부의 재정부담과 책임성이 요구되기 시작하였다. 제 2차 세계대전 이전 미국 연방정부에서는 정신보건서비스에서 소극적인 역할을 해왔으나, 1946년 미국정신보건법 제정되고 이 법을 집행하는 기관으로 국립정신보건연구소(National Institute of Mental Health)가 설립되면서 좀더 적극적인 역할을 맡게 되었다.

1950년대 후반부터 정신보건 보호에 연방정부가 계속 참여하는데 큰 영향을 준 세 가지 변화가 일어났다. 첫째, 1957년에 사상 처음으로 주립 정신병원의 입원환자 수가 줄어들기 시작하였다. 1955년 600,000명, 1957년 840,000명이던 입원환자 수는 1963년에 500,000명으로 감소하였으며 1964년부터는 감소율이 급격하게 증가하여 1976년 말에는 171,000명에 불과하여 21년간 70%가 감소하는 결과를 낳았다. 둘째, 미국의회는 국립정신보건연구소(NIMH)가 정신병원들이 내부 치료 프로그램을 업그레이드하는데 시범적으로 보조금을 지급할 수 있도록 승인하였다. 셋째, 미국 내 정신보건 프로그램을 재평가해야 한다는 압력이 커짐에 따라 미국의회는 정신병의 인간적이고 경제적인 문제들을 분석하기 위한 정신보건연구법을 발효하였다.

미국의 정신보건 역사에서 제2차 세계대전 이후 1970년대까지 이러한 정신장애인의 대규모 이동과 법제의 변화 시기는 이른바 '지역사회정신보건(community mental health)'의 시기로 지칭되며, 정신보건에 관한 하나의 이데올로기나 거대한 패러다임의 이동으로 간주된다.

3) 지역사회정신보건의 동인

이와 같은 정신보건의 역사적 변화를 가진 동력에 대해서는 여러 가지 견해가 존재할 수 있다. 먼저 정신의학자인 Bloom(1984)은 정신장애인의 지역사회로의 이동을 가져온 3가지 동인을 다음과 같이 설명한다.

첫째, 정신약리학 분야에서 새로운 진정제의 발달을 통한 급속한 발전이 있었다. 이 약물은 지적 기능의 손상 없이 정신장애의 정서적 구성요소를 변화시켰기 때문에 이전까지 사용되던 진정제보다 뛰어난 효능을 가져다주었다는 것이다.

둘째, 치료적 공동체(therapeutic community) 철학의 발전이 있었다. 정신치료에서의 이와 같은 지향은 치료 잠재력이 전문가들뿐만 아니라 환자들에게도 있다는 원리를 발전시켰다. 이 철학에 의하면, 환자와 전문가의 협력으로 구성된 민주적 공동체는 이러한 치료 잠재력을 이용할 수 있으며 정신치료의 효과성을 증진시킬 수 있다. 이렇게 정신병동이 치료적 공동체로 전환함에 따라 환자 행동을 평가하고 치료계획을 수립하는 데에서 환자와 전문가가 책임을 공유하기 시작하였다.

셋째, 거대한 주립정신병원에서 입원자들의 지리적인 기준에 의한 분산수용이라는 발전이 나타났다. 즉 환자들은 그들의 입원 전 거주지에 따라 병동이 정해지게 되었는데, 이와 같은 지리적 기준에 의한 분산화 이전에는 주립정신병원은 지리적으로 지역사회와 분리됨에 따라 기능적으로도 고립되어 있었다. 그러나 지리적 분산수용은 단순히 행정적 재조직화로서 출발한 것이 급속하게 병원과 지역사회 사이의 협력관계를 만들어내는 촉매제로 발전되었다.

Bloom(1984)은 이와 같은 세 가지의 발전은 임상적 의사결정과정을 민주화하고, 병원과 지역사회의 밀접한 협력관계와 병원 조사업무의 감소를 가지고 왔으며, 이러한 발전의 결과로 정신보건전문가들이 모든 입원을 바람직스럽지 못한 것으로 보는 경향이 커진 것이 지역사회정신보건시대를 여는 중요한 전환점 구실을 하였다고 보았다. 이 시기에 미국 국립정신건강연구소(NIMH)는 어떻게 정신병원에의 입원을 예방할 수 있는 지에 관한 조사연구를 수행하였으며, 주립병원은 지역사회정신보건센터나 직업훈련학교로 전환하는 계획을 수립하기도 했다.

사회과학자들은 다른 시각에서 정신장애인의 이동을 설명한다(NASW, 1999).

첫째, 1950~1960년대에 와서 언론의 정신병원에 대한 부정적인 기사와

간행물이 급증하였으며 이로 인해 정신병원개혁과 비판 여론이 비등하였다. 1970년대 영화화된 『뻐꾸기 둥지 위로 날아간 새』는 1962년 발간에 동명의 소설 시나리오를 소재로 한 것이었다.

둘째, 정신병원의 정신장애인 수용을 위한 비용지출에 대하여 의회나 정책전문가들의 비판적인 주장이 크게 증가하였다. 의회와 정책전문가들은 정신병원에의 수용으로 인한 공공지출의 확대에 반대하였으며 지역사회서비스로의 변화를 촉구하였다.

셋째, 사회, 심리, 의료과학의 발전으로 지역사회에서 생활하는 것에 대한 전문적 지원방법이 발달하였다. 다양한 사회심리치료의 발전이나 항정신병약물의 확산으로 정신장애인의 행동에 대한 통제가 가능해진 것이 지역사회로의 이동을 가능하게 한 요인 중 하나로 본다.

넷째, 1960년대 미국에서의 시민권운동은 유색인종, 여성, 장애인 등 소수집단에 대한 인권적 관점을 고조시켰으며 강제입원에 대한 비판의식이 증가하였다. 인권의식의 발전은 범죄가 없는 정신장애인의 인신구속을 통제해야한다는 여론을 형성하였으며, 실제 법률소송을 통하여 격리나 정신약물 강요는 근거를 잃게 되었다.

다섯째, 사회서비스에서의 바우처제도의 발전으로 고비용의 입원서비스를 지역사회서비스로 대체하는 행정기술이 발전하였다. 연방정부는 포괄적 재정지원을 통해 지방정부로 입원과 지역사회서비스 운영의 책무성을 이전함으로써 지방정부를 재정 효율성을 확보하는 방안으로 입원을 통제하도록 하였다.

정신장애인의 탈시설에 대한 저항도 나타났다. Mendel(1967)은 과도하게 급속도로 이루어지는 병원치료의 포기에 대해 경고하면서 병원이 치료로서 선택되어야 하는 경우를 아래와 같이 제시하였다. (1) 너무 상태가 좋지 않아 외래환자로서 치료자와 유용한 관계를 맺기 어려운 자 (2) 충동억제가 어려워 그 가족을 위협할 수 있는 자 (3) 정신병으로 인해 가족들에게서 소외되고 가족이 돌보기를 거부하는 자 (4) 영양상태가 좋지 않거나 약물을 과도하게 사용하는 자 (5) 자기파괴적 충동으로부터 보호되어야 하는 자 (6) 돌보아주는 지역사회 지지자원들의 일정한 휴식이 필요한 자

(7) 병리적 환경으로부터 분리되어야 하는 자 등에게는 병원이 치료수단으로 선택되어야 한다는 것이다. 정신질환자치료보호위원회는 정신병원의 위기라는 보고서에서 정신병원의 핵심적 역할을 정신치료의 포괄적 연속체 상의 한 지점이라고 강조하였다.

3) 지역사회정신보건의 패러다임

이러한 저항에도 불구하고 정신장애인의 지역사회이동을 지속되었다. 미국의회는 정신보건연구법을 발효하였으며, 이 법에 의해 구성된 위원회에서는 다음과 같은 연구 결과를 제시하였다. 첫째, 인구 50,000명에 정신과 외래 진료소 1개를 설치하여야 하며, 둘째, 급성환자는 즉각 지역사회내에서 의료서비스를 받아야 하고, 셋째, 주요정신질환은 정신보건운동의 주요문제로 인식되어야 하고, 넷째, 주요정신질환자를 위해 1,000병상 이하의 주립병원을 건립하여야 하며, 다섯째, 지역사회 내에서 사후관리, 부분입원, 재활과 관련된 서비스가 제공되어야 한다는 것이다.

이 연구결과는 당시 케네디 대통령에게 전달되었고 대통령의 제안에 따라 1963년 의회는 지역사회정신보건센터설립법을 의결하였다. 이 법안에서는 정신보건센터에서 수행해야 할 필수적인 역할로 입원환자 보호, 퇴원환자 보호, 위기 서비스, 부분적 입원, 자문과 교육 등 다섯 가지를 제안하고 있다. 1980년 지역사회정신보건센터설립법의 시한이 만료됨에 따라 의회에서는 정신보건체계법을 제정하여 통과시킴으로써 지역사회정신보건의 맥을 이어 가도록 하였다.

지역사회정신보건센터설립법의 제정으로 시작된 지역사회정신보건 시대의 특징을 Bloom(1984)은 다음과 같은 10가지로 제시하고 있다.

⑴ 전통적인 정신보건 관련 활동과 달리 지역사회정신보건은 시설보다 지역사회에서의 실천을 강조한다.
⑵ 개인보다는 전체적인 지역사회와 주민들을 강조한다.
⑶ 질병치료와 구분되는 질병예방과 건강증진서비스를 강조한다.
⑷ 지역사회정신보건은 서비스의 연속성과 포괄성을 강조한다.

26

⑸ 지역사회정신보건은 직접적인 서비스보다는 상담, 교육 등과 같은 간접
  적인 서비스를 강조한다.

⑹ 지역사회정신보건은 보다 많은 인구의 정신보건욕구에 좀 더 즉각적,
  효과적, 효율적으로 부합할 수 있는 단기치료나 위기개입과 같은 혁신적
  임상전략을 강조한다.

⑺ 지역사회정신보건은 정신보건프로그램의 세심하고 현실적인 계획을
  강조한다.

⑻ 지역사회정신보건은 의사, 사회복지사, 간호사, 임상심리사와 같은 전
  통적 정신보건인력뿐만 아니라 준전문가나 토착적 워커와 같은 새로운
  인적 자원을 포괄한다.

⑼ 지역사회정신보건 운동의 특징은 지역사회통제나 지역사회 관여라고
  불리는 영역에까지 의무를 가진다는 것이다.

⑽ 지역사회정신보건의 접근은 정신병리가 개인 내부에서 기인한다는 전통
  적 가정보다 지역사회에서 스트레스의 원인을 찾는 데에 관심을 기울
  인다.

4) 지역사회정신보건시대에 관한 다양한 시선

1963년의 지역사회정신보건센터설립법 제정은 정신보건재정에 큰 변화
를 초래한다. 즉 탈원화의 전초기지인 정신보건센터에 관한 재정의 대부
분을 연방정부가 지원하게 됨으로써 주정부는 주재정의 투자없이 주립병원
운영예산을 극단적으로 감소시킬 수 있는 해결책을 찾게 된 것이다. 다시
말하면 병원에 입원한 정신장애인을 주재정을 사용하고 지역사회에 있는
정신장애인 보호에는 연방정부 재정이 지원되는 체계가 형성됨으로써 주
정부는 전력을 기울여 지역사회로 정신장애인을 퇴원시키려고 하는 강력
한 동인으로 작용하게 되었다고 볼 수 있다.

지역사회 정신보건운동도 그 공로만큼 많은 비판을 여러 가지 측면에서
받아왔다.

첫째, 지역사회정신보건센터 개념에 내재해 있는 의료적 모델에 관련된
비판이다. 즉 초기에 미국 정신보건센터의 책임자는 모두 정신과의사들이
었다. 생의학적 모델로 훈련된 자들이 정신장애인의 지역사회 생존의 복

잡성을 이해하는 데에는 한계가 뚜렷하였다. 이들은 증상을 조절해주기만 하며 정신장애인들이 지역사회에서 생존할 수 있으리라 생각하였지만 실제 일상생활, 거주, 직업 등과 같은 다양한 접근이 없이는 지역사회의 생존은 어려운 일이라는 것이 많은 정신장애 노숙인과 범죄자의 발생 그리고 요양 시설 입원 증가 등으로 나타났다. 정책평가의 결과에 따라 1980년대 이후에는 정신보건센터 책임자는 대다수의 사회복지사로 대체되었다.

둘째, 재정적인 면에 대한 비판이다. 실제 정신장애인의 지역사회 생존에는 애초의 연방정부의 생각보다 많이 비용이 소요되었다. 이를 위해서는 다양한 지역사회지지체계의 형성이 필요했기 때문이다. 대부분의 지역사회 정신보건센터가 보조금의 지급 없이는 운영될 수 없으며 연방정부의 보조금이 감소함에 따라 그 재원을 어디서 마련할 것인가가 큰 문제가 되고 있다.

정신보건 분야에 있어 획기적인 변화로 여겨져 온 지역사회 정신보건 개념과 이에 따른 지역사회 정신보건센터들의 역할은 40년이 지난 지금에 이르러서는 기성의 제도로 여겨지게 되었다. 또한 지역사회정신보건운동과 연방정부의 재정적 개입의 결과로 정신병원의 입원환자 수가 줄었으나 그간 늘어난 요양시설(Nursing Home) 입소자들 중 정신병원에서 이동해 온 사람들이 적지 않다는 비판도 받았다. 그러나 요양시설은 정신병원이라는 억압적 장치보다 행동적 제한이 적고 환경적 편안함이 있어 당사자가 선택한 것이다.

여러 가지 평가에도 불구하고 사회 변혁으로서의 지역사회정신보건운동이 사회에 끼친 영향은 매우 크다. 첫째, 지역사회정신보건운동은 정신보건서비스 전달체계의 불평등함을 일깨우고 정신장애인이라는 사회적으로 배제된 사람들의 시민권에 사회의 주의를 환기시키는데 큰 기여를 하였다. 둘째, 지역사회를 하나의 단위로 상정하여 연방정부에게 그 중요성을 알리는 지역정치적인 혁신운동이었다. 셋째, 시민들이 자신이 어떤 조건 아래서 살아가고 일해야 하는지를 결정하는데 목소리를 내는 권리를 갖도록 하는 참여의 혁신운동이었다. 넷째, 빈곤, 다른 신체장애, 교육기회 박탈 등을 예방하는데 관심을 돌리는 예방의 혁신운동이었다.

현재 한국사회의 정신보건서비스의 지형은 매우 혼란스럽다. 정신병원과 외래의원 등의 전통적 의료체계가 서비스 전반을 주도하면서 당사자 운영서비스가 시작되는 시기이다. 반면 지역사회서비스는 발달이 매우 느리다. 미국의 정신보건역사는 우리가 향후 어떤 경로로 인간다운 서비스 체계를 발전시켜 나가야할지 고민할 때 성찰할 만한 사례를 제공한다.

제4절 정신장애인 당사자운동

1. 초기 당사자운동의 출현

정신장애인 당사자들의 초기 저항은 정신병원의 억압적이고 비인간적인 환경에 대한 사회적 고발과 개선 요구에서 출발하였다. 격리와 감금의 시대에 영국에서는 당사자운동의 전조가 나타났다. 17세기 영국의 베들레햄 정신병원은 수용자에 대한 가학적인 처우가 자행되는 장소로서 악명이 높았다. 1620년에 이 병원 환자들이 상원에 병원환경을 개선해달라는 청원을 한 기록이 남아있다. 그 후 영국에서는 1774년 Samuel Bruckshaw 등, 1796년 William Belcherh 등의 퇴원환자들이 정신병원 운영시스템에 반대하는 인쇄물을 제작하고 배포하였다. 1848년에 와서는 드디어 'the Alleged Lunatics' Friend Society'라는 옹호단체가 출범하였다. 이 단체는 인간다운 치료환경을 요구하며 도덕치료의 도입, 시설개혁 그리고 학대금지 등을 주장하는 활동을 하였다.

미국에서도 1868년 자신의 정신병원 입원경험을 책으로 출간한 Elizabeth Packard는 병원 개혁을 위해 반정신장애인수용시설협회를 설립하였다. 1908년에는 Clifford W. Beers가 병원 경험을 기록한 'A Mind that Found Itself'를 출간하였는데, 그 역시 1909년 전국정신위생위원회(the National Committee on Mental Hygiene)를 설립하고 조직적으로 병원 환경 개선을 위한 운동을 전개하였다. 그리고 1940년대 뉴욕에서 퇴원환자들이 'We Are Not Alone(WANA)'이라는 자조집단을 설립하여 환자들이 퇴원하여 지역사회로 돌아오는 것을 지원하였다.

2. 1950년대~1970년대 당사자운동

1950년대부터 정신장애인 당사자운동은 단순히 병원환경 개선의 문제를 넘어서 정신의학적 접근방법 전반에 대하여 저항하기 시작하였다. 즉, 전기충격치료, 인슐린쇼크 그리고 전두엽 제거술 등 학대적 치료방법에 대하여 반대하였다. 1960년대부터는 세계적으로 확산되기 시작한 클로로프로마진, 할리페리돌 등의 항정신병약물 사용에 대한 저항이 본격화되었으며 반정신의학 움직임이 출현하였다. 1970년대부터는 반정신의학적 움직임이 북미에서 본격화되면서 당사자들의 행동주의가 크게 발현되었다. 그 대표적인 예는 1970년 초 미국 포틀랜드 오레건에서 창립된 정신장애자유전선(Insane Liberation Front)이다. 이 단체의 대표는 집회에서 군복을 착용했으며, 강제약물, 강제입원 그리고 쇼크치료에 대하여 격렬하게 저항하였으며, 미국의 당사자운동에 큰 영향을 미쳤다. 1978년에는 Judi Chamberlin이 "우리 스스로: 환자가 주도하는 정신보건체계의 대안(On Our Own: Patient Controlled Alternatives to the Mental Health System)"을 출판하였는데, 이 책에는 본인의 정신병원에서의 경험이 자세히 기록되어 있으며 기존의 정신건강서비스에 대한 당사자 입장에서의 비판과 당사자가 원하는 대안서비스의 필요성과 내용을 제시하고 있다. 지금까지도 이 책은 당사자운동의 교본이 되고 있다. 1970년대에 와서 당사자운동의 억압적 정신치료방식에 대한 저항을 넘어 당사자주도의 정신보건서비스체계를 제시하고 관철시키는 목표를 정립하고 있다.

또한 이 시기에는 당사자운동은 법률투쟁과 함께 발전해나갔으며 두 개의 중요한 판결을 얻었다. 1971년 Wyatt 대 Stickney 사건에서 연방법원은 알라바마 주립정신병원의 환자에 대한 '일반적이지 않고 위험한 방식의 치료'의 사용을 제한하도록 하는 판결이 내려졌다. 즉 치료방법으로서의 효과성이 명확히 검증되지 않은 전기충격치료와 같은 방법의 사용을 제한하는 것이다. 1975년 O'connor 대 Donalson 사건에서 연방대법원은 정신장애와 치료욕구가 비자발적 감금을 정당화하기에 충분하지 않다고 판결하였다.

3. 1980년대 이후 당사자운동

1980년대 이후 정신보건체계 내에서 서비스공급자인 전문가와 서비스소비자인 정신장애인들 간의 힘의 불균형과 정신장애인으로 인한 사회적 낙인의 문제에 대응하기 위한 정신장애인 당사자운동이 크게 성장하였다. 미국의 경우 연방자료에 대략 270개의 정신건강소비자집단이 등록되어 있으며, 140개의 정신건강 자조(self-help)집단이 활동하는 것으로 조사되었다(Ellison, 1996). 이와 같은 옹호집단이나 자조집단의 기본원리는 장애를 가진 사람들끼리 전문가들이 제공할 수 없는 무엇인가를 서로 주고받으며, 전문가 서비스의 부정적인 결과나 영향에 대한 대안을 찾고자 하는 것이다. Chamberlin(1995)에 의하면 정신건강소비자 옹호집단이 추구하는 목적은 ① 자기결정 ② 법적 권리의 보호 및 확대 ③ 강제위임/치료법 개정 ④ 정신장애에 관한 의학적 모형의 수정 ⑤ 비정신과적 수단과 클라이언트 중심 서비스를 통한 욕구의 해결 ⑥ 낙인과 차별문제에 대한 대응 등으로 요약된다. 즉 생활전반에서 서비스 소비자의 자기결정이 존중되어야 하며, 서비스는 소비자가 원하는 것으로 계획되고 그 과정에 소비자가 참여함으로써 힘의 불균형을 시정하려는 것이다. 그리고 사회구조적 차별이나 배제에 대응하기 위하여 스스로를 조직화하며 이를 통해 사회적응에 장애가 되는 사회적 차별이나 낙인의 문제를 해결하려는 것이다.

대표적인 국제적 수준의 정신장애인 당사자운동조직은 국제정신의학이용자와생존자네트워크(WNUSP: World Network of Users and Survivors of Psychiatry)이다. 그들은 정신의학 이용자(user)와 생존자(survivor)를 정신질환 혹은 정신건강상 문제를 경험한 적이 있거나, 정신 의학 혹은 정신건강의료서비스를 이용해 왔거나 이를 통해 치료를 받았던 적이 있는 사람으로 스스로를 규정한다. 즉 그들은 정신장애를 경험하고도 살아남았다는 의미에서 생존자라는 용어를 사용하고, 더 나은 삶을 위해 정신의학 치료나 정신보건서비스를 이용한다는 측면에서 이용자가 된다(Minkowiz, 2006). 한 개인은 이용자이면서 동시에 생존자일 수 있다.

WNUSP의 2001년 총회에서 만장일치로 채택된 인권에 대한 입장(Minkowiz, 2006)을 보면 첫째, WNUSP가 추구하는 가치는 이용자/생존자운동의 가치에 기반을 두고 있으며, 이 가치란 역량 강화(empowerment), 평등, 자기 결정, 존중, 존엄, 자율 및 상호 지원, 자조(self-help), 옹호(advocacy), 교육 및 영적 신념(spiritual belief)을 추구할 권리 등이다. 특히, 가장 핵심적인 가치 중의 하나는 다양성이며, 다양성은 그 자체로 긍정적이며 협력을 증진시키기 위해 반드시 존중되어야 하는 것이다.

둘째, WNUSP는 역량을 강화하고 스스로의 삶의 주체가 되기 위해, 지식을 획득하고 보다 많은 정보를 얻는 일에 가치를 둔다. 지식을 획득함으로써 삶의 질을 향상 시킬 수 있는 선택과 기회에 대한 광범위한 정보를 얻을 수 있다. 무엇보다도, 그들은 어떤 질병 기록 보다, 정신보건체계에서 겪었던 어떤 경험보다, 개인성과 개인이 훨씬 중요하다고 여기는 인간 중심적 가치를 수호한다.

마지막으로, WNUSP는 인간이 살면서 겪는 어려움이 인간 경험의 깊이를 알리는데 있어, 개인과 사회에게도 가치 있는 부분이라고 여기며, 이러한 고통이 사회 일반에게 변화의 메시지를 던지고 통찰력을 제공한다고 믿는다.

정신보건분야의 당사자운동은 위에서 알 수 있듯이 정신장애가 있는 사람들이 그들에게 정신보건서비스를 제공하는 전문가들과의 의존적 관계를 지양하고 주체를 회복하려는 운동이다. 즉 정신장애인의 사회적 무기력은 그들에게 서비스를 제공해온 전문가가 부여한 무능력, 결함이라는 낙인에 의한 것이라고 보고, 무능력자가 아니라 정신보건 소비자로서의 권리를 제공자로부터 되찾음으로써 정신장애가 있는 사람들의 인간다운 생활을 할 권리를 회복하고자 한다. 결국 향후 정신보건의 발전은 이와 같은 당사자운동의 방향이나 발전수준이 가장 큰 영향을 미칠 것으로 보인다. 어떤 전문가의 개입행위도 결국은 정신장애인의 인권보장 혹은 더 나은 삶을 목표로 하지 않는다면 의미없는 것이 되고 언젠가는 당사자가 자신에게 필요한 서비스가 어떤 것인지를 선택할 수 있고 직접 생산하는 시대가 우리 사회에서도 열리게 될 것이다.

제2장

우리나라 정신장애에 관한 사회적 실천의 역사

제1절 서론

정신의학의 발전과 확산은 정신장애인들에게 감금이나 격리의 고통으로부터의 해방을 가져다주었는가? 이와 같은 질문에 대한 답변은 다양한 분석의 범주들과 방법에 의해 추구될 수 있다하더라도, 한국 사회에서 정신장애인에 대한 대규모의 수용이 시작된 것은 정신의학의 지식과 기술에 기반을 둔 정신과전문의의 수가 급격히 늘어나는 시점인 1980년대 이후와 일치하며, 같은 시기에 장기입원 정신병동이 급격하게 증가한다.[1] 이와 같은 사실은 한국 사회에서 정신의학을 토대로 한 의료전문직과 병원의 확산이 정신장애인들에게 감금의 고통으로부터의 해방을 가져다 준 것이 아니라 수용과 격리를 강화하는 결과를 가져왔다는 것을 의미한다.

1980년대 중반은 정신의료전문직의 급속한 증가와 함께, 정신장애인 상당수가 수용되어 있는 부랑인시설의 수용자에 대한 비인권적 처우문제[2]가

---

1 보건복지통계연보에 의하면 1970년에 102명, 1980년에 282명에 불과하던 정신과전문의가 1985년 514명, 정신보건법 제정 직전인 1996년 1,211명, 2000년 1,358명으로 급증하면서 정신병원의 병상수의 증가와 함께 정신병원, 정신요양원, 부랑인시설의 전체 시설수용 정신장애인수도 1985년 18,415명, 1990년 31,298명, 1996년 38,938명 그리고 2000년 47,306명으로 급격하게 증가하였다.

2 1987년 부랑인 수용시설인 부산 형제복지원에서 복지원측의 구타로 원생 1명이 숨지고 35명이 탈출하는 사건이 발생했다. 검찰 수사결과 복지원측은 원생들을 강제노역시키고 원생들을 때려 숨지게 해 암매장까지 한 것으로 드러났는데, 이를 계기로 우리 사회에서 사회복지시설 수용자의 인권문제에 대한 사회적 관심이 나타나기 시작하였다.

사회적 쟁점이 되는 시기였다. 대규모 수용시설에서 수용자의 인권이나 처우문제가 사회적 쟁점이 되는 경우 일반적으로 지역사회에서의 재활이나 보호라는 대안을 모색하는 계기를 가져다주는 것이 역사적 경험이다(Bloom, 1984; Lin, 1999). 그러나 한국 사회의 경우 1980년대 이후의 상황에서 알 수 있듯이 시설수용자의 인권문제라는 사회적 쟁점이 정신장애인들을 지역사회로 돌려보낸 것이 아니라 더욱 장기적이고 확대된 수용을 가져오는 결과를 초래하였다.

같은 시기에 지적장애를 포함한 여타 장애분야의 정책에서는 정상화(normalization), 사회통합과 같은 새로운 이념들이 정책목표로 설정되고, 실천분야에서 지역사회중심 재활(CBR), 사회적 모델, 독립생활(Independent Living) 등과 같은 새로운 담론들이 장애인분야의 지배적 위치를 차지하게 되었다(김용득, 2002). 그리고 제도적인 측면에서도 1977년 특수교육진흥법 제정, 1989년 장애인복지법 개정, 1990년 장애인고용촉진법과 1998년 장애인·노인·임산부등의편의증진보장에관한법률의 제정 그리고 1999년 장애인복지법 및 장애고용촉진및직업재활법 개정 등 일련의 복지제도 형성과정을 통해 새로운 이념과 실천방식을 확산할 수 있는 토대가 구축되고 있었다. 그렇다면 이와 같은 여타 장애분야의 진보적 변화에도 불구하고 정신장애인에게서만 수용의 확대를 통한 사회적 축출과 배제가 지속되고 있는 원인은 무엇인가, 즉 정신장애가 가진 내재적 특성이 다른 장애와 차별적이라고 하여도 그에 대한 사회적 실천이 극단적으로 다른 방향성을 띠고 있는 이유는 무엇인가 하는 문제가 규명될 필요가 있다.

미국의 정신보건역사에서 1960-70년대는 주립정신병원 입원자의 약 3/4 정도가 병원이라는 수용공간을 떠나 지역사회로 돌아오는 획기적인 변화의 시기였다(Bloom, 1984). 이와 같은 변화의 추동력은 미국 정신보건역사 기술자들에 의해 정신의학의 지식 발전에 따른 효과적인 정신과약물의 개발과 19세기 초 규범적 치료에서부터 정신위생운동 그리고 지역사회정신보건운동 등과 같은 인도주의적 사회운동에 의한 정신장애인 인권에 관한 사회의식의 발전으로 설명되고 있다(Bloom, 1984; Lin, 1999: Drake et al, 2003). 즉 미국 정신보건역사 기술자들은 정신장애인의 수용상태에서의 해방을 정신의학의 진보와 정신장애인집단에 대한 사회적 축출과 배제에 반대하는 인도주의적 사회운동에 기초한 인권의 발전이라는 두 가지의 축을 중심으로 서술하고 있다. 그러나 이와 같은 관점에서 21세기에 이르러서조차 정신장애인에 대한 배제와 축출이 지속적으로 확대되고 있는 한국의 상황은 설명되기 어렵다. 적어도 지적장애를 비롯한 여타 장애 분야에서의 정책과 실천방식에 관한 지배담론 진보, 장애인복지제도 발전 그리고 향정신성의약물의 세계적 보편화라는 환경 속에서 장애인 인권과 정신의학의 발전이라는 두 개의 동인으로 한국 사회의 역설적 현실을 설명하기는 어려울 것이다.

일반적으로 정신장애인의 시설수용은 전문가의 판단에 따라 이루어진다. 그러나 그것이 개별적인 전문가의 판단에 기초하여 이루어지고 있다고 할지라도 개인적 행위로 이해될 수 없다. 왜냐하면 정신장애인을 수용이라는 형태로 축출하고 배제하는 행위가 임상적인 판단에 기초하고 있을지라도 특정사회가 그것을 용인하거나 제도화하고 있다는 측면에서 그것은 지극히 사회적인 행위이기 때문이다. 이와 같은 관점에서 본다면 정신장애인에 대한 장기적 수용을 정당화시키는 사회적 용인이나 제도가 어떻게 만들어졌는가 하는 문제를 규명될 필요가 있다. 이 문제에 관한 이해가 선행되어야만 우리 사회의 정신장애인 장기수용의 구조적 원인을 해명하고, 그 해결을 모색해볼 수 있는 합리적인 방안이 추구될 수 있을 것이다.

따라서 본 장은 정신의학에 토대를 둔 의료전문직과 의료시설의 확산에 따른 정신장애인 시설수용의 변천과정을 검토하고, 이와 같은 수용이 우리사회에서 어떻게 용인되고 제도화되었는가 하는 문제를 고찰해보고자 한다.

제2절 정신장애인 시설수용 변천의 역사적 맥락

1. 정신장애인의 시설수용

수용은 사전적인 의미로는 '사람이나 물건을 일정한 장소가 거두어서 넣는 것'을 뜻하며, 수용시설은 '일정한 기간 입소자들이 생활을 하면서 필요한 서비스를 제공받는 시설'을 말한다. 현행 정신보건체계에서는 정신의료기관인 정신병원과 사회복지시설에 속하는 정신요양시설 그리고 정신재활시설 중 일부시설이 일정한 기간 시설 내에서 생활을 영위하면서 서비스를 제공받는 수용시설이라고 할 수 있다.

정신병원과 정신요양시설의 재원 적절성을 조사하기 위한 이영문 등(1999)의 국내 연구에서는 재원 적절성에 관한 판단기준으로 ① 자해 및 타해 위험도, ② 신체위생 및 자기관리능력, ③ 치료서비스 수준 ④ 시간 제한적 프로그램 수준 ⑤ 이해하기 어려운 기괴한 행동이나 현저한 퇴행 ⑥ 현저한 사고이완 ⑦ 극도의 거부증 ⑧ 기억력과 지남력 손상 등을 제시하고 있다. 이와 같은 항목 중 하나라도 문제가 있는 경우 재원이 필요하다고 판단하고 있다. 그리고 Mezzich & Cotrman(1985)의 정신장애인의 입원기간에 영향을 미치는 요인에 관한 실증적 연구는 정신장애인의 주요 증상, 적응능력, 사회적 지지체계가 수용시설에의 입원기간과 밀접하게 관련되어 있다고 제시하였다. 이 연구들은 정신장애인에 대한 수용 치료의 필요성이 주로 병적이거나 기능적 상태, 사회지지체계의 상황을 중심으로 판단되는 것이며, 수용은 치료라는 목적보다 가족을 비롯한 사회적 안전이 중요하게 고려되고 있음을 말해준다. 즉 정신장애인의 수용은 병저 증상을 중심으로 수용을 통한 치료 가능성이 중요한 판단의 근거기 된다기보다, 병적이거나 기능상의 상태를 고려한다고 하더라도 그것이 사회적인 측면에서 어떻게 받아들여지는가 하는 것을 중심으로 판단되고 있다는 것이다.

그렇지만 정신장애인의 치료나 사회복귀로 이어지지 못하는 단순수용과 효과적인 보호의 결여는 새로운 문제를 야기 시킨다. 즉 정신병원의 장기

37

입원자들에게는 사회도피증후군(social breakdown syndrome)이라 불리는 새로운 증상이 나타난다. 이 증상은 심각한 철회, 사회적 기능이나 인간관계에서의 흥미 상실, 분노, 공격성, 인격의 황폐화 등을 포함하는 것으로서, 입원의 결과이고 정신병의 만성화에 책임이 있는 것으로 여겨졌다(Bloom,1984). 즉 정신병원에의 장기 수용은 정신장애인의 사회적 기능을 심각하게 약화시킴으로써 오히려 회복이 점점 더 어려운 상황을 만들어낸다는 것을 보여주었다.

이러한 장기수용은 정신장애인의 인간적 삶에 많은 통제를 가져다줌은 물론 사회적 기능의 심각한 손실로 지속적인 수용상태를 야기시킨다. 또한 수용으로 소모되는 건강보험과 의료급여의 재정은 온전히 전체 사회의 부담이 될 수밖에 없다. 결국 정신장애인의 장기수용은 당사자 개인의 측면이나 사회적 측면 모두에 상실을 가져다주게 된다.

2. 정신장애인 시설수용의 변천에 관한 관점

정신보건역사에서 정신장애인 수용의 변천에 관한 연구는 대부분 그들이 수용상태에서 지역사회로 돌아오게 되는 역사적 맥락에 관한 서술에 초점을 두고 있다. 즉 어떠한 역사적 동인에 의해 정신장애인들이 정신병원에의 감금상태에서 지역사회로 돌아오게 되었는가하는 문제가 주된 관심이 되었다. Lin(1999)은 사회운동을 통한 정신장애인 인권 발달이라는 관점에서 정신보건의 역사적 발달과정을 도덕치료(moral therapy)의 시대, 정신위생운동의 시기, 지역사회정신보건운동의 시기, 자조운동의 시기로 구분하고 있다. 그리고 Drake 등(2003)은 정신보건역사의 차원을 약물과 신체적 치료, 심리사회적 치료 그리고 재활개입 등 세 가지로 나누어 서술하면서 약물의 발전이 정신장애인의 수용 탈피에 주된 요인이라고 주장하고 있다. Bloom(1984)은 미국 정신보건역사를 정신시설과 지역사회를 토대로 한 역사라는 두 가지 측면으로 구분하고, 이와 같은 역사적 전통이 제2차 세계대전 후 짧은 기간에 외래 및 단기치료병원과 지역사회에서의 재활을 위한 시설로 연합하게 되면서 지역사회정신보건운동의 초기 방향을 제시하게 되었으며, 이와 같은 연합이 가능하게 된 역사적 동인의 첫 번째 요인을 정신과약물의 개발이라고 보았다.

이와 같은 정신보건역사 서술자들은 정신장애인의 수용의 완화 혹은 수용구조의 해체를 가져다준 역사적 동인으로 정신의학기술의 발전과 사회 환경적 측면에서의 인권의식 진보를 제시하고 있다. 즉 정신의약품의 발전과 사회적 측면에서의 장애인에 관한 인권의식 발전이 역사적으로 정신장애인의 장기수용이라는 비인권적 상황을 개선하는 중요한 요인이 되었다는 것이다. 그러나 이와 같은 역사서술이 수용구조의 완화나 해체를 설명하고 있기 때문에 1980년대 이후 오히려 수용상태가 심화되고 있는 한국의 정신보건 상황을 설명하는 데에는 커다란 한계를 가진다. 즉 단순히 평면적으로 정신장애인 장기수용의 강화를 한국 사회의 인권의식과 정신의학의 퇴보에 의한 것으로 설명하기는 어렵다고 하겠다.

앤드루 스컬(2017)은 그의 대표적인 저서인 『광기와 문명』에서 정신장애인 탈시설과 관련된 다른 견해를 제시하였다. 즉, 미국에서의 정신장애인의 지역사회 이동은 정신약물에 의해 이루어진 것이 아니라 사회보장제도의 발달에 의해 주도되었음을 주장한다. 실제 최초의 항정신병약물인 클로로프로마진은 프랑스에서 개발되어 1950년대에 미국의 제약회사로 판권이 이전됨으로써 1960년부터 대량의 보급이 가능하였다. 미국에서 대규모의 탈시설은 1960년대 후반 노인 정신질환자들이 대규모 퇴원을 하게 되고, 1970년대에 젊은 사람들이 정신병원에서 나오는 과정을 거쳤다. 앤드루 스컬에 보여주는 것은 1960년대에 실제 대규모의 탈시설이 먼저 이루어졌던 주(state)는 당시 클로로프로마진이 보급되지도 못한 지역이었다는 것이다. 대신 이 시기에는 현재에도 미국의 대표적인 사회보장제도의 하나인 노인의료급여(Medicare)제도가 1960년대 중반 실시됨으로써 노인들은 시역사회의 Nuring Home에 무료로 입소할 수 있게 되었다는 것이다. 그리고 1970년대에는 청년층도 수혜대상이 되는 보충적 소득보장에도 실시됨으로써 젊은이들의 퇴원을 이끌어낼 수 있었다고 한다.

한국 사회의 관점에서 본다면, 적어도 항정신병약물이 탈원화의 충분조건일 수 있지만 필요조건이라고 할 수는 없다. 항정신병약물은 현재 충분히 보급되고 있고 2017년 실태조사에 따르면 복용률이 97.7%나 되기 때문이다. 앤드루 스컬의 주장은 오히려 탈원화의 필요조건은 사회보장제도라는 것이다. 그렇다면 현재 우리나라의 장기입원구조의 지속을 이해하기 위해 사회복지서비스제도와의 관계에서 검토해볼 필요가 있다.

3. 정신장애인 시설수용과 의료체계

푸코가 현대 사회에도 권력화된 정신의학적 지식이 정신장애인에 대한 감금을 어떻게 지속시키고 있는가에 대한 통찰을 가져다주고 있지만, 21세기까지 지속되는 있는 수용의 확대가 세계적으로 보편적인 현상은 아니다. 그렇기 때문에 한국사회의 정신장애인 수용 확대를 설명하기 위해서는 권력화되고 지배이데올로기화된 정신의학만으로는 한계를 가진다. 따라서 정신의학적 지식이 권력화하고 지배이데올로기화되어 작동하는 구조나 사회적 지평에 대한 분석이 필요하다. 즉 정신의학을 토대로 한 전문가 집단과 조직이 권력과 지배이데올로기를 확대하고 재생산하고 있는 의료체계나 관련체계에 관한 분석이 있어야만 장기수용구조의 형성과 강화에 관한 통찰을 얻을 수 있을 것이다.

의료체계에 대한 국가와 의사집단의 통제력과 자율성의 크기는 어느 쪽이 의료부문을 주도적으로 조직화하는가에 크게 영향을 받는다(조병희, 1995). 우리나라의 경우 해방 이후 국가는 실제 공공의료 확충이라는 측면에서의 의료부문 조직화나 개입은 매우 미약하였다고 볼 수 있다. 그러나 국가의 의료부문에 대한 미약한 개입에도 불구하고 통제력은 매우 강하게 나타났는데, 그 이유는 민간자원이 미약한 상태에서 의료전문직은 국가의존적인 형태로 등장하였기 때문에 역으로 의사집단의 자율성을 미약했다고 볼 수 있다(이수연, 2003; 조병희, 1995). 즉 자원이 부족한 제3세계에서 공공의료의 확장과 같은 의료에 대한 국가개입은 미약하였지만, 국가는 민간부문에 대한 강한 통제력을 행사하고 있었다는 것이다. 이와 같은 미약한 공공의료의 발전은 필연적으로 의료기관의 사적 소유를 조장하였으며, 이에 기반을 둔 의료공급자들은 상호 경쟁관계가 되었기 때문에 전문적 자율성보다는 조합주의적 전문주의를 출현하게 된다(이수연, 2003). 따라서 조합주의적 전문주의는 의료자원의 합리적인 배분과 적절한 의료이용보다는 전문집단의 이익 확보가 중요한 활동방향이 되었으며, 전문주의는 의료체계에 대한 통제력을 소유한 국가부분에 대한 집단적 요구를 관철시키는 활동이 1차적 목표가 되며, 다른 의료공급자뿐만 아니라 동일 공급자도 경쟁의 대상이 된다. 이와 같은 상황은 의료기관이나 자원의 과도한 공급을 가져오며, 전문집단이 자율적으로 그것을 통제할 수 없는 상황을 만들어낸다. 결과적으로 이와 같은 의료체계는 정신병상의 과도한 공급을 초래하고 전문집단은 자율적으로 통제할 능력을 상실하게 된다.

또한 의료체계 분석에서 주도적 의료공급자인 의사집단뿐만 아니라, 체계를 구성하고 있는 의료공급자와 다른 서비스공급의 주체들과의 관계는 우리나라의 경우 매우 중요한 의미를 가진다. 그 이유는 우리나라의 의료공급체계가 사적 소유에 기반한 기업원리에 의해서 운영되고 있다는 특성(조병희, 1995)에서 연유하는데, 이러한 형태의 체계에서는 의료공급자와 유사서비스공급자들을 경쟁관계로 만들기 때문에 이들 각각의 주체들이 어떻게 행동하는가 하는 문제가 의료체계의 이해에서 중요한 부분이 된다. 따라서 정신병원 입원이라는 장기수용의 형태는 사회복지시설의 수용보호와 일정부분 경쟁관계를 형성하기 때문에 정신장애인 장기수용의 변천과정 분석에서 의료체계 뿐만 아니라 사회복지시설의 장기수용을 분석하는 것이 현상의 합리적인 이해에서 필수불가결한 요소가 된다.

제3절 정신장애인 시설수용의 변천과정

한국 사회에서 정신의학의 발전 및 확산단계에 따른 정신장애인 시설수용의 변천과정을 분석하기 위하여, 시대를 ① 삼국시대-조선시대 ② 일제시대 ③ 해방에서 1970년대 ④ 1980년에서 1996년 ⑤ 1997년 이후로 구분하였다. 이러한 시대구분의 이유는 일제시대가 정신의학자들에게는 근대 정신의학이 국내에 도입된 시기로 간주되고 있어 일제시대를 독립적으로 다루었으며, 제2기를 해방에서 1970년대까지로 광범위하게 구분한 것은 해방을 맞는 1945년에 우리나라에 신경정신의학회가 발족한 시기였지만 적어도 1970년대까지는 정신과전문의는 수적으로 소수였을 뿐만 아니라 신경의학 전문의를 겸한 시기로 정신의학이 독립하였다고 보기 어렵기 때문이다. 그리고 1980년대 초에 와서 정신과전문의는 독립적인 전문과목이 되었고 사회적으로도 많은 정신장애인 수용되어있던 부랑인시설 수용자의 인권문제가 사회적 쟁점이 되어 제도적 변화들이 나타나기 때문이다. 그리고 1997년을 기준으로 다시 시기를 분류한 이유는 이때부터 정신보건법이 시행되기 시작하여 우리나라에 비로소 공식적인 정신보건체계가 수립되었기 때문이다.

각 시대별로는 정신의학의 양적 확산이라는 측면에서 정신과전문의와 정신의료기관의 변천과 의료체계와 사회복지서비스체계에서의 정신장애인 수용의 상황을 분석한다. 또한 의료체계와 사회복지서비스체계의 관계를 분석하는데, 그 이유는 앞서 밝힌 것처럼 사적 소유에 기반한 의료공급자들에게 사회복지시설은 경쟁 공급자가 되기 때문에 사회복지시설과의 상호관계는 정신장애인의 시설수용 상태 변화에 중대한 영향을 미친다고 보았기 때문이다.

1. 삼국 - 조선시대

삼국사기, 삼국유사, 고려사 등 고대 역사서에 정신장애와 유사한 질병으로 광질, 심질, 악질 등의 기록이 존재하는 것으로 보아 이를 질병으로 인식한 것으로 유추할 수 있다. 그러나 그 원인을 신성한 금기를 범하거나 인과적 처벌에 의한 것으로 파악하고 있는 것으로 볼 때 원시적 질병관에 머물고 있었다고 할 수 있다.

정신장애를 가진 사람들에 대한 사회적 실천이라는 측면에서 보면 이들은 방임되거나, 처형되었다는 기록에서 나타나는 것처럼 적극적인 사회적 개입은 찾기 어려우며, 소극적으로 사회적 규범을 어긴 정신장애인에 대하여 사법적 처벌을 가하였다. 즉 역사서에서 정신장애인들이 산이나 절로 도피했다는 기록으로 볼 때 적극적인 수용이나 배제보다는 소극적인 의미의 격리가 자연적으로 이루어지고 있다고 볼 수 있다.

이 시대의 치료적 개입은 사람뼈, 인육, 용치탕 등의 약물치료, 불교의식을 통한 종교적 치료, 웃음이나 대화에 의한 치료가 존재하였다.

정신장애는 전통의학에서 질병으로 파악되고, 증상은 전증, 광증, 매병, 잉비 등으로 구분되었으며 약재, 침, 뜸 등과 같은 전통의학의 치료법이 적용되었다. 그러나 사회적으로는 무당에 의한 종교적 의식이 보편적으로 적용되었던 것으로 추정된다.

정신장애에 대한 사회적 실천은 소극적인 형태로 나타나는데, '정신병자는 주로 근처에 있는 백성에게 돌보게 하고, 난폭하게 굴면 붙잡아서 동임에 맡기도록' 한 것으로 볼 때, 주로 주변 사람들이 보호역할을 하였으며, 사회적 규범에서 일탈하는 경우 치안책임을 맡은 동임에 의해 통제를 받는 것으로 볼 수 있다. 사법적 처벌은 면제되는 경향이 있었으나 불효, 반역에 관련된 범죄의 경우 처벌이 되었던 것으로 짐작된다.

조선시대에도 적극적인 격리나 수용보다는 범죄자가 아닌 한 지역사회에 함께 거주했던 것으로 볼 수 있으며 부랑생활을 하는 경우 부랑인들끼리 지역사회에 인접한 지역에 집단적으로 거주했을 것으로 추측된다.

2. 일제시대

일제시대 이전에도 우리나라에 들어온 서양의사들은 상당수 존재했고 세브란스병원(1884), 보구여관(1887) 등과 같은 의료기관들이 설치되었으나, 정신의학사를 기술한 이부영(1994)은 우리나라 최초의 정신과 전문진료시설은 총독부제생원 내의 조선총독부의원이라 보고 있다. 조선총독부는 경성고아원을 인수하여 1911년 6월에 조선총독부의원을 설립하고 1913년 정신병과를 설치하여 정신장애에 관한 진료를 시작하였으며, 1923년 세브란스병원에서도 정신과학교실이 설치되고 호주 의사 맥라렌이 진료를 하였다(이부영, 1994).

이 시기에 우리나라에 의료체계에서 대규모의 정신병원이나 병동이 존재했다는 기록은 찾기 어렵다. 총독부의원의 경우 약 50병상 내외로 운영되었고 세브란스병원의 경우에도 이와 비슷한 규모가 아니었을까 추정된다.

일제 강점기에 정신장애인에 대한 사회복지서비스 영역에서의 실천도 매우 미미하였으며, 빈민구조사업 중 구료사업의 일환으로 진행된 것으로 보인다(곽병은 등, 2004). 이 시기에 빈민구제사업은 일반구료, 은사구료, 특종구료 등 3가지로 구분되며 특종진료사업은 정신병 요양, 결핵환자 구료, 나병환자 요양, 마약중독자 구료의 4가지로 이루어졌다(조선의사회사업, 1933). 그리고 조선의사회사업(1933)에 정신병자는 행려병인에 준해 취급하도록 하면서 정신병자는 극히 많지 않은 실정이라고 기록한 것으로 보아 정신장애인을 구제의 대상으로 보았으나 실제 구제사업에 포함된 정신장애인은 부랑생활을 하고 있는 소수에 불과했다고 볼 수 있다.

한편 총독부의원 정신병과 입원환자의 2/3 이상이 경찰을 통해 이송된 사람들이고, 조선총독부의원에서 정신장애인의 격리나 수용을 위한 "정신병자 감치법" 제정을 건의했다는 기록(朝鮮總督府醫院 第3回 年報,1914; 이부영, 1994에서 재인용)을 볼 때, 정신장애인에 대한 격리나 수용에 대한 사회적 필요성이 주장된 흔적이 나타난다. 그러나 일제강점기에 정신병자감치법은 제정되지 않아 정신장애인들에 대한 격리나 수용이 사회복지서비스 영역에서도 제도화되지 않았다고 볼 수 있다. 이러한 근거로 일제의 사회교화와 사회복지행정에 민간인을 끌어들인 방면위원제도에서, 방면위원의 역할 중 정신질환자에 대한 보호구제나 보건구호가 포함되어 있으며, 그들의 업무지침이라고 할 수 있는 '방면위원처리세목'과 '취급수속개요'에 정신병자는 부양자가 있는 경우 부양자가 보호하고 부양자가 없는 경우 경성부에 인도하여 조선총독부에 위탁수용하도록 한 것을 들 수 있다(하상락, 1997).

일제시대에 사회적으로 정신장애인의 제도적인 수용이 이루어지지는 않았지만 그들의 일부는 부랑인의 집단 속에 섞여 있었을 것으로 볼 수 있다. 1917년 제정, 공포된 '행여병인구호자금관리규칙'에 의한 구호소가 1934년 23개소까지 설치되었는데, 1931년 행려병인구호소에는 정신장애인이 95명이 포함되었다(조선의사회사업, 1933). 그리고 1938년 1월 30일자 매일신보에는 경성부 사회과의 조사에 따르면 1937년 1년간 경성불교자제원에 수용구호한 행려자 1,030명 중 111명이 정신병자였던 것으로 보도되었다(곽병은 등, 2004).

3. 해방에서 1970년대

1945년 우리나라에는 대한신경정신의학회가 발족된다. 그리고 정신장애의 치료기관으로서 청량리뇌병원, 서울여의대 정신과, 경기도도립병원이 1945년에 설립되고, 46년에 서울의대 신경정신과, 47년에 시립순화병원별관 마약중독자치료소가 운영되었다. 그리고 6.25 발발 후 전쟁으로 인한 정신장애인이 급증함에 따라 52년에 전남의대 신경정신과, 54년에 국립노량진정신구호병원, 각 육군병원, 해군병원에서 정신과가 운영되었다.

해방 이후 1950년대까지 의료기관에서의 정신장애인 치료나 보호는 매우 제한적이고 인력이나 자원 면에서 절대적인 부족상태였다고 볼 수 있다. 1957년 5월 2일자 조선일보기사를 보면, "보건사회부에 따르면, 전국 1만여명으로 추산되는 정신병환자를 위한 보호수용능력이 없어 방임상태에 놓여있다는 것이다. 관계자는 현재 정신병자를 수용치료할 수 있는 총인원은 약 250명 정도인데 기존시설로서는 각 도립병원에 병설되어 있는 병동외에 없고 정신병자등에 대한 대책이 없다고 시인했다. 그런데 정신병자에 대한 대책이 소홀했던 까닭은 정신병을 전염성이 없는 것으로 전염성있는 질병의 대책이 시급했으므로 늦어진 것이라고 말하고 차기년도부터 연차계획으로 독립된 정신병원을 건설할 계획이라고 하는데 준공되더라도 300명 정도 밖에 수용능력이 없다는 것이다."라고 보도되고 있다.

1960년대에서 1970년대까지 우리나라 정신병상의 변화 추이를 보면, <표 2-1>에서 나타난 것처럼 1960년대에 583병상에서 1970년에 1,175병상으로 500여 병상이 증가하고 1979년에 1,928병상으로 늘어나 증가속도는 다소 빨라지고 있으나 병상의 절대수가 많다고는 할 수 없으며, 따라서 병원에서의 장기수용은 매우 제한적이었을 것이다. 이 시기의 병상의 구성을 보면 국공립병원의 병상과 민간사립병원 병상분포비율에서 국공립병상이 조금 많은 상황임을 알 수 있다.

<표 2-1> 1960-70년대 정신병상, 신경정신과전문의 변화 추이

	정신병원병상수				신경정신과 전문의*	비고
	총수	국립	공립	사립		
1960	583	227	96	260	35	전문의수는 1962년 통계임
1970	1,175	446	278	451	102	
1979	1,928	625	356	947	257	

* 신경과와 정신과전문의가 분리된 것은 1983년부터 임

또한 정신과전문의 제도가 아직 수립되어 있지 않고, 신경정신과전문의가 신경과와 정신과를 겸하고 있는 미분화의 형태를 띠고 있을 뿐 아니라 양적으로도 1962년 35명, 1970년 102명, 1979년 257명으로 절대적인 인력부족 상태를 나타내고 있다. 이를 통해 당시 정신의학의 수준이 독립과목이 될 만큼 성숙되지 못했음을 알 수 있으며, 정신의료서비스의 수요가 이를 뒷받침하지 못했을 것이라는 추정을 해볼 수 있다.

우리나라 정신장애인 수용은 사회복지시설에서 시작된다. 현재 기록상으로는 49년 설립된 국립중앙각심학원이 정신장애인을 수용보호를 수행한 최초의 시설이다(한국재활재단, 1996). 다만 이 시설에서는 정신지체인들을 정신장애인과 함께 수용보호하였다.

실제로 사회복지시설에의 정신장애인 수용보호가 본격화된 것은 6.25동란 때부터라고 할 수 있다. 정부는 1950년 2월 27일 '후생시설설치기준'을 공포하고 전쟁 중인 1952년 10월 '후생시설 운영요령'을 시달하였다. 이때 후생시설은 영아원, 육아원, 감화원 등의 아동시설과 모자원, 불구자수용

원, "정신치료교화원", 맹아원, 직업보도원 등 아동과 성인의 특수보호시설과 양로원으로 구분되어있다(한국재활재단, 1996). 이 사실로 미루어보아 전쟁 중에 발생한 많은 정신장애인들이 사회문제가 되었고, 이들을 별도로 수용보호할 필요를 인지했던 것으로 추정된다. 실제 전후 정신장애인들만 별도로 수용보호하는 자혜정신요양원(1953년), 영락정신불구원(1955년), 정신환자불구원(1955년), 신생원(1956년), 자매여속정신요양원(1957년) 등 사회복지시설이 설치되어 운영되었다(김응철, 1999). 우리나라 정신보건역사에서 정신장애인을 장기적으로 수용보호하기 시작한 이들 시설이 실제 운영되기 시작한 것은 유사한 것으로 보인다. 다만 정부의 인가연도에 의하면 정신장애인을 독립적으로 수용보호한 최초의 시설은 자혜정신요양원(1953년)이라고 할 수 있으며, 자매여속정신요양원은 여성 정신장애인만을 수용보호한 최초의 시설이다.

그러나 이와 같은 행정지침에도 불구하고 "정신치료 교화원"은 정부의 행정통계에는 자취를 감추게 된다. 즉 전후 자혜정신요양원(1953년), 영락정신불구원(1955년), 정신환자불구원(1955년), 신생원(1956년), 자매여속정신요양원(1957년) 등 사회복지시설이 존재하였으나 이들 시설은 성인불구시설로 분류되어 장애인시설로 다루어진다.

1960년대와 1970년대에 정신장애인들의 중요한 수용보호기관은 성인불구시설과 부랑인시설로 볼 수 있다. 즉 전쟁 후부터 정신장애인을 수용보호해왔던 성인불구시설에서 1982년에 가서 공식화되는 정신요양원이 포함되어 있었고, 부랑인시설에도 거리의 정신장애인들이 상당수 수용되어 있었다. 통일주체국민회의보(1979)에 의하면 1979년 당시 "정신장애인은 사회복지법인에서 운영하는 시설 22개에 4천 명 정도 수용되어있다"는 기록으로 볼 때 그 당시 30개의 성인불구시설 중 22개가 정신요양시설로 추정되며, 성인불구시설 수용자의 3/4 가량이 정신장애인이라고 볼 수 있다. 그리고 부랑아시설의 경우 1980년대 초의 수용자 특성 분류자료로 추정해보면 1/4 정도가 정신장애인이었던 것으로 보인다. 부랑아시설은 의뢰건수와 연말수용자를 근거로 추정해볼 때 평균 재원일수가 3-4개월 정도로 추측해볼 수 있다.

　　1960년대와 1970년대에 상당수의 정신장애인이 수용되어 있을 것으로 추정되는 성인불구시설의 수용상태의 변화 추이는 <표 2-2>에서 보는 것처럼, 63년과 64년 사이의 수용자 급증과 1965년의 급감의 원인을 파악하기 어렵지만 65년 이후에서 수용자의 수가 대체적으로 증가하는 경향을 보여 65년에 2,818명에서 1979년에는 5,226명으로 거의 두 배에 달하게 된다. 반면에 부랑아시설의 경우 64년 연말 수용자수가 4,715명이었던 것이 79년에 2,865명으로 감소하였다. 이와 같은 현상은 1965년 성인불구시설 16개소 중 3개소가 정신장애인 수용시설이었던 것이 79년에 22개소로

<표 2-2> 1960-1979년 사회복지수용시설 현황표

년도	신체장애자 복지사업		부랑아	
	성인불구시설수	인원	시설수	인원
1963	16	4,615	4**	12,259
1964	20	10,171	13	14,541(4715)
1965	16	2818	11	10,647(4358)
1966	16	2895	11	12,636(4654)
1967	18	2942	17(12)***	12,138(4253)
1968	20	3163	18(10)	10,599(4128)
1969	20	4160	5(10)	11,896(3659)
1970	20	4815	19/10	12,127(3398)
1971	22	5144	9	12,085(3095)
1972	25	5446	8	13,157(2830)
1973	25	4623	12	5,520(2779)
1974	27	4,169	12	(3,458)
1975	26****	4728****	11	(3590)
1976	28	5319	11	(3017)
1977	31	5975	11	(2937)
1978	31	6362	11	(2968)
1979	30	5226	11	(2865)

자료출처: 곽병은 등(2004), 사회복지시설의 정신장애인 수용의 변천에 관한 연구에서 인용
　* 1963년-1973간 부랑아시설 인원수의 통계치는 연간 입소의뢰건수이며,( )안의 수치는 시설의 연말 재소인원임.
　** 보건사회통계표의 시설통계의 누락으로, 1970년의 통계표를 중심으로 정리하였으며, 시설수 누락의 원인을 찾아볼 수 없었음.
　*** 1976년 보건사회통계연표에 나타난 시설수치이며, 해당년도의 통계수치가 다르게 나타남.
　**** 성인불구시설 중 전남의 비인가시설 4개소 및 재소자 422명 제외한 수치임.

늘어난 것을 근거로 추정해볼 때, 지속적인 정신장애인의 유입에 의해 성인불구원의 수용자가 늘어났고 해석할 수 있을 것이다. 그리고 부랑아시설 수용자의 감소는 아동 수용자가 성인이 되면서 시설에서 나가게 되는 경우가 많았을 것으로 보이며, 정신장애인 중 일정 인원은 성인불구시설로 이동하였을 것으로 추정해볼 수 있다.

적어도 해방에서 1970년대까지 정신장애인 수용은 사회복지서비스 체계를 중심으로 이루어졌다고 볼 수 있다. 의료체계 내에서는 전문인력과 시설이 부족한 상황이 1970년대 말까지 이어져왔다고 볼 수 있는 반면, 사회복지서비스체계의 성인불구시설과 부랑아시설은 1979년에 약 5,000명 정도의 정신장애인을 수용하고 있었다. 그리고 이 시기의 두 체계의 관계는 갈등의 소지가 크지 않았으리라 생각된다. 왜냐하면 정신의료를 공급할 의료공급자들이 양적인 측면에서 절대적으로 부족한 상황이었기 때문에 성인불구시설이나 부랑인시설의 정신장애인을 의료체계로 이동시키는 것이 현실적으로 어려웠다고 볼 수 있다. 다만 이 시기의 중요한 정신장애인 수용의 변화는 부랑인시설에서 정신요양원의 전신인 성인불구시설로의 이동이라고 할 수 있다.

4. 1980-1996년

다음의 <표 2-3>에 나타난 것처럼 1980년에 우리나라의 정신병상은 2,238개에 불과한 상태였으며, 정신과 전문의 역시 신경과와 미분리된 신경정신의학 전문의의 형태로 존재하였다. 1983년은 정신과 전문의가 신경과와 분리되어 최초로 배출된 시점인데, 이후 정신과 전문의는 매우 빠른 양적 증가가 나타낸다. 즉 83년 최초로 배출된 정신과 전문의의 수는 434명이있으나 90년에 785명으로 늘어나고 1996년에는 1,211명으로 증가한다. 이와 같은 전문의의 증가는 동시에 정신병원 병상수의 급격한 증가로 이어졌다. 1985년 2,121병상에서 5년 후인 1990년에 11,557병상으로 증가하였고, 1996년에는 21,513병상으로 수직상승하게 된다. 즉 1980년대 이후의 시기는 정신병원에의 정신장애인 수용이 급격하게 강화되는 시기가 되었다.

한편 80년대의 사회복지서비스조직에서의 정신장애인 수용의 변화가 다양하게 출현하였다. 80년대에 들어 전두환 정권의 제5공화국은 그 동안 공식적으로 제도화되지 않고 있었던 정신요양시설을 제도화한다. 그 의도가 제도화된 정신장애인에 대한 사회적 통제라 할지라도 그 동안 성인불구시설 안에 포함되어 있거나 정부의 관리권 바깥에 있었던 무허가 시설들이 정신요양시설이라는 형태로 제도권 안에 편입되게 되는 계기가 마련되었다. 그 결과 정신요양시설 수용자수는 처음 제도화되었던 1982년에 5,420명에 불과했으나 1990년에 17,432명까지 증가하게 된다. 그리고 이러한 증가추세는 정신보건법 시행 직전인 1996년에 18,639명으로 극에 달하게 된다.

부랑인시설의 경우 1987년 발생한 형제복지원의 영향으로 1985년 수용

〈표 2-3〉 1980-90년대 정신병상, 정신과전문의, 사회복지시설 정신장애인수용 변화추이

	정신병상 (1일평균 재원자수)	정신병원 1일평균 재원자수	정신과 의사	부랑인 수용자	부랑인시설 수용자중 정신장애인	정신 요양 시설수	정신요양 시설 수용자	전제 정신장애인 수용자수***
1980	2,238 (1,479)	48	282*					
1982	2,369		348*			26	5,420	
1983	2,360		434	14,131		32	6,394	
1985	4,156 (3,919)	44	514	14,796	3,540	47	10,719	18,415
1987	7,347 (5,886)	74	608	11,614	3,404	65	14,835	24,125
1990	11,557 (9,310)	89	785	13,284	4,556	74	17,432	31,298
1996	21,513 (15,197)	93	1,211	13,013	5,102	78	18,639	38,938

* 신경정신과 전문의: 신경과와 정신과 전문의
** 1999년 8월31일 병상수
*** 일정시점의 전체 수용자수

자 14,796명에서 1987년에 11,614명으로 수용자 증가추세가 반전하는 계기가 마련된다. 그리고 1990년대에는 약 13,000명 수준에서 평형점에 도달한다. 부랑인시설 수용자 중 정신장애인수는 1985년에 3,540명에서 1987년 3,404명으로 조금 감소하는데 이는 형제복지원 사건으로 부랑인시설 수용자의 전체적인 감소에 영향을 받은 것으로 보인다. 1987년 이후에 부랑인시설 정신장애인은 1996년까지 다시 수용자수가 완만하게 상승한다. 이 시기 초반에는 정신장애인 수용의 중심 시설이 정신요양시설이었다가 후반으로 갈수록 수용의 주체가 정신병원으로 변화하는 양상이 나타나고 있으며, 부랑인시설은 하나의 초입기능을 담당하게 되었다고 할 수 있다.

5. 1997년 이후

정신보건법은 1995년에 제정되고, 2년 후인 1997년 3월부터 시행되었다. 이 법은 "정신장애인의 의료 및 사회복귀에 관하여 필요한 사항을 규정함으로써 국민의 정신건강증진에 이바지함을 목적"으로 한다고 하여 정부 차원에서 정신보건에 관한 정책을 마련하는 계기가 되었다. 즉 정신보

〈표 2-4〉 1997년 이후 정신병상, 정신과전문의, 사회복지시설 정신장애인수용 변화추이

	정신병상 (1일평균 재원자수)	정신병원 1일평균 재원자수	정신과 의사	부랑인 수용자	부랑인시설 수용자중 정신장애인	정신요양 시설수	정신요양 시설 수용자	전제 정신장애인 수용자수
1990	11,557 (9,310)	89	785	13,284	4,556	74	17,432	31,298
1996	21,513 (15,197)	93	1,211	13,013	5,102	78	18,639	38,938
2000	36,387** (30,418)		1,358	13,062	4,212	55	12,676	47,306
2004	62,554	–	–	–	–	55	13,850	76,394***

** 1999년 8월31일 병상수
*** 정신병원+정신요양시설 수용자

건시설을 정신의료기관, 사회복귀시설, 정신요양시설 등으로 체계화하고 적정한 정신보건사업의 수행에 필요한 인력으로 정신보건전문요원제도를 법제화하였다. 그리고 정신장애인의 인권과 관련된 정신병원에의 입퇴원 제도를 마련하였다. 그러나 잦은 법 개정을 통하여 정신장애인의 복지대책보다는 의료대책에 치우침으로써 정신병원의 수용 강화를 제도적으로 조장하는 법으로 인식되고 있다(이용표, 2003).

이 시기의 특징적 변화는 1996년에 1,211명이었던 정신과전문의는 2000년에 1,358명으로 지속적으로 증가하고 정신병상은 1996년 21,531병상에서 1999년 8월 현재 36,387병상으로 증가하여 1990년대의 초반의 극적인 증가가 강화되고 있다. 반면 이 기간 중 1996년 18,639병상으로 절정에 달하였던 정신요양시설은 2000년에 12,676명으로 감소하였다. 즉 약 20개의 정신요양시설이 정신병원으로 전환함으로써 같은 기간에 정신요양시설은 급속히 병상수가 감소되고 정신병상은 정신요양원에서 감소한 약 6,000병상보다 훨씬 많은 14,856병상이 증가하였다. 이 기간에도 전체적인 정신장애인 수용자수는 38,938명에서 47,306명으로 지속적으로 증가하였는데, 정신병원의 정신장애인 수용비율은 이제 전체수용자의 64%를 넘어서게 되었다. 그 후 2004녀에 이르러서는 정신병원의 병상은 62,554병상으로 그 이전보다 더욱 더 폭발적인 속도로 증가하고 있으며 정신장애인은 정신병원으로 급속하게 이동하는 양상을 보여주었다.

제4절 정신보건법 제정 이후 한국사회에서의 장기수용 구조의 형성

1. 강제입원 보편화와 입원기간의 장기화

1997년부터 시행된 정신보건법은 <표 2-5>에서 보는 것처럼 그 이전에 관행으로 이루어져 왔던 강제입원/입소가 보편화되는 계기를 마련하였다.

〈표 2-5〉 정신보건시설 입원·입소자 입원유형별 분포

(단위: 명, %)

구분	계	자의입원	보호의무자에 의한 입원			시장·군수·구청장에 의한 입원	응급입원
			가족	시장·군수·구청장	3기타입소		
2001	60,079 (100.0)	4,041 (6.7)	39,167 (65.2)	16,871 (28.1)	–	–	–
2002	61,066 (100.0)	3,946 (6.5)	40,263 (65.9)	16,857 (27.6)	–	–	–
2003	64,083 (100.0)	4,182 (6.6)	41,853 (65.9)	17,293 (26.3)	755 (1.2)	–	–
2004	65,349 (100.0)	5,024 (7.7)	44,024 (67.4)	15,618 (23.9)	683 (1.0)	–	–
2005	67,895 (100.0)	6,036 (8.9)	45,958 (67.7)	15,316 (22.6)	585 (0.9)	–	–
2006	70,967 (100.0)	6,534 (9.2)	49,935 (70.4)	13,919 (19.6)	579 (0.8)	–	–
2007	70,516 (100.0)	6,841 (9.7)	51,028 (72.4)	11,961 (17.0)	686 (0.9)	–	–
2008	68,110 (100.0)	9,387 (13.8)	50,425 (74.)	7,476 (11.0)	822 (1.2)	–	–
2009	74,919 (100.0)	12,087 (16.1)	50,575 (67.5)	11,154 (14.9)	851 (1.1)	176 (0.2)	76 (0.1)
2010	75,282 (100.0)	15,271 (20.3)	51,714 (68.7)	7,027 (9.3)	910 (1.2)	251 (0.3)	109 (0.1)
2011[4]	78,637 (100.0)	16,833 (21.4)	53,533 (68.1)	6,853 (8.7)	1,045 (1.3)	323 (0.4)	50 (0.1)
2012	80,569 (100.0)	19,441 (24.1)	53,105 (65.9)	6,737 (8.4)	1,013 (1.3)	230 (0.3)	43 (0.1)
2013	80,462 (100.0)	21,294 (26.5)	51,132 (63.5)	6,320 (7.9)	1,401 (1.7)	262 (0.3)	53 (0.1)
2014	81,625 (100.0)	24,266 (29.7)	49,792 (61.0)	6,235 (7.6)	1,159 (1.4)	147 (0.2)	26 (0.0)
2015	81,105 (100.0)	26,064 (32.1)	47,245 (58.2)	6,432 (7.9)	1,200 (1.5)	131 (0.2)	43 (0.1)
2016	79,401 (100.0)	28,285 (35.6)	43,643 (55.0)	6,021 (7.6)	1,300 (1.6)	94 (0.1)	58 (0.1)

출처: 2017 국가정신건강현황 3차 예비조사 보고서 126p

3 국립법무병원에 입원한 감호치료 대상자 등
4 2011년부터 노숙인 시설 입소자 제외

법시행 이후 2007년까지 자의입원자는 10%에 미치지 못했으며, 90% 이상의 정신장애인이 강제입원을 당하고 있다. 그 후 2015년까지 이전보다는 상황이 호전되는 양상을 보이고 있지만 이전 입원자들의 입원이 장기화되고 있어 여전히 10명 중 7명은 자신의 의사에 반하여 입원되고 있다.

또한 이 통계는 지속적으로 입원자수가 상승함을 보여주고 있다. 정신의료기관, 정신요양시설과 같은 수용, 격리의 기능을 가진 장소로 이동하는 사람이 2001년(60,079명)에서 2016년(79,401명) 사이 32.2%가 증가하고 있다.

정신보건법 제정으로 제도화된 강제입원은 입원자수의 증가와 함께 입원의 장기화를 초래하고 있다. 국민건강보험공단의 자료에 따르면 누적입원일수가 10년 이상인 환자수가 1만4890명에 달하는 것으로 조사되었다(국민일보, 2020).

2. 정신병상과 재활프로그램의 심각한 불균형

2015년말을 기준으로 정신보건법의 정신보건시설 현황을 살펴보면, 정신병상의 급증과 지역사회 재활프로그램의 빈약한 발전으로 인한 불균형 상태가 심화되고 있음을 알수 있다. 즉 정신의료기관은 1,449개소 83,696병상인 것에 비하여 정신재활시설은 거주를 제공하는 생활시설의 정원 2,570명에 불과하여 정신병상의 3%에 불과하다. 만약 정신요양시설의 13,830병상을 합친다면 지역사회의 생활시설은 대규모 수용병상의 2.6% 수준으로 빈약한 상태임을 알 수 있다. 그리고 지역사회 이용시설의 경우에도 정원은 4,471명으로 수용병상의 5%에 미치지 못한다. 이러한 불균형은 실제 정신장애인이 지역사회에서 지원을 받으면서 생활할 수 있는 토대가 매우 미약함을 의미한다.

〈표 2-6〉 정신건강증진시설 현황

구분	종류		개소	총 이용자/종사자 수
	정신의료기관[5]		1,449	정원 83,696명
	정신요양시설[6]		59	정원 13,830명
정신재활시설 (336)	생활시설	입소생활시설	16	정원 2,570명 현원 2,039명(생활시설)
		주거제공시설	124	
	재활훈련시설	주간재활시설	96	정원 4,471명 현원 4,635명 (이용시설)
		공동생활가정	58	
		지역사회 전환시설	4	
		직업재활시설	11	
	중독자재활시설		5	
	종합시설		22	

※ 출처: 이용표 등(2017). 지역사회 정신장애인 현황조사 및 지원체계 연구. 보건복지부

3. 치료이데올로기와 인권의식의 왜곡된 결합

우리나라에서의 정신장애인 장기 수용구조의 형성을 함축적으로 표현한다면 '치료이데올로기와 인권의식의 왜곡된 결합'으로 요약할 수 있다. 우리 사회에서 부랑인시설 수용자의 인권문제가 부각된 시점은 형제복지원사건을 발생한 1987년이다. 이후 부랑인시설이나 정신요양시설의 수용 정신장애인들의 인권에 관한 사회적 관심이 나타나면서 그에 대한 대책은 치료받을 기회를 확대한다는 방향에서 이루어졌다. 그러나 이 치료받을 기회는 사적 의료공급자들에 의해 정신병원 입원과 동일시되는 결과를 가져왔다. 즉 정신장애인의 인권보호는 지역사회에서의 인간다운 삶이 아니라 병원에의 입원을 통한 치료로서만 이루어질 수 있는 문제로 왜곡되었

---

5 보건복지부 내부자료(2017)에 따른 2016년 이용 현황. 정신건강사업안내(2017)에 따른 사업 설명.

6 보건복지부 내부자료(2017)에 따른 2016년 이용 현황. 정신건강사업안내(2017)에 따른 사업 설명.

다고 할 수 있다.

1987년 당시 정신장애인의 지역사회에서의 재활이나 보호를 제공하는 시설은 민간 시범사업 형태의 태화샘솟는집만이 존재하였으며, 치료는 온전히 정신병원의 몫이 되었다. 민간의 의료공급자들은 앞에서 확인한 바와 같이 극적인 속도로 정신병원을 증설하였다. 제도적으로는 1995년에 제정된 정신보건법은 정신요양시설 외에 사회적 시장에서 제공하는 지역사회프로그램으로서 사회복귀시설(현 정신재활시설)을 도입하였다. 그러나 정신의학에 기반을 둔 치료이데올로기를 무장한 정책입안자들에 의해 비의료시설인 정신요양시설과 정신재활시설은 치료받을 권리를 보장하는 것과 무관한 것으로 취급되었다. 민간 의료공급자들에게는 정신장애인이 자신의 의사에 반해서 감금되어있는 것은 인권을 침해하는 일이 아니며, 그들에게는 도리어 의료인력이 없는 사회복지서비스조직에서 정신장애인에게 서비스를 제공하는 것이 문제일 수 있다고 인식하였다.

제5절 결론

푸코의 시선으로 우리나라 정신보건사업의 역사를 조망해본다면, 유럽의 역사와는 달리 성/속의 구분 단계에서 이성/비이성의 구분단계를 거치지 않고 정상/질병의 단계로 이행했다고 볼 수 있다. 즉, 이성/비이성의 시대에 유럽에서 나타났던 노역장에의 대규모 감금을 거치지 않고 정신병원에의 감금이 가속화되고 있다. 선발국가에서는 일반적으로 정상/질병 단계에서 정신병원에의 감금이 나타났다가 점차 탈시설의 경향이 도래하였다. 우리나라의 사회적 실천의 역사는 현재 선발국가들이 탈시설하는 추세에 역행하여 정신병원 감금이 확대되고 있다. 우리의 경험으로는 항정신병약물이 탈시설의 동인이라는 정신의학자의 주장이 통용될 여지가 없다. 오히려 사회의 인권의식 발전이나 복지확대가 그 동인이라는 견해가 설득력이 있어 보인다.

정상화이론의 세계적 석학인 Wolfensberger(1972)는 그의 저서에서 정신장애인의 재활과 관련하여 다음과 같이 쓰고 있다. "정신장애인이 왜 좋아지고 왜 나빠지는지 아무도 모른다." 이 표현이 다분히 상징적인 의미를 가진다고 하더라도 정신장애인과 일하는 사람들에게 시사하는 바가 크다. 대부분의 전문가는 별다른 의심없이 정신장애는 질병이고 치료되어져야 하며, 그것은 병원과 의사가 담당해야할 몫으로 인식하고 있다. 그러나 정신과전문의가 늘어나고 정신병원이 증가함에도 불구하고 정신장애인들이 치료되어 지역사회로 돌아오는 것이 아니라 더욱 대규모의 수용이 이루어지는 이유는 무엇인가? 적어도 질병이라는 인식의 토대로 정신장애인의 고통을 해결하기에는 많은 한계가 있음을 보여주는 것이라고 할 수 있다. 즉, 병원 가서 치료받고 약 잘 먹는 것으로 정신장애문제가 해결되는 데에 많은 어려움이 있다는 것을 뜻한다.

정신장애에 관한 질병이데올로기에서 벗어나 새로운 인식과 패러다임의 형성을 위한 노력은 전문가적 시각에서 벗어나는 데에서 출발하는 것이 필요하다. 지금까지 정신장애에 관한 해석과 개입이 정신장애를 질병이라는 측면에서 초점을 둔 전문가적 접근에 의한 것이었다면, 새로운 접근방식은 정신장애를 가진 사람들이 이것을 어떻게 경험하고 극복하였는가하는 데에서 찾는 것이 필요하다고 본다. 즉 정신장애에 관한 새로운 접근은 정신장애를 가진 당사자의 경험을 중심으로 그들이 장애의 극복과정에서 필요로 하고 원하는 것들을 지원하는 방식에서 형성될 필요가 있다. 이와 같은 인식의 전환은 결국 전문가들에 의한 병원 중심의 정신보건체계가 아니라, 당사자들의 자유로운 삶의 공간이 장애의 극복장소가 되는 새로운 정신보건서비스체계를 형성하는 계기를 제공할 것이다.

제3장 우리나라 정신건강복지체계의 문제점과 개선방향[1]

제1절 서론

인간은 제도를 만들고 제도는 다시 인간을 만든다. 그리고 인간은 다시 제도를 만드는 순환구조 속에서 세계는 변화해간다. 우리나라에서 정신장애인과 관련된 법제의 역사는 인간이 만든 제도가 어떻게 인간을 감금하고 억압할 수 있는지 상징적으로 보여주는 사건이다. 상당기간동안 정신장애인과 관련된 제도를 둘러싼 불균등한 권력관계는 법제의 변화가 기존의 이해관계를 유지시키는 제한된 영역 내에서만 이루어지도록 하였다. 이른바 지역사회정신보건의 필요성을 강조하면서 개정된 정신보건법은 정상병상을 확대시키는 결과를 초래하였으며, 지역사회중심의 케어체계를 수립하는 취지로 입법된 지역사회치료명령제는 사문화되었다. 이러한 구조적 상황에서 최근의 정신건강복지법 개정은 또 하나의 사건이다. 왜냐하면 이법의 탄생은 기존 권력관계의 균열을 의미하는 변화가 내재해있기 때문이다. 정신장애가 있는 사람들을 단지 입원의 필요성이 있다는 것을 근거로 감금할 수 있었던 시대를 종료시킬 수 있는 전조가 정신건강복지법에 의해 나타나고 있다. 정신보건법제의 역사에서 최초로 정신장애 당사자들이 정책과정에 참여한 정신건강복지법은 인간이 스스로를 억압하는 제도를 변화시킬 수 있다는 가능성을 보여준다. 이 장에서는 정신건강복

---

1 이용표(2017). 정신건강증진및정신질환자복지지원에관한 법률입법과정에 관한 평가와 과제: 다중흐름모형의 적용을 중심으로. 한국사회복지교육 38권과 이용표 등(2017). 지역사회 정신장애인 현황조사 및 지원체계 연구. 보건복지부의 일부내용을 발췌하여 재구성하였음

지체계를 현황과 문제점을 살펴보기 위하여 체계의 법적 근거가 되는 정
신보건법제의 변천과정을 간략하게 검토한다. 그리고 법제를 근거로 형성
된 정신건강복지체계의 현황과 문제점을 정리한 다음 그 개선방향을 제시
해보고자 한다.

제2절 정신보건법의 변천과정

1. 정신보건법 개정과정

정신보건법은 1995년 제정 이후 2014년 정부개정안 제출을 시작으로
정신건강복지법이 등장하기까지 모두 5차례의 개정이 이루어졌다. 그 주요
내용을 요약하면 다음의 <표 3-1>과 같다.

<표 3-1> 정신보건법 개정의 흐름(1997-2016년)

주요내용		1995년 제정	1997년 전부개정	2000년 일부개정	2004년 일부개정	2008년 일부개정	2014년 정부개정안	2016년 정신건강 복지법
입원 형태	자의 입원	퇴원중지제도 규정	→	퇴원중지 제도 삭제	→	1년에 1회 이상 퇴원 의사 확인	→	→
	동의 입원							신설(퇴원72 시간 제한 가능)
	보호 입원	보호의무자 1인 동의	→	→	→	보호의무자 2인 동의	입원필요성 및 자·타해 위험성 모두 요구	입원필요성 및 자·타해 위험성 모두 요구
	행정 입원	시·도지사에 의한 평가 (평가입원) 및 입원조치 (조치입원)	평가입원 및 조치입원 통합	→	→	시·도지사에 의한 입원을 시장·군수· 구청장에 의한 입원 으로 변경	→	→

주요내용		1995년 제정	1997년 전부개정	2000년 일부개정	2004년 일부개정	2008년 일부개정	2014년 정부개정안	2016년 정신건강복지법
	응급 입원	72시간 이내 입원	→	→	→	→	→	→
	계속 입원	시·도 정신보건 심판위원회가 담당	→	→	→	시·군·구 정신보건 심판위원회가 담당	정신건강 심사위원회로 명칭 변경 및 위원 다양성 강화	정신건강심사위원회로 명칭 변경 및 위원 다양성 강화
	입원 적합성 심사							입원적합성심사위원회 신설
지역사회케어	정신 재활 시설	생활훈련시설, 작업훈련시설, 보건복지부령이 정하는 시설	→	→	→	생활시설, 지역사회 재활시설, 대통령령으로 정하는 시설로 종류 확대	→	정신재활 시설로 명칭 변경 및 다양화
	정신 보건 센터				근거규정 마련	→	정신건강증진센터로 명칭변경	정신건강복지센터로 명칭 변경
	외래 치료 명령					근거규정 마련	→	→
복지 서비스	주거, 직업, 교육, 문화 활동							근거규정 마련

출처: 신권철 외(2014). 정신보건법상 입·퇴원제도 개선방안. 보건복지부. 14쪽의 내용을 보완함

1995년 제정된 정신보건법은 기존의 의료관행상 이루어지던 강제입원을 합법화하고 정신요양원의 기능을 전환하는 것이 주요내용이다(신권철 외, 2014). 이 법은 입원방식을 자의입원(제24조), 동의입원(제25조), 평가입원(제26조), 시·도지사입원(제27조) 그리고 응급입원(제28조) 등으로 구분하고 있다. 상대적으로 이 법은 퇴원 이후의 복지대책으로 사회복귀시설(제15조) 이용만을 규정하고 있어 정신보건법의 대상을 환자라는 관점에서 규정하고 있다고 볼 수 있다. 즉 치료가 이루어지면 다른 생활상의

욕구를 저절로 해결될 것이라고 보는 관점에서 서있다고 하겠다.

정신보건법은 시행 첫해인 1997년에 1차 개정이 이루어졌다. 제정법은 기존의 정신요양시설을 폐지하여 정신요양병원으로 전환하려는 목적을 가지고 있었으나, 정신요양시설을 다시 설치하는 개정안(제10조)이 통과되었다. 그리고 평가입원과 조치입원으로 이분화된 행정입원을 시·도지사에 의한 입원으로 일원화하였다. 2000년 정신보건법 일부개정은 정신질환자의 범주에서 알코올 및 약물중독이 추가되고(제3조1항), 자의입원 환자의 퇴원요청을 정신의료기관의 장이 중지하여 강제입원으로 전환할 수 있도록 하는 제도를 폐지(제23조)되었다. 그러나 이 두 차례의 개정에서 정신질환자의 복지와 관련된 문제는 전혀 의제로 채택되지 못 하였다. 그 후 2004년 정신보건법 개정 법률은 시범사업으로 운영해오고 있던 정신보건센터의 법적 근거를 마련(제13조)하는 것이 주된 목적이었으며, 지역사회를 중심으로 하는 의료적 케어 제공의 근거가 마련되었다.

2008년 정신보건법 일부개정은 국가인권위원회의 정신보건법에 대한 시정권고에 따른 개정이었다. 국가인권위원회 시정권고의 주요내용은 입·퇴원 및 치료·재활과정에서 인권보호를 강화하고 지역사회에 기반을 둔 정신보건의료서비스체계로의 전환을 권장하는 것이었다(정신장애인권 국가보고서 실무추진단, 2008). 이러한 시정권고에 따라 개정법률의 주요내용은 (1) 자의입원 환자에 대하여 1년에 1회 이상 퇴원의사를 확인하도록 하였으며(제23조3항), (2) 보호의무자에 의한 입원의 요건을 기존 보호의무자 1인에서 2인의 동의로 강화하였고(제24조 1항) (3) 강제입원의 대안으로 외래치료명령제(제24조1항)를 도입하였다. 또한 (4) 사회복귀시설이 종류를 생활시설, 지역사회재활시설, 직업재활시설 등으로 확대하였다.

2008년까지 4차례 정신보건법 개정은 크게 두 가지 방향에서 이루어졌다. 하나는 비자의입원에서의 환자 권리보장을 강화하려고 하였으며, 다른 하나는 입원보다는 지역사회 중심의 케어체계를 구축하고자 하였다. 입·퇴원과정에서의 권리보장의 측면에서는 자의입원에 대한 퇴원중지제도가 폐지되었으며 비자의입원에서 보호의무자 동의요건이 보호의무자 1인에서 2인으로 강화되었다. 그리고 지역사회 케어측면에서는 정신보건센터 근거규정이 마련되고 외래치료명령제가 도입되었다. 그러나 복지지원의 측면에서는 단지 사회복귀시설의 종류를 다양화하는 것 이외에 별다른 개선이 이루어지지 않았다.

2. 정신건강복지법으로의 개정

앞서 정리한 정신보건법 개정의 흐름 속에서 2013년 5월 23일 정부는 '정신보건법 전부개정안'을 입법예고하였다. 전부개정안의 골자는 (1) 정신질환 이력으로 인한 불이익을 완화하기 위하여 정신질환의 범위를 축소(안 제3조)하고, (2) 정신질환의 원활한 치료와 만성화 방지를 위해 국가와 지방자치단체의 정신질환 조기발견 체계를 구축(안 제13조)하며, (3) 정신보건센터의 명칭을 정신건강증진센터로 변경하여 그 기능을 강화(안 제10조~제18조)하고, (4) 국립정신연구기관의 설립 근거를 마련하는 것이다. 그리고 (5) 기존에 인권침해 소지가 있어 문제가 되고 있던 비자발적 입·퇴원제도와 관련하여 비자발적 입원요건을 입원치료의 필요성과 자·타해 위험성 요건을 모두 충족하는 것으로 개정(안 제36조)하는 것이다. 이 전부개정안은 일부수정을 거쳐 2014년 1월 16일(의안번호 1909081호) 국회에 제출되었다.

2013년 정부의 정신보건법 전부개정안 입법예고는 그 동안 핵심적 문제의 흐름을 형성해왔으나 정책의 흐름에 반영되지 못해왔던 정신장애인에 대한 복지지원의 문제가 정책의제로 설정되는 전기를 마련하였다. 입법예고를 계기로 결성된 '정신장애인지역사회생존권연대'[2]는 정부안이 정신건강증진을 위한 의료적 대책만을 입법이유로 내세우면서 지역사회에서의

---

2 '정신장애인지역사회생존권연대(이하 생존권연대)'는 정신보건법 전부개정안에 반대하는 대한정신보건가족협회, 한국정신장애인연합, 한국정신장애연대(KAMI), 한국장애인단체총연맹, 한국장애인단체총연합회, 한국장애인복지학회 등 6개의 단체로 구성되었다.

정신질환자들의 생존기반이 되는 복지서비스에 대한 대안을 제시하지 않았기 때문에 사실상 정신질환자들이 지속적으로 병원에 머물 수밖에 없는 환경을 유지시키고 있다고 비판하였다. 그리고 정신장애인 탈원화와 지역사회복귀정책 추진을 위해서는 '정신장애인 권리보장과 복지지원에 관한 법률'제정이 필요함을 주장하면서 '정신장애인복지지원법추진공동행동(이하 공동행동)'을 결성하였다. 그리고 2014년 12월 2일 입법토론회를 통하여 제안된 '정신장애인 권리보장 및 지원에 관한 법률(안)'을 제안하였으며, 이 법률안은 수차례 공청회를 통하여 법안명('정신장애인복지지원등에관한 법률'(이하 정신장애인복지지원법, 의안번호 16215)을 포함한 일부 수정을 거쳐 2015년 7월 24일 김춘진 의원 등 13인의 발의로 국회 보건복지 상임위원회에 상정되었다.

이 법안은 정신보건법이 지역사회에서 생활하는 정신질환자들에게 제공하는 사회복지서비스로서 사회복귀시설만을 규정하고 지역사회정신보건사업이 의료적 지원에 중점을 두고 있었던 것과 비교한다면, 고용 및 직업 훈련 지원, 평생교육 지원, 문화·예술·여가·체육 활동 지원, 소득보장, 지역사회 거주·복귀 지원, 심리·사회적 재활지원 등 구체적인 복지지원 내용을 포함한다.

정부는 이 법안에 대하여 입원중심의 정신장애인 제도를 개선하여 지역사회복귀를 위한 복지지원 강화가 필요하다는 점은 동감하나, 정신장애인의 경우 병원과 지역사회를 넘나드는 보건과 복지의 통합적 접근이 필요하며, 정신보건법에 따른 정신보건센터가 설치·운영되고 있어 새로운 전달체계를 구축하는 것은 현실적 어려움이 있으므로 정신보건법 관련 규정 보완을 통해 입법목적을 달성하는 것이 가능할 것이라는 의견을 제시하였다. 이와 같은 정부의 의견에 따라 국회 보건복지위원회 법안심사소위원회는 정부의 정신건강증진법안, 김춘진 의원 등 13인이 발한 정신장애인복지지원법안, 최동익 의원 등 10인이 발의한 정신보선법 일부개정 법률안 그리고 이명수 의원 등 11인이 발의한 정신보건법 일부개정 법률안 등 4건 법률안을 병합하는 이른바 '정신건강증진및정신질환자복지지원에관한 법률안'을 대안으로 마련하여 2016년 5월 임시국회에서 법안을 처리하였다.

정신건강복지법의 주요내용은 다음과 같다.

가. 법률의 명칭을 「정신보건법」에서 「정신건강증진 및 정신질환자 복지
　　서비스 지원에 관한 법률」로 변경함.

나. 법 적용 대상인 정신질환자의 정의를 '독립적으로 일상생활을 영위하
　　는데 중대한 제약이 있는 사람'으로 한정함(제3조제1호).

다. 정신건강증진의 장을 신설하여 일반국민에 대한 정신건강 서비스 제공
　　근거를 마련함(제7조부터 제18조까지).

라. 복지서비스 개발, 고용 및 직업재활 지원, 평생교육 지원, 문화·예술·
　　여가·체육활동 지원, 지역사회 거주·치료·재활 등 통합지원, 가족에
　　대한 정보제공과 교육 등 정신질환자에 대한 복지서비스 제공 근거를
　　마련함(제33조부터 제38조까지).

마. 환자 본인 및 보호의무자의 동의로 입원을 신청하고, 정신과 전문의
　　진단 결과 환자 치료와 보호필요성이 인정되는 경우 72시간의 범위에
　　서 퇴원을 거부할 수 있는 동의입원 제도를 신설함(제42조).

바. 보호의무자에 의한 입원 시 입원 요건과 절차를 강화하여 진단입원
　　제도를 도입하고, 계속 입원 진단 전문의 수 및 소속을 서로 다른 정
　　신의료기관에 소속된 정신과 전문의 2명 이상(그 중 국공립 정신의료
　　기관 또는 보건복지부장관이 지정하는 정신의료기관에 소속된 정신과
　　전문의가 1명 이상 포함되도록 함)으로 하며, 계속입원 심사 주기를
　　단축함(제43조).

사. 시장·군수·구청장에 의한 행정입원 제도 개선을 위하여 보호의무자에
　　의한 입원의 유형 중 하나인 시장·군수·구청장이 보호의무자가 되는
　　경우를 삭제하고, 경찰관이 행정입원 신청을 요청할 수 있는 근거를
　　마련하며, 행정입원 기간을 보호의무자에 의한 입원 기간과 같이 조
　　정함(제44조 및 제62조).

아. 각 국립정신병원 및 대통령령으로 정하는 기관 안에 입원적합성심사
　　위원회를 설치하여, 보호의무자 또는 시장·군수·구청장에 의한 입원
　　의 경우 입원사실을 3일 이내에 위 위원회에 신고하도록 하고, 위원
　　회는 입원의 적합성 여부를 1개월 이내에 판단하도록 하는 등 입원
　　단계 권리구제 절차를 강화함(제45조부터 제49조까지).

자. 정신건강심의위원회의 결정 유형을 퇴원, 임시퇴원, 처우 개선 조치
　　외에도 외래치료명령 조건부 퇴원, 3개월 이내 재심사, 다른 정신의
　　료기관 등으로의 이송, 자의입원 또는 동의입원으로의 전환 등으로

다양화함(제59조).
차. 입원 환자의 회전문 현상, 입원의 장기화, 반복되는 재입원의 문제를 통제하
　기 위하여 입원·퇴원 등과 관련된 관리시스템을 구축하도록 함(제67조).

제3절 정신건강복지체계의 현황

정신건강복지법은 정신건강복지체계의 구성요소가 되는 법률이 규정하는
서비스대상, 서비스내용을 구성하는 지원시설 그리고 서비스를 제공하는
인력을 규정하고 있다. 여기에서는 정신건강복지법을 근거로 정신건강복지
체계의 정신질환자 규정, 지원시설 현황 그리고 전문인력을 설명한다.

1. 정신질환자의 법적 정의와 인구현황

1) 정신질환자 및 정신장애인의 개념 및 법적 정의

정신건강복지법 제3조 제1호에서는 "정신질환자"란 망상, 환각, 사고(思
考)나 기분의 장애 등으로 인하여 독립적으로 일상생활을 영위하는 데 중
대한 제약이 있는 사람을 말한다고 규정하고 있다. 그리고 제3조 제7호에
서 정신재활시설 이용대상을 정신질환자 또는 정신건강상 문제가 있는 사
람 중 대통령령으로 정하는 사람이라고 하여 정신질환자 이외에도 정신재
활시설을 이용할 수 있도록 하고 있다. 그리고 동법 시행령 제2조에서 제
3조제7호에서 "대통령령으로 정하는 사람"이란 ① 기질성 정신장애, ②
알코올 또는 약물중독에 따른 정신장애, ③ 조현병 또는 망상장애, ④ 기분
장애, ⑤ 정서장애, 불안장애 또는 강박장애, ⑥ 그 밖에 제1호부터 제5호
까지의 장애에 준하는 장애로서 보건복지부장관이 정하여 고시하는 장애
등으로 규정하고 있다. 이와 같은 규정방식은 이전의 정신보건법이 정신
질환자를 정신병(기질적 정신병 포함)·인격장애·알코올 및 약물중독·기타

비정신병적 정신장애를 가진 자(제3조 제1항)로 규정했던 것과 비교할 때 정신질환자의 범주를 중증 정신질환으로 축소시켜 각종 법률에 의해 정신질환자에게 부여되는 제한을 받는 사람의 범위를 축소시키면서, 다른 한편으로는 기존 정신재활시설 이용자의 범위를 구법과 동일하게 유지하려는 목적을 가지고 있다.

한편 장애인복지법은 "장애인"이란 신체적·정신적 장애로 오랫동안 일상생활이나 사회생활에서 상당한 제약을 받는 자(제2조 제1항)라고 규정하고 있다. 그리고 다시 "정신적 장애"란 발달장애 또는 정신질환으로 발생하는 장애(제2조 제2항)라고 하고 있다. 여기에서 발달장애는 지적 장애와 자폐성 장애로 구분되고 정신질환으로 발생하는 장애는 정신장애라고 규정된다. 그러므로 장애인복지법의 정의에 따르면 정신장애는 정신질환으로 인하여 오랫동안 일상생활이나 사회생활에서 상당한 제약을 받고 있는 자이다. 정신장애가 정신질환으로 발생하는 장애라면 장애인복지법이 말하는 정신질환이 무엇인가가 구체적인 정신장애 범주의 핵심적인 부분이 된다. 이와 관련하여 장애인복지법 시행규칙(별표1)은 정신장애인을 지속적인 정신분열병, 분열형 정동장애, 양극성 정동장애 및 반복성 우울장애에 따른 감정조절·행동·사고 기능 및 능력의 장애로 인하여 일상생활이나 사회생활에 상당한 제약을 받아 다른 사람의 도움이 필요한 사람으로 규정하고 있다. 즉 장애인복지법은 정신분열병(조현병), 분열형 정동장애, 양극성 정동장애 및 반복성 우울장애 등으로 인하여 발생하는 장애가 정신장애라고 규정하고 있는 것이다.

사실상 정신질환자와 정신장애인의 개념은 구분하기 어렵다. 정신건강복지법의 정신질환자가 망상, 환각, 사고(思考)나 기분의 장애 등의 증상으로 인하여 일상생활의 장애를 규정하고 있는데, 장애인복지법의 정신분열병(조현병), 분열형 정동장애, 양극성 정동장애 및 반복성 우울장애 등은 망상, 환각, 사고나 기분의 장애와 차이가 없기 때문이다. 정신건강복지법은 정신질환자의 개념을 사실상 장애인복지법상의 정신장애 개념에서 원용했다고 볼 수 있다.

2) 정신질환자 및 정신장애인 인구현황

2016년 정신질환실태 역학조사에 따르면 지난 1년간 주요우울장애를 경험한 인구의 비율은 5.0%이며 인구수로는 61만명으로 추산되었다. 그리고 조현병 스펙트럼 장애(조현병, 조현양상장애, 조현정동장애, 망상장애, 단기정신병적장애)의 1년 유병율은 0.2%로 총 11만 3천명으로 추산되었다. 국립정신건강센터(2016)는 지원이 필요한 중증 정신질환자의 규모를 전체인구의 1% 정도로 추정하고 있으며 2015년말 기준으로 정신의료기관등 입원 및 입소시설에 거주하는 사람을 제외한 지역사회 거주자를 430,780명으로 추산하고 있다. 이를 기준으로 한다면 정신건강복지센터, 정신재활시설 등에서 등록관리되고 있는 정신질환자는 79,127명으로서 등록관리율은 18.37%이다(국립정신건강센터, 2016).

한편 2016년 12월 기준 등록 정신장애인은 100,069명으로 전체 등록장애인 2,511,051명의 3.9%에 해당한다. 이렇게 본다면 등록정신장애인의 규모는 정신질환실태조사의 조현병 스펙트럼장애를 가진 사람의 규모와 유사하다고 할 수 있다. 연령별로는 7-18세 66명(0.1%), 19-45세 28,618명(28.5%), 46-64세 60,715명(60.6%), 65-80세 10,205명(10.2%) 그리고 81세 이상 465명(0.5%)로 나타났다. 즉 46-64세 사이의 등록 정신장애인이 60.6%로 가장 많으며 노인 인구층에서는 10%를 약간 상회하는 것으로 나타난다.

2. 정신질환자 지원서비스 현황

정신질환자들은 해방 이후 그들을 위한 복지서비스정책이 수립되지 못한 가운데 1981년까지 성인불구시설에서 수용보호되었다. 1981년 심신장애자복지법 제정에서 장애자의 범주에서 정신질환으로 인한 장애가 배제됨에 따라 성인불구시설은 정신요양시설로 분류되었지만 수용중심 보호라는 데에서 변화는 이루어지지 않았다. 오히려 1980년대에 들어 정신보건법 제정 당시까지 정신요양시설 입소자수는 급증하였다. 1995년 제정된 정신보건법이 1997년부터 시행되자 이러한 상황에서 변화가 나타났다. 정신요양시설은 일부 정신의료기관으로 전환됨에 따라 감소하였지만 정신의료기관에서의 비자의입원이 합법화됨에 따라 정신의료기관이 급증하기 시작하였다. 정신보건법이 제공하는 지역사회 거주자의 복지서비스는 정신재활시설(사회복귀시설) 이용이 유일한 것이었다.

1999년 개정되고 2000년부터 시행된 장애인복지법은 장애의 범주에 정신질환으로 인한 장애를 포함하였다. 그러나 장애인복지법 제15조는 정신보건법상의 정신질환자에 대하여 장애인복지시설 이용을 제한할 수 있다고 규정함으로써 장애인복지전달체계에서 정신장애인을 배제하는 관행이 형성되었다. 2011년 장애인활동지원에 관한 법률이 제정되었지만 정신장애인은 이중장애가 아닌 한 활동지원서비스를 받을 수 없다. 현재 시점에서 정신질환자가 정신재활시설 이외에서 복지서비스를 이용할 수 있는 경우는 2007년부터 시작된 사회서비스바우처제도의 정신건강토탈케어서비스를 이용하거나 장애등록자의 경우 장애인직업재활시설을 이용할 수 있다.

정신의료기관의 제도적 기능은 급성 정신질환자의 입원 또는 외래치료를 통한 일상생활 유지, 재활 및 사회복귀를 도모하는 것이다. 그러나 급속하게 팽창한 정신의료기관의 실제기능은 빈곤한 정신질환자의 거주장소의 제공으로 변화한 것이 현실이다. 즉 정신의료기관이 중증정신질환자의 장기적 거주공간이 되고 있다. 이러한 측면에서는 정신요양시설과 기능상 구분이 어렵다. 그리고 정신의료기관과 정신요양시설은 모두 비자의입원 대상시설이라는 공통점을 가진다. 다만 정신요양시설은 시설 내의 층간 혹은 담장 안에서 이동을 자유롭게 허용하고 있는 경우가 상당히 존재한다. 정신요양시설의 제도적 기능은 만성 정신질환자에 대한 요양과 사회복귀촉진을 위한 훈련제공이다. 그러나 입소기간이 매우 장기화되어 있고 무연고자도 상당수 입소해있어 이전의 수용보호를 벗어나지 못하고 있다.

정신건강복지센터의 제도적 기능은 지역사회 내 정신질환 예방, 정신질환자 발견·상담·사회복귀훈련 및 사례관리, 정신보건시설 간 연계체계 구축 등 지역사회 정신보건사업 기획·조정이다. 그러나 대부분 민간위탁방식을 선택하고 있는 정신건강복지센터는 공공성 미흡과 종사자 지위의 불안정문제를 가지고 있다. 정신건강복지센터의 사례관리도 서비스조정보다 질병관리와 같은 직접서비스에 초점을 둔 경우가 많아 정신질환문제의 해결을 위한 지역사회동원전략을 강화할 필요가 있다.

정신재활시설은 정신질환자 지역사회지원을 위한 핵심적 민간전달체계이다. 전국 229개 시군구 중 105개 시군구는 어떠한 종류의 정신재활시설도 존재하지 않는다. 일반적으로 재활훈련시설 중 주간재활시설이나 종합시설이 지역의 거점역할을 수행한다. 주거를 제공하는 생활시설은 입소정원 50인 이하이며, 기존 10인 이하의 주거제공시설은 폐지(단, 기존 시설은 새로운 시설기준에 적합한 경우 유지)하였다. 대안으로 가정적 분위기의 소규모 공동생활가정이 확대될 것으로 예상된다. 그러나 생활시설과 공동생활가정은 이용기간 1년을 원칙으로 하면서 2회 연장할 수 있도록 하고 있다. 정책적으로는 주거를 제공하는 기능보다 자립생활훈련의 기능이 강조되어있다. 주거불안정이 입퇴원 반복의 주요 원인이 된다는 측면에서 저렴한 주거 제공과 적절한 생활지원이 제공되는 기간 제한이 없는 주거 프로그램이 시급히 요청된다. 지역사회전환시설의 경우에도 생활시설 및 공동생활가정과 같은 기간 제한이 있다. 지역사회전환, 즉 탈시설을 지원한다는 측면에서 생활시설 및 공동생활가정과 역할의 차이가 없다. 직업재활시설은 정신건강복지법에 의한 시설과 장애인복지법에 의한 시설이 공존한다. 그것은 정신장애인 등록자는 장애인직업재활시설의 이용을 허용하고 있기 때문이다. 현재 장애인직업재활시설 이용자 중 정신장애인은 약 4.5%이다. 그렇지만 이용자수는 정신건강복지법에 의한 직업재활시설 이용자보다 많다.

그리고 정신질환자를 대상으로 하는 유일한 사회서비스바우처는 정신건강토탈케어서비스이다. 현재 이용자는 약 3,000명 내외이다. 정신질환자들에게 활동지원서비스가 제공되지 못하는 상황에서 중요한 거택보호서비스 기능을 수행하고 있다. 다만 지역별로 차이가 있지만 3-5년으로 이용기간을 제한하고 있다.

이를 종합한 정신질환 지원서비스 현황은 아래의 <표 3-2>와 같다.

〈표 3-2〉 정신질환자 지원서비스 현황

구분	종류	개소	총 이용자/종사자수	운영방식
정신의료기관[3]		1,449	정원 83,696명	- 급성 정신질환자의 입원 또는 외래치료를 통한 일상생활 유지, 재활 및 사회복귀 도모의 기능을 가짐 - 현실적으로 빈곤계층 정신질환자에 대한 주거제공기능
정신요양시설[4]		59	정원 13,830명	- 요양과 사회복귀촉진을 위한 훈련 제공 기능 - 빈곤계층 및 무연고 정신질환자 주거 제공 및 보호
[5]정신건강복지센터 (225)	기초	209	등록 58,369명	- 질병관리에 중점을 둔 사례관리 - 연계체계 구축 등 지역사회 정신보건사업 기획·조정기능 수행 미흡
	광역	16	-	
정신재활시설 (336)	생활시설 입소생활시설	16	정원 2,570명 현원 2,039명 (생활시설)	- 가정에서 생활하기 어려운 정신질환자에게 주거, 생활지도, 교육, 직업재활훈련 등의 서비스 제공 - 이용기간이 제한되며 훈련기능에 초점
	주거제공시설	124		- 10인 이하 소규모로서 주거, 생활지도 등의 기능수행, 야간관리인력 상주 - 신설 불가, 이용기간이 제한됨
	재활훈련시설 주간재활시설	96	정원 4,471명 현원 4,635명 (이용시설)	- 정신질환자에게 작업·기술지도, 직업훈련, 사회적응훈련, 취업지원 등의 서비스 제공
	공동생활가정	58		- 4-6인 소규모 가정형태, 독립생활을 위한 자립역량을 함양, 이용기간 제한
	지역사회전환시설	4		- 지역 내 정신질환자에게 일시보호 기능을 위한 전달체계 미구축 - 훈련기능과 관련하여 입소생활시설이나 공동생활가정과의 차별성이 명확치 않음
	직업재활시설	11		- 정신질환자 등이 특별히 준비된 작업환경에서 직업적응, 직무기능향상 등 직업재활훈련을 받거나 직업생활을 할 수 있도록 지원
	중독자재활시설	5		- 알코올 중독, 약물 중독 또는 게임 중독 등으로 인한 정신질환자 등을 치유하거나 재활을 도움
	종합시설	22		- 정신재활시설 중 2개 이상의 정신재활시설이 결합되어 정신질환자 등에게

구분	종류	개소	총 이용자/종사자수	운영방식
				생활지원, 주거지원, 재활훈련 등의 기능을 복합적·종합적으로 제공
[6]장애인직업재활시설	장애인 보호작업장	446	정원 13,505명 현원 12,076명 정신장애 614명	– 정신질환자 직업재활시설이 미발달한 상황에서 등록 정신장애인들이 이용하고 있음
	장애인 근로사업장	64	정원 3,770명 이용 2,653명 정신장애 166명	– 정신질환자 직업재활시설이 미발달한 상황에서 등록 정신장애인들이 이용하고 있음
바우처	[7]정신건강토탈케어 서비스	234	이용 2,991명	– 정신장애인 또는 정신과 치료가 필요하다는 정신과 의사의 소견서 및 진단서 발급이 가능한 자에 대하여 정신질환 증상, 기능수준, 욕구에 따라 필요한 프로그램을 선별 또는 혼합하여 월 4회 이상 제공 – 정신질환자와 가족에게 일상생활 지원, 증상관리, 사회적응 및 취업지원 프로그램을 지원

---

3 보건복지부 내부자료(2017)에 따른 2016년 이용 현황. 정신건강사업안내(2017)에 따른 사업 설명.

4 보건복지부 내부자료(2017)에 따른 2016년 이용 현황. 정신건강사업안내(2017)에 따른 사업 설명.

5 국가 정신건강현황 2차 예비조사 결과보고서(국립정신건강센터, 2016)에 따른 2015년 이용 현황.

6 정신건강복지법에 의한 직업재활시설과는 별개로, 장애인직업재활시설은 장애인복지법에 의거하여 등록 장애인만 이용 가능함. 직업재활시설 실태조사(한국장애인개발원, 2013)에 따른 현황.

7 사회보장정보원 내부자료(2016년 4월 기준)에 따른 이용 현황.

3. 정신건강전문요원

1) 정신보건법 제정 이전의 정신보건인력정책

우리나라 의료법의 의료인력에 관한 규정은 일제치하의 조선의료령 규정이 용어만을 변경한 채로 지속되고 있다. 즉 일제하에서 '의료업자'를 의사, 치과의사, 한의사, 보건원, 조산원 그리고 간호원 등으로 구분하였던 것이, 현행법에서는 '의료인'을 의사, 치과의사, 한의사, 조산사 및 간호사로 구분하여 이전의 보건원만 폐지한 채 그대로 존속되고 있다. 정신보건법 제정에 의한 정신보건전문요원제도의 등장 이전에는 위와 같은 의료법의 규정에 따라 정신과전문의와 간호사가 이 분야의 핵심인력이고 이와 같은 상황은 병원인력의 측면에서는 아직도 존속되고 있다.

사회복지사를 정신보건분야의 인력으로 자리매김하는 데에 의미있는 제도변화는 1973년 의료법 시행령 제24조 제2항 제5호의 개정이다. 시행령은 종합병원에는 환자의 갱생, 재활과 사회복귀를 상담 및 지도하기 위하여 사회복지사업법상 사회복지사업 종사자를 1인 이상두도록 하였는데, 이 규정이 많은 종합병원 정신과에서 사회복지사(당시로는 사회복지사업 종사자)가 일하게 되는 계기를 마련하였다고 하겠다.

또한 1977년 의료보험수가 청구기준에 '정신의학적 사회복지'가 포함됨으로써 사회복지사의 행위가 의료수가를 산정할 수 있게 되는 계기가 마련되고 사회복지사의 정신보건분야 취업이 증가하게 되었다. 그러나 정신의학적 사회복지는 대부분 간호사들도 할 수 있는 행위가 됨으로써 특별히 전문적 직무로서 인정되지는 못한 것으로 보아야 할 것이다.

이와 같은 제도상의 변화에 의해 정신보건분야에서 사회복지사들이 채용되는 계기가 되었지만, 전체적으로 보면 정신과전문의가 전문적 권한을 독점하는 핵심적 위치에 있었고 수적으로 간호사들이 가장 다수의 인력이 되었다. 사실상 정신보건법 제정 이전에는 정신보건시설은 정신병원과 정신요양시설과 같은 입원시설만이 존재하였기 때문에 정신병원이나 정신요양시설에 근무하는 소수의 사회복지사와 임상심리사를 제외하고 대다수

인력은 정신과전문의와 간호사일 수밖에 없었다.

2) 정신보건전문요원제도의 성립배경

우리나라의 정신보건법은 사실상 1988년 일본 정신보건법(현재는 정신보건복지법)을 근간으로 우리나라의 상황에 맞추어 제정된 법이라고 볼 수 있다. 우리나라 정신보건법의 토대를 제공한 일본의 정신보건인력제도를 살펴보면, 1995년 사회복지서비스를 대폭 강화시킨 정신보건복지법으로의 개정과 함께 정신보건사회복지사(1997년)제도가 법제화되었다. 정부안으로 제정된 이법에서 일본 정부는 법제정 취지를 '정신장애인의 사회복귀에 관한 상담 및 원조의 업무에 종사하는 자의 자질향상 및 그 업무의 적정성을 도모하고 정신장애인이나 가족이 안심하고 필요한 지원을 받을 수 있도록 …'이라고 설명하고 있다. 이것은 1965년 일본의 보건소법 개정을 통하여 신설된 정신보건복지상담원제도(당시로는 정신위생상담원)에서 그 업무가 정신질환의 조기발견·조기치료를 위해 정신장애인의 정신병원 수용과 퇴원후 질병관리를 주로 한 것과 미묘한 차이가 있다. 즉 정신보건사회복지사제도는 일본 정신보건법을 정신보건복지법으로 개정한 후 정신장애인들의 사회복귀와 지역사회에서의 생활지원에 관한 사업에 초점을 둔 전문직제도(다나까 히데끼, 2005)라면, 정신보건복지상담원은 간호사와 사회복지사가 모두 획득할 수 있는 자격으로 공중보건활동에 관한 업무에 중점을 둔다.

우리나라의 경우 1995년 정신보건법 제정과 함께 정신보건간호사, 정신보건임상심리사, 정신보건사회복지사 등의 3개 직역으로 구분된 법정 정신보건전문요원제도가 수립되었다.[8] 정신보건법 제정 당시 제정이유서는 정신보건전문요원제도의 성립배경이 명시적으로 나타나 있지 않다. 당시의 시대적 배경으로 볼 때 법 제정으로 인하여 새로이 신설되는 정신재활시설이나 다양한 지역사회정신보건사업에 투입될 전문인력이 부족한 상황이라는 것과 병원인력을 중심으로 형성된 치료이데올로기가 이 제도 성립

---

8 2016년 정신건강복지법 개정시 그 명칭이 정신건강전문요원으로 개정되었다.

의 중요한 배경이 되었을 것으로 보인다. 즉 새로운 정신보건사업에 투입할 인력이 사회적으로 요구되는 상황에서 정신보건관련 조직이나 단체가 병원인력을 중심으로 형성되어 있었기 때문에 그들이 가지고 있는 치료이데올로기는 쉽사리 전문이데올로기[9]로 전환됨으로써 일반적 훈련을 받은 간호사, 임상심리사, 사회복지사가 아닌 정신보건에 관한 생의학적 훈련을 이수한 전문요원제도를 요구하였다고 볼 수 있다.

정신보건전문요원제도가 우리나라 정신보건법이 정신질환자사회복귀시설을 법제화하고 지역사회정신보건사업을 선언하는 시기에 나타났다는 점에서 일본의 정신보건정신복지사제도와 맥락을 함께 하는 측면이 있다. 그러나 일본의 제도와는 달리 사회복지사와 외에 간호사나 임상심리사에게도 부여하는 자격이라는 측면에서 보면 지역사회에서의 정신장애인 생활지원이나 정신장애에 관한 회복패러다임의 확산과 같은 정신보건에 관한 새로운 아이디어와는 상관이 없이 단지 정신보건관련 인력의 전문이데올로기에 불과한 양태를 띤다. 오히려 우리나라의 현행 제도는 일본이 1965년에 제도화된 공중보건에 초점을 둔 정신위생상담원제도와 유사하다고 하겠다. 이와 같은 사실은 새로운 제도의 도입이 기존의 생의학에 토대를 둔 정신보건시설 및 인력 중심의 제도에서 탈피하지 못하고 있는 경로의존성을 잘 나타내고 있다.

3) 정신건강전문요원의 업무범위와 자격기준

보건복지부장관은 정신보건 분야에 관한 전문지식과 기술을 가진 자에게 정신건강전문요원의 자격증을 교부할 수 있다(제17조). 정신건강전문요원은 정신건강임상심리사·정신건강간호사 및 정신건강사회복지사로 구성하며 업무의 범위는 <표 3-3>과 같다.

---

9 정신장애는 질병이므로 치료되어야 하고 치료는 전문가에 의해서 수행되어야 한다는 이데올로기를 말함

〈표 3-3〉 정신건강전문요원의 업무의 범위 및 한계

종 별	업무의 범위 및 한계
공 통	가. 정신재활시설의 운영 나. 정신질환자등의 재활훈련, 생활훈련 및 작업훈련의 실시 및 지도 다. 정신질환자등과 그 가족의 권익보장을 위한 활동 지원 라. 법 제44조제1항에 따른 진단 및 보호의 신청 마. 정신질환자등에 대한 개인별 지원계획의 수립 및 지원 바. 정신질환 예방 및 정신건강복지에 관한 조사·연구 사. 정신질환자등의 사회적응 및 재활을 위한 활동 아. 정신건강증진사업등의 사업 수행 및 교육 자. 그 밖에 제1호부터 제8호까지의 규정에 준하는 사항으로 보건복지부장 관이 정하는 정신건강증진 활동
정신보건 임상심리사	가. 정신질환자등에 대한 심리 평가 및 심리 교육 나. 정신질환자등과 그 가족에 대한 심리 상담 및 심리 안정을 위한 서비스 지원
정신보건 간호사	가. 정신질환자등의 간호 필요성에 대한 관찰, 자료수집, 간호 활동 나. 정신질환자등과 그 가족에 대한 건강증진을 위한 활동의 기획과 수행
정신보건 사회복지사	가. 정신질환자등에 대한 사회서비스 지원 등에 대한 조사 나. 정신질환자등과 그 가족에 대한 사회복지서비스 지원에 대한 상담·안내

제4절 정신건강복지체계의 구조적 문제

1. 정신건강복지법 이전의 정신의료기관 장기입원 유인구조

앞에서 살펴본 것처럼 우리나라 정신건강복지체계의 가장 큰 문제점은 높은 강제입원비율과 입원의 장기화라고 할 수 있다. 그리고 장기입원자의 대부분은 의료비 부담이 없는 기초생활수급자들이다. 이전 정신보건법 시대에 형성된 제도적 장기입원 유인구조를 분석해보면, (1) 당사자를 위한 권익옹호제도가 없는 용이한 입원구조, (2) 이러한 입원구조를 고착시키는 정신보건센터의 업무구조, (3) 지역사회에서의 보편적 장애인서비스 이용 배제 그리고 (4) 지자체·정신의료기관·가족의 결탁을 형성시키는 재원부담구조 등 네 가지 방향에서 정리해볼 수 있다. 구체적으로는 첫째, 이전 정신보건법의 보호의무자에 의한 입원은 기초생활수급자의 경우 보호의무자인 가족이 신청하거나 가족이 없는 무연고자의 경우 기초 지방자치단체의 장이 신청을 하고 입원예정 병원의 정신과전문의가 입원치료의 필요성을 판단하는 구조이다. 이러한 구조에서 기업식 운영구조하의 정신의료기관이 입원을 거부할 이유는 없다. 당사자의 입원에 대한 의사결정을 지원할 어떠한 장치도 보이지 않는다. 둘째, 지역사회의 정신보건센터는 대부분 정신의료기관이나 그 운영법인에 위탁·운영되고 있다. 중증 정신질환자 관리사업은 주로 사례관리(업무성격은 방문간호와 유사)라고 명명되는 방식으로 진행되는데 의뢰횟수는 중요한 성과지표이다. 실제 병원으로부터 정신보건센터를 거쳐서 지역사회자원으로 연계를 되는 경우는 드물지만, 반대로 지역사회 거주자를 병원으로 입원 의뢰하는 실적이 대부분이다. 정신보건센터가 확대되면서 정신병상이 급증하게 된 원인으로 볼 수 있다. 셋째, 보편적 장애인서비스의 경우 직업재활시설 이용을 제외하면 정신장애인은 이용할 수 없다. 단지 양적으로 매우 부족한 정신재활시설 이용만 가능하다. 공동생활가정과 같은 주거를 제공하는 시설은 일반

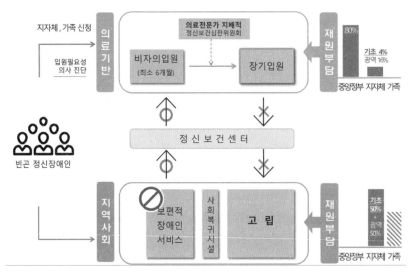

[그림 3-1] 정신건강복지법 이전의 정신의료기관 장기입원 유인구조

장애인공동생활가정과는 달리 3년으로 이용기간이 제한되어 있다. 넷째, 지방자치단체와 가족들은 입원치료에 대한 부담이 거의 없는 구조이다. 기초생활수급자의 입원 의료급여는 중앙정부에서 80%를 분담하며 가족은 부담이 없다. 이에 비해 지역사회서비스의 경우 중앙정부의 부담없이 지방자치단체가 부담하며, 지역사회서비스를 이용하지 않는 경우 가족이 전적으로 돌봄의 부담을 지고 있다. 이러한 구조적 문제가 변화되지 않는다면 정신건강복지체계에서 정신장애인의 장기입원은 지속될 수밖에 없을 것이다.

2. 정신건강복지법 개정과 장기입원구조의 지속

2016년 개정된 정신건강복지법은 기초생활수급자인 정신질환자의 제도적 장기입원 유인구조를 어떻게 변화시켰는가? 앞서 설명한 장기입원을 유인하는 (1) 당사자의 권익옹호제도가 없는 용이한 입원구조, (2) 이러한 입원구조를 고착시키는 정신보건센터의 업무구조, (3) 지역사회에서의 보편적 장애인서비스 이용 배제 그리고 (4) 지자체·정신의료기관·가족의 결탁을 형성시키는 재원부담구조 등 네가지 구조 중 (1) 당사자의 권익옹호제도가 없는 용이한 입원구조에 대한 일부 개선이 이루어졌다. 이전 정신보건법의 보호의무자에 의한 입원의 요건을 강화하여 자타해위험과 입원필요성을 모든 충족하고 소속을 달리하는 2명의 정신과전문의의 일치된 소견이 강제입원을 시킬 수 있으며, 강제입원 직후 입원적합성심사위원회가 다시 적합성을 심사하도록 하였다.

그리고 가족이 없는 무연고자의 경우 기초 지방자치단체의 장이 신청하던 제도를 폐지하여 공공후견법인이 보호의무자가 되도록 하여 의사결정을 지원하도록 하였다. 그리고 (3) 지역사회에서의 보편적 장애인서비스 이용 배제에 대응하기 위한 복지서비스 제공근거가 마련되었다고 볼 수 있다.

그러나 현재 시행중인 이전보다 엄격한 입원제도에도 불구하고 정신의

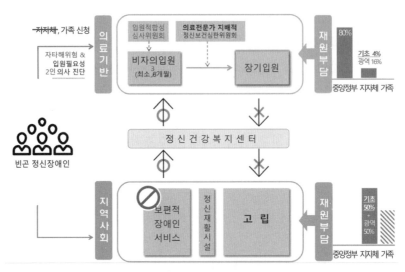

[그림 3-2] 정신건강복지법 시대의 정신의료기관 장기입원 유인구조

료기관 입원자수의 변화는 없다. 정신건강복지센터는 명칭만 변경되었을 뿐 업무구조에는 변화가 없는 실정이며, 복지서비스의 법적 근거가 마련되었으나 실제적으로 신설되거나 확장된 복지서비스는 찾아보기 어렵다. 재원구조에 있어서도 지역사회서비스를 지방자치단체에 비용을 부담시키고 수용시설이 정신요양시설은 중앙정부가 대부분 부담해주고 있다. 빈곤계층의 입원 의료급여도 중앙정부가 대부분 부담한다. 정신장애인의 지역사회 이동을 위한 광범위한 정책적 변화가 필요하다.

제5절 정신건강복지체계의 개선방향

앞서 빈곤 정신장애인을 둘러싼 제도적 장기입원 유인구조를 (1) 당사자를 위한 권익옹호제도가 없는 용이한 입원구조, (2) 이러한 입원구조를 고착시키는 정신보건센터의 업무구조, (3) 지역사회에서의 보편적 장애인서비스 이용 배제구조 그리고 (4) 지자체·정신의료기관·가족의 결탁을 형성시키는 재원부담구조 등 네 가지로 정리하였다. 여기에서는 정신장애인 권익옹호제도는 별도로 논의하고 나머지 세 가지의 문제에 개선방안을 정리해보고자 한다.

1. 정신건강복지센터의 역할과 기능

정신보건센터는 지역사회정신보건사업의 수행을 목적으로 도입되었지만, 정신보건센터의 전국적 확산이 정신병상의 급속한 증가를 동반해왔기 때문에 민간 정신의료기관의 환자 발굴에 공공체계가 동원되었다는 의심을 받아왔다. 실제 장기입원 구조의 형성이 비자의입원의 보편화와 지역사회복지 부재에 따른 결과로 볼 수 있다할지라도, 기존 정신보건센터의 사례관리를 중심으로 하는 지역사회정신보건사업이 장기입원 구조에 대한 통제 혹은 완충기능을 거의 수행하지 못했다는 측면에서 그 기능과 사업에 관한 재검토가 필요하다. 즉 이전의 장기입원 구조 하에서 수행되었던 정신보건센터의 지역사회정신보건사업은 새로운 정신보건복지법시대의 이념과 목적에 맞게 조정되고 변화되어야 소기의 성과를 가져올 수 있을 것이다.

지역사회 정신보건서비스 제공자들은 정신질환자들의 지역사회 고립현상을 만드는 정신보건체계의 근본적인 구조를 지역사회 자원의 부재로 경험하고 있다. 이러한 자원의 부재는 지역사회 복귀를 위한 정보부재, 형식화된 서비스 연계 그리고 주거서비스 부재의 맥락적 조건으로 작동되면서 고립과 재발의 악순환이 지속된다. 이와 같은 상황적 조건 속에서 정신질환자의 지역사회통합 촉진을 위한 정책과제를 도출하기 위해 먼저 지역사회 중심조직인 정신건강복지센터의 기능에 관하여 논의한다.

이전 「정신보건법」 제13조제3항 및 제13조의 2에서는 정신보건센터의 기능은 정신질환자의 발견·상담·진료·사회복귀훈련 및 이에 관한 사례관리 등을 실시하는 것(동법 제13조의 2)으로 규정되었다. 따라서 만성 정신질환자에 대한 사례관리는 정신보건센터의 중추적 기능이었다. 정신보건센터의 사례관리는 실무적으로 본다면, 개인별서비스계획(Individual Service Plan, 이하 ISP)을 수립하고 그에 따라 제공되는 서비스이다. 본 장에서는 이전의 사례관리중심 정신보건센터 기능을 개편하여 새로운 정신건강복지센터의 역할과 기능을 구축하기 위한 주요 개선방안을 다음과 같이 제시한다.

1) 정신의료기관 입원자의 정신건강복지센터 접근성 확보

장기적으로 정신의료기관에 입원하고 있는 사람이 정신건강복지센터에 어떻게 접근할 수 있는가에 하는 문제에 대한 대안이 요구된다. 실질적으로 탈원화가 가능하기 위해서는 장기적 입원자라고 하더라도 그 주소지 관할관청에 퇴원의사를 밝히면 센터의 전문인력이 방문조사하고 지역사회에서의 생활을 위한 개별지원계획을 퇴원전에 수립하여야 한다. 이와 관련하여 이전 정신보건법 시행령 제16조의3(퇴원 사실 등의 통지)은 정신의료기관의 장은 법 제26조의3에 따라 정신질환자의 동의(정신건강의학과 전문의가 본인의 의사능력이 미흡하다고 판단하는 경우에는 보호의무자의 동의)를 받아 별지 제20호의3서식에 따라 퇴원 또는 퇴소사실을 해당 정신보건센터 및 보건소에 통지하여야 한다고 규정하고 있었다. 그러나 정신보건센터 담당자들은 통지를 받고 퇴원한 사람에게 연락을 하면 이미 다른 병원에 입원해 있거나 연락을 거부하는 경우가 다반사라고 하고 있다(박인환 등, 2016). 실제적으로 탈원화를 가능하게 할 수 있는 체계를 수립하여야 한다.

2) 사례관리의 개선

의료적 보조행위 중심의 사례관리는 지역사회생활지원으로 초점을 이동해야 한다. 현재의 사례관리는 주로 CANSAS 1, 3, 4영역(정신건강, 위험성, 신체건강영역)과 같은 의료적 욕구에 초점을 두고 그러한 욕구의 심각도가 상승함에 따라 사례관리자의 접촉빈도를 증가시키는 구조이다(하지선, 2016). 그리고 사례관리의 내용도 외래/투약관리, 의료기관 연계 등이 중심이 되기 때문에 CANSAS 5, 6, 7, 8(일상생활, 사회적 관계, 학업/직업기능, 지역사회 생활지원)과 같은 사회적 영역의 욕구는 차순위가 될 수밖에 없다. 이러한 사례관리의 구조는 국가적 정신보건자원 활용의 비효율을 초래하고 있다. 왜냐하면 지역사회에 거주하는 대부분 정신질환자는 1-2주 단위로 외래 정신과진료를 받고 약물처방을 받으며 건강보험은 그 비용을 지불하고 있기 때문이다. 의료적 보조행위로서 사례관리가 수행되기 위해서는 정신건강복지센터가 직접 진료와 약물처방을 하고, 다른 정신의료기관 이용에 대한 칸막이가 형성되어 있어야 의료자원의 적절한 통제가 가능하다. 즉 정신건강복지센터가 정신의료기관의 대체재의 구조로 정신보건체계가 형성되어 있는 국가에서는 의료적 보조행위로서의 사례관리가 수행되는 합당한 이유가 존재하지만 우리나라의 경우처럼 의료지불체계가 사회서비스지불체계와 이원화된 구조에서 현재와 같은 사례관리가 수행되는 이유는 불명확하다. 최근 서울시 정신건강복지센터 파업으로 지역사회에 거주하는 정신질환자의 별다른 동요가 발생하지 않았다는 사실이 정신의료기관 서비스의 보완재로서 작동하는 센터 사례관리의 현주소를 잘 드러낸다. 현재의 사례관리는 지역사회에서 정신질환자의 생활을 지원하는 방향으로 전환해야 존립의 의의가 있다. 서울시의 지침상으로는 CANSAS 5, 6, 7, 8(일상생활, 사회적 관계, 학업/직업기능, 지역사회 생활지원)영역에 중심을 둔 계획을 수립하고 그 실행을 모니터링하는 사례관리로 실무자들의 행위양식을 변화시켜야 한다.

3) 지역사회 자원개발기능 확충

가장 시급하게 정신건강복지센터가 확충할 기능은 현재 지역사회 자원 부재에 대응하기 위해 지역사회이 자원을 개발하는 기능이다. 정신질환자에 대한 편견이 팽배한 지역사회 분위기에서 기존의 의뢰중심 사업은 한계를 가질 수밖에 없다. 정신건강복지센터가 자체적으로 지역사회 옹호조직, 자원봉사단체를 육성하여야 한다. 그리고 이미 세계적으로 효과성이 검증된 접근방법인 당사자단체를 육성하여 고립된 정신질환자를 지역사회로 이끌어내는 역할을 부여하는 것도 중요한 지역사회통합의 전략이 될 수 있다.

4) 성과평가 제도의 개선

정신건강복지센터에서는 새로운 성과평가체계를 도입하여야 한다. 지역사회정신보건사업의 본질을 왜곡하는 평가체계의 문제는 조속히 해결되어야 한다. 종래 정신건강복지센터 평가의 중요부분은 지역사회에 거주하는 정신질환자들과 사례관리자의 접촉량이었다. 그런데 정신재활시설 이용자는 접촉량 산정의 대상에서 제외되어 왔다. 이러한 구조는 정신재활시설의 설치가 정신건강복지센터의 접촉량 획득의 장애요소가 되는 구조라는 것이다. 지역사회정신보건사업의 발전하기 위해서는 지역사회 내에 정신건강의 문제가 가진 사람이 이용할 수 있는 자원이 충분히 존재하는 것이 필요조건이 된다. 그러나 종래 평가체계는 지역사회에 정신보건자원이 형성될수록 평가에서 불리한 처지에 놓이게 된다. 지역사회 내에 정신보건자원을 많이 구축한 지방자치단체가 평가에서도 유리한 평가를 받을 수 있는 체계를 형성하여야만 지역사회 정신보건자원이 증가하고 조직간 협력관계가 증진될 것이다. 또한 접촉량을 중심으로 정신건강복지센터 사업을 평가하는 것은 성과평가의 개념에 관한 왜곡된 이해라고 할 수 있다. 접촉량은 이론적으로 투입(input)에 해당되는 것이지 성과(output)이라고 볼 수 없다. 성과를 평가하기 위해서는 지역사회에 거주지를 둔 의료급여수급자들의 1인당 입원의료비 수준과 입원의료비 증감율을 평가하는 방식이 합당하다. 이러한 평가체계하에서는 지방자치단체가 입원의료비를 감소시키기 위해 보다 많은 정신재활시설을 설치하고 다양한 사회서비스를 도입하기 위해 경쟁적으로 노력하게 될 것으로 기대할 수 있다. 실제 의료급여 사례관리의 평가에서는 이러한 방식을 도입하고 있다.

5) 정보전달체계의 구축

지역사회정신건강복지사업의 활성화를 위한 정보전달체계를 구축하여야 한다. 현재 정신건강복지센터는 해당 관할지역에 주소지를 둔 정신질환자들이 어떤 장소에서 어떤 서비스를 받고 있는지 즉각적으로 파악할 수 있는 정보체계가 수립되어있지 못하다. 만약 입원상태에 있다면 어떤 정신의료기관에 있는지 파악할 수 있는 정보체계가 구축되어야 지역사회 정신건강복지사업의 활성화될 수 있다. 즉 정신건강복지센터 담당자는 해당 기관에 퇴원계획을 문의할 수 있고 퇴원할 경우 지역사회 지원계획을 사전에 수립할 수 있다. 향후 입원적정성심사에 관한 정보전달체계가 수립되는 경우 해당 지역의 정신건강복지센터가 이러한 정보에 접근할 수 있도록 자격을 부여하고 방문조사를 할 수 있는 권한이 부여되어야 한다.

2. 정신건강복지체계와 장애인복지체계의 관계 설정

정신건강복지법 제정 이후에도 왜 지속적으로 장애인복지법 제15조 폐지와 법의 명칭을 '정신건강증진 및 정신질환자복지서비스지원에 관한 법률'에서 '정신건강증진 및 정신장애인복지서비스지원에 관한 법률'로 변경할 것을 요구하는 주장들이 지속되고 있는가? 실제 정신질환자에 대한 복지서비스 배제는 법률시행의 주무부서의 분리에 의한 정책적 연계 부재에 기인하는 바가 크다고 볼 수 있다. 즉, 장애와 의료 서비스를 총괄하는 보건복지부 내의 경직된 조직체계와 기능분담에서 비롯된 바가 큰 것으로 보인다. 지역사회 장애인을 위한 보편적 복지서비스를 담당하는 부서는 장애인정책국이다. 이에 반하여 정신장애인(정신질환자)에 대한 서비스를 담당하는 부서는 정신건강정책국(정신건강정책과)이다. 각 부서는 고유한 담당사무와 그에 관한 입법을 관할한다. 국민 건강과 의료를 담당하는 정신건강정책국 산하의 정신건강정책과는 정신질환자의 문제를 정신건강정책국의 고유한 사무분장에 따라 주로 의료적 관점에서 파악하고 이를 입법적으로 뒷받침하기 위하여 「정신보건법」을 제정하여 시행한 것이다. 국민건강과 의료정책을 담당하는 건강정책국에서 정신질환자의 복지라는 관점은 애당초 나오기 어려운 것이었을 수 있다. 왜냐하면 정신보건법 시행을 위한 각종 위원회는 의료전문가들로 대부분 구성되고 정신보건의 최일선 전달체계는 보건소라는 공공보건조직으로 구성되어 보건 혹은 의료의 논리가 지배적이기 때문이다. 예를 들어 정신질환자는 환자이기 때문에 치료가 최우선이며 치료를 잘 받을 수 있다면 다른 복지문제는 차선의 문제이거나 자동적으로 해결될 것이라는 관념들이 보건 및 의료전문가들에게는 보편적인 것이다.

현행 정신건강복지법체계에서 장애인복지법 제15조를 폐지하는 경우 정신장애인 복지서비스는 정신건강복지체계와 장애인복지서비스체계가 상호 보완관계로 재편될 수 있다. 즉 정신장애인은 정신재활시설과 장애인복지시설을 선택적으로 이용할 수 있다. 현실적으로 지역사회 정신장애인 서비스가 매우 부족한 상황에서 현재 이용자의 다수가 발달장애인인 장애인종합복지관과 같은 대규모의 지역사회서비스기관은 정신장애인을 위한 사회서비스 공백을 해소하는 역할을 기대할 수 있다. 또한 지역사회에서 주거를 지원하는 정신건강복지법의 공동생활가정, 주거제공시설, 입소정신재활시설 등이 3년으로 이용기간을 제한하고 있는 상황에서 이용기간의 제한이 없는 장애인복지시설의 공동생활가정은 정신장애인 탈원화를 위한 중요한 인프라가 될 수 있다. 하지만 무엇보다 중요한 변화는 중앙정부의 장애인정책국이 공식적으로 정신장애인복지정책에 관여하게 되는 것이다. 현재까지 대부분의 장애인정책에서 정신장애인은 정책적 고려의 대상이 되지 못했지만 장애인복지법 제15조 폐지는 정신장애인을 장애인정책의 대상으로 받아들이는 변화를 가져올 것으로 기대할 수 있다. 그리고 이제까지 의료전문가, 의료서비스 제공자가 압도적인 위치에 있었던 정책 이해관계자도 재편될 기회가 제공될 수 있다.

이 체계에서 문제가 될 수 있는 영역은 기존에 장애인등록을 하지 않고 정신건강복지서비스를 이용하고 있었던 정신질환자들이 어떻게 복지서비스를 지속적으로 이용할 수 있는가하는 것이다. 이번 정신건강복지법 개정으로 사실상 정신질환자의 개념과 장애인복지법의 정신장애인 개념은 거의 접근해있다. 따라서 장애인등록 거부나 회피로 인한 서비스 이용상의 문제는 발생할 수 있다고 하더라도 정신질환자와 정신장애인 개념의 상이성으로 인한 문제는 발생할 가능성이 매우 희박하다고 볼 수 있다.

3. 재원조달체계

현재 정신장애인 관련 서비스 재정지원의 가장 큰 문제점은 장기입원 중심의 정신의료서비스에 재정투입이 집중되어 있고, 정신장애인의 지역사회 사례관리, 재활, 주거 등에 대한 재정지원이 한정되어 있다는 점이다. 특히 정신의료재원과 지역정신보건복지재원 간의 엄격한 분리 운영으로 장기입원 완화가 지역정신보건복지서비스 확충으로 연결되는 재원 활용이 어렵다는 점이다. 다수의 연구자들은 미국 등과 같이 의료급여 재정을 입원과 지역사회재활서비스에 공유할 수 있는 통합적 재정운영을 제안하고 있다(김연희, 2005; 김연희, 하경희, 2006; 조윤화 외, 2014). 현행 의료급여법의 장기입원 사례관리 규정 등을 보완하여 장기입원 정신질환자의 사례관리, 재활서비스를 위해 의료급여 재정을 활용할 수 있도록 하는 제도개편이 필요할 것이다. 홍선미 등(2016)은 재원조달체계의 개선방향을 다음과 세 가지로 제시하고 있다.

1) 정신과 의료급여 범위의 확대

현행 의료급여제도는 정신과 입원과 외래치료에 대해서만 급여를 제공한다. 이러한 의료급여의 좁은 범위는 입원한 수급자와 지역사회에서 생활하는 수급자 간의 형평성문제를 야기시킨다(조윤화 등, 2014). 즉 퇴원하여 지역사회에서 생활하는 수급자인 정신장애인의 경우 단지 정신재활시설 이용만 가능하고 별도의 케어서비스가 존재하지 않는 반면, 정신의료기관에 입원하고 있는 정신장애인의 경우에는 개인적인 부담이 없이도 의료서비스는 물론 기본적인 의식주가 해결된다. 이러한 제도적 상황은 지금까지 장애인복지법이 정신장애인을 배제하는 구조를 가지고 있었기 때문에 일반적으로 중증 장애인들을 지원하는 제도에서도 제외되었던 데에서 연유한다. 이러한 구조에서는 의료급여의 범위를 확장하여 지역사회 서비스를 다양화하는 것이 최선의 전략이 될 수 있다. 왜냐하면 이 전략은 새로운 재원조달이 없이 기존의 입원의료급여를 지역사회서비스비용으로 대체할 수 있기 때문이다.

2) 정신과 의료급여에 대한 포괄예산제(block grants) 도입

의료급여에 대한 과다한 이용을 조정하기 위하여 의료급여 사례관리가 실시되고 있으나 수급자들에 대한 적정한 의료이용에 관한 상담 및 정보 제공방식으로 접근하고 있다. 이러한 방식이 일정한 성과를 가질 수 있으나 근본적으로 과도한 의료급여 이용을 통제할 수는 없다. 특히 대부분의 의료급여 수급자가 입원상태에 있는 정신장애인의 경우에는 거의 성과를 가져오지 못한다. 이러한 상황에서 유효한 정책방안은 정신과 의료급여에 대한 포괄예산제 도입이다. 즉 포괄예산제는 중앙정부의 상한 없는 사후 지불제에 따른 지방자치단체의 방만한 의료급여관리를 통제하고자 하는 데에 유용하다(조윤화 등, 2014). 즉 매년 정신과 의료급여에 대하여 일정 수준의 재정을 사전적으로 지방자치단체에 포괄보조하면서 재정운영의 책무를 부여하는 것이다.

3) 정신재활시설과 정신요양시설 간 운영비분담구조 개선

정신요양시설 보조금은 2015년부터 국고지원으로 환원되었다. 그러나 대규모 시설을 줄이고 지역사회의 소규모 주거와 생활지원을 추진하기 위해서는 정신요양시설과 같은 대형 시설을 지방자치단체가 운영비용을 부담하도록 하고, 정신재활시설은 국고지원이 이루어지도록 하는 정책이 합리적이다. 즉 정신장애인의 지역사회통합을 위해서는 국가는 소규모 주거나 지역사회 주거지원체계에 대한 지원을 확대하면서 대형 시설은 지방자치단체에 운영부담을 이전함으로써 자연스럽게 감소하도록 지역사회통합 정책을 추진할 필요가 있다는 것이다. 현재 중앙정부와 지방자치단체가 정신요양시설은 국고지원이 이루어지는 반면 정신재활시설은 지방자치단체가 전적으로 부담하도록 함으로써, 오히려 정신재활시설이 위축되고 정신요양시설이 확대될 수 있는 구조적 문제를 가지고 있다. 이와 같은 재정분담구조는 정신재활시설의 운영비에 대한 국고지원이 이루어질 수 있도록 개편될 필요가 있다. 또한 정신요양시설의 기능전환을 통하여 정신재활시설로 전환하는 경우 기존의 정신요양시설에 대한 국고지원이 정신재활시설로 이전될 수 있도록 하는 방안이 모색되어야 한다. 그렇지 않다면 정신요양시설의 기능전환에 대해서 지방자치단체의 저항이 나타날 것으로 예상된다.

제6절 결론

이 장에서는 정신장애인의 지역사회 정착을 위한 정신건강복지체계의 문제점과 개선방안을 모색하기 위하여 정신보건법의 개정과정과 정신건강복지체계를 검토하였다. 그리고 이를 토대로 개선방안을 첫째, 입원구조를 고착시키는 정신보건센터의 업무구조 개선, 둘째, 지역사회에서의 보편적 장애인서비스 이용 배제구조 폐지 그리고 셋째, 정신장애인 감금을 중심으로 지자체·정신의료기관·가족의 결탁을 형성시키는 재원부담구조 개선 등 세 가지를 정리하였다. 여기에서 제시된 개선방안은 대부분 다른 국가에서는 시행하고 있는 방안이다. 실제 아무리 어려운 정책적 개선과제라고 하더라도 해법이 부재한 경우는 거의 없다. 다만 저항하는 집단이 있을 뿐이다.

제2부

정신장애의 이해

제4장 정신장애의 이해
제5장 진단분류체계
제6장 신체·심리·사회적 사정

제4장 정신장애의 이해

제1절 도입

정신장애는 장애의 하위개념이다. 모든 개념이 그러하듯이 장애는 사회적으로 구성되는 개념이다. 따라서 정신장애 개념을 이해하기 위해서는 이념이나 가치관의 변화에 따라 장애의 개념이 어떠한 변화를 겪어왔고, 이러한 맥락 속에서 정신장애 개념의 역사적 변천 과정이 어떠하였는지에 대한 이해가 필요하다.

장애의 개념은 시대적 사회적 문화적 특성을 반영하여 구성되는 가변적 개념이다. 첫째, 장애의 개념은 인권의 역사적 전개 과정과 맥락을 같이한다. 시민권, 자유권과 같은 소극적 인권 시대의 장애는 치료와 재활의 대상인 절대적 개념이었지만 사회권이 강조되는 최근을 오면서 사회·환경적 특성에 따라서 정의될 수 있는 사회적 상대적 개념으로 변화하였다. 둘째, 이러한 장애에 대한 개념의 변화는 장애접근법의 변화도 초래한다. 소극적 절대적 장애 맥락에서는 장애인을 치료하고 재활하는 것이 바람직한 접근이라고 이해한 반면, 장애의 상대적 개념 맥락에서는 같은 질병을 가지고 있는 사람들이라고 하더라도 개인의 장애에 대한 인지나 환경적 지원체계에 따라서 장애 정도가 달라질 수 있다는 사회적 상대적 장애로 이해한다.

이러한 장애개념의 역사적 변화는 정신장애에도 유사하게 적용된다. 장애를 치료의 대상으로만 바라보던 시기의 정신장애에 대한 접근은 질병모델이 주를 이루었다. 하지만 정신장애의 개념이 사회적 상대적 개념으로 진화해 오면서 정신장애에 대한 접근도 회복모델이나 인권모델로 진화하였다.

정신보건법 제정 이전인 1995년 이전에는 지역사회정신보건 인프라가 거의 없는 시기로, 입원병원이나 외래병원이 주요 정신건강서비스 인프라를 이루는 의료모델 시기였다. 1990년 MI 원칙과 같은 정책환경의 변화와 더불어 1995년 정신보건법 제정이후 우리나라 정신건강 접근법의 특징적 변화는 지역사회정신건강 서비스 인프라 구축에 대한 강조에서 찾을 수 있다. 즉, 정신보건법은 기존의 의료모델에 지역사회 확장을 위해 복지모델을 가미하여 지역사회 정신건강 인프라 구축을 목표로 하였다. 정신보건법 제정 이후 우리나라가 지향한 정신장애에 대한 접근은 정신장애에 대한 사회 전반적인 인식개선, 및 치료와 요양서비스의 질 개선 등의 정신보건법 제정 이전의 목표를 유지하면서, 지역사회 재활과 이를 성공적으로 수행하기 위한 정신건강서비스와 복지서비스 전달체계 간의 효과적인 연계를 통한 지역사회 정신보건사업 기반 구축이 목표였다(보건복지부, 2005).

지역사회 정신보건 측면에서 재활은 정신장애인들이 지역사회 내에서 살아가고, 배우며, 일하는데 필요한 신체적, 정서적, 사회적, 지능적 기술들을 수행할 수 있도록 강화하고 지원하는 것이다. 정신보건법이 기존의 의료모델에 복지모델을 가미한 지역사회정신건강 인프라 구축을 통한 재활이 목표였지만, 법 제정 후 나타난 입원병원의 증가, 병상 수의 증가, 입원 기간의 증가 등 반지역사회적 현상들을 볼 때 정신보건법은 실패한 것으로 평가된다. 비록 탈원화 및 복지서비스와 지역정신건강서비스 기반 구축이라는 정신보건법이 지향하는 목표달성은 실패하였지만, 정신보건법 제정 이전과 비교해 볼 때, 정신보건법 제정 이전의 치료와 요양이라는 정신건강서비스 차원에서 한 걸음 더 나아가 사회복귀와 재활을 강조하는 보다 적극적인 의미의 정신보건서비스의 목표를 표방하고 있다는 점에서 제한적 의의가 있다.

정신보건법의 실패와 2006년 채택된 "장애인인권에 관한 협약"의 영향으로 2016년에 정신건강복지법 전면 개정이 이루어졌다. 정신건강복지법은 장애의 사회적 개념을 수용하여 의료모델과 복시모델에 인권모델을 가미하여 당사자의 치료와 재활을 넘어 회복을 지향하고 있다.

정신장애인을 위해 정신건강복지법이 지향하고 있는 효과적인 회복서비스를 제공하기 위해서는 정신장애를 설명하는 다양한 접근들에 대한 역동적 이해가 선행되어야 한다. 이러한 다양한 접근을 이해하기 위해서는 먼저 정신장애의 정의를 고찰하는 것이 도움이 된다. 그러면, 정신장애란 무엇인가? 일반적으로 정신장애란 정신과적 증상과 이로 인한 생활기능의 저하라는 두 측면으로 정의된다(APA, 2013; Turner, 1997). 즉, 어떤 개인이 정신장애의 증상을 보이고 이러한 증상으로 인해서 일반적인 생활기능 상에 저해가 생겼을 때 우리는 그 개인이 정신장애가 있다고 말한다. 정신과적 증상이란 정신질환에 해당하는 것으로 우울증상(depressive symptoms), 불안증상(anxious symptoms), 강박증상(obsessive or compulsive symptoms), 정신증적 증상(psychotic symptoms) 등의 심리적 증상과, 위축된 행동(withdrawn behaviors), 합리적이지 못한 행동(irrational behaviors) 등의 행동적 증상 및 심리적 증상과 행동적 증상에서 올 수 있는 사회적 관계의 문제(problems in social relationships) 등을 들 수 있다. 기능상의 장애란 이러한 정신질환 및 정신과적 증상으로 인해서 기존에는 잘 수행하던 개인적, 사회적, 직업적 역할 수행에 장애가 생기는 경우를 말한다. 즉, 일정 정도의 우울이나 불안 등의 정신과적 증상이 있다고 하더라도 이로 인해서 기능상에 장애가 생기지 않을 경우에는 정신질환이나 증상 그 자체만 가지고 정신장애가 있다고 진단하지는 않는다. 반대로, 기존에 잘 수행하던 기능을 잘 수행하지 못하는 경우, 기능장애의 원인이 신체적 장애 때문에 생길 수도 있고 개인의 능력의 부족에서 생길 수도 있기 때문에 기능상의 장애 자체만을 가지고 정신장애를 진단하는 것은 한계가 있다. 종합해서 정의하면 정신장애란 정신질환으로 인한 정신과적 증상으로 인해서 기능상의 장애가 나타나거나, 기능상의 장애로 인해서 정신과적 증상이 나타나는 경우 등 정신과적 증상과 기능상의 장애가 동시에 나타날 때 정신장애라고 진단할 수 있다(APA, 2013).

위에서 살펴본 정신장애에 대한 정의에서 나타나듯이 정신장애는 정신질환으로 인한 정신과적 증상과 이로 인한 기능상의 저하라는 두 가지 측면으로 이해되고 이를 도식적으로 표현하면 [그림 4-1]과 같이 나타낼 수 있다. 즉, 정신장애는 정신과적 증상(mental illness & symptoms)과 기능장애(associated functional limitations) 및 관계에 대한 통제 가능성(controllability)의 세 측면으로 이해될 수 있다. 즉, 정신과적 증상과 이로 인한 기능상의 장애를 개인적으로나 환경적으로 통제 불가능(dyscontrol)할 때, 정신장애가 발생한다.

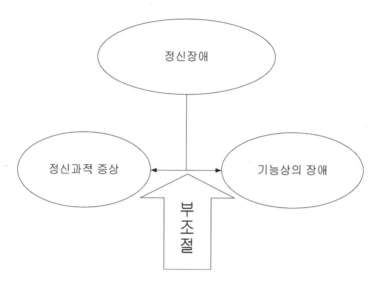

[그림 4-1] 정신장애의 도식적 이해

본 장에서는 정신장애를 이해하는데 도움이 되는 여러 가지 이론적 접근들에 대해서 소개한다. 이러한 접근들은 주로 정신장애 즉, 정신과적 증상이나 기능상의 장애의 원인에 대한 이해를 어떻게 하는가에 따라서 구분된다. 즉, 정신분석이론을 비롯한 심리학적 이론들은 정신과적 증상이나 기능상의 장애의 주된 원인(primary causations)을 심리적인 요소나 경험으로부터 이해하려고 하고, 사회학적 관점의 이론들은 정신과적 증상이나 기능상의 장애의 주된 원인을 개인과 사회적 환경 간의 부조화에서 찾으려고 하는 이론들이다. 또한 생물적 관점은 정신장애의 원인을 생물학적 요소들을 통해서 이해한다. 본 장에서 살펴보려고 하는 정신장애에 대한 이론적 접근들과 정신장애와의 관계를 도식화하면 [그림 4-2]와 같이 나타낼 수 있다.

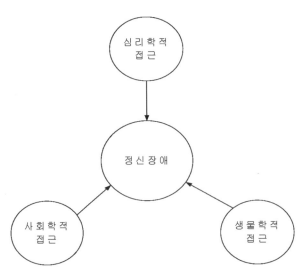

[그림 4-2] 정신장애에 대한 이론적 접근들

위의 도식적인 정리에서처럼 본 장에서는 정신장애의 이해를 위한 이론적 접근들을 심리학적 관점, 사회학적 관점, 생물학적 관점으로 나누었는데 이러한 접근은 정신장애에 대한 이해와 원인적 요인을 설명하는데 도움이 된다(Newman & Newman, 1987). 이러한 분류는 정신장애를 이해하는 수준을 어떠한 차원에 초점을 두는가에 의한 편의적 분류이고, 실제 각각의 관점은 서로 중복되는 부분이 많다는 것을 미리 밝혀둔다. 이러한 점을 고려하여 본 장에서는 논의의 편의상 정신장애에 대한 심리학적 접근, 사회학적 접근, 생물학적 접근을 개별적으로 살펴보면서 통합적 관점에서의 정신장애에 대한 이해를 높이고자 한다.

제2절 심리학적 관점들

심리학적 관점들에는 여러 가지가 있을 수 있는데, 심리학적 관점에서의 정신장애를 이해하는데 체계적인 관점의 기반을 제공한 것은 정신분석이론이다. 즉, 심리학적 관점들은 무의식 결정론적인 정신분석이론의 장점은 발전 계승하고, 정신분석이론의 단점이나 한계는 도전 극복하면서 분석심리이론이나 행동주의이론 인지이론 등으로 발전되어 왔다고 볼 수 있다(강상경, 2018). 즉, 심리학적 관점들은 정신과정에서 무의식의 역할을 강조하는 무의식 결정론, 환경의 역할을 강조하는 행동주의 이론, 지나친 결정론적인 관점을 비판하면서 인간의 역할을 강조하는 인본주의 이론 및 이러한 통합적 관점에서 인지, 행동, 정서간의 상호작용의 중요성을 강조하는 인지행동이론으로 대분될 수 있다. 여기서는 정신분석이론을 기반으로 한 심리학적 관점들을 비교 이해하면서 각각의 이론들이 지닌 정신장애에 대한 관점의 특징들을 살펴본다.

1. 무의식 결정론적 관점

Freud(1922)의 정신분석이론은 인간의 심리에 대한 이해와 정신장애에 대한 이해 및 치료에 대한 체계적인 접근을 할 수 있는 기반을 제공하였다. 이 이론에 따르면 인간의 정신은 인식할 수 있는 감각, 지각, 경험, 또는 기억 등을 포함하는 의식(consciousness), 현재 인식은 할 수 없지만 어느 정도의 노력에 의해서 의식화 될 수 있는 전의식(preconsciousness), 욕구나 본능이 자리하고 있는 노력을 해도 의식의 세계로 되기 어려운 무의식(unconsciousness)로 구성되어 있다. 프로이드는 인간의 정신은 본능과 성격의 원형이며 정신 에너지의 저장고인 원초아(id), 조직적이고 합리적이며 현실 지향적인 이성과 상식을 포함하는 자아(ego), 현실적인 것보다는 이상적인 것 쾌락보다는 완전한 것을 추구하는 속성을 지닌 초자아(superego)로 구성되어 있다(Freud, 1960). 정신분석이론은 인간의 정신활동은 본능적 긴장을 감소시키고 심리적 안정을 되찾으려는 역동성에 의해서 결정된다고 간주하며, 이러한 역동성을 통한 심리적인 안정을 되찾으려는 하나의 예로 인간은 자아 방어기제를 사용한다.

정신분석이론의 또 하나의 특징은 인간이 생물학적 성숙 특히 성감대를 중심으로 성적 충동의 해결 과정에 따라 심리적 발달이 결정된다는 심리성적 발달단계를 제시한다는 점이다. 생후 일 년 반 정도는 구순기(oral stage)로 분류되고 초기 8개월 정도는 구순 동조적 단계로서 이 시기 유아의 성감대는 구순 영역(즉, 입과 입술부분)에 집중되며, 빨기와 삼키기가 무의식적 긴장을 감소시키고 육체적 심리적 쾌락과 안정을 추구하는 주된 전략이 된다. 생후 8개월이 되어 치아가 날 때 유아는 좌절감을 느낄 때 깨물고 싶은 충동을 느끼게 되는 구순 공격적 단계에 있게 된다. 구순 동조적 단계에서 지나치게 만족하게 되면 고착이 일어나 성장 후에도 지나치게 의존적이고 수동적인 경향을 보이게 되며 구순 공격적 단계에서 고착하게 되면 지나치게 논쟁적이고 공격정인 성격이 형성될 수 있다. 생후 일 년 반에서 3세 사이에는 성감대가 구순 영역에서 항문 영역으로 옮아가는 항문기(anal stage)이며 이 시기 유아는 배변이나 배설과 관련된 행동을 중심으로 성격이 형성된다. 부모의 지나친 강압적 배변훈련이나 부모가 정한 배변훈련의 기준에 지나치게 순응하거나 동조하도록 배변훈련을 할 경우 적대적이거나 공격적인 항문 폭발적 성격이나, 지나치게 결백한 행동을 하려는 강박적 욕구가 발달하여 항문 강박적 성격이 형성될 수 있다. 반대로 부모가 아이를 달래가며 적절하게 조절하면서 배변훈련을 할 경우 창조적이고 생산적인 성격이 형성된다. 3세에서 6세에 해당하는 남근기(phallic stage)에는 성적 흥분과 관심이 성기에 집중되며, 남아는 오이디푸스 콤플렉스(oedipus complex)를 여아는 일렉트라 콤플렉스(electra complex)를 겪는다. 오이디푸스 콤플렉스를 겪는 남아의 경우 어머니에 대한 사랑으로 인하여 아버지와 경쟁적 관계를 형성하게 되며 이러한 경쟁관계로 인해서 아버지가 자신을 해칠 것이라는 거세불안(castration anxiety)이라는 불안과 공포를 겪게 된다. 여아의 경우도 처음 동경의 대상은 어머니이나 남근이 없다는 것을 인식하게 되면서 어머니와 동일시하게 되고 남근선망(penis envy)을 하게 된다. 이러한 과정을 성공적으로 해결하는 경우 성역할의 동일시나 성적 정체감을 가지게 되며 갈등적 상황을 성공적으로 해결할 수 있게 된다. 6세부터 사춘기까지는 성적 잠재기로서 유아적 성적 에너지가 무의식속으로 잠재하는 시기이다.

잠재기의 원인으로는 남근기의 갈등으로부터 벗어나려는 심리적 요인에 기인한다고 보며 이 시기는 이성에 대한 관심도 낮아지고 동성의 또래와 어울리는 경향이 있다. 생식기가 시작되는 사춘기에는 2차 성징이 나타나고 잠재되었던 성적 관심과 욕구가 나타나며 성감대는 생식기를 포함한 전신으로 확대된다. 새롭게 성숙된 성적에너지가 이성관계, 구애, 결혼이나 나아가 가족형성, 집단 활동, 및 직업 등에 대한 관심으로 옮아가게 된다.

  지금까지 정신장애에 대한 정신분석이론의 관점을 살펴보는 전단계로 이 이론의 특징에 대해서 간략하게 정리해 보았다. 정신분석 이론적 관점에서 정신장애는 본능적 충동의 양과 질, 자아 방어의 충동 표현 조절능력, 개인의 방어적 기능의 성숙수준, 및 초자아의 승인 또는 죄의식의 정도와 밀접하게 관련되어 있다. 즉, 정신장애는 충동이 지나치게 좌절되었거나 과도하게 충족되었을 때나 구순기, 항문기, 남근기에 정신적 외상을 입었을 때 나타나게 된다. 그러므로 유아기에 적절하게 해결되지 않은 무의식적 갈등들은 성인기에 경험하는 정신적 문제들의 중요한 원인이 된다. 최근의 정신장애에 대한 관점에서 정신분석이론에서의 정신장애를 재구성하면, 정신장애는 부적절한 무의식적 충동이나 자아방어기제 및 심리성적 발단과정의 결과로 나타나는 불안과 이로 인한 기능상의 저하로 정의될 수 있다. 요약하면, 정신분석 이론적 관점에서 건강한 정신이란 자아가 잘 발달되고 불안을 효과적으로 대처할 수 있는 상태라고 정의되며 이러한 건강한 정신은 시기적절한 심리 성적 발달단계의 과제해결을 통한 적절한 자아방어기제를 통해서 불안을 극복할 수 있을 때 달성될 수 있다.

  위의 논의를 토대로 정신분석 이론적 관점에서 정신장애는 불안(anxiety)으로 대표되며, 현재 널리 사용되고 있는 정신장애에 대한 분류와는 사뭇 차이가 있다. 정신장애 즉 불안은 크게 3가지로 분류될 수 있다. 첫째는 현실적 불안(realistic anxiety)으로 외부세계로부터 오는 위험을 인식함으로써 발생되는 고통스러운 정서적 경험을 일컫는다. 이러한 불안은 환경적 요인으로부터 발생할 수 있는 정신장애들(예, adjustment disorders, separation anxiety, etc.)이 그 예가 될 수 있다고 할 수 있겠다. 둘째는 도덕적 불안(moral anxiety)으로 이드(id) 또는 무의식의 성적

에너지를 통하여 부도덕하게 욕구를 충족하려 할 때, 초자아의 처벌이 따를 것이라고 예견함으로써 발생하는 불안상태를 일컫는 것으로 심리적인 갈등상태에서 경험하는 불안, 우울 등이 그 예가 될 수 있다. 셋째는 신경증적 불안(neurotic anxiety)으로 본능으로부터 위험을 인식할 때 발생하는 고통스러운 심리적 체험 상태를 말하는 것으로 현재의 정신장애의 분류기준으로 굳이 이해를 하고자 한다면 기질적 요인이 명확하지 않는 조현병을 포함한 기능적 정신장애들이 그 예가 될 수 있다.

정신분석 이론적 관점에서의 정신장애의 이해는 정신분석이론의 본질과 연관하여 장점과 단점이 있다. 정신분석이론은 의식의 세계를 의식, 전의식, 무의식으로 구분함으로써, 인지 가능한 의식의 세계만으로 설명되어질 수 없는 정신장애와 더불어, 의식적 수준에서 이해될 수 없고 무의식의 세계를 통하여 이해될 수 있는 신경증적 불안에 대한 정신장애의 이해를 가능하게 하였다. 또한 방어기제의 개념을 도입함으로써 불안으로부터 자아를 보호하려는 일종의 대처기제를 제시함으로써, 부적절한 방어기제 과정을 통해서 경험할 수 있는 정신장애에 대한 이해를 가능하게 하였다. 또한 심리성적 발달단계를 제시하고 일정한 시기에 나타나는 심리성적 욕구를 제대로 해결하지 못 한 경우 생길 수 있는 부적응 양상을 정신장애와 연결 지음으로써, 정신장애를 이해하는데 있어서 발달론적 관점을 최초로 제시했다는 점 또한 이 이론의 강점이라 할 수 있다. 이 이론은 심리성적 과정에 바탕을 둔 부적응 양상에 대한 총체적이고 체계적인 접근은 정신치료의 원형을 제시하고 있는데, 이후에 발전하는 다양한 정신장애에 대한 이해나 치료적 접근법이 정신분석에서 파생하거나 그것에 한계에 대한 도전의 결과로 발전된 것이라는 것을 감안할 때, 정신분석이론은 정신장애에 대한 이해나 치료적 접근의 원형을 제시했다는 점에서 그 중요성이 인정된다.

이러한 장점에도 불구하고 정신분석 이론적 관점에서 정신장애를 이해하는 데는 몇 가지 한계점들이 있다. 첫째, 정신분석이론은 지나치게 결정론적 인간관을 가지고 있으므로 이 이론에 따르면 인간의 정신건강은 어린시절에 결정되며 무의식이나 본능에 의해서 좌지우지 된다. 이러한 무의식 결정론적 관점은 인간의 성장 잠재력이나 사회적 관계에 대한 욕구 또는 의식의 수준에서 문제해결능력 등을 경시하는 경향이 있다. 둘째, 정신분석이론은 남성성격을 원형으로 하고 있어서 이론의 수준이 남성에 기초한 뒤에 여성으로 확대 이해되고 있으므로 성차별적 관점이라는 비판을 받는다. 셋째, 정신분석이론의 과학성의 한계이다. 즉, 죽음에 대한 본능 (death instinct), 남근선망(penis envy), 구순기 고착(anal fixation) 등 사용하는 용어가 주관적이고 애매모호하여 과학적인 절차를 거쳐 객관적으로 검증하기가 어렵다. 넷째, 정신분석이론의 시간적 공간적인 제약에서 기인하는 일반화의 한계이다. 즉, 정신분석이론은 시간적으로 100여 년 전에 유럽이라는 특수한 문화적 상황 하에서 발달된 이론으로 현대의 다양한 사회문화적 배경으로 일반화하여 적용하기에는 시공간적 제약이 있다.

정신분석이론의 한계점 중의 하나가 생물학적 무의식 결정론에 기반하고 있어서 인간의 가변성에 대한 이해가 부족했다는 점이다. 정신분석이론과 비교할 때 정신분석이론에 기반을 둔 융(Jung)의 분석심리이론에서는 정신분석이론에서 강조된 생물학적 인간관을 유지하면서 인간을 생물학적인 존재이면서 심리적이고 사회문화적인 존재로 본다(Schulz & Schulz, 1998). 분석심리이론에서의 인간관은 인간이 의식과 무의식간의 대립을 극복하고 통일해 나가는 전체적인 존재이므로 과거의 유산이나 경험에 영향을 받는 역사적인 존재이면서 동시에 성장을 지향하는 미래지향적인 가변적 존재라고 간주한다. 그러므로 분석심리이론의 관점에서 인간은 목표달성을 위해 노력하고 상황에 따라서 행동을 조절할 수 있는 가변적 존재이다.

좀 더 구체적으로 살펴보면 분석심리이론은 인간의 정신 또는 성격을 단순한 집합체가 아닌 하나의 전체로 본다. 이 이론에서는 정신분석이론의 관점을 어느 정도 수용하여 인간행동은 의식과 무의식의 수준에서 상반되는 두 가지 힘에 의해 동기화된다고 간주한다. 정신분석이론과의 차이점은 정신분석이론에서 동기화의 주된 근원을 생물학적 성적에너지로 간주하는 반면 분석심리이론에서는 동기화의 근원을 전반적인 삶의 에너지를 포함한 일반적인 생활 에너지로 본다는 점이다. 즉, 생물학적 성적에너지는 결정론적이나 인간의 생활에너지는 인간의 과거와 미래의 목표와 가능성에 의해서 조정될 수 있으므로 정신분석이론의 과거 결정론적 인간관을 비판하면서 성격발달은 전 생애에 걸쳐서 일어나는 개성화 또는 자기실현의 과정이라고 간주한다. 분석심리이론 관점에서 발달은 타고난 소인 또는 잠재력을 표현하는 것으로 후천적 경험에 의해서 다르게 표현될 수 가능성을 인정한다. 그러므로 분석심리이론 관점에서 성격발달은 개성화의 과정을 통한 자기실현의 과정이라고 볼 수 있다. 분석심리이론의 정신장애에 대한 관점은 이러한 분석심리이론의 특징들을 반영한다.

분석심리이론의 관점에서는 정신장애는 절대적으로 구분되어 질 수 있는 것이라기보다는 상대적이라는 관점을 보이며 정신적으로 건강한 사람의 심리와 정신병리현상을 보이는 사람의 심리상태가 크게 다르지 않다고 본다. 정신적인 건강의 상태는 사람이 현재 자신이 당면한 과업을 얼마나 효과적으로 처리하고 직면한 상황에 효과적으로 적응하는가 하는 것과 자기인식을 위한 꾸준한 노력을 하면서 무의식을 의식화하여 자기실현을 위해 노력하는가에 달려 있다고 본다. 그러므로 분석심리이론에서는 정신병리현상을 질병이나 정상상태로부터의 일탈이라기보다는 정상적인 기능에 장애가 일어난 것에 불과하며 자기실현을 향한 성장이 멈춘 상태라고 정의될 수 있다.

2. 행동주의적 관점

심리학적 관점에서 환경 결정론을 중시하는 대표적 이론은 행동주의이론이다(강상경, 2018). 무의식 결정론적 관점의 이론들이 인간의 정신과 병리현상을 이해하는데 주요 요소로서 무의식을 강조하는 반면 행동주의 이론에서는 환경적인 조건에 대한 반응을 통하여 인간의 행동이나 정신이 형성된다는 관점을 취한다. 행동주의 이론의 기본 관점은 인간의 행동이나 정신은 학습되거나 수정된다고 본다(Bandura & Walters, 1963). 행동주의 이론은 인간의 기본적인 심리적 상태를 가정하기보다는 인간의 심리적 상태나 행동은 자극에 대한 반응으로 형성된다고 본다. 그러므로 학습 이론에 내재되어 있는 근본 원리는 환경으로부터 학습자에게 제시되는 자극(stimulus)과 자극으로 인한 행동을 의미하는 반응(response)간의 연합이고, 이러한 환경적 자극을 심리적 상태나 행동을 결정하는 주요 요소로 보기 때문에 환경 결정론적 관점이라고 할 수 있다.

행동주의의 대표적인 이론들로는 인간의 심리상태나 행동이 환경적 자극에 수동적으로 반응하여 형성되는 것을 설명하는 Pavlov의 고전적 조건화(Classical Conditioning) 이론(Huitt & Hummel, 1997), 자극 반응에 대하여 유기체가 시행착오의 반응을 반복하는 가운데 효과의 법칙에 따라 실패적인 반응은 약화되고 성공적인 반응은 강화되어서 행동이나 심리상태가 형성된다고 주장하는 Thorndike의 시행 착오설(Trial and Error Theory; Bower & Hilgard, 1981), 및 인간의 행동이나 심리상태가 환경적 자극에 대한 능동적인 반응의 결과라고 설명하는 Skinner의 조작적 조건화(Operant Conditioning) 등이 있다(Skinner, 1953; 1954; 1957; 1968).

먼저 조건반사설이라고도 불리는 Pavlov의 고전적 조건형성에 대해서 살펴보자. Pavlov는 실험도중 우연히 음식을 보고 개가 침을 분비하는 반응을 발견하고 이에 대해 연구하기 시작했다. 널리 알려진 바와 같이 먹이를 주기 전에 종을 계속 울려주기를 반복한 결과 나중에는 먹이를 제시하지 않아도 종소리만 듣고 침을 분비한다는 사실을 발견했다. 무조건 자극(먹이)을 조건 자극(종소리)과 연결 지음으로써 조건 자극(종소리)이 조건 반응(타액분비)을 유도해 내는 과정을 고전적 조건화라 한다. 행동주의 이론을 이해하려면 무조건 자극(unconditioned stimulus)과 무조건 반응(unconditioned response) 및 조건 자극(conditioned stimulus)과 조건 반응(conditioned response)에 대한 이해가 선행되어야 한다.

무조건 자극(UCS)이란 사전 경험이나 훈련 없이도 반응이 유발되는 생득적 자극인데, Pavlov의 실험에서 개가 본 음식이 무조건 자극에 해당되고 일반적으로 학습되지 않은 반사적 행동의 원인이 된다. 무조건 자극에 대한 반응을 무조건 반응(UCR)이라고 하고, Pavlov의 실험에서는 무조건 자극인 음식에 대한 반응으로 나타난 개의 침의 분비라는 반사적 행동이 이에 해당한다. 무조건 반사의 특징은 눈의 깜박거림이나 무릎반사등과 같은 타고난 행동으로 대표되는 학습되지 않은 생물체의 자율적인 신체적 반응이라는 점이다. 조건자극(CS)이란 조건반응을 유발하는 외부의 자극으로 Pavlov의 실험에서 개가 침을 흘리게 하는 종소리가 조건자극이다. Pavlov의 실험에서 알 수 있듯이 종소리인 조건자극은 반드시 아주 짧은 시간적 간격으로 무조건자극인 음식과 함께 제공되어야 한다. 조건반응 (CR)이란 조건자극에 의해서 유발되는 신체적 반응으로 Pavlov의 실험에서 개가 종소리만을 듣고 음식이 부재한 상태에서도 침을 흘리는 현상이 그 예이다.

　이러한 고전적 조작이론의 환경결정론은 인간이 지니는 여러 가지 특성이 외부의 조건자극을 통해서 변할 수 있음을 보여준다. 이는 인간성을 결정하는 요인이 인간의 내부에 있는 것이 아니라 외부로부터 미치는 영향에 있기 때문에 학습은 환경을 어떻게 통제하고 조절하며 조작하느냐에 따라 바람직한 방향으로 일어나게 할 수도 있다는 것을 의미한다. 그러므로 고전적 조건화의 관점에서 정신장애는 외부로부터의 바람직하지 못한 자극이나 부적절한 반응의 결과로 학습된 행동이나 심리상태로 이해될 수 있다. 하지만 고전적 조작설은 또한 한계가 있다. 즉 고전적 조건반사는 반사적 행동에 한정되며, 조건반응 자체가 인간의 복잡한 행동이나 심리상태를 설명하기에는 지나치게 단순하다.

　또 하나의 행동주의 이론은 Thorndike의 시행착오설이다. 이 이론은 자극 반응에 대하여 유기체가 시행착오의 반응을 반복하는 가운데 효과의 법칙에 따라 실패적인 반응은 약화되고 성공적인 반응은 강화되어서 학습이 형성된다고 주장하는 이론이다. 이 이론은 Thorndike의 문제상자 (problem box)안에서 굶주린 고양이 탈출실험에 의해서 구체화되었다. 즉, 문제상자의 밖에 생선을 놓아두고, 고양이가 페달을 밟으면 문이 열리도록 한 상자 안에서 고양이가 시행을 거듭할수록 문제상자를 빠져 나오는데 걸리는 시간이 점점 단축된다는 것을 연구하면서 체계화 되었다. Thorndike의 시행착오 학습연구의 결과는 학습은 보상에 의한 점진적 연합과 시행착오에 의해 일어나며, 학습의 과정은 도약인 것이라기보다는 작은 체계적 단계를 차례대로 거치면서 일어나는 과정이라는 것을 시사한다. 문제상자안의 상황이 고전적 조작화의 조건이라고 간주하면, 시행착오설 또한 학습은 사고나 추리에 의해 매개된다기보다는 자극(즉, 문제상자안에서 보는 외부의 음식)과 반응(즉, 실패의 경험은 약화되고 성공의 경험이 강화시키는 것)의 연결이라는 행동주의의 관점과 일치한다.

Thorndike의 시행착오설을 요약하면, 문제상자의 문을 열리게 하고 결과적으로 바깥에 있는 생선을 먹을 수 있게 했던 페달을 밟는 행동은 강화되고, 그렇지 못한 행동은 약화된 점을 볼 때, 인간의 바람직한 행동은 시행을 되풀이함에 따라 점차적으로 강화되고 그렇지 못한 행동은 약화된다고 볼 수 있다. 이러한 이론은 관점은 고전적 조작설과 더불어 환경적 자극에 의해서 어떻게 인간의 행동이 결정될 수 있는가를 객관적으로 보여준다는 강점이 있다. 이러한 강점에도 불구하고 시행착오설의 한계 또한 이해되어야 한다. 즉 시행착오설은 특정 자극과 반응에 의한 연결로 순전히 기계론적 관점에 기초한 결합설을 보여주는 것으로, 인간의 전체적인 특성이 들어있지 않으며 행동과 사고 및 통찰과의 관계는 다루어져 있지 않고, 인간 행위의 목적성이 결부되어 있다는 한계점을 가지고 있다.

Pavlov와 Thorndike의 이론들은 인간을 대상으로 한 실험의 결과가 아닌 개나 고양이등의 동물을 통한 실험의 결과로 형성되었다. 이러한 환경 결정론적 행동주의 이론을 인간을 대상으로 승화 발전시킨 사람들이 전통적 급진적 행동주의 이론가인 Skinner와 학습이론으로 대표되는 인지적 행동주의자인 Bandura이다. 이 둘은 인간행동의 결정요인에 대한 관점, 인간의 합리성에 대한 관점, 인간본성의 주객관성 정도에 대한 관점, 행동의 근원에 대한 관점, 및 인간행동의 속성을 이해하는 관점에서 약간의 차이점을 발견할 수 있다. 먼저 Skinner의 이론에 대해서 살펴보면, 행동의 결정요인을 이해하는데 있어서는 인간행동이 수동적으로 환경에 의해서 결정된다는 기계본적 환경결정본적 성행이 강하다. Skinner의 기계론석 환경결정론은 인간의 주관적인 적응의 중요성을 중시하지 않으므로, 인간의 합리성의 정도에 대한 논의는 Skinner 이론에서는 고려하지 않는 경향이 있다. 인간본성의 주객관성의 정도에 대해서는 인간의 행동은 주관적인 것 보다는 객관적인 자극과 반응의 관계로 설명되어 질수 있다고 본다. 그러므로 Skinner의 관점에서 인간행동은 환경적 자극에 변화를 줌으로서 변화가 가능하다는 시각을 가지고 있다.

Bandura는 Skinner의 기계론적 환경결정론과 같이 행동의 근원으로 환경적인 자극의 중요성을 인정하면서도 행동의 결정요인이나 행동변화에 대해서는 조금은 다른 견해를 보인다. Bandura는 인간이 환경의 객관적인 자극에 수동적으로만 반응하는 존재가 아니라 인간은 합리적이고 창조적인 존재이기 때문에 주관적인 인지적 요소에 따라 동일한 자극에 대해서도 조금씩 다르게 반응할 수 있다고 본다. 즉 인간행동이 객관적인 환경적 자극에 따라 일률적으로 결정되는 것이 아니라 개개인의 인지적 특성에 따라 동일한 환경적 자극에 서로 다르게 반응할 수 있으므로, 인간행동의 변화는 환경과 개인적 요인의 특성의 상호작용에 의해서 일어난다는 상호결정론적인 입장을 취하고 있다. Skinner와 Bandura의 관점의 공통점을 요약하면, 두 이론 모두 인간의 행동은 자연법칙의 지배를 받기 때문에 과학적으로 연구될 수 있고, 겉으로 나타나는 행동이 연구의 대상이 될 수 있으며, 환경은 행동이 이루어지도록 작용하는 주요 변인으로 간주한다. 따라서 행동의 변화를 가져오는 학습도 환경적 자극이 개체에 작용하여 나타난 결과로 볼 수 있다. Skinner와 Bandura의 차이점은 Skinner가 개인적 반응의 차이를 고려하지 않는 기계론적 환경결정론을 주장한 것에 비해, Bandura는 환경적 자극 뿐 아니라 개인의 주관적 특성에 따라 반응의 양식이 달라질 수도 있다는 상호작용론적인 관점을 취한다는 것으로 인본주의이론이나 인지행동이론과 일정정도 맥을 같이한다. Skinner와 Bandura의 이론적 특징을 도식적으로 비교하면 [그림 4-3]과 같다.

지금까지 행동주의적 환경결정론적 관점에서 정신장애, 즉 부적응행동에 대한 관점을 고찰하기 위해서 행동주의 이론의 특징에 대해서 살펴보았다. 행동주의 관점에서 정신장애는 개인이 경험한 조건화 또는 강화와 벌의 역사에 의해서 결정되어진다고 보며, 정신장애의 원인은 특수한 상

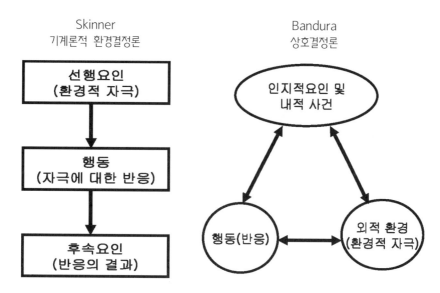

[그림 4-3] Skinner와 Bandura 이론의 도식적 비교(강상경, 2018)

황에서 부적절한 행동을 하도록 학습되었거나, 바람직한 반응을 하는 것을 전혀 학습하지 못하는 경우로 이해될 수 있다. 행동주의적 관점에서 부적응 행동의 예를 살펴보면, 환경적 자극과 반응의 결과로 나타나는 행동 결여, 행동과다, 환경적 자극의 부적절한 통제, 자극에 대한 부적절한 자기규제, 부적절한 강화 등으로 특징 지워질 수 있다.

3. 인간중심적 관점

위에서 살펴본 Freud류의 무의식 결정론이나 행동주의류의 환경결정론은 인간의 주관성이나 자율성에 의해서 나타날 수 있는 심리상태나 행동 등에 대한 고려가 미흡하다는 한계가 있다. [그림 4-4]에 나타난 것처럼 이러한 결정론적 관점들을 비판하는 이론들이 인간중심의 이론들이다. 인간중심이론의 대표적인 것은 Rogers와 Maslow로 대표될 수 있는 인본주의 이론이다(Maslow, 1970; Rogers, 1951). 인본주의 이론적 관점에서 인간은 자유로우며 자신의 행동에 책임을 지는 유목적적 존재로 인간은

합리적이고 건설적 방향으로 지속적으로 성장해 가는 미래 지향적인 존재
이다. 인본주의 이론에 따르면 객관적인 현실세계는 존재하지 않으며 주
관적 현실세계만 존재하고 인간의 행동은 개인이 외부세계를 주관적으로
지각하고 해석한 결과이다. 결정론적 관점과는 달리 인간행동은 무의식이
나 환경에 의해서 수동적으로 결정되는 것이 아니라, 궁극적인 인간행동
의 동기는 과거의 경험과 현실에 기반을 둔 주관적인 목표인 자아실현이
다. 그러므로 자아실현을 하려는 인간행동의 특징은 단순한 기계론적 인
과관계의 결과라기보다는 과거의 경험이나 객관적인 현실에 대한 이해의
결과이고 다분히 미래지향적이다.

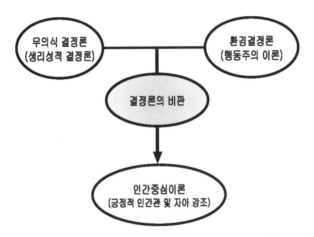

[그림 4-4] 결정론적 관점과 인간중심적 관점의 관계(이용표, 강상경, 김이영, 2006)

인본주의 이론에서 보는 인간의 자아는 현상학적 자아로, 객관적 자아
는 존재하지 않으며 개인의 주관적 지각에 의해 존재한다고 본다. 또한 초
기의 자아는 미분화 상태이고 성장에 따라 자아와 환경의 분화가 일어나
는데, 발달의 최고점은 전체성과 통합성을 지향하는 자아일치성에 있다고
본다. 자아는 자신이 어떤 존재인가에 대한 개념으로 자신에 대한 자아상
(self-image)이라고 할 수 있다. 자아는 현재 자신의 모습에 대한 인식을
대표하는 현실자아(real self)와 미래에 어떠한 존재가 되기를 원하는지에
대한 인식에 기반을 둔 이상적 자아(ideal self)로 분류된다. 이상적 자아

를 이루는 것이 자아실현이라고 할 수 있는데, 이러한 자아실현의 욕구는 선천적인 인간의 본성과 관계가 있으나 욕구충족을 위한 행동은 후천적인 경향이 강한 것으로 이해한다. 자아실현의 욕구가 선천적이기는 하나 이는 인간의 기본적인 욕구들이 점진적으로 완성되어갈 때만 자아실현이 가능하다. 즉 욕구는 위계적 계층이 있는데 하위계층의 욕구가 충족되어야 상위계층의 욕구가 충족될 수 있다.

이러한 욕구의 계층을 이론화하여 자아실현을 이해하려는 대표적인 이론이 Maslow의 욕구계층이론이다. 욕구계층이론에 따르면 인간은 자아실현을 위해 노력하는 존재이고 욕구는 생존적 경향(survival tendency)의 욕구와 실현적 경향(actualizing tendency)의 욕구로 구분된다. 생존적 경향의 욕구는 인간의 생존을 생리적 차원에서 유지하려는 경향과 관련된 욕구로 생리적 욕구, 안전욕구, 소속과 사랑의 욕구, 자존감의 욕구로 구분된다. 실현적 경향의 욕구는 생존적 욕구가 충족되어야 성취 가능한 욕구로 성장의 욕구, 즉 자신의 잠재능력, 기능, 재능을 발휘하려는 욕구로 자아실현의 욕구가 그것이다. 생존적 경향의 욕구와 실현적 경향의 욕구는 위계적이고, 특정 시기에 특정 욕구가 강하게 나타날 수도 있으나, 모든 욕구가 동시에 존재한다. 절대적이지는 않으나 하위욕구인 생존적 경향의 욕구가 어느 정도 충족되어야 상위욕구인 실현적 경향의 욕구 즉 자아실현이 가능하다.

지금까지 인간중심이론 관점에서 정신장애를 이해하기 위해서 인간중심이론의 특징에 대해서 살펴보았다. 인간중심이론의 관점에서 정신장애는 이상적 자아 이미지와 현실적 자아 사이에 괴리가 심하며, 이로 인하여 높은 수준의 불안을 경험할 때라고 정의될 수 있다. 이러한 부적응 상태의 원인은 다양하다. 즉, 효율적인 현실지각이나 자발성 및 자율적 기능이 저해되었을 때 이상적 자아와 현실적 자아의 괴리가 심해져서 부적응 양상이 나타날 수 있다.

4. 인지이론

지금까지 전통이론들이라고 할 수 있는 결정론적 시각의 무의식 결정론과 환경결정론 및 인간중심적 시각의 인본주의 이론에 대해서 살펴보았다. 앞에서 지적한 바와 같이 결정론적 시각은 지나친 무의식과 환경의 강조에 따른 주관적 요소나 인간의 자율성에 대한 고려가 부족하다는 것이 한계이고, 반대로 인간중심적 인본주의 이론은 주관적 요소와 인간의 자아에 대한 강조로 상대적으로 무의식이나 환경이 주관적 요소의 형성과정에 주는 영향을 간과한다는 한계가 있다. 상대적으로 최근에 발달한 인지이론은 유전적 요소, 환경적 요소, 및 주관적 요소의 중요성을 모두 이론에 반영하고 있다. 여기서는 인지이론의 기본가정과 특징을 결정론적 관점 및 인간중심관점의 이론과 비교하면서 공통점과 차이점을 살펴보고, 이를 바탕으로 인지이론적 관점에서 정신장애가 어떻게 정의될 수 있는가를 살펴본다.

인지이론은 인간은 주관적 존재라고 간주한다는 점에서 인간중심이론과 맥을 같이한다. 즉 인지이론도 인간중심이론과 마찬가지로 객관적 현실이란 존재하지 않으며, 각 개인이 나름대로 의미를 부여한 주관적 현실만이 존재하는 것으로 간주한다. 또한 인지이론은 인간이 유전적 요인과 환경적 요인에 의해서 영향을 받는다는 결정론적 관점도 수용한다. 인지이론의 전통이론과의 차이점은 인간은 이러한 유전적, 환경적 자극을 능동적으로 재구성 할 수 있는 능력이 있으므로 인간은 지속적으로 성장. 발달할 수 있는 잠재력을 지니고 있다고 본다. 즉, 인지이론의 관점에서는 결정론적 관점과 인본주의적 관점이 독립적으로 작용하는 것이 아니라 두 요소들이 상호작용 과정에서 인간의 행동이나 심리적 상태가 영향을 받는다.

Piaget는 인간의 인지체계 발달과 속성을 설명하면서 환경적 특성이 주관적 특성에 미치는 영향 뿐 아니라 개인의 사고가 행동 및 환경의 이해에 미치는 영향도 강조하고 있다(Piaget, 1965). 즉, 인간의 인지는 개인적 특성에 바탕을 두고 생애주기에 따른 환경적 변화에 따라 일생을 통하여 변화하므로 특정 연령에서 인지적 유능성은 개인에 따라 차이가 있다. 객관적인 환경을 개인의 주관적인 특성에 따라 다르게 인지할 수 있으므로 환경에 대한 이해는 환경의 직접적인 영향과 더불어 개인이 주관적 특성에 따라 환경에 능동적으로 반응한 결과라고 해석된다. 예로 환경적 요인으로 젊었을 때의 빈곤의 상황과 이에 대한 주관적 이해를 들어보자. 갑과 을이라는 젊은이가 똑 같이 기초생활 수급 대상자라고 할 때 갑과 을의 상황에 대한 이해는 주관적 속성에 따라서 다르게 이해될 수 있다. 즉 가난이라는 환경적 요인이 주는 사회적인 불이익은 두 사람에게 공히 적용될 수 있다. 하지만 낙천적이고 긍정적 성격의 소유자인 갑은 현재 상황을 젊어서 고생은 사서도 하는데 이것쯤이야 라고 생각하면서 현재의 부정적 상황에 대해서 스트레스를 받지 않으면서 자기가 미래에 추구하는 이상적인 목표를 향해 정진하는 반면, 부정적 성격의 소유자인 을은 다른 사람은 그렇지 않은데 나는 왜 이렇게 힘들게 살아야 하나라고 생각하면서 스트레스를 받으면서 미래의 준비를 하지 못하면서 자포자기로 살아갈 수 있다. 즉 동일한 환경적인 상황에 대해서 갑과 을은 서로 다른 인지적 반응을 보이고 있는 것이다. 이러한 환경에 대한 서로 다른 인지적인 해석은 두 사람에게 서로 상이한 정서적 반응과 행동양상을 띠게 한다. 본 예에서 살펴본 것처럼 인지양식에 따라서 개인의 정서적 행동적 특성은 서로 다르게 나타날 수 있으므로, [그림 4-5]에 나타난 것처럼 인지이론의 관점에서는 인지, 정서, 행동은 서로 밀접한 관련성을 지니고 있다.

　다음 그림에서 요약된 것처럼 인지이론의 관점에서는 인지, 정서, 행동이 서로 밀접하게 상호작용하고 있다. 인지이론의 관점에서 정신장애는 외부환경의 객관적 영향에 대한 이해와 더불어 외부환경을 인지하는 주관적 특성에 대한 이해가 선행되어야 가능하다. 즉, 인지이론에서의 정신장애란 부정적인 인지형태의 결과라고 할 수 있다. 즉, 상황을 부정적으로 인식할 경우 이러한 인지의 결과로 부정적 정서가 나타날 수 있고, 부정적 인지와 정서의 결과로 상황에 대한 적응행동이 부적절하게 나타날 수 있다. 나아가 부정적 정서와 부적절한 행동적 대처는 부정적 인식을 강화시키는 악순환 고리로 연결될 수 있고, 이러한 인지, 정서, 행동 사이의 역동적인 악순환 고리로 인해 나타나는 불안, 우울, 부정적 인지형태, 부적

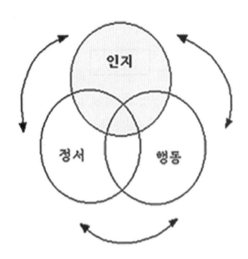

[그림 4-5] 인지이론에서의 인지, 정서, 행동의 관계(강상경, 2018)

절한 행동 등의 상태가 정신장애라고 이해할 수 있다(Beck, 1976).

제3절 사회학적 접근 및 체계론적 관점

지금까지 살펴본 심리학적 이론들이 정신장애의 원인을 심리학적 요인을 중심으로 이해하려는 접근들임에 비해, 사회학적 접근이나 체계론적 접근은 정신장애에 대한 이해를 사회적 요소나 환경적 요소를 중심으로 이해하려고 한다. 언급한 것처럼 정신장애에 관한 사회학적 접근은 정신장애의 원인을 사회적 요인에서 찾는데, 여기에는 크게 두 가지 이론이 있다. 하나는 사회경제적 요소가 정신장애에 영향을 준다는 사회원인(social causation) 이론이고, 다른 하나는 정신장애가 사회경제적 요인을 결정한다는 사회선택(social selection) 이론이다(Johnson, Cohen, Dohrenwend, Link, & Brook, 1999; Link & Phelan, 1995).

Social caution의 관점은 열악한 사회적 계급이나 사회경제적 지위가 정신장애의 원인이 된다는 접근이다. 사회경제적 지위에 따른 정신장애 발생율의 차별성에 관한 연구는 이와 같은 관점에서 이루어지는 대표적 접근이라고 할 수 있다. 실제 정신장애는 빈곤계층에서 발생률이 높은 것으로 알려져 있는데, 이는 정신장애가 사회경제적 스트레스를 많이 받을 수 있는 빈곤계층에서 발생률이 높을 수가 있다는 것은 시사한다. 여성 우울에 관한 사회학적 접근은 여성의 상대적으로 낮은 사회적 역할과 성 역할이 비교열위의 사회경제적 지위를 결정하게 되고 이러한 열악한 사회경제적 지위가 사회경제적 비교우위의 남성보다가 높은 비율의 여성 우울을 가져온다는 이론인데, 이 또한 social causation의 결과라고 할 수 있다.

하지만 사회경제적 상태와 정신장애 간의 관계는 항상 명확하지는 않다. 즉, 비교열위의 사회경제적 상황이 정신장애를 초래할 수도 있지만, 정신장애의 발생으로 인해 발생하는 사회경제적 지위가 하향 이동하는 social selection의 측면도 고려되어야 한다. 즉, 정신적으로 건강한 개인이 정신장애를 가지게 되면 우울, 불안, 정신증 등의 정신과적인 증상으로 인해서 기존에 수행하던 사회경제적 역할을 수행하는데 한계가 있게 되고 정신과적 증상으로 인한 기능상의 장애, 특히 교육적 직업적 기회에 대한 제약은 사회경제적 지위의 변동으로 연결될 수 있다. 정신과적 증상으로 인한 기능상의 장애뿐 아니라 정신장애와 연관된 사회적인 낙인 또한 정신장애를 가지고 있는 사람들에게 사회적 지위변동의 원인으로 작용할 수 있다. 정신장애와 관련된 사회적 낙인은 정신장애를 가진 사람들에게 부정적인 사회적인 역할을 수행하게 하고 교육이나 직업 등의 긍정적인 사회적 역할을 수행하는데 제약을 가함으로써 결과적으로 정신장애를 가진 사람의 사회경제적 지위의 하락과 연결될 수 있다.

Social causation 이론과 social selection 이론이 거시적인 측면에서 사회적 요소와 정신장애와의 관련성을 보여주는 이론이기는 하나, 이 두 이론은 사회적 요소가 어떠한 과정을 거쳐서 정신장애와 연관이 되는지를 설명하는 데는 한계가 있다. 즉, 앞의 인지이론에서 살펴본 것처럼 동일한 사회적 환경이 개인의 인지, 정서, 행동에 미치는 영향은 다를 수 있다. 거시적인 social causation 또는 social selection 이론의 한계인 환경적 요소와 개인적 요소 간의 역동적 상관관계에 대한 설명을 제공해 줄 수 있는 이론이 체계이론이다.

체계적 관점의 기본 인간관은 환경속의 인간(Person in environment)이다. 이 이론에 따르면 인간은 전 생애에 걸쳐 상호 의존하는 생리, 심리, 사회적(biopsychosocial) 존재이다. 인간은 미시적 체계인 가족이나 친구집단 등에 속함과 동시에 거시적 체계인 지역사회나 국가라는 환경에 속하여 생활하므로 인간의 성격은 소집단 내에서의 구성원 간의 상호작용에 의해서 발달, 성장, 변화할 뿐만 아니라 개인이 속한 사회체계의 요소들이 구성원의 사고, 태도, 감정, 행동에 영향을 미친다. 사회체계는 하나의 단위 또는 전체를 형성하는 상호 관련된 성원들로 구성되고 사회체계 간의 경계는 정체감과 초점 부여하고, 사회체계 전체는 각 부분의 총 합 이상이다.

체계적 관점에서 정신장애는 체계의 구조적 불균형 상태가 야기된 상태라고 정의될 수 있다. 즉, 소집단의 측면에서 심리적 건강과 증상에 대한 관점은 구성원이 집단으로부터 소외를 경험하거나 집단에 잘 적응하지 못할 때 이로 인해 우울이나 불안 등의 정신장애를 경험할 확률이 높다. 일반체계이론의 입장에서 정신장애는 구성원의 환경에의 적응능력이 저하된 상태나 또는 환경적 자원의 부족에 따른 적응 유연성이 부족한 상태라고 정의될 수 있다(German, 1979).

제4절 생물학적 관점

정신장애에 대한 생물학적 관점은 정신장애를 그것을 가진 사람의 생물학적 특성에서 기인하는 것으로 이해한다(Davison, & Neale, 1997; Gamwell, & Tomes, 1995; Shorter, 1997; Turner, 1997). 이 접근에서는 정신장애의 원인을 유전적 요인, 신경학적 이상, 신경전달물질의 이상, 뇌파의 이상 등에서 찾는다. 유전적 관점에서 보면 정신장애를 가진 부모의 자녀에게서 정신장애가 발생할 확률이 높다고 간주된다. 정신장애를 가진 부모에게서 출생한 자녀들이 정신장애를 가지지 않은 부모에게서 태어난 자녀보다 정신장애를 가질 확률이 높다는 연구결과들이나 쌍생아 중 하나가 정신장애가 있을 때 나머지 하나도 정신장애를 경험할 확률이 높다는 연구결과들은 유전학적 관점을 뒷받침 한다(Hoeffer & Pollin, 1970).

생물학적 관점의 또 다른 접근은 정신장애를 신경학적 이상의 결과로 보는 것이다. 즉 정신장애를 가진 사람의 경우 정신장애를 가지지 않은 사람들보다 신경학적 증세, 신경심리학적 결함 및 경련성 질환을 가지는 경우가 많다고 보고되고 있다. 예로 공격적 행동의 정도는 신체적 학대의 과거력, 두부 및 안면 손상, 신경학적 이상소견, 출산 시의 문제와 상관관계가 있다고 보고되고 있다. 품행장애를 예로 들어보면, 극단적으로 난폭한 아동의 경우, 심각한 학습과 의사소통의 문제가 있으며, 약 20% 정도의 품행장애 아동이 간질을 가지고 있다고 보고되고 있고(정상인은 1% 이하), 약 60% 정도가 정신병적 증세를 가지고 있다는 보고되고 있다. 즉, 신경학적 이상이 있을 때 정신장애를 가질 수 있는 확률이 높다.

정신장애를 생물학적 관점에서 이해할 때 고려되어야 할 또 다른 요소는 신경전달물질이다. 즉, 신경전달 물질의 이상이 있을 때(즉 정상보다 높거나 낮을 때) 정신장애를 가질 확률이 높다. 뇌의 신경전달 물질인 세로토닌(serotonin)과 정신장애의 예를 들어보면, 뇌의 세로토닌 활성이 정상보다 높을 경우 불안장애를 보일 확률이 높고, 세로토닌의 활성이 정상보다 낮을 경우 공격적 행동, 적대적 행동, 자살 등의 장애를 보일 확률이 높다고 보고되고 있다.

호르몬도 정신장애와 관련이 있는 것으로 간주된다. 품행장애를 예로 들어보면, 품행장애가 남자에게서 많다는 관점에서 남성호르몬인 테스토스테론(testosterone)의 양이 청소년의 난폭행동과 같은 품행장애와 연관된다고 여겨진다. 실제로 스웨덴의 학생들을 대상으로 한 연구에서 언어나 신체적인 공격적 행동을 많이 보이는 학생들에서 혈중의 테스토스테론 수준이 비교집단에 비해 높다고 보고되었다. 비슷한 맥락에서 소년원의 비행청소년을 대상으로 한 연구에서도 비교집단에 비해 소년원의 비행청 소년들이 혈중 테스토스테론이 높다고 보고되었다.

정신장애의 생물학적 접근을 요약하면 정신장애는 개인의 유전적 요인 또는 생물학적 요인들인 신경학적 이상, 신경전달 물질의 이상, 호르몬의 이상 등과 밀접하게 연관되어 있다. 하지만 이러한 확률에 기반을 둔 생물 학적 요인들과 정신장애 유병율의 관계만으로 정신장애를 이해하는 데는 한계가 있다. 즉 이러한 생물학적 접근만으로는 부모가 정신장애가 있을 때도 자녀 없는 경우나 쌍생아중 하나는 정신장애가 있는데 나머지 하나 가 없는 경우 등의 예외적인 상황을 설명하지 못한다는 한계가 있다. 또한 비슷한 수준의 신경전달 물질을 가지고 있는 사람이 모두 정신장애를 항 상 보이지 않기도 한다. 그러므로 대부분의 연구자들은 생물학적 요소들 만으로 정신장애의 원인을 설명할 수 없으며 개인적 특성, 환경적 요인, 및 기타 생물학적 원인들이 정신장애의 원인으로 동시에 작용한다고 이해 한다.

제5절 결론: 정신장애 이해를 위한 통합적 접근

편의상 정신장애에 대한 접근을 심리학적, 사회학적, 생물학적 관점에서 살펴보았다. 하지만 위에서 살펴본 정신장애에 대한 심리적 관점, 사회적 관점, 생물학적 관점의 각각 하나의 시각만으로는 정신장애를 이해하는데 한계가 있다(APA, 2013). 즉, 각각의 심리적, 사회적, 생물학적 요소들이 정신장애의 유병율과 상관관계가 있다는 정도는 기존의 문헌들이 보고를 하고 있으나, 비슷한 심리적 사회적 생물학적 요소를 지닌 사람들이 어떤 사람은 정신장애를 보이고 어떤 사람은 보이지 않는가에 대한 예외적인 경우를 설명해 내지는 못 한다. 이러한 한계를 극복하기 위해서는 정신장 애에 대한 통합적 접근이 필요하다(Ghaemi, 2003). [그림 4-6]은 통합적 접근을 도식적으로 나타낸 것이다.

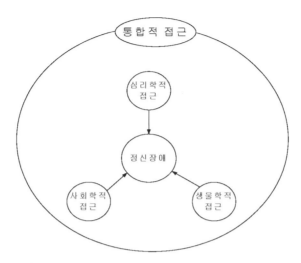

[그림 4-6] 정신장애의 통합적 접근(이평표, 강상경, 김이영, 2006)

 통합적 접근은 인간을 정신적으로 통합 구성된 생물학적 단위로 이해하는 전체론적(全體論的) 관점을 바탕으로 한다는 점에서 체계론적 접근과 유사하다. 통합적 접근에서는 인간을 생물, 심리, 사회적 존재로 간주하고 인간의 행동이나 정신장애를 이해하기 위해서는 생물학·심리학·사회학적 지식들을 복합적으로 이용해야 한다고 강조한다(Wakefield, 1992). 통합적 관점에서는 정신장애가 유기적 유전적 요소들과 더불어 심리, 사회, 생물학적 요소들 간의 상호작용에 의한 복합적 요인으로 인해서 생긴다고 본다. 이러한 통합적 관점에서 정신장애는 심리적, 사회적, 생물적 요소 및 이들 요소 간 간 항상성 파괴에 기인하여 나타나는 임상적으로 중요한 개인의 행동 혹은 심리적 증후군 및 이로 인한 기능상의 저하로 정의되며 본 장에서 정신장애라고 할 때는 심리·사회·생물학적 관점 즉 통합적 관점에서의 정신장애를 칭한다. 이러한 통합적 관점을 수용하여 장애 진단 분류체계 및 개입방법은 장애의 신체적, 심리적, 사회적 측면 등 다차원적 사정 및 개입을 원칙으로 하고 있다.

제5장

진단분류체계

제1절 도입

통합적 관점에서 정신장애는 심리적, 사회적, 생물적 요소에 의해서 나타나는 임상적으로 중요한 개인의 행동 혹은 심리적 증후군 및 이로 인한 기능상의 저하로 정의된다. 신체장애나 질환과 달리 정신장애에는 장애의 원인이 명확히 밝혀지지 않은 상태이기 때문에 진단의 분류에 대한 합의가 용이하지는 않으나 사람들에 따라서 그들이 속한 전공이나 개인적으로 선호하는 이론적인 틀에 따라서 서로 구분되는 증후군에 의해 정신장애를 여러 유형으로 분류하고 있는 실정이다(Sadler, 2005).

정신장애 진단분류를 하는 것은 장점과 단점이 있다. Glashfield와 Craguns(1976)은 (1) 공통적인 용어의 제공, (2) 효과적 정보제공, (3) 체계적 연구의 용이성, (4) 원인의 이해증진 등을 분류의 장점으로 제시하였다. 이들에 따르면 진단분류체계의 장점은 특정 정신장애에 대한 공통적인 용어를 기반으로 의사소통의 효과성을 높이고, 개념적 정의에 기반한 체계적 연구의 용이성을 높여서 연구를 통한 원인이나 결과에 대한 이해 증진을 도모할 수 있다는 점이다. 동시에 분류에는 부작용이 동반된다. 조현병과 같이 사회적으로 부정적 인식이 있는 정신과 진단 분류는 환자의 고유한 특성이나 개인정보를 간과하고 개인을 진단 분류의 집단으로 인식하게 되어 특정 분류에 대한 고정관념을 형성하고, 이로 인한 비인격화나 비인간화가 일어날 가능성을 높인다. 정신장애 진단분류에 첨부된 이러한 부정적 고정 관념은 그 진단범주에 속하는 사람들에 대한 낙인 가능성을 높이고, 사회적 상호작용 과정을 통해서 주변 사람은 물론이고 당사자까지도 부정적 고정관념을 내면화하게 되어 자기충족적 예언(self-fulfilling prophecy)을 초래할 가능성이 높다. 이러한 분류의 부정적 영향은 결과적으로 당사자의 예후나 회복 효과에 대한 당사자 및 사회의 부정적 선입견을 유발하여 장기적으로 회복 가능성을 저해하는 결과를 초래한다.

분류의 부정적 영향 가능성에도 불구하고, 상대적으로 분류의 긍정적 영향도 있기 때문에, 지금까지 ICD(International Classification of Diseases), DSM(Diagnostic Statistical Manual of Mental Disorders), PIE(Person in Environment) 등 다양한 분류체계가 만들어졌다. 현재 어떠한 구분 체계도 정신장애의 경계를 완벽하게 설명하지는 못하지만, 가장 널리 사용하고 있는 진단 체계는 미국의 정신 의학회(American Psychiatric Association)에서 만든 《정신장애 진단 통계 편람》 제5판, 즉 DSM-5와 세계보건기구(WHO)에서 제정한 《국제 질병 분류》 제10개정판, 즉 IDC-10,[1] 그리고 미국 사회복지사협회에서 만든 PIE 등을 들 수 있다. ICD는 국제질병분류체계로 정신질환을 포함한 모든 질병에 대한 분류체계로 이 중에서 정신질환 관련된 분류체계는 DSM의 정신장애 분류체계와 유사하고, 주로 의료영역에서 많이 사용되고 있다. ICD와 DSM 분류체계가 상대적으로 임상적 특성에 초점을 둔 분류체계라는 점을 감안하여 사회복지영역에서는 심리사회적 영역에 초점을 둔 PIE 분류체계를 만들었다. PIE는 1요소(Factor 1)에서 당사자의 사회적 기능수행의 문제, 유형, 정도, 지속기간, 대처능력, 2요소(Factor 2)에서 당사자를 둘러싼 환경의 문제, 정도, 지속기간, 3요소(Factor 3)에서 당사자의 정신건강, 그리고 4요소(Factor 4)에서 당사자의 신체건강 특성을 파악한다. ICD와 DSM과 비교할 때 가장 큰 차이짐은 정신 및 신체 질환이나 문제에 대한 파악과 함께 심리, 사회, 환경적 특성의 강점과 한계를 통합적으로 동시에 파악한다는 것이 특징이다. 하지만 이들 분류체계 중에서 전 세계적으로 정신건강 영역에서 전문가들이 가장 많이 사용하고 있는 진단분류체계는 DSM

---

1 2018년에 ICD-11, 즉 11차 개정판을 발표함

이므로 여기서는 DSM-5를 중심으로 진단분류를 살펴본다. DSM은 정신장애 분류체계로 1952년에 1판이 출판된 이후 꾸준한 개정 작업을 거쳐 (DSM-II는 1968년, DSM-III은 1980년, DSM-III^{R}은 1987년, DSM-IV는 1994년) 2013년에 제5판이 출판되었다.

가장 최근의 변화인 DSM-IV와 DSM-5를 비교하면서 간단히 살펴보면 다음과 같다. DSM-IV는 다섯 개의 복합적 축으로 정신장애 진단을 하였다. 제1축에서 임상적 관심의 초점이 되는 정신장애의 분류를 기록하고, 제2축에서 제1축의 주요 임상적 관심의 대상이 되는 정신장애를 제외한 분류 즉 성격장애나 정신지체를 표시하였다. 제3축에서 현재의 신체질환이나 신체상태를 기록하고, 제4축에서 심리사회적 상태 및 환경적 문제에 대해 표시한다. 그리고 마지막으로 제5축에서는 전반적 기능수행에 대한 사정 즉 Global Assessment of Functioning(GAF)을 사정한다. 요약하면 DSM-IV의 제1축과 2축은 정신장애에 대한 임상적 진단분류이고, 제3축인 진체 질환 및 상태에 대한 진단, 제4축인 심리·사회적 상태에 대한 진단, 제5축은 종합적 기능에 대한 평가에 대한 진단이다. 이에 비해 DSM-5은 다음과 같은 점에서 차이가 있다. 첫째, 제5판을 표시하는 글씨를 로마숫자에서 아라비아 숫자로 바꾸었다. 이는 향후 또 다른 후속 개정을 염두에 둔 포석으로 해석된다. 둘째, 제5판에서는 4판의 다축 사정을 없앴다. 셋째, 제5판에서는 4판의 1축에서 3축까지의 진단을 공병 증상으로 제시하고, 4판의 4축에 해당하는 심리·사회적 문제에 대한 부분을 V-code로 표시한다. 넷째, 제5판은 4판의 5축에 해당하는 GAF를 너무 주관적이라는 이유로 제외하였다. 세부적인 진단 분류가 약간의 변화가 있기는 하지만 DSM-5는 여전히 강점보다는 문제 중심적이라는 점에서 DSM-IV와 유사하고, 진단의 세부내용도 약간의 변화는 있지만 대동소이하다.

DSM-5에는 다음과 같은 20개의 정신장애 대범주가 있다. (1) 신경발달장애(Neurodevelopmental Disorders), (2) 조현병 스펙트럼 및 기타 정신증적 장애(Schizophrenia Spectrum and Other Psychotic Disorders), (3) 양극성 및 관련 장애(Bipolar and Related Disorders), (4) 우울장애

(Depressive Disorders), (5) 불안장애(Anxiety Disorders), (6) 강박 및 관련 장애(Obsessive-compulsive and Related Disorders), (7) 외상 및 스트레스 관련 장애(Trauma and Stressor Related Disorders), (8) 해리 장애(Dissociative Disorders), (9) 신체증상 및 관련장애(Somatic Symptom and Related Disorders), (10) 급식 및 섭식장애(Feeding and Eating Disorders), (11) 배설장애(Elimination Disorders), (12) 수면-각성 장애 (Sleep-wake Disorders), (13) 성기능 장애(Sexual Dysfunctions), (14) 성 불편증(Gender Dysphoria), (15) 파괴적, 충동 통제 및 품행장애(Disruptive, Impulse Control and Conduct Disorders), (16) 물질 관련 및 중독장애 (Substance-related and Addictive Disorders), (17) 신경인지장애 (Neurocognitive Disorders), (18) 성격장애(Personality Disorders), (19) 성도착 장애(Pharaphilic Disorders), (20) 기타 정신장애(Other Mental Disorders).

　본 장에서는 DSM-5를 기준으로 사회복지영역에서 정신건강 전문영역 에서 자주 접할 수 있는 진단분류를 중심으로 살펴본다. 본 장의 구성은 다음과 같이 구성된다. (1) 신경발달장애(Neurodevelopmental Disorders), (2) 조현병 스펙트럼 및 기타 정신증적 장애(Schizophrenia Spectrum and Other Psychotic Disorders), (3) 양극성 및 관련 장애(Bipolar and Related Disroders), (4) 우울장애(Depressive Disorders), (5) 불안장애 (Anxiety Disorders), (6) 강박 및 관련 장애(Obsessive-compulsive and Related Disorders), (7) 외상 및 스트레스 관련 장애(Trauma and Stressor Related Disorders), (8) 파괴적, 충동 통제 및 품행장애(Dis-ruptive, Impulse Control and Conduct Disorders), (9) 물질 관련 및 중독장애(Substance-related and Addictive Disorders), (10) 신경인지장애 (Neurocognitive Disorders)의 핵심적 내용을 중심으로 소개한다. 여기 에 포함되지 않은 정신장애는 직접 DSM-5를 참고하길 바란다.

제2절 신경발달장애(Neurodevelopmental Disorders)

신경발달장애에 포함되는 진단 분류들은 생애초기 발달기에 주로 시작되는 장애들이 집합이다(APA, 2013). DSM-5를 기준으로 유아, 아동, 및 청소년기에 처음 진단되는 장애들을 분류하면 지적장애(Intellectual Disabilities), 자폐스펙트럼장애(Autism Spectrum Disorders), 주의력 결핍 및 과잉 행동장애(Attention-Deficit / Hyperactivity Disorders), 특정 학습장애(Specific Learning Disorders), 운동장애(Motor Disorders), 틱 장애(Tic Disorders), 기타 신경발달장애(Other Neurodevelopmental Disorders), 등으로 대분된다. 이러한 대분류의 세부적인 진단분류는 직접 DSM-5를 참고하기를 바라고, 여기서는 정신보건 종사자들이 현장에서 자주 접하게 되는 주요 장애들을 중심으로 살펴본다.

1. 지적장애(Intellectual disabilities)

지적장애는 DSM-IV의 '정신지체'로 진단되던 장애로, 생애초기 발달과정에서 시작되며 개념, 사회, 실행 등의 영역에서 지적기능과 적응 기능에 어려움이 발생한 상태를 말한다. 과거에는 정신박약, 정신저하, 또는 저능 등으로 불리기도 했으며, 특징은 유의하게 낮은 지능, 적응행동의 결함 또는 장애, 등이다. 진단기준은 (1) 표준화된 지능검사로 확인된 지적기능(추론, 문제해결, 계획, 추상적 사고, 판단, 학업, 경험 학습, 등)의 결함, (2) 적응기능의 결함으로 인해 다양한 일상활동(의사소통, 사회참여, 독립생활, 등)의 기능제약, (3) 지적 결함과 적응 기능의 결함은 생애초기 발달 동안에 시작되는 것 등 세 가지다. 앞에서 정신장애 진단이 증상과 기능의 상호관계 하에서 내려진다고 한 것처럼, 지적장애도 지적기능 결함(증상)과 일상활동 기능제약(기능)의 관계에서 부조절 현상이 나타날 때 내려진다. 정신지체의 유병율은 약 1% 정도로 추정되며, 진단 시 주의할 점은 진단의 척도로 사용하는 지능검사가 피험자의 연령, 인구사회학적, 또는 문화적 배경을 반영하고 있는지, 즉 피험자의 배경을 고려할 때 지능검사의 척도가 얼마나 객관성이 있는지에 대해 충분한 고려가 있어야 한다. 아직까지 지적장애는 그 원인이 명확하지 않지만 주로 생물학적인 요인, 심리·사회적 요인 및 이들 요인들이 복합적 작용해서 발병하지 않나 추정하고 있다. 통계에 따르면 지적장애의 원인은 약 5% 정도가 유전적 요인에 의해, 약 30% 정도가 임신 중의 약물이나 감염에 의한 수정란의 변화에 의해, 약 10% 정도가 임신 중의 부적절한 영양 공급에 의해, 그리고 약 15~20% 정도가 환경적 요인이나 다른 정신장애(예, 자폐)에 의해 설명된다(APA, 2013).

지적장애 판단은 (1) 개념적 영역(Conceptual domain), (2) 사회적 영역(Social domain), (3) 실행적 영역(Practical domain)의 세 가지 영역에 대해서, 심각도 수준을 (1) 경도(Mild), (2) 중등도(moderate), (3) 고도(severe), (4) 최고도(profound)의 4 수준으로 진단한다. 경도인 경우에는 교육이 가능한 수준이고, 중증도인 경우는 지원이 필요하지만 훈련이 가능한 수준이며, 고도나 최고도의 경우는 지원 뿐 아니라 완전한 보호로 하는 정도이다.

지적장애의 심각도 수준

심각도 수준	개념적, 사회적, 실행적 영역	특징
경도	각 영역에 대해 심각도 수준을 평가함(DSM-5 참고)	교육가능급(educatable)
중등도		훈련가능급(trainable)
고도		보호급(complete care group)
최고도		완전보호급(complete care group)

위의 지적장애의 세부 분류에 대해서 간략히 부연 설명하면, 경도지적장애는 성인이 되어서도 초등학생 정도의 학습능력과 사회적 기능을 습득하고, 정신연령은 9~12세 정도에 머무르게 되나, 원조를 받아가며 독립적인 생활을 할 수 있다고 판단된다. 중등도 지적장애의 정신연령은 약 4~8세 정도이나 훈련을 통하여 기본적인 의사소통능력이나 단순한 작업이 가능하다. 고도 지적장애는 정신연령이 약 2~3세에 불과하며 언어발달이나 신

변처리능력이 부족하여 생활전반에 보호가 필요하다. 최고도 지적장애는 정신연령이 약 2세 미만이며 언어의 발달의 한계로 의사소통이 거의 불가능하며, 운동기능 발달의 한계로 거의 모든 기본적인 생활이나 신변처리에 개호가 필요하다.

2. 자폐스펙트럼장애(Autism Spectrum Disorder)

생애초기 발달과정에서는 언어, 운동능력, 집중력, 지각, 현실 파악능력 등 발달의 여러 가지 분야에서 심각하고 전반적인 장애를 나타내는 전반적인 발달장애 현상이 나타날 수 있다. 이러한 장애의 가장 대표적 유형이 자폐스펙트럼장애이다. 자폐스펙트럼 장애의 자폐스펙트럼장애의 원인에 대한 이해는 다양하며 심리적 요인, 생물학적 요인, 생화학적 요인, 및 유전적 요인에 이르기까지 복합적인 원인으로 본다. 자폐증의 임상적인 양상은 사회적 관계 발달의 장애, 의사소통 및 언어장애, 행동장애 및 놀이장애, 동일성의 유지 및 변화에 대한 저항, 지각장애, 과잉운동, 자해행위, 등 광범위하다. 자폐스펙트럼 장애의 유병율은 약 1%로 주정되고, 위험요인은 인과관계는 불명확하지만 환경적 요인과 유전적 신체적 요인들과 상관관계를 나타낸다. DSM-5에 나타난 자폐스펙트럼장애의 진단기준은 다음과 같다.

자폐스펙트럼장애의 DSM-5 진단기준

A. 다양한 상황 속에서 사회적 의사소통이나 상호작용에 지속적 결함이 있는 경우.
1. 사회적-감성적 상호성 결핍(Deficits in social-emotional reciprocity).
2. 사회적 상호작용을 위한 비언어적인 의사소통 행동의 결함(Deficits in nonverbal communicative behaviors used for social interaction)
3. 관계 발전, 유지 및 관계에 대한 이해의 결함(Deficits in developing, maintaining, and understanding relationships)

B. 다음과 같은 '제한적이고 반복적인 행동 흥미, 활동(Restricted repetitive patterns of behavior, interests, or activities)' 등이 최소 2가지 이상 나타남

 1. 반복적인 운동성 동작, 물건사용, 또는 말하기(Stereotyped or repetitive motor movements, use of objects, or speech).

 2. 동일성에 대한 고집, 일상적인 것에 대한 융통성 없는 집착, 또는 의례적인 언어나 비언어적 행동 양상(Insistence on sameness, inflexible adherence to routines, or ritualized patterns of verbal or nonverbal behavior),

 3. 강도나 초점에 있어서 비정상적으로 극로로 제한되고 고정된 흥미(Highly restricted, fixated interests that are abnormal in intensity or focus)

 4. 감각 정보에 대한 과잉 또는 과소 반응, 또는 환경의 감각 영역에 대한 특이한 관심(Hyper- or hypo- reactivity to sensory input or unusual interest in sensory aspects of the environment)

C. 증상은 반드시 초기 발달 시기부터 나타나야 함(Symptoms must be present in the early developmental period)

D. 이러한 증상은 사회적, 직업적 또는 다른 중요한 현재의 기능 영역에서 임상적으로 뚜렷한 손상을 초래해야 함(Symptoms cause clinically significant impairment in social, occupational, or other important area of current functioning)

E. 이러한 장애는 지적 장애 또는 다른 발달장애로 더 잘 설명되지 않는다 (These disturbances are not better explained by intellectual disability)

F. 자폐스펙트럼장애의 심각도 수준은 (1) 1단계-지원이 필요한 수준, (2) 2단계-많은 지원을 필요로 하는 수준, (3) 3단계-상당히 많은 지원을 필요로 하는 수준으로 구분된다.

3. 주의력결핍 과잉행동장애(Attention-Deficit/Hyperactivity Disorder)

DSM-5의 '주의력결핍 과잉행동장애(Attention-Deficit/Hyperactivity Disorder)'의 특징적 증상은 낮은 집중력, 짧은 집중기간, 충동성 및 과잉운동이다. 발생빈도는 연구들에 따라서 미국에서 약 2~20% 정도로 추정되며 초등학교 저학년 학생의 경우 약 3% 정도로 추정된다(APA, 2013). 특이한 점은 발생의 빈도가 남자아이들이 여자아이들보다 약 6~8배 정도 높게 나타난다. 다른 정신장애와 마찬가지로 주의력 결핍 과잉운동장애의 정확한 원인은 아직 명확하게 밝혀지지 않고 있지만, 원인으로 추정되는 요소는 출생 전, 출생 시, 출생 후의 뇌 손상, 신경전달 물질계통의 이상, 유전적 요인, 성숙지연, 심리적 요소, 사회적 요소들이 있는데, 최근에는 이러한 심리, 사회, 생물학적 요인들을 복합적으로 ADHD의 원인이 되는 것이 아닌가 하는 이해가 지배적이다. 주의력결핍 과잉행동장애의 주된 임상적인 증상은 주의력 결핍, 과잉행동, 지각운동장애, 감정적 불안정, 운동조화장애, 충동성, 기억과 사고장애 등이며 DSM-5에 따른 구체적인 진단의 기준은 다음과 같다.

주의력결핍 과잉행동장애의 DSM-5 진단기준

A. 임상적 증상-주의력 결핍과 과잉운동 및 충동증상
  1. 주의력결핍증상(Inattention)-지난 6개월간 다음에 나열된 9개의 증상 중 최소 6개를 나타낼 때(Six or more of the following inattention symptoms for at least past 6 months)
  a. 세부 집중을 하지 못함(Fails to give close attention)
  b. 집중을 유지하기 어려움(Difficulty sustaining attention)
  c. 다른 사람들 말을 귀 기울여 듣는데 어려움(Difficulty listening to others)
  d. 지시를 따라 하지 못함(Fails to follow instructions)
  e. 주어진 일이나 활동을 조직화하는데 어려움(Difficulty organizing tasks or activities)
  f. 임무를 수행하는 것에 거부감(Reluctant to engage in tasks)

g. 임무수행에 필요한 것들을 자주 잃어버림(Often loses things necessary for tasks)

h. 외부자극에 쉽게 산만해 짐(Easily distracted by extraneous stimuli)

i. 일상적 활동을 자주 잊어버림(Often forgetful in daily activities)

2. 과잉행동-충동증상(Hyperactivity-Impulsity)-지난 6개월간 다음에 나열된 9개 증상들 중 최소 6개 이상을 나타낼 때(Six or more of the following hyperactivity-impulsivity symptoms for past 6 months)

a. 손발을 가만히 있지 못함(Fidgets with hands or feet)

b. 부적절하게 자리를 뜸(Leaves seats inappropriately)

c. 부적절하게 과도한 달리기나 기어오름(Excessively runs about or climbs inappropriately)

d. 놀거나 여가활동을 조용히 하는데 어려움(Difficulty playing or engaging in leisure activities quietly)

e. 전동기에 의한 것 같이 행동(Acts as if "driven by motor")

f. 지나치게 말을 많이 함(Talks excessively)

g. 질문이 끝나기 전에 불쑥 대답함(Blurts out answers before questions have been completed)

h. 차례를 기다리는데 어려움(Difficulty awaiting turn)

i. 다른 사람을 침해하거나 간섭하거나 방해함(Interrupts or intrudes on others)

B. 위의 증상들이 12세 이전에 나타남(cf. DSM-IV에서는 7 세 이전)

C. 위의 증상들로 인해 집 학교 등의 최소 두 개 이상의 상황에서 기능상의 장애가 나타남(Impairment from symptoms is present in two or more settings(e.g., home and school))

D. 학교, 공부, 직업상의 기능수행에 있어 장애가 나타남.(Clear evidence of impairment in social, academic, or occupational functioning)

제3절 조현병 스펙트럼 장애(Schizophrenia spectrum and other psychotic disroders)

DSM-5에 포함된 조현병과 기타 정신병적 장애들에는 1. 조현형(성격) 장애(Schizotypal(personality) Disorder), 2. 망상장애(Delusional Disorder), 3. 단기 정신병적 장애(Brief Psychotic Disorder), 4. 조현양상장애 (Schizophreniform Disorder), 5. 조현병(Schizophrenia), 6. 조현 정동 장애(Schizoaffective Disorder), 7. 물질/약물치료로 유발된 정신병적 장애(Substance/Medication-induced Psychotic Disorder), 8. 다른 의학적 상태로 인한 정신장애(Psychotic Disorder due to Another Medical Condition), 9. 다른 정신장애과 연관된 긴장증(Catatonia Associated with Another Mental Disorder), 10. 다른 의학적 상태로 인한 긴장성 장애(Catatonia Disorder due to Another Medical Condition), 11. 명시되지 않은 긴장증(Unspecified Catatonia), 12. 달리 명시된 조현병 스펙트럼 및 기타 정신병적 장애(Other Specified Schizophrenia Spectrum and Other Psychotic Disorder), 13. 명시되지 않는 조현병 스펙트럼 및 기타 정신병적 장애(Unspecified Schizophrenia Spectrum and Other Psychotic Disorder) 등이 포함된다.

본 장에서는 조현병 스펙트럼 장애 중에서 정신건강 실천현장에서 가장 많이 접할 수 있고 관심의 대상의 되는 조현병을 중심으로 고찰한다. 조현병 스펙트럼 장애의 주요증상으로는 (1) 자신과 세계에 대한 잘못된 강한 믿음인 '망상(delusion)', (2) 왜곡된 비현실적 지각인 '환각(hallucinatoins)', (3) 비논리적이고 혼란스러운 생각이나 언어(Disorganized thinking or speech), (4) 상황이나 맥락에 부적응적인 엉뚱하고 심하게 혼란스럽거나 비정상적인 행동(Grossly disorganized or abnormal motor behavior), (5) 음성 증상들(negative symptoms) 등이 있다.

조현병의 개념에 대해서는 논자에 따라서 이견이 있을 수 있으나 일반적으로 사고, 정동, 지각, 행동 등 전반적이고 다양한 측면에서 와해를 초

126

래하는 뇌기능장애라는 것이 일반적 견해이다(APA, 2013). 조현병의 평생 유병률(lifetime prevalence)은 우리나라를 포함해서 전 세계적으로 전 인구의 약 0.5~1% 정도로 파악된다. 발병률이 가장 높은 연령대는 남자의 경우 15~24세, 여자의 경우 25~34세로 약간의 성별 차이가 있다. 또한 사회적 측면에서는 경제적으로 가난한 사람들이 상대적으로 부유한 사람 보다가 유병율이 높은 것으로 나타나, 조현병의 원인이 심리적 신체적 요인에 의해서만이 아닌 사회적 측면도 있는 것으로 판단된다. 구체적으로 조현병의 생물학적 요인으로는 유전, 신경전달물질 관련 생화학적 요인(예, 도파민 가설), 대뇌의 기능과 손상 등을 예로 들 수 있다. 발달적 및 심리학적 요인으로는 프로이드식의 구순기나 전생식기 등에 있어서 인격성장의 고착이나 심한 내적 갈등으로 인한 지각, 사고, 대인관계의 문제를 들 수 있다. 사회적 요인으로는 사회경제적 스트레스가 또한 위험요인 중의 하나로 파악되고 있다. 즉 다른 정신장애와 마찬가지로 조현병의 원인도 복합적인 것이 아닌가 하는 가설이 현재로서는 가장 설득력이 있다.

조현병의 주요증상으로는 (1) 사고과정(thought process)과 사고내용(thought content)상의 장애로 특징 지워지는 사고의 장애, (2) 부적절한 감정표현(inappropriate affect), 정서의 둔화(emotional bluntness), 무감동(apathy) 등으로 특징 지워지는 정동의 장애, (3) 주변의 사물이 이상하게 변형되어 보이고 소리가 전과는 다르게 들리는 지각의 장애, 및 (4) 망상, 환각, 관계망상, 초조감 등의 양성증상(positive symptoms)과 감정 둔마, 자폐증, 사회적 격리, 철퇴 및 자발성의 감소 등을 수반하는 음성증상(negative symptoms), 등이 있다. DSM-5를 기준으로 증상적 특징과 진단기준을 정리하면 다음 표와 같다.

조현병

A. 증상의 특징-진단을 위해서는 다음 증상들 중, 1, 2, 3 중의 최소 하나를 포함해서 최소 2개 이상 나타나야 한다.
1. 망상(Delusions)-자신과 세계에 대한 잘못된 강한 믿음
2. 환각(Hallucinations)-시각(visual), 청각(auditory), 후각(olfactory), 지각

(sensory), 등으로 인한 왜곡된 비현실적 지각

3. 와해되고 비조직적인 생각이나 말(Disorganized thinking or speech)

4. 심하게 혼란스럽거나 비정상적인 행동(긴장증 포함)(Grossly disorganized or abnormal motor behavior including catatonia)

5. 음성증상(Negative symptoms, i.e., affective flattening, avolition, etc.)

B. 이러한 증상으로 인한 사회적 직업적 기능저하(Social/occupational dysfunction)

C 증상의 지속기간(Duration)

1. 최소 6개월[2](Continuous signs of the disturbance persist for at least 6 months)

2. 최소 한 달 이상 위의 증상들이 나타남(With at least one months of symptoms in A).

D. 조현정동장애나 정동장애와 겹치지 않을 것(Schizoaffective and mood disorder exclusion)

E. 정신활성물질 사용이나 기타 질병으로 인한 유사증상 제외(Substance/GMC exclusion)

F. 전반적 발달장애와의 관계(Relationship to a pervasive Developmental Disorder)

1. 만약 기존에 자폐증이나 다른 전반적 발달장애가 있다면, 확실한 망상이나 환각이 최소한 한 달 간 지속될 때 조현병으로 진단할 수 있다.

조현병은 성인기 정신장애 중에서 개인이나 가족 차원에서 뿐 아니라 국가적 사회적 차원에서 회복지원을 위한 비용이 가장 많이 들어가는 가장 심각한 장애 중의 하나이다. 조현병은 청소년기에서 청년기로의 생애 전환기에 많이 발생하는 질병으로 한 개인의 생애주기적 발달에도 매우 심각한 부정적 영향을 끼친다. 20대 전후에 초발하는 것이 특징인데, 조현병이 발병할 경우 증상으로 인한 일상생활 기능 저하로 사회적 관계, 학

---

2 증상지속 기간에 따른 감별진단: 단기정신병적 장애(brief psychotic disorder)는 하루 이상 1개월 미만, 조현형양상장애(schizophreniform disorder)는 최소 한달 이상 6개월 미만.

업, 직업 생활 등에 치명적 영향을 준다. 따라서 조현병을 미리 예방하고 조기 개입하고 지속적으로 회복을 지원하는 것은 개인적 차원에서 뿐 아니라 사회적 차원에서도 매우 중요하다.

제4절 정동장애-양극성장애(Bipolar Disorders)와 우울장애(Depressive Disorders)

정동장애(affective disorder)는 기분장애라고도 불리며, 우울과 조증 등의 기분상의 장애로 인해 정신운동, 인지기능, 대인관계 등에 영향을 준다(APA, 2013). 정동장애는 성인에서 가장 흔히 보고되고 있는 정신장애로 평생 유병률(lifetime prevalence)은 남자의 경우 10%, 여자의 경우 20% 정도로 남녀 간의 성차를 보인다. 다른 정신장애와 마찬가지로 정동장애 또한 유전적, 생물학적, 사회경제적 요인 등이 복합적으로 작용하여 유발된다고 생각된다. 심리학적 요인으로는 행동이론의 관점에서 볼 때 부적응적인 정동증상은 학습된 무기력 상태(learned helplessness)로 해석되고, 인지이론의 관점에서는 부정적 생활경험, 부정적 자기평가, 세계에 대한 비관주의적 인식, 무력감 등 자신과 환경에 대한 부정적 인지의 상태로 이해될 수 있다.

정동장애와 관련된 DSM-5 상의 진단의 분류는 크게 두 가지로 나누어져 있다. 하나는 '양극성 장애 및 관련 장애들(Bipolar and related disorders)이고, 다른 하나는 우울장애(Depressive disorders)이다. 정동장애는 주요 우울증상 삽화와 조증이나 경조증 삽화들이 어떠한 조합으로 발현하는가에 따라서 진단이 결정된다. 따라서 정동장애 진단을 위해서는 아래에 제시된 정동장애의 증상과 진단기준을 기반으로 (1) 임상적 증상의 특징이 우울증, 조증, 혼합형 증상 중 어느 것이 강하게 나타나는가? (2) 증상의 표현이 주기적인가 아닌가? (3) 정동증상이 질병이나 정신활성물질의 사용 등으로 직접 설명이 가능한가? 등의 기준에 대해 고민하고 판단해야 한다. 여기서는 실천현장에서 가장 많이 접할 수 있는 주요 우울증과 양극성 장애를 중심으로 정동장애를 고찰한다. 정동장애의 진단은 정동증상이 우울증이 특징적인 증상인지, 조증이 특징적인 증상인지, 아니면 혼합형이 특징적인 증상인지에 대한 판단에서 시작된다. 우울증, 조증, 혼합형의 임상적 증상의 특징을 요약하면 다음과 같다.

정동장애의 증상과 진단기준

주요 우울증상(Major Depressive Episode)

A. 다음에 나열된 9가지 증상 중 최소 5개 이상의 증상이 지난 2주 간에 나타나고, 이로 인한 기능상의 장애가 나타날 때 우울증이라고 진단할 수 있다. 단 5개 이상의 증상들 중 1. 우울한 기분(depressed mood) 이나 2. 관심이나 즐거움의 저하(loss of interest or pleasure) 중 하나의 증상은 반드시 나타나야 한다.

1. 거의 하루 종일 거의 매일 나타나는 우울한 기분(Depressed mood most of the day, nearly everyday)
2. 관심과 즐거움의 감소(Diminished interest or pleasure)
3. 몸무게 감소(Significant weight loss)
4. 불면증 또는 수면과다증(Insomnia or hypersomnia nearly everyday)
5. 불안정한 몸동작이나 몸동작 기능의 저하(Psychomotor agitation or retardation nearly every day)
6. 피곤과 에너지 부족(Fatigue or loss of energy nearly everyday)
7. 무가치감과 지나치고 부적절한 죄의식(Feelings of worthlessness or excessive or inappropriate guilt nearly everyday)
8. 사고력이나 집중력의 저하(Diminished ability to think or concentrate or indecisiveness, nearly everyday)
9. 죽음에 대한 반복적인 생각, 구체적 계획이 없는 자살에 대한 생각, 또는 구체적 계획이 있는 자살 생각(Recurrent thought of death, recurrent suicidal ideation without a specific plan, or a suicide attempt or a specific plan for committing suicide)

B. 이러한 증상으로 사회적, 직업적, 또는 다른 중요한 기능영역에서 현저한 기능저하가 나타남(Functional impairment due to the symptoms)

C. 이러한 증상들이 물질의 생리적 효과이거나 다른 의학적 상태에 의한 것이 아님(Not due to the direct effects of substance or GMC)

E. 주요 상실(예, 사별, 재정적 파탄, 자연재해로 인한 상실, 심각한 질병이나 장애)에 대한 반응과 유사함. 이러한 경우도 주의깊게 다루어져야 함.

조증과 경조증(Manic Episode & Hypomanic Episode)

- 조증과 경조증의 임상적 증상의 특징은 유사하나 지속기간이 조증은 최소 1주일, 경조증은 최소 4일로 차이가 있다.

A. 최소 1주일 동안(조증)/최소 4일 동안(경조증) 비정상적이고 지속적으로 조증을 보이는 경우.(A distinct period of abnormally and persistently elevated, expansive, or irritable mood, lasting at least 1 week / 4 days)

B. 다음 중 최소 3개의 증상을 보일 때(Three(or more) of the following)
 1. 증가된 자존감과 과대망상증(Inflated self-esteem or grandiosity)
 2. 감소된 수면욕수(Decreased need for sleep)
 3. 평소보다 말수가 많고 말을 계속해서 함(More talkative than usual or pressure to keep talking)
 4. 비약적 생각들이나 연속적 사고(Flight of ideas or thought racing)
 5. 집중하지 못하는 산만함(Distractibility)
 6. 증가된 목표 지향적 행동(Increase in goal-directed activity)
 7. 지나친 쾌락 지향적인 활동에 참가(Excessive involvement in pleasurable activities)

C. 기분장애가 사회적 직업적 기능의 현저한 손상을 초래할 정도로 심각

D. 이러한 증상들이 물질의 생리적 효과이거나 다른 의학적 상태에 의한 것이 아님(Not due to the direct effects of substance or GMC)

위의 표에서 정리된 진단기준에 따라서 우울증과 조증에 대한 진단이 가능하다. 간단하게 소개하면 다음과 같다.

1. 우울장애 진단

주요 우울증 장애(major depressive disorder)는 위 표에서 정리된 A-E까지의 조건을 만족시킬 때 진단된다.

2. 제1형 양극성 장애

제1형(bipolar I disorder)은 위 표에서 나타난 (1) 조증 증상이 독자적으로 나타나거나(Bipolar I disorder, manic) (2) 조증 증상과 우울증 증상이 함께 나타날 때(bipolar I disorder, mixed) 진단할 수 있다.

3. 제2형 양극성 장애

제2형(bipolar II disorder)은 경조증 증상과 우울증 증상이 함께 나타날 때 진단된다.

제5절 불안장애(Anxiety Disorders)

불안이란 심리적으로 불쾌한 불안한 느낌으로 가슴 두근거림, 진땀 등 관련된 신체적 증상과 과민성이나 서성됨 등의 행동증상을 동반한다. 불안장애의 평생 유병율은 약 5~10% 정도이다(APA, 2013). 불안장애도 다른 정신장애와 마찬가지로 심리학적, 생물학적, 사회적 요인들에 의한 복합적 원인들에 의해서 생기는 것으로 이해하는 것이 일반적인 견해이다. DSM-5에 나타나는 불안장애는 (1) 분리불안장애(Separation Anxiety Disorder), (2) 선택적 함구증(Selective Mutism), (3) 특정 공포증(Specific

Phobia), (4) 사회불안장애/사회공포증(Social Anxiety Disorder/Social Phobia), (5) 공황장애(Panic Disorder), (6) 공황발작 명시자(Panic Attack Specifier), (7) 광장공포증(Agoraphobia), (8) 범불안장애(Generalized Anxiety Disorder), (9) 물질/약물치료로 유발된 불안장애(Substance/Medication-Induced Anxiety Disorder), (10) 다른 의학적 상태로 인한 불안장애(Anxiety Disorder Due to Another Medical Condition), (11) 달리 명시되지 않은 불안장애(Other Specified Anxiety Disorder), (12) 명시되지 않은 불안장애(Unspecified Anxiety Disorder) 등이 있다. 여기서는 공황장애(Panic Attack)와 광장공포증(Agoraphobia) 을 중심으로 살펴본다.

DSM-5에서는 공황장애와 광장공포는 임상적 증상에서는 따로 고찰하고 있으나 실질적인 진단에서는 두 가지를 연계하여 진단을 내리고 있다. 즉, 특정 상황과 관계되는 광장공포 증상을 수반하지 않으면서 공황장애의 증상만을 나타낼 때는 '광장공포를 수반하지 않는 공황장애(Panic Disorder without agoraphobia)' 진단을, 특정 상황과 관계되는 광장공포의 증상을 나타내면서 공황장애 증상을 나타낼 때는 '광장공포를 수반하는 공황장애(Panic disorder with agoraphobia)', 공황장애의 경험이 없으면서 광장공포의 증상만이 나타날 때 '공황병력이 없는 광장공포증(Agoraphobia without history of panic disorder)' 라고 진단한다. 이러한 구체적인 진단을 위해서는 다음 표에 요약된 공황장애와 광장공포의 임상적 특징을 알아야 한다.

1. 공황장애 진단기준

A. 다음에 나열된 최소 4가지의 증상이 수분 이내에 최고조에 달하며 이러한 증상으로 인해 일정 기간 두려움과 불편함을 겪음(A discrete period of intense fear or discomfort, in which four(or more) of the following symptoms developed abruptly and reached a peak within minutes)

1. 가슴박동 수 증가(Palpitations, pounding heart, or accelerated heart rate)
2. 발한(Sweating)
3. 떨림 또는 후들거림(Trembling or shaking)
4. 호흡곤란(Sensations of shortness of breath or smothering)
5. 질식감(Feeling of choking)
6. 가슴 통증이나 불쾌감(Chest pain or discomfort)
7. 메스꺼움 또는 복부 불편감(Nausea or abdominal distress)
8. 어지러움, 불안정한 느낌 또는 현기증(Feeling dizzy, unsteady, lightheaded, or faint)
9. 춥거나 화끈 거리는 느낌(Chills or hot flushes)
10. 무감각 등의 감각이상(Paresthesias(numbness or tingling sensations))
11. 이인증 또는 비현실감(Derealization or depersonalization)
12. 스스로 통제할 수 없거나 미칠 것 같은 두려움(Fear of losing control or going crazy)
13. 죽음의 공포(Fear of dying)

B. 적어도 1회 이상의 발작 이후에 1개월 이상 다음 주 한가지 이상의 조건을 만족해야 함.
1. 추가적인 공황발작이나 그에 대한 결과에 대한 지속적인 걱정
2. 발작과 관련된 행동으로 현저하게 부적응적인 변화가 일어남

C. 장애는 물질의 생리적 효과나 다른 의학적 상태에 의한 것이 아님.

D. 장애가 다른 정신장애으로 더 잘 설명되지 않음

2. 광장공포증 진단기준

A. 다음 5가지 상황 중 2가지 이상의 경우에서 극심한 공포와 불안을 느낌 (Marked fear or anxiety about two(or more) of the following five situations)
1. 대중교통을 이용하는 것(Using public transportation)
2. 열린 공간에 있는 것(Being in open spaces(e.g., parking lots, market-

place, bridges)

3. 밀폐된 공간에 있는 것(Being in enclosed places(e.g. shops, theaters, cinemas)

4. 줄을 서 있거나 군중 속에 있는 것(Standing in line or being in crowd)

5. 집 밖에 혼자 있는 것(Being outside of the home alone)

B. 공황 유사 증상이나 무능력하거나 당혹스럽게 만드는 다른 증상이 발생했을 때 도움을 받기 어렵거나 그 상황에서 벗어나기 어려울 것이라는 생각 때문에 그런 상황을 두려워하고 피함.(The individual fears or avoids these situations because of thoughts that escape might be difficult or help might not be available in the event of developing panic-like symptoms or other incapacitating or embarrassing symptoms)

C. 광장공포증 상황은 거의 대부분 공포와 불안을 야기함.(The agoraphobic situations almost always provoke fear or anxiety)

D. 광장공포증 상황을 피하거나 동반자를 필요로 하거나 극도의 공포와 불안 속에서 견딘다.(The agoraphobic situations are actively avoided, require the presence of a companion, or are endured with intense fear or anxiety)

E. 광장공포증 상황과 그것의 사회문화적 배경을 고려할 때 실제로 주어지는 위험에 비해 공포와 불안의 정도가 극심함(The fear or anxiety is out of proportion to the actual danger posed by the agoraphobic situations and to the sociocultural context)

F. 공포, 불안, 회피 반응은 전형적으로 6개월 이상 지속됨.(The fear, anxiety, or avoidance is persistent, typically lasting for 6 months or more.)

G. 공포, 불안, 회피가 사회적, 직업적, 또는 다른 중요한 기능 영역에서 임상 적으로 현저한 고통이나 손상을 초래함(The fear, anxiety or avoidance causes clinically significant distress or impairment in social, occupational, or other important areas of functioning.)

H. 만약 다른 의학적 상태가 동반된다면 공포, 불안, 회피 반응이 명백히 과도 해야 함(If another medical condition is present, the fear, anxiety, or avoidance is clearly excessive)

I. 공포, 불안, 회피가 다른 정신장애로 더 잘 설명되지 않는다(The fear,

> anxiety, or avoidance is not better explained by the symptoms of another mental disorder.)

좀 더 구체적으로 진단의 범주를 살펴보자. 광장공포를 수반하지 않는 공황장애(Panic Disorder without agoraphobia)의 경우 다음의 조건들을 만족할 때 진단이 가능하다. 첫째, 반복되는 예기치 못한 공황발작(Recurrent unexpected panic attacks), 둘째, 공황발작 후 1개월 동안 (1) 또 다른 공황발작에 지속적 우려(Persistent concern about having additional attack), (2) 공황발작의 의미나 결과에 대한 염려(Worry about the implications of the attack or its consequences), (3) 공황발작과 관련해서 행동 상에 상당한 변화가 생기는 증상(A significant change in behavior related to the attacks) 등 3개중의 최소한 하나의 증상이 나타날 때, 광장공포를 수반하지 않는 공황장애라고 진단한다. 셋째, 이러한 증상은 광장공포와 관계없이 나타나야 하며(Absence of agoraphobia), 넷째, 이러한 증상들이 정신활성물질이나 질병상태와는 상관이 없어야 하며(The panic attacks are not due to the direct effects of substance or GMC), 다섯째, 이러한 증상들이 다른 정신장애에 의해서 설명되지 않아야 한다(Not better accounted for by other mental disorders). 광장공포를 수반하는 공황장애(Panic disorder with agoraphobia)는 다른 모든 조건들은 동일하나 세 번째 조건만 다르다. 즉, 공황발작이 광장공포증과 함께 나타날 때는(Presence of agoraphobia) 광장공포를 수반하는 공황장애라고 진단된다.

공황병력이 없는 광장공포증(Agoraphobia without history of panic disorder)은 다음과 같은 조건에서 진단된다. 첫째, 공황장애의 증상이 올 것 같은 불안이 특정한 상황에 처했을 때 나타날 때(The presence of agoraphobia related to fear of developing panic-like symptoms), 둘째, 증상의 기준이 공황장애의 기준에는 맞지 않을 때(Criteria have never been met for panic disorder)-증상의 기준이 공황장애의 기준에 맞을 때는 광장공포를 수반하는 공황장애로 진단 됨), 셋째, 이러한 증상이 직접적인 신체적 영향이나 질병상황, 정신활성물질의 영향이 아닐 때(The disturbance is not due to the direct physiological effects of a substance) 진단된다.

제6절 강박 및 관련 장애(Obsessive-compulsive and related disorders)

강박 및 관련 장애는 다음과 같은 범주들이 포함된다.- (1) 강박장애 (Obsessive-Compulsive Disorder), (2) 신체이형 장애(Body Dysmorphic Disorder), (3) 수집광(Hoarding Disorder), (4) 발모광(Trichotillomania (Hair-Pulling Disorder)), (5) 피부 뜯기 장애(Excoriation(Skin-Picking) Disorder), (6) 물질/치료약물로 유발된 강박 및 관련 장애(Substance/ medication-Induced Obsessive-compulsive and related Disorder), (7) 다른 의학적 상태로 인한 강박 및 관련 장애(Obsessive-Compulsive and related disorder due to another medical condition), (8) 달리 명시된 강박 및 관련 장애(Other Specified Obsessive-Compulsive and Related Disorder), (9) 달리 명시되지 않은 강박 및 관련 장애(Unspecified Obsessive-Compulsive and Related Disorder).

여기서는 가장 많이 들어본 적이 있는 강박장애에 대해서 알아본다. 강박장애는 본인의 의지와 상관없이 강박적 사고(obsession)나 강박적 행동(compulsion)이 반복적으로 나타나는 상태를 일컫는다. 강박적 증상들은 일반인들도 종종 경험할 수 있으나, 정신장애로 진단되어지는 유병률은 약 0.5% 이상인 것으로 추정된다(APA, 2013). 논자에 따라서 차이가 있을 수 있으나, 강박증의 원인은 뇌 기능적 요인이나 유전적, 생화학적 요인 등의 생물학적 요인과 심리적 사회적 요인 등 다른 정신장애의 요인과 유사하다. DSM-5에 의하면 일반적으로 다음의 상황에서 강박장애 진단을 내릴 수 있다.

강박장애(Obssessive-Compulsive Disorder)의 진단범주

A. 강박사고나 강박행동 혹은 둘 다 존재하며(Presence of obsessions, compulsions, or both:)

1. 강박사고는 다음 1-1과 1-2와 같이 정의된다(Obsessions are defined by 1-1 and 1-2)

1-1. 반복적이고 지속적인 생각, 충동, 또는 심상이 장애 시간의 일부에서는 침투적이고 원치 않는 방식으로 경험되며 대부분 현저한 불안이나 괴로움을 유발함(Recurrent or persistent thoughts, urges, or images that are experienced, at some time during the disturbance, as intrusive and unwanted, and that in most individuals cause marked anxiety or distress)

1-2. 이러한 반복적이고 지속적인 생각, 충동, 심상을 경험하는 사람은 이를 무시하거나 억압하려고 시도하며, 또는 다른 생각이나 행동을 통해 이를 중화시키려고 노력함(The individual attempts to ignore or suppress such thoughts, urges, or images, or to neutralize them with some other thought or action)

2. 강박행동은 다음 2-1과 2-2와 같이 정의된다(Compulsions are defined by 2-1 and 2-2)

2-1. 예를들어 손씻기나 정리정돈하기, 확인하기와 같은 반복적 행동과 기도하기, 숫자세기, 속으로 단어 반복하기 등과 같은 정신적인 행위를 개인이 경험하는 강박 사고에 대한 반응으로 수행하거나 엄격한 규칙에 따라 수행함(Repetitive behaviors(e.g., hand washing, ordering, checking) or mental acts(e.g., praying, counting, repeating words silently) that the individual feels driven to perform in response to an obsession, or according to rules that must be applied rigidly)

2-2. 행동이나 정신적인 행위들은 불안감이나 괴로움을 예방하거나 감소시키고, 또는 두려운 사건이나 상황의 발생을 방지하려는 목적으로 수행됨. 그러나 이러한 행동이나 행위들은 그 행위의 대상과 현실적인 방식으로 연결되지 않거나 명백하게 지나침(The behaviors or mental acts are aimed at preventing or reducing distress or preventing some dreaded event or situation; however, these behaviors or mental acts are not connected in a realistic way with what they are designed to neutralize or prevent or are clearly excessive)

B. 강박 사고나 강박 행동은 시간을 소모하게 만들어(예, 하루에 1시간 이상), 사회적, 직업적, 또는 다른 중요한 기능 영역에서 임상적으로 현저한 고통이나 손상을 초래한다(The obsession or compulsion are time- consuming or cause clinically significant distress or impairment in social, occupation, or other important areas of functioning).

C. 강박 증상은 물질(예, 남용약물, 치료약물)의 생리적 효과나 다른 의학적 상태로 인한 것이 아니다(The obsessive-compulsive symptoms are not attributable to the physiological effects of a substance or another medical condition).

D. 장애가 다른 정신장애로 더 잘 설명되지 않는다(The disturbance is not better explained by the symptoms of another mental disorder).

제7절 외상 및 스트레스 관련 장애(Trauma-and Stressor-Related Disorders)

외상 및 스트레스 관련 장애에는 다음과 같은 범주들이 포함된다. (1) 반응성 애착장애(Reactive Attachment Disorder), (2) 탈억제성 사회적 유대감 장애(Disinhibited Social Engagement Disorder), (3) 외상후 스트레스 장애(Posttraumatic Stress Disorder(includes PTSD for children 6 years and younger)), (4) 급성 스트레스 장애(Acute Stress Disorder), (5) 적응장애(Adjustment disorders)-우울기분동반(With depressed mood), 불안동반(With anxiety), 불안 및 우울 기분 함께 동반(With mixed anxiety and depressed mood), 품행 장애 동반(With disturbance of conduct), 정서 및 품행장애 함께 동반(With mixed disturbance of emotions and conduct), 명시되지 않은 경우(unspecified), (6) 달리 명시된 외상 및 스트레스 관련 장애(Other specified trauma and stressor-related disorder), (7) 명시되지 않는 외상 및 스트레스 관련 장애(Unspecified Trauma- and Stressor- Related Disorder). 여기서는 일반인들도 많이 들어본 외상 후 스트레스 장애를 중심으로 살펴본다.

외상후 스트레스 장애는 생명을 위협하는 천재지변이나 재난이 발생했을 때 심한 감정적 또는 신체적 스트레스를 경험하며, 그 자체가 정신적 외상이 되어 이에 수반되는 다양한 정신적 증상을 보이는 장애를 말한다. 일반 인구중 약 1% 안팎의 사람들이 겪는 것으로 추정되며 재난을 당한 사람의 약 50~80% 정도가 이 장애를 경험하는 것으로 보고되고 있다(APA, 2013). 주된 원인은 다른 장애와 마찬가지로 사회적 환경, 피해자의 개인적인 성향과 생물학적 취약성 등으로 간주된다. DSM-5에 의하면 일반적으로 다음의 조건이 충족될 때 외상 후 스트레스 장애 진단을 내릴 수 있다. 특이한 점은 7세 이상 아동청소년 및 성인 대상 진단범주와 6세 이하 아동의 외상후 스트레스 장애 진단 범주를 구분하고 있다는 점이다.

외상후 스트레스 장애(Post-traumatic Stress Disorder): 7세 이상 아동청소년, 성인

A. 실제적이거나 위협적인 죽음, 심각한 부상, 또는 성폭력에의 노출이 다음과 같은 방식 가운데 한 가지 이상으로 나타난다(Exposure to actual or threatened death, serious injury, or sexual violence in one(or more) of the following ways).

1. 외상성 사건(들)에 대한 직접적인 경험(Directly experiencing the traumatic event(s))
2. 그 사건(들)이 가족, 가까운 친척 또는 친한 친구에게 일어난 것을 목격함(Witnessing, in person, the event(s) as it occurred to others)
3. 외상성 사건(들)이 가족, 가까운 친척 또는 친한 친구에게 일어난 것을 알게 됨(Learning that the traumatic event(s) occurred to a close family member or close friend).
4. 외상성 사건(들)의 혐오스러운 세부 사항에 대해 반복적이거나 지나친 노출의 경험(Experiencing repeated or extreme exposure to aversive details of the traumatic event(s)).

B. 외상적 사건(들)이 일어난 후에 시작된 외상성 사건(들)과 관련이 있는 침습 증상의 존재가 다음 중 한 가지(또는 그 이상)에서 나타난다(Presence of one(or more) of the following intrusion symptoms associated with the traumatic event(s), beginning after the traumatic event(s) occurred)

1. 외상성 사건(들)의 반복적, 불수의적이고, 침습적인 고통스러운 기억 (Recurrent, involuntary, and intrusive distressing memories of the traumatic event(s))

2. 꿈의 내용과 정동이 외상성 사건(들)과 관련되는 반복적으로 나타나는 고통스러운 꿈(Recurrent distressing dreams in which the content and/or affect of the dream are related to the traumatic event(s))

3. 외상성 사건(들)이 재생되는 것처럼 그 개인이 느끼고 행동하게 되는 해리성 반응(예: 플래시백)(Dissociative reactions(e.g., flashbacks) in which the individual feels or acts as if the traumatic event(s) were recurring)

4. 외상성 사건들을 상징하거나 닮은 내부 또는 외부의 단서에 노출되었을 때 나타나는 극심하거나 장기적인 심리적 고통(Intense or prolonged psychological distress at exposure to internal or external cues that symbolized or resemble an aspect of the traumatic event(s))

5. 외상성 사건(들)을 상징하거나 닮은 내부 도는 외부의 단서에 대한 뚜렷한 생리적 반응(Marked physiological reactions to internal or external cues that symbolize or resemble an aspect of the traumatic event(s))

C. 외상성 사건(들)이 일어난 후에 시작된, 외상성 사건(들)과 관련이 있는 자극에 대한 지속적인 회피가 다음 중 한 가지 또는 2가지 모두에서 명백함 (Persistent avoidance of stimuli associated with the traumatic event(s), beginning after the traumatic event(s) occurred, as evidenced by one or both of the following)

1. 외상성 사건(들)에 대한 또는 밀접한 관련이 있는 고통스러운 기억, 생각 또는 감정을 회피 또는 회피하려하는 노력(Avoidance of or efforts to avoid distressing memories, thoughts, or feelings about or closely associated with the traumatic event(s))

2. 외상성 사건들에 대한 또는 밀접한 관련이 있는 고통스러운 기억, 생각, 또는 감정을 불러일으키는 외부적 암시(사람, 장소, 대화, 행동, 사물, 상황)를 회피 또는 회피하려는 노력(Avoidance of or efforts to avoid external reminders(people, places, conversations, activities, objects, situations) that arouse distressing memories, thoughts, or feelings about or closely associated with the traumatic event(s))

D. 외상성 사건(들)이 일어난 후에 시작되거나 악화된, 외상성 사건(들)과 관련이 있는 인지와 감정의 부정적 변화가 다음 중 2가지(또는 그 이상)에서 나타남(Negative alterations in cognitions and mood associated with the traumatic event(s), beginning or worsening after the traumatic event(s) occurred, as evidenced by two(or more) of the following)

1. 외상성 사건(들)의 중요한 부분을 기억할 수 없는 무능력(Inability to remember an important aspect of the traumatic event(s))

2. 자신, 다른 사람 또는 세계에 대한 지속적이고 과장된 부정적인 믿음 또는 예상(Persistent and exaggerated negative beliefs or expectations about oneself, others, or the world)

3. 외상성 사건(들)의 원인 또는 결과에 대하여 지속적으로 왜곡된 인지를 하여 자신 또는 다른 사람들 비난함(Persistent, distorted cognitions about the cause or consequences of the traumatic event(s) that lead the individual to blame himself/herself or others)

4. 지속적으로 부정적인 감정 상태(Persistent negative emotional state)

5. 주요 활동에 대해 현저하게 저하된 흥미 또는 참여(Markedly diminished interest or participation in significant activities)

6. 다른 사람과의 사이가 멀어지거나 소원해지는 느낌(Feelings of detachment or estrangement from others)

7. 긍정적 감정을 경험할 수 없는 지속적인 무능력(Persistent inability to experience positive emotions)

E. 외상성 사건(들)이 일어난 후에 시작되거나 악화된 외상성 사건(들)과 관련이 있는 각성과 반응성의 뚜렷한 변화가 다음 중 2가지(또는 그 이상)에서 현저하게 나타남(Marked alterations in arousal and reactivity associated with the traumatic event(s), beginning or worsening after the traumatic event(s) occurred, as evidenced by two(or more) of the following)

1. 전형적으로 사람 또는 사물에 대한 언어적 또는 ㅅ니체적 공격성으로 표현되는 민감한 행동과 분노폭발(Irritable behavior and angry outbursts typically expressed as verbal or physical aggression toward people or objects)
2. 무모하거나 자기 파괴적 행동(Reckless or self-destructive behavior)
3. 과각성(Hypervigilance)
4. 과장된 놀람반응(Exaggerated startle response)
5. 집중력의 문제(Problems with concentration)
6. 수면 교란(Sleep disturbance)

F. 장애진단기준(B, C, D, 그리고 E)의 기간이 1개월 이상(Duration of the disturbance(Criteria B, C, D, and E) is more than 1 month)

G. 장애가 사회적, 직업적, 또는 다른 중요한 기능 영역에서 임상적으로 현저한 고통이나 손상을 초래(The disturbance causes clinically significant distress or impairment in social, occupational, or other important areas of functioning)

H. 장애가 물질(예, 치료약물이나 알코올)의 생리적 효과나 다른 의학적 상태로 인한 것이 아님(The disturbance is not attributable to the physiological effects of a substance or another medical conditions)

외상후 스트레스 장애(Post-traumatic Stress Disorder): 6세 이하 아동

A. 6세 또는 그보다 어린 아동에서는 실제적이거나 위협적인 죽음, 심각한 부상 또는 성폭력에의 노출이 다음과 같은 방식 가운데 한 가지(또는 그 이상)에서 나타남.

1. 외상성 사건(들)에 대한 직접적인 경험
2. 그 사건(들)이 다른 사람들, 특히 주 보호자에게 일어난 것을 생생하게 목격함
3. 외상성 사건(들)이 부모 또는 보호자에게 일어난 것을 알게 됨

B. 외상적 사건(들)이 일어난 후에 시작된 외상성 사건(들)과 관련이 있는 침습 증상의 존재가 다음 중 한 가지(또는 그 이상)에서 나타남

1. 외상성 사건(들)의 반복적, 불수의적이고, 침습적인 고통스러운 기억

2. 꿈의 내용과 정동이 외상성 사건(들)과 관련되는 반복적으로 나타나는 고통스러운 꿈

3. 외상성 사건(들)이 재생되는 것처럼 그 아동이 느끼고 행동하게 되는 해리성 반응(예: 플래시백)

4. 외상성 사건들을 상징하거나 닮은 내부 또는 외부의 단서에 노출되었을 때 나타나는 극심하거나 장기적인 심리적 고통

5. 외상성 사건(들)을 상기하는 것에 대한 현저한 생리적 반응

C. 외상성 사건(들)이 일어난 후에 시작된, 외상성 사건(들)과 관련이 있는 자극에 대한 지속적인 회피가 다음 중 한 가지 또는 그 이상에서 있음

1. 외상성 사건(들)을 상기시키는 활동, 장소, 또는 물리적 암시 등을 회피 또는 회피하려는 노력

2. 외상성 사건들을 상기시키는 사람, 대화 또는 대인관계 상황 등을 회미 또는 회피하려는 노력

3. 부정적 감정 상태의 뚜렷한 빈도 증가(예, 공포, 죄책감, 슬픔, 수치심, 혼란)

4. 놀이의 축소를 포함하는 주요 활동에 대해 현저하게 저하된 흥미 또는 참여

5. 사회적으로 위축된 행동

6. 긍정적인 감정 표현의 지속적인 감소

D. 외상성 사건(들)이 일어난 후에 시작되거나 악화된 외상성 사건(들)과 관련이 있는 각성과 반응성의 뚜렷한 변화가 다음 중 2가지(또는 그 이상)에서 현저하게 나타남

1. 전형적으로 사람 또는 사물에 대한 언어적 또는 신체적 공격성으로 표현되는 민감한 행동과 분노폭발

2. 과각성

3. 과장된 놀람반응

4. 집중력의 문제

5. 수면 교란

E. 장애의 기간은 1개얼 이상이어야 함

F. 장애가 부모, 형제, 또래 또는 다른 보호자와의 관계 또는 학교생황에서 임상적으로 현저한 고통이나 손상을 초래

G. 장애가 물질(예, 치료약물이나 알코올)의 생리적 효과나 다른 의학적 상태로 인한 것이 아님

제8절 물질 관련 및 중독장애(Substance-related and addictive disorders)

  정신장애의 원인에 대해서 일치된 합의점을 찾기 어렵다는 것은 제4장에서 논의한 바 있으나, 경우에 따라서는 정신장애의 직접적인 원인이 상대적으로 명확한 경우가 있다. 이러한 기질적인 정신장애들의 대표적인 사례가 정신활성물질 사용으로 인한 정신장애이다. 정신활성물질이란 뇌에 영향을 주어서 의식이나 정서를 변화시키는 물질로서 합법적 약물(예. 수면제, 알코올, 담배, 커피, 등)과 불법적 약물(예, 아편류, 환각제, 본드, 등)로 나눌 수 있다. 정신활성물질에 의한 정신장애는 상대적으로 여성보다는 남성에게서 많이 나타나며, DSM-5에 따르면 이 범주에는 정신활성물질 사용에 의한 장애들(substance use disorders)과 정신활성물질이 초래하는 정신장애들(substance-induced disorders)로 분류된다. 정신활성물질 사용에 의한 장애는 정신활성물질 의존(substance dependence)과 정신활성물질 남용(substance abuse)으로 구분되고, 정신활성물질이 초래하는 장애들은 정신활성물질 중독(substance intoxication)과 정신활성물질 금단증상(substance withdrawal)으로 대분된다. 이를 구체적으로 장애를 정리하면 다음 표와 같고 지면상 구체적인 장애에 대한 진단기준은 DSM-5를 참고하시길 바란다.

정신활성물질 사용장애

A. 정신활성물질 사용과 관련된 장애(Substance Use Disorders)
 1. 정신활성물질 의존(Substance dependence)
 2. 정신활성물질 남용(Substance abuse)

B. 정신활성물질이 초래하는 정신장애(Substance-Induced Disorders)
 1. 정신활성물질 중독(Substance intoxication)
 2. 정신활성물질 금단증상(Substance withdrawal)

C. 각각의 정신활성물질의 종류에 따라 위의 A와 B에 나열된 의존, 남용, 중독,

금단증상의 4가지 진단이 가능한데, 현장에서 많이 볼 수 있는 정신활성물질의 종류는 다음과 같은 것들이 있다.

1. 알코올과 관련된 정신장애(Alcohol-Related Disorders):
   1-1. 알코올 사용관련 장애들(Alcohol use disorders)-예. 알코올 의존(Dependence), 알코올 남용(abuse)
   1-2. 알코올이 초래하는 장애들(Alcohol-induced disorders)-예. 알코올 중독(intoxication), 알코올 금단증상(withdrawal)
2. Amphetamine-Related Disorders(주: 2~13까지는 각각 '관련된 장애'와 '초래하는 장애'의 하위구분이 있음)
3. Caffeine-Related Disorders
4. Cannabis-Related Disorders
5. Cocaine-Related Disorders
6. Hallucinogen-Related Disorders
7. Inhalant-Related Disorders
8. Nicotine-Related Disorders
9. Opioid-Related Disorders
10. Phencyclidine-Related Disorders
11. Sedative-, Hypnotic-, or Anxiolytic-Related Disorders
12. Polysubstance-Related Disorder
13. Other(or Unknown) Substance-Related Disorders

제9절 신경인지장애(Neurocognitive Disorders: NCD)

현재 한국사회에서 대두되고 있는 인구구성상의 문제 중의 하나가 저출산 고령화 현상이다. 노화(aging)란 성숙한 유기체의 신체적, 심리적, 사회적 제반기능이 시간이 경과함에 따라 소진되어가는 과정이라고 정의된다(강상경, 2018). 노화에 따른 신체적 변화는 연령증가에 따라 장기기능이 저하되고, 키가 줄어들며, 피하지방의 소실, 근육의 감소, 뇌의 무게 감소, 복부피하지방의 축적, 심박출량의 감소, 및 뇌의 생화학적 변화 등 전반적으로 나타난다. 노화에 따른 심리적 측면의 변화는 인지기능의 감소(예, 언어능력감소, 반응성감소, 기억력감소 등), 성격상의 변화(예, 내향성, 조심성, 순응성의 증가), 죽음에 대한 지각으로 인한 인생에 대한 회상 등 다양하다. 사회적 측면에서 노화는 퇴직과 주변 사람들의 결혼이나 죽음으로 인한 사회적 관계의 이탈, 은퇴로 인한 경제적인 박탈, 사회적 관계의 축소로 인한 격리와 고독 등을 포함한다. 이러한 노화로 인한 신체, 심리, 사회적 변화와 더불어 노년기에 나타날 수 있는 정신장애는 섬망(Delirium), 주요 신경인지장애(major NCD), 경도 신경인지장애(Minor NCD), 등이 있다. 여기서는 정신보건 현장에서 노년기 장애 중 가장 큰 관심의 대상이 되고 있는 노년기 신경인지 정신장애 분류를 고찰한다.

신경인지장애는 정신지체가 아닌 사람이 통상적인 사회생활이나 대인관계에 장애를 초래할 정도로 기억을 비롯한 여러 인지기능의 장애가 생기는 경우를 말한다. 구체적인 증상들로는 기억, 추상적 사고, 판단 및 고등 대뇌피질 기능상의 장애 증상들을 포함하는데, 통계적으로 65세 이상에서는 유병률이 약 5~7% 정도이고 80세 이상의 초고령 연령층에서는 약 20% 정도에 이른다. 노년기 신경인지장애는 대부분 치매에 해당한다. 치매의 원인 질병으로는 Alzheimer 병과 다발성 경색치매, 의학적 질병에 동반하는 치매, 약물사용으로 인한 치매, 이러한 요인들의 복합에 의해서 나타나는 치매 등 매우 다양하다. Alzheimer 병의 경우 치매의 약 50%, 다발성 경색치매의 경우 치매의 약 10~20%, 양자가 공존하는 경우가 약 20% 정도로 두 가지 요인이 치매와 밀접한 상관관계가 있는 것으로 사료된다(APA, 2013).

정신장애의 분류에서 치매라고 진단하는 증상적 특징들은 다음과 같다. 첫째, 기억력 장애와 인시적 장애(예, 언어, 신체움직임, 지각기능 및 수행기능에 있어서의 장애)에 의해서 나타나는 복합적인 인지적 장애 증상 및 둘째, 이러한 증상들이 일상적인 기능장애 증상을 초래할 때 치매라고 진단 내릴 수 있다. DSM-5에 신경인지장애는 섬망과 주요 및 경도 신경인지장애가 포함되어 있다. 주요 및 경도 신경인지장애의 증상적 특징들과 구체적인 진단은 다음과 같다.

주요 신경인지장애(Major NCD)

A. 주요 신경인지장애(Major NCD)

1. 예전 상황과 비교해서 하나 또는 그 이상의 인지기능 영역에서 현저한 기능 저하의 증거가 확실함(Evidence of significant cognitive decline from a previous level of performance in one or more cognitive domains)
   - 환자, 보호자 등의 정보제공자, 임상전문가, 또는 임상평가를 통한 판단
2. 인지결손이 일상생활의 독립성을 방해함(The cognitive deficits interfere with independence in everyday activities)
3. 인지결손은 오직 섬망이 있는 상황에서만 발생하는 것이 아님(The cognitive deficits do not occur exclusively in the context of a delirium)
4. 인지결손은 다른 정신장애에 의해서 설명되지 않음(The cognitive deficits are not better explained by another mental disorder)
5. 병인에 따라서 다음 중 하나를 명시할 것(Specify whether due to):
   - 알츠하이머병(Alzheimer's disease)
   - 전두측두엽 변성(Frontotemporal lobar degeneration)
   - 루이소체병(Lewybody disease)
   - 혈관 질환(Vascular disease)
   - 외상성 뇌손상(Traumatic brain injury)
   - 물질/치료약물 사용(Substance / medication use)
   - HIV 감염(HIV infection)
   - 프라이온병(Prion disease)
   - 파킨슨병(Parkinson's disease)
   - 헌팅턴 병(Huntington's disease)
   - 다른 의학적 상태(Another medical condition)
   - 다중 병인(Multiple etiologies)
   - 명시되지 않은 경우(Unspecified)
6. 다음의 경우 명시할 것
   - 행동장애를 동반하지 않는 경우
   - 행동장애를 동반하는 경우
7. 현재의 심각도를 명시할 것
   - 경도
   - 중등도

경도 신경인지장애(Minor NCD)

A. 경도 신경인지장애(Minor NCD)

 1. 예전 상황과 비교해서 하나 또는 그 이상의 인지기능 영역에서 경미한 기능 저하의 증거가 확실함(Evidence of modest cognitive decline from a previous level of performance in one or more cognitive domains)
  • 환자, 보호자 등의 정보제공자, 임상전문가, 또는 임상평가를 통한 판단

 2. 인지결손이 일상생활의 독립성을 방해하지 않음(The cognitive deficits do not interfere with independence in everyday activities)

 3. 인지결손은 오직 섬망이 있는 상황에서만 발생하는 것이 아님(The cognitive deficits do not occur exclusively in the context of a delirium)

 4. 인지결손은 다른 정신장애에 의해서 설명되지 않음(The cognitive deficits are not better explained by another mental disorder)

 5. 병인에 따라서 다음 중 하나를 명시할 것(Specify whether due to):
  • 알츠하이머병(Alzheimer's disease)
  • 전두측두엽 변성(Frontotemporal lobar degeneration)
  • 루이소체병(Lewybody disease)
  • 혈관 질환(Vascular disease)
  • 외상성 뇌손상(Traumatic brain injury)
  • 물질/치료약물 사용(Substance/medication use)
  • HIV 감염(HIV infection)
  • 프라이온병(Prion disease)
  • 파킨슨병(Parkinson's disease)
  • 헌팅턴 병(Huntington's disease)
  • 다른 의학적 상태(Another medical condition)
  • 다중 병인(Multiple etiologies)
  • 명시되지 않은 경우(Unspecified)

 6. 다음의 경우 명시할 것
  • 행동장애를 동반하지 않는 경우
  • 행동장애를 동반하는 경우

위에서 정리된 것처럼 주요 신경인지장애의 경우 인지기능 저하가 현저하고 이로 인한 일상생활 기능저하 및 독립성이 현저하게 방해를 받는 경

149

우에 진단되고, 경도 신경인지장애의 경우는 인지기능 저하가 미미하고 대부분의 경우 일상생활 독립성에 영향을 받지 않는다.

제10절 결론

우리나라 지역사회정신보건 체계에서는 사회복지사가 직접 진단을 내리는 경우는 흔하지 않으나, 정신장애인의 회복과정을 보다 성공적으로 지원하기 위해서는 장애인의 장신장애의 임상적 특징에 대해서 체계적으로 이해할 필요가 있다. 이러한 것을 염두에 두고 본 장에서는 의학적 정신장애의 분류체계를 지역사회 정신보건 현장에서 많이 접할 수 있는 진단들을 중심으로 살펴보았다. 위에서 살펴본 정신장애 이외에도 섭식장애, 성격장애, 및 기타 정신장애가 DSM-5에 포함되어 있으나 이러한 장애를 가진 사람들은 공적인 정신건강 전달체계에서는 자주 접하는 진단들이 아니라고 생각되어 본 장에서는 제외하였다. 관심 있는 사람들은 직접 DSM-5를 참고하기를 바란다. 지면상 진단의 분류의 핵심적인 부분을 중심으로 고찰했기 때문에 보다 구체적인 진단의 분류 또한 직접 DSM-5를 보면서 보충 첨가되어야 하겠다. 그리고 실제 현장에서 진단을 내리거나 정신장애인을 이해하기 위해서는 실제 사례를 중심으로 훈련이 될 필요가 있는데, 실제적인 사례는 DSM-5 Case Book(예, Ventura, 2017)들을 참조하면 도움이 될 것이다. 결론적으로 DSM-5 진단체계의 기본은 (1) 질병으로 인한 증상에 대한 사정과 (2) 증상으로 인한 일상생활 기능저하에 대한 사정을 통해서 정신장애 진단을 도출한다. 서두에서 살펴본 것처럼 분류는 의사소통을 용이하게 하는 장점이 있지만 불필요한 선입견이나 낙인을 유발할 우려가 있기 때문에 매우 신중하게 사용해야 한다.

제6장 신체·심리·사회적 사정

제1절 도입: 개입과정상 사정의 위상

신체, 심리, 사회적 사정에 대해서 이해하기 전에 개입과정에서 사정의 위상에 대해 이해할 필요가 있다. [그림 6-1]은 정신건강 영역을 포함한 사회복지 영역에서의 사례관리 과정을 도식화 한 것으로, 이에 대한 이해가 사정을 이해하는데 도움을 줄 수 있다. 사례관리 과정은 일반적으로 사례개발이나 접수로 시작된다. 일반적으로 사례의 접수는 당사자 스스로 찾아오는 경우, 다른 기관으로부터 의뢰되어 오는 경우, 지역사회 아웃리치를 통해서 개발된 경우, 등 다양한 경로를 통해서 이루어진다. 일단 사례가 접수되고 나면 해당 사례 당사자의 주요 욕구가 무엇이고 그 욕구를 해결하기 위한 생태체계적 자원이 어떠한 것들이 있는지에 대한 사정이 이루어진다.

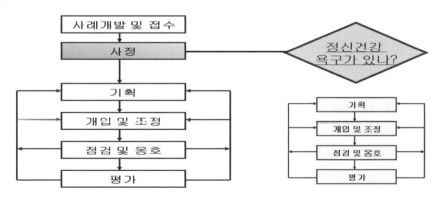

[그림 6-1] 개입과정상 사정의 위상

　　사정은 이후 개입과정을 기획하고 개입하는 방향성을 설정한다는 측면에서 매우 중요한 과정이다. 클라이언트의 개인체계 내적 강점과 한계, 사회·환경적 강점과 한계, 즉 당사자의 욕구와 자원에 대한 통합적 사정의 결과에 따라 사회복지사는 이후 개입계획을 기획한다. 이후 개입과정의 전체적인 방향성과 내용을 결정한다는 측면에서 사정은 사례개입과정에서 매우 중요한 절차이다. 접수된 사례에 대해서 사정한 결과 당사자가 정신건강에 대한 욕구가 있다고 판단되는 경우에는 정신건강서비스 전문기관이나 전문가에게 의뢰하는 것이 일반적이다. 즉 정신건강욕구가 있는 경우에는 정신건강서비스 욕구에 대한 개입을 위한 기획, 개입 및 조정, 점검 및 옹호가 이루어지고 최종적으로 이러한 개입에 대한 평가가 이루어진다. 제6장의 주요 주제는 바로 정신건강 욕구 및 개입을 위한 자원의 평가와 관련된 사정(assessment)에 대해서 이해하는 것을 목표로 한다.

　　이러한 목표를 달성하기 위해서 제6장은 다음과 같은 주제로 구성되었다. 첫째, 사정의 개념적 정의와 의의 및 정신건강 사정도구들에 대해서 살펴본다. 둘째, 정신건강 개입을 위한 강점 및 한계에 대한 다차원적 사정을 위해서 필요한 이론 및 관점에 대해서 생태체계적 관점과 발달론적 관점을 중심으로 이해한다. 셋째, 이러한 사정에 대한 이해와 정신장애에 대한 다차원적 관점을 기반으로 정신장애 당사자의 개인적 특성과 환경적 특성에 대한 다차원적 사정에 대해서 공부한다. 넷째, 이러한 이해를 바탕으로 DSM을 통한 사정이 어떻게 이루어지는지를 하나의 예를 들어서 살펴본다.

제2절 사정(Assessment)이란?

　　일반적으로 사정(assessment)이란 적절한 자료를 수집하고, 분석하고, 종합하여 클라이언트가 처한 문제의 본질, 클라이언트와 주변인의 기능상의 강점과 약점, 문제해결의 동기, 문제에 기여하는 환경적 요인과 문제해결에 도움이 될 내적 외적 자원에 대한 정보를 수집하는 과정이다(Hapworth, Rooney, & Larsen, 1997). 사정을 통해서 사회복지사는 일차적으로는 문제의 본질에 대한 이해를 높임과 동시에 개입을 위한 표적문제를 결정하고, 클라이언트의 내적 외적 강점들과 이용 가능한 자원을 통하여 문제해결을 위한 기초를 확립하면서 나아가 인식된 문제를 해결할 수 있도록 원조하는 것을 목표로 한다.

사회복지의 일반적 분야에서 권장되고 있는 사정의 분류체계는 NASW (National Association of Social Workers)에서 발전시킨 PIE(Person in Environment) 체계이다(Karls & Wandrei, 1994). PIE는 다른 분류체계, 특히 DSM 사정체계가 질병이나 장애와 같은 문제에 초점을 두고 개인이나 환경의 강점에 대한 강조를 상대적으로 등한시하기 때문에 사회사업적 필요성과는 거리가 있다는 판단에서 등장하게 되었다. PIE 체계는 사정을 위해서 4가지 요소들에 주안점을 둔다. 첫째, 사회적 기능수행문제, 요령, 정도, 지속기간, 대처능력 등에 대한 사정을 포함하는 요소 I, 둘째, 환경문제, 정도, 지속기간 등에 대한 사정을 포함하는 요소 II, 셋째, 정신건강에 대한 사정을 하는 요소 III, 넷째, 신체건강에 대한 사정을 하는 요소 IV가 그것이다. PIE의 강점은 PIE 체계가 사회복지학의 생태체계적 관점을 잘 반영하고 있고, DSM-5의 문제중심의 사정 보다가 클라이언트에 대한 낙인과 편견의 소지가 작고, 사회복지전문가들에 의해서 개발되었으므로 사회복지 자체의 분류기준을 제시하고 있으며, 사회복지사가 직면하게 되는 전반적인 문제들의 형태를 개념화하고 해석하는데 도움이 된다는 점 등이다.

PIE 체계와 DSM-5도 상당한 부분은 유사하지만 차이점도 있다. 즉, PIE의 요소 I과 II는 DSM-5의 심리사회적 특상에 대한 진단과 유사하고(즉, DSM-IV의 IV축), PIE의 요소 III은 DSM-5의 임상적 특징에 대한 진단과 유사하며(즉, DSM-IV의 I축과 II축), PIE의 요소 IV는 신체적 건강상태를 사정한다는 점에서 DSM-5의 신체적 부분에 대한 진단과 유사하다(즉, DSM-IV의 III축). DSM-5의 사정과 PIE 체계의 가장 큰 차이점은 (1) DSM이 클라이언트의 신체·심리·사회적 차원의 증상이나 장애의 문제

중심 진단인 반면 PIE는 이러한 차원의 증상이나 문제 뿐 아니라 강점에 대한 사정도 한다는 것이고, (2) PIE는 신체·심리·사회적 영역에 대해 심리 사회적 영역 중심의 통합적 사정을 하는 반면, DSM의 경우 이러한 영역 중 신체·심리(임상) 중심의 통합적 사정을 시도하고 있지만 현실적으로 심리사회적 영역에 대한 진단보다는 정신질환이나 신체건강 문제에 대한 진단에 비중을 더 두고 있다는 점이다.

PIE가 신체·심리·사회적 영역의 강점과 한계에 대해서 심리·사회영역 중심의 통합적 사정을 하고 있다는 장점에도 불구하고, PIE 체계를 정신 건강분야에서의 사정에 그대로 도입해서 사용하는 데는 그 장단점이 있 다. 정신건강분야는 사회복지사를 포함하여 의사, 간호사, 심리사 등 다양 한 직역이 협업체계로 참가하는 영역이다. PIE 체계가 사회복지영역에서 사회복지사들에 의해서 개발되고 발전되어 왔기 때문에, 다양한 직역이 참가하고 있는 정신건강 분야에서 PIE 체계를 그대로 적용하는 것은 한계 가 있다. 직역에 따라서 통합적 사정체계 영역의 신체적 부분에 초점을 주 고 심리 사회적 부분에 대한 사정을 하거나, 심리적 영역에 초점을 두고 신체적 사회적인 영역을 사정하거나, 사회 환경적 영역에 초점을 두고 신 체적 심리적 영역을 진단하는 영역 등 다양하다. PIE 체계가 DSM의 단점 을 보완하기 위해서 개발되었지만, PIE체계가 사회복지 분야에서 개발된 것이라서 다른 직역 전문가들이 잘 모르거나 사용하는데 익숙하지 않을 수 있다.

세계적으로 정신건강 영역 종사자들이 가장 많이 사용하는 진단체계는 DSM이다. 하지만 DSM이 지나치게 증상 중심적이고 문제 중심적이라는 것은 사실이기 때문에 실제 적용을 함에 있어서 DSM의 이러한 단점을 최 대한 보완해 나가면서 사용되어야 한다. 이를 위해 사정의 체계의 큰 틀은 DSM-5로 하되, 실제 사정에 있어서는 DSM-5의 약점인 문제위주의 사정 보다는 PIE 체계가 강조하는 신체, 심리, 환경의 각 영역에 대한 강점사정 을 병행해 나가는 것이 필요하다. 본장에서의 사정에 대한 입지는 DSM-5 를 위주로 하되 DSM 사정체계의 약점을 PIE 체계의 강점을 반영하는 절 충적 접근법으로 한다.

　본서의 제4장에서 살펴본 것처럼 정신장애는 신체적, 심리적, 사회적 관점에서 이해될 수 있다. 장애인의 정신장애의 특징을 보다 명확하게 이해하고 회복을 보다 효과적으로 원조하기 위해서는 정신질환의 증상의 임상적인 특징을 이해하는 것도 중요하지만 이러한 증상이 신체적인 특징이나 심리사회적인 상황과 연관되어 있는 경우가 많으므로 장애인의 신체적 특징이나 심리사회적 상황에 대한 이해 또한 매우 중요하다. 이러한 점을 반영하여 DSM-5에서도 (1)(DSM-IV의 제1축과 2축에 해당하는) 임상적 특징에 대한 사정과 더불어, (2)(DSM-IV의 제3축에 해당하는) 질병 등의 신체적인 특징에 대한 사정, (3)(DSM-IV의 제4축에 해당하는) 심리사회적 상황에 대한 다차원적 특성에 대한 사정을 통해 공병 증상을 진단한다. DSM-5에서 GAF가 공식적으로 제외되기는 하였지만, 위의(1)~(3)의 공병 증상들에 의한 기능저하 정도에 대한 사정인(DSM-IV의 제5축에 해당) 일반적인 기능에 대한 평가는 개입의 방향을 설정하는데 매우 중요하다. 따라서 본 장에서는 정신장애인 클라이언트의 신체, 심리, 사회적 특성에 대한 사정과 전반적 기능 상태에 대한 사정의 특성 및 과정을 중점적으로 고찰한다.

　이러한 목표를 달성하기 위해서 본장에서는 먼저 신체, 심리, 사회적 사정과 관계되는 이론적 틀에 대해서 살펴본다. 정신장애의 원인과 치료가 신체, 심리, 사회적 상황과 관계가 있으므로 여기서는 신체, 심리, 사회적 관점(biopsychosocial perspective)에 대해서 살펴보고, 이러한 신체, 심리, 사회적 상황들이 생애주기에 따라서 그 특징이 다르다는 점을 고려하여 발달론적 관점(developmental perspective)에 대해서 살펴본다. 편의상 두개로 나누어서 살펴보지만 실제 사정할 때 적용에 있어서는 두 가지 관점들이 복합적으로 적용되고 있다는 것은 주지하고 있는 사실이다.

제3절 사정 시 고려해야 할 관점들

사정의 영역을 이해하기 위해서는 이와 관련된 이론들을 살펴보는 것이 도움이 된다. 체계이론(system theory)은 개인이라는 단위는 사회환경이나 자연환경에 속해서 상호작용하는 것이라는 관점으로 개인의 이해를 위한 환경적 특징의 사정의 중요성을 시사한다(Germain, 1979). 개인단위에 초점을 둘 때, 신체, 심리, 사회적 관점(Biopsychosocial perspectives)은 인간은 신체, 심리, 사회적 측면의 복합체이므로 사정시 개인의 신체적 측면, 심리적측면, 사회적(행동적) 측면을 사정해야 한다는 것을 시사한다(De Jonge, Huyse, Stiefel, Slaets, & Gans, 2001). 발달론적 관점(developmental perspective)에서는 개인단위 자체나 개인을 둘러싼 환경이 생애를 통해서 변화한다는 점을 고려하여 개인 및 사회환경에 대한 횡단적인 사정만이 아니라 생애사적인 종단적인 사정의 중요성을 시사한다(Brown, 1996; Dorsen, 2005). 그러므로 여기서는 사정과 관련된 관점들로서 체계이론, 신체심리사회적 관점, 및 발달론적 관점에 대해서 살펴본다.

1. 체계이론적 관점

일반체계이론의 관점에서 보면 신체, 심리, 사회적 존재로서의 인간은 다양한 사회환경에 속해있으면서 사회환경과 상호작용하는 존재이다(Germain, 1979). 나아가 인간과 사회환경은 자연환경에 속해있으면서 자연환경과도 상호작용한다. [그림 6-1]은 일반체계이론 관점에서 신체, 심리, 사회적 존재로서의 개인과 사회환경 및 자연환경과의 역동적 관계를 도식적으로 표현하고 있다.

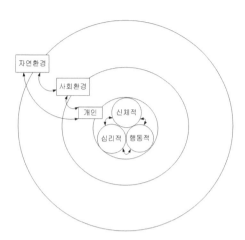

[그림 6-2] 신체, 심리, 사회적 존재로서의 인간과 환경과의 관계

인간은 사회적 존재이기 때문에, 개인은 다양한 사회적 환경에 속해서 생활한다. 좁게는 가족, 학교, 직장, 친구 집단 등의 낮은 수준의 사회 환경에 속하고, 지역사회에 속하면서 넓게는 국가 또는 지구촌이라는 거시적 환경에 속해서 생활한다. 그러므로 개인은 자기가 속한 환경에 직접 간접적으로 영향을 받으면서 생활하고 환경적인 요소들이 위에서 고찰한 개인수준의 심리, 신체, 행동적 요소들에 영향을 준다. 직업적 환경을 예로 들어 살펴보면, 자신의 준거기준과 유사한 직업을 가진 사람의 경우 심리적으로 안정을 유지할 확률이 높지만 준거기준과 차이가나는 직업을 가진 개인의 경우 심리적 행동적으로 부정적인 영향을 받을 확률이 상대적으로 높다. 또한 환경으로서 가정의 예를 들어보면 부모의 양육방식이 자녀의 심리적 행동적 발달에 지대한 영향을 미치고 가정의 경제적 수준이 의료 서비스에로의 접근이 용이한 정도인가 아닌가에 따라 가족구성원의 신체적 건강에 영향을 미칠 수 있다. 또한 가족 구성원 중 한 사람이 신체적 또는 정신적 장애를 가지고 있을 경우 다른 가족구성원의 심리적 행동적 측면 또한 영향을 받을 수 있다.

비슷한 맥락에서 중시적 차원의 지역사회나 국가라는 거시적 환경체계 또한 가족과 같은 미시적 환경체계나 미시적 환경체계에 속한 개인체계에 영향을 준다. 예로 지역사회에 정신건강센터나 사회복귀시설이 있을 경우 정신건강의 예방과 치료서비스를 받을 기회가 있지만 이러한 시설이 없는 지역사회에 거주하는 개인의 경우 상대적으로 서비스의 기회로부터 제외되어서 정신건강에 상대적으로 부정적인 영향을 받을 수 있다. 또한 국가에서 의료급여나 현금급여 같은 사회적 안전망이 확충되어 있는 경우 저소득 가족에 속한 개인의 사회적 자원이나 의료서비스에의 접근정도를 보장함으로써 정신건강이나 신체적 건강의 치료와 예방에 기여를 할 수 있으나, 이러한 사회안전망의 국가에서 제도적으로 정착되어 있지 않을 경우 저소득 가구에 속하는 개인들은 신체적 정신적 건강을 유지하는데 어려움을 겪을 수도 있다. 사회복지의 직접적인 대상은 아닐 수 있으나 자연환경 역시 사회환경과 이에 속한 하부체계들에 영향을 준다. 예로 포항지진이나 태풍 등이 한 지역사회나 그 지역 주민들의 신체, 심리, 사회적 건강에 부정적 영향을 끼치는 점과, 이러한 자연재해가 있을 때 지진이나 태풍 피해가 있는 지역에 대해서 정부 차원에서 다양한 지원정책을 펴는 것이 그 예라고 할 수 있다. 즉, 자연환경의 변화로 사회환경에 영향을 주어서 개인적 차원의 신체적 심리적 건강과 행동적 측면에 영향을 준다.

체계이론은 사정의 틀을 제공함과 동시에 실천의 구체적인 형태를 제시하기도 한다. 즉, 개인단위의 수준에 초점을 맞출 때, 문제의 특성에 따라 인지를 바꾸려는 인지치료, 행동과 학습의 형태를 조정하려는 행동치료, 질병을 치료하려는 신체적인 치료 등의 구체적인 접근법이 있을 수 있다. 또한 사회환경에 초점을 맞출 때 문제의 특성에 따라 가족의 상황이 정신장애와 관련이 있다고 판단될 때 가족치료, 개인이 속한 소집단의 역동성의 변화가 요구될 때는 집단치료, 지역사회의 변화가 요구될 때는 지역사회조직을 통한 접근등의 실제적 접근이 있을 수 있다. 나아가 거시적인 국가환경 차원에서의 실천적 접근은 정신장애와 관련된 법제정, 서비스 전달체계의 개발 및 수정, 관련된 정책입안 등이 있을 수 있다.

지금까지의 논의는 생태체계적 관점에서 환경과 개인체계간의 역동적 측면을 보여주며 정신건강의 예방, 진단, 치료, 재활에 있어서 신체, 심리, 사회적 측면의 사정과 더불어 환경적 측면의 사정의 중요성을 반증한다. 이러한 체계들 간의 역동성과 더불어 사정 시 또 하나 중요한 것은 인간

개인 단위에서의 내적 역동성이다. 인간은 신체, 심리, 사회적인 존재이기 때문에(De Jonge, Huyse, Stiefel, Slaets, & Gans, 2001), 개인 단위 안에서의 내적 역동성도 개인의 신체적 특성, 심리적 특성, 사회·행동적 특성의 상호작용에 의해서 결정된다. 따라서 정신장애는 환경체계와 개인체계 간의 상호작용과 개인의 신체, 심리, 사회·행동적 특성간의 상호작용의 결과로 이해할 수 있다.

위의 [그림 6-2]에 나타난 것처럼 개인 단위에서 인간을 살펴보면 한 개인은 신체, 심리, 사회적(또는 행동적) 측면의 복합체로 볼 수 있다. 양방 화살표로 표시된 것처럼 개인의 신체적 건강, 심리상태, 사회·행동적 측면은 서로 밀접하게 연관되어 있다. 즉, 인간이 육체적으로 건강할 때는 심리적 상태나 행동적 양상에 부정적인 영향을 주지는 않지만, 신체적으로 건강하지 못 할 때는 심리적 행동적 양상에 부정적인 영향을 미칠 수 있다. 예를 들면 암이라는 불치의 병을 앓고 있는 개인은 심리적으로 우울한 증상들을 나타낼 수 있고, 건강의 저하로 인해서 행동상의 제약과 더불어 적절한 사회적 관계를 형성 유지하는데 장해가 될 수 있다. 유사한 맥락에서 인지이론(Beck, 1976)에서 주장하듯이 심리학적으로 부정적인 인지양상을 가진 개인의 경우 개인의 능력이나 현실적 상황을 인식할 때 부정적인 평가를 반복적으로 할 수 있으며 이러한 연유로 부정적 정서나 행동적 위축을 나타내고 결국에 이러한 부정적인 심리적 행동적 상태가 육체적 건강을 저해할 수도 있다. 반복적으로 위축된 행동양상을 보이는 개인은 사회적 기능의 저하로 인해서 부정적 심리상태를 가질 수 있고 이러한 상황은 육체적인 건강에 부정적인 영향을 미칠 수 있다.

정신장애가 신체적 건강의 상태에 의해서 유발되는 경우(예, disorders due to general medical conditions)가 있으므로, 정신건강 분야에서의 사정 시 신체적 측면에 대한 자세한 사정은 필수적이다. 즉, 유전적, 질병적, 신경전달 물질적 이상으로 인해서 정신장애가 나타날 수 있으므로 정신장애의 이해를 위해서는 신체적 특징에 대한 사정이 요구된다. 비슷한 맥락에서 제4장의 정신장애의 분류에서 살펴본 것처럼 정신장애의 증상은 정신활성물질의 사용과도 밀접한 관련이 있다. 그러므로 장애의 이해 뿐

만아니라 치료나 재활의 측면에 있어서도 신체적 건강상태나 정신활성물질의 사용에 대한 사정은 필수적이다. 이러한 점을 고려할 때 질병적 요인으로 인해서 나타날 수 있는 정신장애의 경우 심리사회적 치료만으로는 한계가 있고 질병자체의 치료가 선행되어야 심리사회적 재활이 가능하다. 비슷한 논리는 정신활성물질의 사용에 의한 정신장애의 경우에도 적용된다. 기능상의 저하를 가져온 정신장애 증상이 직접적으로 물질사용과 관련될 경우 심리사회적 재활에 앞서서 정신활성물질의 중독이나 금단으로부터 오는 증상들을 일차적으로 치료할 필요가 있다.

이상의 논의를 요약하면, 체계이론에서 개인의 수준에 초점을 맞추면, 개인은 신체적, 심리적, 사회적 측면의 복합적 존재이다. 한 개인의 신체적 특성이 심리적 행동적 측면에 영향을 주고, 심리적 특성이 신체적 사회적 특성에 영향을 줄 뿐 아니라 행동적 특성이 심리적 신체적 특성에 영향을 주기도 한다. 그러므로 사정에 있어서 이러한 개인적 수준의 신체적 심리적 사회적 특성의 강점과 약점을 파악하는 것이 요구된다.

2. 생태체계 발달론적 관점(Developmental Perspective)

위에서 개인, 사회환경, 자연환경 간의 역동적 상관관계를 생태체계론 관점에서 고찰하고 개인 수준에서 신체, 심리, 사회적 특성들 간의 역동적 상호관계를 신체, 심리, 사회적 관점에서 설명하였다. 하지만 체계이론과 신체, 심리, 사회적 관점이 횡단적 사정에는 유효하지만 종단적 사정에는 용이하지 않다는 한계가 있다. 즉 이러한 이론들은 사회적 환경의 상황이 어떠한 역사적 과정을 거쳐서 현재의 상황에 이르렀는지, 개인의 현재 신체, 심리, 사회적 특징을 초래한 생애사적 배경이 어떠한 것인지에 대한 정보를 제공하지 못 한다. 그러므로 사정을 통하여 좀 더 폭 넓은 정보를 얻고 진단, 치료, 재활을 더 효과적으로 원조하기 위해서는 횡단적 사정과 더불어 종단적 사정 또한 필수적이다(Brown, 1996; Dorsen, 2005). 종단적 사정의 틀을 제공하는 것이 발달론적 관점인데 [그림 6-3]은 이러한 발달론적 관점을 도식적으로 표현하고 있다.

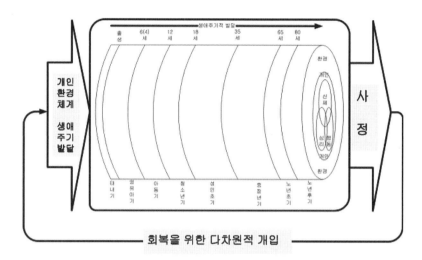

[그림 6-3] 발달론적 관점(Developmental Perspectives)

발달론적 관점은 사정과 연관해서 두 가지 점을 시사한다. 발달론적 관점이 시사하는 바의 하나는 정신장애를 지닌 개인이 횡단적으로 비슷한 연령대의 또래집단과 비교해 볼 때 신체적, 심리적, 사회적 발달의 정도가 정상적인 범위 안에 있는지에 대한 접근의 틀을 제공하고, 또 다른 하나는 개인의 현재 신체적, 심리적, 사회적 상황과 이러한 상황이 과거 생애사의 결과라는 점을 감안해서 개인의 신체, 심리, 사회적 발달을 사정하는 생애사적 접근을 하는 것에 대한 틀을 제공한다는 점이다(강상경, 2018). 즉 정신보건 분야에서 사정을 할 때, 횡단적인 측면에서 현재의 신체, 심리, 사회적 상황에 대한 사정과 더불어, 현재의 신체, 심리, 사회적 상황에 유의미한 영향을 준 과거의 요인들을 생애사적으로 함께 사정할 필요가 있다.

제4절 정신장애의 특성 및 다차원 사정

제4장의 정신장애의 이해를 통해 살펴본 것처럼 정신장애는 개인 및 환경체계, 증상과 기능간의 상호관계에 의해서 결정된다. 따라서 정신장애를 사정하기 위해서는 신체, 심리, 사회, 환경적 등 다차원적 영역에 대한 이해가 선행되어야 한다. 여기서는 이러한 복합적인 사정을 DSM-5의 기준에 맞추어 설명한다(APA, 2013). 하지만 DSM-5의 사정은 생애사적인 접근이 아니라 현재에 초점을 맞추고 있고, 강점관점의 접근이 아니라 문제 파악 중심이라는 한계가 있다. 이러한 한계를 보완하기 위해서는 실제 사정 시 PIE 사정체계의 관점인 강점관점과 생애사적 접근을 병행해야 한다(Karls, & Wandrei, 1994). 즉, 여기서는 정신장애 사정의 주요 영역은 DSM-5의 분류에 따라 설명을 하지만 이를 실제 사정에 응용할 때는 영역별 강점과 생애사적 고찰을 병행하는 것이 바람직하다. 문제에 대한 사정과 더불어 생애사적인 고찰은 문제 전반적인 상황에 대한 이해의 폭을 넓혀주고, 강점에 대한 사정은 개입 시 효과적 치료를 위한 이용 가능한 자원을 파악하는데 도움이 된다.

DSM-5(APA, 2013)에 의하면 클라이언트에 대한 사정의 영역은 (1) 정신장애의 임상적 특성, (2) 신체적 질환, (3) 심리사회적 및 환경적 문제들, (4) 내담자의 전체적인 기능의 수준, 등에 대한 사정이 필요하다. 즉 DSM-5는 정신장애의 임상적인 특징과 신체적 장애와 더불어 사회심리 및 환경적 상황과 기능의 수준을 전체적으로 이해하는 것을 목표로 하고 있다. 사정의 이러한 영역들 중에서 '(1) 주요 정신장애'에 대해서는 제5장에서 고찰을 하였으므로 간단하게만 소개하고, 본 장에서는 (2) 신체적 건강의 측면, (3) 사회심리 및 환경적 측면, 및 (4) 전반적 기능의 수준에 대한 사정에 대해서 중점적으로 고찰한다.

1. 임상적 특성 사정

정신질환 및 이로 인한 정신장애의 임상적 특성을 분류하는 체계는 다양하게 있지만, 현재 가장 많이 사용되고 있는 것은 ICD(International Classification of Diseases)와 DSM(Diagnostic Statistical Manual of Mental Disorders)이다. 제5장에서 살펴본 것처럼 어떠한 구분 체계도 정신장애의 경계를 완벽하게 설명하지는 못하지만, 정신장애의 임상적 특성에 대한 사정에 가장 널리 사용되고 있는 진단 체계는 미국의 정신 의학회(American Psychiatric Association)에서 만든 《정신장애 진단 통계 편람》 제5판, 즉 DSM-5이다. DSM 체계는 세계보건기구(WHO)에서 제정한 《국제 질병 분류》 체계와 유사하여 의학계를 중심으로 정신보건 영역에서 광범위하게 사용되고 있다. 따라서 정신보건영역에 종사하는 정신건강사회복지사가 심리사회적 사정을 위해 필요한 임상적 특성에 대한 사정을 할 때도, DSM의 분류체계에 의존하는 경우가 많다.

앞에서 살펴본 것처럼 현재 사용되고 있는 DSM-5에는 다음과 같은 20개의 정신장애 대범주가 있다. (1) 신경발달장애(Neurodevelopmental Disorders), (2) 조현병 스펙트럼 및 기타 정신증적 장애(Schizophrenia Spectrum and Other Psychotic Disorders), (3) 양극성 및 관련 장애(Bipolar and Related Disorders), (4) 우울장애(Depressive Disorders), (5) 불안장애(Anxiety Disorders), (6) 강박 및 관련 장애(Obsessive-compulsive and Related Disorders), (7) 외상 및 스트레스 관련 장애(Trauma and Stressor Related Disorders), (8) 해리장애(Dissociative Disorders), (9) 신체증상 및 관련장애(Somatic Symptom and Related Disorders), (10) 급식 및 섭식장애(Feeding and Eating Disorders), (11) 배설장애(Elimination Disorders), (12) 수면-각성 장애(Sleep-wake Disorders), (13) 성기능 장애(Sexual Dysfunctions), (14) 성 불편증(Gender Dysphoria), (15) 파괴적, 충동 통제 및 품행장애(Disruptive, Impulse Control and Conduct Disorders), (16) 물질 관련 및 중독장애(Substance-related and Addictive Disorders), (17) 신경인지장애

(Neurocognitive Disorders), (18) 성격장애(Personality Disorders), (19) 성도착 장애(Pharaphilic Disorders), (20) 기타 정신장애(Other Mental Disorders).

심리사회적 사정의 중요한 차원 중의 하나인 임상적 특성에 대한 이해를 위해서는 위에 나열한 20개 대범주에 속하는 다양한 정신장애의 임상적 특성에 대한 이해와 적용능력이 필요하다. 20개 대 범주 중에서 정신건강사회복지사들이 많이 만나게 되는 임상적 특성에 대해서는 제5장에서 자세하게 설명하고 있으므로, 임상적 특성에 대한 사정은 제5장을 참고하기 바란다.

2. 신체적 측면의 사정

다차원적 사정에서 임상적 특성에 대한 사정과 더불어 신체적 측면에 대한 사정도 매우 중요하다. 신체적 측면에 대한 사정의 기본적인 목표는 (1) 신체적 질병이나 욕구가 있는지에 대한 사정과 (2) 있다면 진단된 정신장애 임상적 증상들이 신체적 질병의 직접적인 결과인지 또는 신체적 질병이 간접적으로 증상들을 형성하는데 원인제공을 하는지에 대한 판단을 하는 것이다. 이러한 신체적 측면에 대한 사정은 임상적 증상을 이해하는데도 도움이 되지만 치료와 재활의 방향을 설정하는데 도움이 된다. 즉 증상이 특정 질병적 상황과 연관이 된다면 치료는 일차적으로 신체적 질병의 치료에 초점을 두어야 하고, 재활 또한 신체적 질병의 상황과 연관해서 적절하게 진행되어야 한다. 일반적인 의료상황과 관련해서 사정하는 신체적 질환이 있다면, 공병증상으로 신체적 질병에 해당하는 ICD-10 코드를 함께 제시해 준다. 신체적 질환과 관계되는 일반적인 의료상황들로는 다음과 같은 것들이 포함된다.

일반적 의료적 상황들(General Medical Conditions)

- 감염 및 기생충 질환(Infectious and parasitic diseases)
- 종양(Neoplasms)
- 내분비, 영양, 신진대사성, 및 면역질환(Endocrine, nutritional, and metabolic diseases and immunity disorders)
- 혈액 및 혈액생성기관 질환(Diseases of the blood and blood-forming organs)
- 신경계 및 감각계 질환(Diseases of the nervous system and sense organs)
- 순환계 질환(Diseases of the circulatory system)
- 호흡계 질환(Diseases of the respiratory system)
- 소화계 질환(Diseases of the digestive system)
- 비뇨생식계 질환(Diseases of the geniourinary system)
- 임신, 출산 및 산욕의 합병증(Complications of pregnancy, childbirth, and the puerperium)
- 피부 및 피하조직의 질환(Diseases of the skin and subcutaneous tissue)
- 근골격계 및 결합조직의 질환(Diseases of the musculoskeletal system and connective tissue)
- 선천성 기형, 변형 및 염색체 질환(Congenital anomalies)
- 분만기 등 태어나기 전의 특정상황에 의해서 생기는 질환(Certain conditions originating in the perinatal period)
- 증상, 징후, 및 질병으로 정의된 상태(Symptoms, signs, and ill-defined conditions)
- 상해 및 중독(Injury and poisoning)

신체적 질환을 공병증상으로 사정하는 것은 정신장애의 임상적 증상과 신체질환이 상화관계가 있을 확률이 높다는 것을 의미한다. 즉, 정신장애는 신체적 또는 생물학적 원인과 상호 연관되어 있을 가능성이 많고, 의료적 질병이 행동적 또는 심리사회적 요소와 독립적으로 존재하는 것이 아니다. 예를 들어 갑상선 관련된 신체적 질병을 가진 사람은 우울과 같은 기분장애의 임상적 특성을 경험할 확률이 높다. 이러한 맥락에서 임상적 특성에 대한 진단과 신체적 질병에 대한 의학적 질병을 공병 증상으로 사정하는 주요 목적은 사정에 있어서의 상세함을 더하고 서비스 전달자들 사이의 의사소통을 보다 원활히 하는데 있다. 실제적으로 일반적인 의료적 상황은 정신장애와 여러 가지 측면에서 연관되어 있을 수 있다.

예를 들어 전술한 바와 같이 갑상선 질환으로 인한 정동장애의 경우처럼 질병이나 신체적 상황이 직접적으로 장신장애의 원인을 제공하거나 정신장애의 증상을 악화시킬 수도 있다. 정신장애가 직접적으로 의료나 질병의 상황과 연관되어 있다고 판단될 때는 임상적 진단은 '갑상선 이상으로 인한 의료적 상황에 기인하는 우울증'이라고 진단하고, 공병 증상으로 구체적인 의료적 상황에 대한 설명 즉 '갑상선이상'이라는 진단을 동시에 부여한다. 이렇게 의료적 상황이 정신장애의 직접적인 원인이 되는 경우도 있지만, 경우에 따라서는 정신장애가 질병이나 의료적 상황에 대한 반응으로 나타날 수 도 있다. 즉 질병이 정신장애의 직접적인 원인은 아니라고 판단되나 정신장애의 주요 증상이 의료적 상황에 대한 반응이라고 이해될 때도 의료적 상황에 대한 사정을 해주어야 한다. 예를 들어 백혈병 진단을 받은 클라이언트가 불치병에 대한 적응과정에서 생기는 반응의 일환으로 우울증을 경험할 수 있는데, 이때는 임상적 특성으로 '우울증 또는 우울증상을 동반한 적응장애'를 진단하고, 신체적 질환으로 '백혈병' 진단을 한다. 또한 신체적 상황과 관계된 의료적인 질병이 하나 이상 나타날 때, 모든 질병들을 공병 증상으로 기재해 주어야 한다. 공병 증상으로 다수의 진단을 나열할 때는 가장 중요하다고 판단되는 진단부터 순서대로 나열한다.

전술한 것처럼 이러한 정신장애와의 관련 하에서 신체적 진단은 개인의 상황에 대한 보다 구체적인 이해에 도움이 될 뿐 아니라 된 신체적인 상황에 대한 사정은 치료와 재활의 목표설정과 계획수립의 근거를 제공한다. 즉 갑상선 질환으로 인한 우울증의 경우 치료의 일차적인 목표를 갑상선 질환의 치료에 맞추는 것을 인지적 접근을 취하는 것보다 우선적으로 고려해야할 것이다. 앞에서 언급한 것처럼 DSM-5 사정의 한계점 중의 하나가 횡단적인 문제 중심의 사정에 초점을 맞추고 있어서 강점이나 생애사적 고려가 미흡하다는 것이다. 그러므로 신체적 측면의 강점이나 질병의 개인력에 대한 것도 함께 사정함으로써 DSM-5 사정의 한계를 어느 정도 극복할 수 있다. 즉, 신체적인 문제점 뿐 아니라 강점에 대한 이해를 통해서 회복을 위한 개입접근 시 하나의 자원으로 이용할 수 있고, 생애사적으로 의료적 측면의 병력에 대한 사정을 병행함으로써 정신장애의 발병이나 발전과정이 신체적 측면의 변화와 얼마나 관련이 있는지에 대한 이해를 높일 수 있다.

3. 심리사회적 및 환경적 요인에 대한 사정

정신장애의 통합적 특성을 고려할 때, 정신장애의 임상적 특징에 따른 진단에 대한 사정과 의료나 질병과 관련된 신체적 측면의 사정과 더불어 심리사회적 및 환경적 측면의 사정도 필요하다. 이러한 측면에 대해서 사정을 하는 근거는 심리사회적 환경적 요소들이 정신장애의 진단, 치료, 예후에 영향을 미친다는 생태체계 관점에 근거한다. 심리사회적 및 환경적 문제들은 부정적인 일상적 사건들, 환경적인 어려움이나 결함, 가족 간 또는 다른 사람과 상호작용에 있어서의 문제점, 부적절한 사회적 지지나 개인적인 자원, 그리고 여타 개인적 어려움에 기여한다고 판단되는 요소들을 포함한다. 이러한 부정적인 측면들로부터 연유하는 스트레스 뿐 만아니라 진급이나 승진 등 긍정적인 일상적 사건들로 인해서 생길 수 있는 적응의 문제들도 포함한다. DSM-5를 기준으로 진단할 수 있는 심리사회적 및 환경적 요인들을 요약하면 다음과 같다.

심리사회적 및 환경적 요인들

- 일차적 지지집단 관련 문제들(Problems with primary support group): 예, 가족 구성원의 사망, 가족 구성원의 건강문제, 별거나 이혼 등으로 인한 가족관계의 변화, 이사, 부모의 재혼, 성적 육체적 학대, 부모의 과보호, 아동방임, 부적절한 훈육, 형제간 불화, 새로운 형제자매의 출생, 등.
- 이차적 지지집단이나 환경관련 문제들(Problems related to the social

environment): 예, 친구와의 사별 또는 이별, 부적절한 사회적지지, 독거, 문화적 적응의 문제, 차별경험, 퇴직 등으로 인한 생애사적 적응문제, 등.

- 교육관련 문제들(Educational problems): 예, 문맹, 학업문제, 선생님이나 급우와의 불화, 부적절한 학교환경, 등
- 직업관련 문제들(Occupational problems): 예, 실업, 실업위기, 스트레스를 유발하는 작업계획, 어려운 작업환경, 직업 불만족, 전직, 직장상사나 동료 와의 불화, 등
- 주거 관련 문제들(Housing problems): 예, homelessness, 부적절한 주거 환경, 위험한 주변 환경, 이웃이나 집주인과의 불화, 등.
- 경제적 문제들(Economic problems): 예, 극도의 빈곤, 금전문제, 부족한 복 지지원, 등
- 건강서비스 접근의 문제(Problems with access to health care services): 예, 부적절한 의료 서비스, 의료서비스로 접근하는 교통문제, 부절절한 의료 보험, 등
- 형사 또는 법률사안과 관련된 문제들(Problems related to interaction with the legal system/crime): 예, 체포, 구금, 소송, 범죄의 피해자, 등.
- 기타(Other psychosocial and environmental problems): 예, 재난이나 전 쟁의 경험, 상담자, 사회복지사, 의사 등 가족이 아닌 사람들과의 불화, 사회 복지서비스 이용이 불가능한 상황, 등.

생애사적으로 크고 작은 심리사회적 및 환경적 문제를 총체적으로 모두 파악하는 것은 한계가 있을 수 있기 때문에 DSM-5에서는 평가가 이루어 지는 시점을 기준으로 지난 일 년 동안의 심리사회적 및 환경적 문제의 사정에 초점을 맞춘다. 이러한 기간적 기준의 근거는 최근의 심리사회적 및 환경적 상황이 정신장애의 증상에 상대적으로 더 큰 영향을 주었다는 가정에서 이다. 하지만 지난 일 년 이전에 있었던 생애사적인 심리사회적 환경적 문제가 정신장애의 진단과 예후에 영향을 미친다고 판단되면 그 이전의 요소들에 대해서도 진단하여야 한다. 즉, 90년대 이라크 전쟁에 참 여했던 군인이 전쟁의 경험에서 유래하는 지속적이고 반복적인 기억으로 부터 시달리고 있다면 이러한 경우에는 심리사회적 및 환경적 요인으로 사정을 해주는 것이 필요하다. 즉 PTSD가 임상적 진단인 경우에는 해당

진단과 관련된 심리사회적 및 환경적 요소를 병행하여 진단하는 것이 필요하다. 보통 심리사회적 및 환경적 요소들에 대한 사정은 공병 증상으로 진단이 이루어져서 순서에서 하위에 놓여질 확률이 높지만, 심리사회적 및 환경적 문제가 임상적 관심의 주요 초점이 될 때는 '기타 임상적 관심의 초점이 되는 조건들(Other conditions that may be a focus clinical attention)'이라는 진단으로 상위에 포함시키는 경우도 있다. 이러한 조치를 하는 이유는 주 사례관리자인 사정의 주체가 클라이언트 회복을 위한 성공적 개입을 위해서는 심리사회 환경적 요인에 대한 우선적 개입이 필요하다고 판단하기 때문이다.

DSM-5의 심리사회적 및 환경적 측면에 대해서 고찰할 때는 어느 정도 종단적인 측면에서의 사정이 이루어진다. 하지만 심리사회적 사정의 경우에도 DSM은 개인의 심리사회적 환경적 강점들에 대한 사정보다는 문제점들에 대한 사정에 초점을 맞추고 있다는 한계가 있다. 이러한 약점 중심의 사정은 정신장애와 장애를 가진 사람들에 대한 사회적인 낙인의 위험성을 높이고, 개인이 처한 심리사회적 및 환경적 문제 이해에는 도움이 되나 이들 문제들을 해결하기 위한 심리사회적 및 환경적 자원을 파악할 수 없다는 한계가 있다. 그러므로 실제 사정에 있어서는 심리사회적 및 환경적 문제점들 뿐 아니라 강점들에 대해서도 사정하는 것이 도움이 된다.

4. 총체적 기능에 대한 사정

전반적인 기능(GAF)에 대한 평가는 한 개인의 총체적 기능에 대한 임상가의 판단을 나타내는 보고인데, 너무 주관적이라는 판단 때문에 DSM-5에서는 공식적으로 제외되었다. 하지만 우리나라 정신건강 영역에서 아직까지 다양하게 사용되고 있고, 그 효과나 유용성이 인정받고 있는 부분이 있기 때문에 간단히 살펴보고자 한다. GAF를 통해 사회복지사는 클라이언트의 임상적 및 기능적 변화를 추적할 수 있을 뿐 아니라 치료, 재활, 보호의 필요성 및 회복지원을 위한 개입에 대한 판단을 할 수 있다.

DSM-IV에 따르면 GAF는 1점에서 100점까지의 점수로 구성되며 높을수록 전체적인 기능이 높다는 것을 의미한다. GAF 사정을 위해 DSM-IV에 제시된 점수분포와 기능의 정도를 정리하면 다음과 같다.

전반적인 기능평가(GAF)

- 100-91: 전반작인 활동에서 최우수 기능, 생활의 문제를 잘 통제하고 있고 개인의 많은 긍적적 특징으로 인하여 모범이 됨. 증상없음.
- 90-81: 증상이 없거나 약간의 증상(예, 시험전의 약간의 불안)이 있음. 무든 영역에서 잘 기능하고 다양한 활동을 하고 있고 흥미를 가지고 있음. 사회적인 효율성이 있고 대체로 생활에 만족하며 일상의 문제나 관심사 이상의 심각한 문제는 없음(예, 가족과 가끔 말싸움)
- 80-71: 만약 증상이 있다면 일시적이거나 심리사회적 스트레스에 대한 예상 가능한 반응임(예, 가족과의 논쟁 후 집중하기 어려움). 사회적, 직업적, 학교 기능에서 약간의 손상 정도 이상은 아님(예, 일시적인 성적저하)
- 70-61: 가벼운 몇몇 증상(예, 우울한 정서와 가벼운 불면증) 또는 사회적, 직업적, 학교 기능에서 약간의 어려움이 있음(예, 일시적 무단결석, 가정 내에서 무엇인가 훔침). 그러나 일반적인 기능은 꽤 잘 되는 편이며, 의미있는 대인관계에서는 약간의 문제가 있음.
- 60-51: 중간정도의 증상(예, 무감동한 정서와 우회증적인 말, 일시적인 공황상태)이나 사회적, 직업적, 학교기능에서 중간정도의 어려움(예, 친구가 없거나 일정한 직업을 갖지 못함)이 있음.
- 50-41: 심각한 증상(예, 자살생각, 심각한 강박적 의식, 빈번한 소매치기)이나 사회적, 직업적, 학교 기능에서 심각한 손상(예, 친구가 없거나 일정하게 직업을 갖지 못함)이 있음.
- 40-31: 현실 검증력과 의사소통에서의 장애(예, 말이 비논리적이고 모호하고 부적절함)나 일, 학교, 가족관계, 판단, 사고, 정서 등 여러 방면에서 주요 손상이 있음(예, 친구를 피하는 우울한 사람, 가족을 방치하고, 일을 할 수 없고, 나이든 아동은 나이 어린 아동을 빈번하게 때리고 집에서 반항하고 학업에 실패함)
- 30-21: 망상과 환각에 의해 심각하게 영향을 받는 행동을 하거나, 의사소통과 판단에 있어서 심각한 손상, 지리멸렬, 전반적으로 부적절하게 행동하기, 자살에의 몰입이 있거나, 거의 전 영역에서 기능할 수 없음(예, 종일 침대에

누워있음, 직업과 가정과 친구가 없음)
- 20-11: 자신이나 타인을 해칠 약간의 위험(예, 죽음에 대한 명확한 예견없이 자살을 시도, 빈번하게 폭력적이고 조증의 흥분상태), 최소한의 개인 위생을 유지하는 데 실패(예, 대변을 묻힘) 또는 의사소통의 광범위한 손상(예, 대개 부적절하거나 말을 하지 않음)이 있다
- 10-1: 자신이나 타인을 심각하게 해칠 지속적인 위험(예, 재발성 폭력), 최소한의 개인 위생을 유지함에 있어서 지속적인 무능 또는 죽음에 대한 명확한 기대없는 심각한 자살행동이 있음.
- 0: 불충분한 정보

    GAF의 사정 시 주의해야 할 점은 클라이언트가 경험하는 정신질환이나 신체질환으로 인한 심리적 또는 신체적 상황과는 독립적으로 해당 클라이언트의 심리적, 사회적, 직업적 기능을 사정해야 한다는 것이다. 그 이유는 현재 세계적으로 수용되고 있는 ICF의 장애의 사회적 상대적 개념에 따르면, 클라이언트가 정신질환이나 신체질환이 있더라도 개인의 환경이나 국가적 안전망이나 지원체계가 어떠한지에 따라서 실직적인 기능 수준은 다양하게 나타날 수 있기 때문이다. 즉 질환이 있는데 환경적 지지체계가 없는 경우는 실질적 장애로 연결되지만, 질환이 있어도 환경적 지원체계가 확고한 경우에는 클라이언트가 경험하는 기능저하는 최소화 될 수 있다. 대부분의 GAF 사정은 현재 시점에서 치료와 재활이 필요한가 또는 필요하다면 어떠한 치료와 재활이 효과적일까에 대한 사정이기 때문에 현재 기능에 대한 사정에 초점을 맞춘다. 이러한 현재에 대한 GAF의 사정이 반복적으로 두 번 이상 이루어 졌을 때 시간에 따른 GAF의 변화추이를 관찰함으로써 개입이 얼마나 효과적이었는지의 평가에 대한 기준이 되기도 한다. 즉 접수(intake) 시의 GAF 수준과 종결(discharge) 시의 GAF 수준을 비교 분석함으로써 개입의 효과에 대해서 평가할 수 있다.

제5절 다차원 사정법에 의한 사정의 예

그러면 장애에 대한 이해를 마무리하는 차원에서 DSM-5를 기반으로 다차원적인 통합적 사정법에 의한 사정의 예를 살펴봄으로써 지금까지 논의를 총괄해 보기로 한다.

강씨의 사례

내담자 강씨는 31세의 여성으로 남편 민씨와 4년 전에 결혼하여 두 달 전 첫 아이를 출산하였다. 아이 출산 두 달 전까지 은행원 이였던 강씨는 아이의 출산과 양육을 위해서 다니던 직장을 그만두었다. 첫 아이의 출산하고 병원에서 퇴원 후 강씨는 전에는 느끼지 못했던 이유 없이 슬프고, 무기력하고, 전에 잘 만나던 사람들을 기피하고, 자신감이 없어지는 등 여러 가지 변화를 경험하게 되었는데, 급기야는 구체적인 계획은 없지만 이렇게 사느니 차라리 죽고 싶다는 생각을 간혹 하게 된다. 또한 강씨는 기존에 없었던 과장적인 신경질적 반응을 자주 보임으로써 남편과의 관계는 물론 친구와 다른 가족들과 자주 문제를 일으키게 되었다. 이러한 변화로 기존에 아무 탈 없이 잘 수행하던 가사일을 소홀히 하게 되고, 아이가 귀엽고 사랑스럽지만 무기력감 때문에 아이 돌보는 것을 부담스러워하고 자신감 없어하게 된다. 이러한 변화를 눈치 챈 남편 민씨가 강씨를 설득하여 정신과적 진단을 받게 한다. 처음에는 정신과적 진단을 받는 것에 대해 불편한 마음이 있었지만 강씨 본인도 위의 부정적인 변화들을 인지하고는 있지만 개인적으로 노력을 해도 한계가 있다는 것은 깨닫고 있었던 터라 남편의 권유를 받아들인다. 정신과에서 신체적인 검사를 하게 되었는데, 의사는 갑상선에 이상이 있다고 말해주었고 출산 전에 이러한 위의 증상들이 없었던 것으로 보아서 아마도 출산 후에 생긴 변화일 것이라고 얘기했다. 의사는 또한 이러한 갑상선호르몬의 변화는 출산 후 엄마들에게 종종 나타날 수 있으며 약물로서 치료가 가능하다고 얘기해 주었다. 그래서 강씨는 당분간 치료를 받으면서 변화를 지켜보기로 하였다.

위의 사례를 바탕으로 진단과 사정의 결과를 보면 다음과 같다. 주요 임상적인 진단은 슬프고 우울한 증상을 주된 증상으로 하여 무기력감, 대인지피, 자신감의 상실 등 우울증의 증상을 2주 이상 보였기 때문에 임상적 진단은 우울증으로 생각되며 이러한 증상이 출산과 퇴직으로 인한 반응일 수도 있기 때문에 적응장애를 또 다른 진단 가능한 장애로 볼 수 있다. 이러한 임상적 특징과 더불어서 과장적이고 신경질적인 성격을 표출한 점으로 미루어 과장적 신경질적 성격장애를 진단할 수 있다. 신체검사의 결과 갑상선 호르몬 부족현상이 관찰되었기 때문에 신체적 질환으로 갑상선 부족증을 진단하고 갑상선 호르몬이 부족할 경우 우울증상이 나타날 수 있으므로 임상적 진단을 '갑상선 호르몬 부족으로 인한 우울증'으로 최종 결정할 수 있다. 심리사회적 특성에 대한 사정의 경우 아이의 출산이나 퇴직이 심리사회적 및 환경적 스트레스로 작용할 수 있으므로 이 두 가지 상황을 심리사회적 및 환경적 특성으로 사정하였다. DSM-IV와 다르게 DSM-5에서는 아래에 제시한 것처럼 다축사정 대신 이러한 진단을 중요한 진단부터 공병 증상으로 제시한다. 이러한 사정 및 진단의 결과를 요약하면 다음 표와 같다.

강씨 사례 사정 및 진단의 예

다차원적 사정

1. 임상적 특성(정신질환).
   - 갑상선 호르몬 부족으로 인한 우울증(Mood disorder due to Hypothyroism)
   - 다른 가능성이 있는 장애: 적응장애(R/O Adjustment disorder)
   - 과장적 신경질적 성격장애(Histrionic personality disorder)

2. 신체적 특성(신체질환)
   - 갑상선 호르몬 부족증(Hypothyroidism)

3. 심리사회적 특성
   - 아이의 출산과 퇴직으로 인한 새로운 환경에의 적응문제

DSM-5 진단의 예

- 아이의 출산과 퇴직으로 인한 새로운 환경에의 적응문제
- 갑상선 호르몬 부족증(Hypothyroidism)

> ◦ 갑상선 호르몬 부족으로 인한 우울증(Mood disorder due to Hypothyroism)
> ◦ 다른 가능성이 있는 장애: 적응장애(R/O Adjustment disorder)
> ◦ 과장적 신경질적 성격장애(Histrionic personality disorder)

요약하면, 강 씨의 사례의 사정결과 강 씨의 임상적 특성으로는 우울증, 적응장애, 성격장애 등이 있고, 신체적 특성으로 갑상선 호르몬 부족증이 있으며, 심리사회적 특성으로는 아이의 출산과 퇴직으로 인한 적응문제를 겪고 있었다. 개입계획을 위해서는 이러한 사정의 결과들을 토대로 개입의 우선순위를 기획해야 하는데, DSM-5에서 공병 증상들은 주 사례관리자가 판단할 때 회복을 위해서 우선적으로 개입할 필요성이 있는 영역 순서대로 나열한다. 강씨 사례의 경우 아이 출산과 퇴직으로 인한 적응문제와 호르몬 변화가 근원적 문제 영역이고 회복을 위해서는 이러한 부분에 대한 개입이 선행되어야 한다는 판단 하에서 위에서처럼 진단할 수 있다. 즉 강 씨의 어려움의 주 원인은 (1) 아이의 출산과 퇴직으로 인한 적응문제와 호르몬 문제이고, (2) 이러한 이유에서 다양한 적응장애와 성격장애를 경험하고 있는 것으로 해석되므로, 개입의 우선순위도 호르몬 치료 및 적응문제 해결에 초점을 두는 것이 필요하다.

제6절 결론

지금까지 정신장애의 이해(제4장), 진단분류체계(제5장), 및 신체·심리·사회적 사정(제6장)에 대해서 살펴보았다. 제4장의 정신장애에 관한 신체적, 심리적, 사회적 접근들은 정신장애를 총체적으로 이해하기 위한 기반은 제공하고 정신장애가 이러한 측면의 독자적인 표출이라기보다는 이러한 다면적인 특성들의 상호작용의 결과라고 이해해야 한다는 것을 강조하였다. 제5장의 진단분류체계는 DSM-5에 기반해서 지역사회정신건강분야에서 자주 접하는 진단의 분류와 임상적 특징들을 살펴보고, 의학적 진단

분류체계의 장점과 단점에 대해서 고찰하였다. 정신장애의 진단분류는 주로 DSM-5의 개인의 신체적 임상적 문제 파악에는 용이하나 심리사회적 및 환경적 측면 및 강점을 파악하는 것은 상대적으로 소홀히 하고 있다는 한계가 있다. 제6장 신체·심리·사회적 사정에서는 정신건강사회복지 종사자들이 실제 경험할 수 있는 신체·심리·사회적 및 환경적 사정과 진단에 대해서 살펴보았다. 나아가 DSM적인 진단이 지나치게 문제 중심적 접근이라는 한계를 극복하기 위해 신체, 심리, 사회적 사정 시 문제들 뿐 아니라 강점들도 사정할 것을 강조하였다.

이러한 다차원에 대한 통합적 진단 및 사정의 목표는 개인이 처한 상황을 잘 이해하는데 일차적 목적이 있으나, 통합적 사정의 결과는 앞으로의 문제와 강점의 특성에 따른 개입의 초점에 대한 앞으로의 방향성을 설정하는데 도움이 된다. 즉, 신체적인 질환의 결과로 임상적 특성이 유래할 때는 신체적 질환의 치료에 일차적인 초점을 두어야 하고, 심리사회적 및 환경적 요인으로 인해서 임상적 특성이 유래할 때는 문제의 원인이 될 수 있는 심리사회적 및 환경적 요인의 변화에 개입의 초점을 두어야 할 것이다. 또한 문제와 함께 사정된 신체, 심리, 사회적 측면의 강점들을 문제해결 과정에서 개입을 위한 구체적인 자원으로 활용할 수 있다. 결론적으로 지금까지 살펴본 정신장애에 대한 이해 및 사정은 정신보건에 관한 패러다임 이해 및 정신장애에 관한 효과적인 실천방법을 모색하는 것의 기초가 된다.

제3부

정신의학패러다임의 특징과 한계

제7장 정신의학적 접근의 특징과 한계
제8장 정신장애에 관한 회복패러다임
제9장 정신재활
제10장 사회기술훈련

제7장 정신의학적 접근의 특징과 한계

제1절 정신의학적 접근의 철학적 기초

정신의학적 접근의 본질은 정신장애에 관한 생물학적 원인을 추구하고 치료방법에서도 생물학적 변화를 통해 그것을 해결하고자 한다. 다시 말하면 정신장애를 그것을 가진 사람의 생물학적 특성에서 연유하는 것으로 보는 관점이 생의학적 접근이다. 이 접근에서는 정신장애의 원인을 세균, 유전, 생화학적 이상, 뇌의 역기능 등에서 찾으며(이인정·최해경, 2001) 치료법도 육체적 질병과 같은 방식에 의한다. 실제 이러한 접근의 연원이 고대 사회의 히포크라데스와 그리스 의사들에 의해 주장되었을 정도로 오랜 전통을 가지지만 구체적으로 어떠한 생물학적 특징이 정신장애와 관련되는가에 관해서는 현대 사회에서조차 명확한 설명을 내어놓지 못하고 있다.

생의학적 관점은 기본적으로 몸과 영혼은 분리되어 있다는 이원론 철학에 기초하고 있다. 정신을 어떻게 이해하여야 하는 문제는 오랜 역사 속에서 중요한 철학적 화두가 되어왔다. 정신에 관한 철학적 논쟁은 주로 몸과 정신, 몸과 영혼과 정신의 관계를 중심으로 이어져 왔는데, 정신장애의 문제를 논의하기 위한 기초로서 '정신'의 철학적 이해에서도 이와 같은 몸, 영혼 그리고 정신의 관계에 관한 논의는 중요한 의미를 가진다. 왜냐하면 우리가 정신장애를 인식하는 근거나 방식이 정신 그 자체에 있는 것이 아니라 정신작용과 몸을 통해 나타나는 행위에서 연유하기 때문이다.

사물이나 현상을 분해하여 다루는 것에 익숙한 철학적 사고에서 몸과 영혼은 무엇인가 다른 것이며 몸속의 어디엔가 영혼이 숨겨져 있을 것이라는 것이 일반적 통념이다. 즉 택시가 몸이라면 기사가 영혼이며, 비행기가 몸이라면 기장은 영혼인 것이다. 이와 같은 통념적 입장에서, 즉 몸과 영혼은 구분되며 다른 것이라는 입장에서 둘 간의 관계는 다음 세 가지로 요약해볼 수 있다(Peursen, 1978). 첫째 영혼이 몸에 영향을 주는 경우가 있다. 책상에서 필요한 자료를 꺼낸다든가, 불안하면 심장이 빨리 뛰는 것과 같은 경우이다. 둘째 몸이 영혼에 영향을 미치는 경우이다. 뇌의 손상이 일상생활에 영향을 주거나 약물을 복용하면 기분상태가 좋아지는 것이다. 셋째 영혼과 몸이 서로 평형적인 관계를 가진다. 서로 아무런 영향을 미치지 않는 독립적 사건이지만 다른 연결체에 의해 상호작용하는 경우이다. 즉, 기분상태와 얼굴의 표정, 몸의 구조와 성격, 재능과 뇌의 구조, 실체와 성격 등이 상호작용한다.

관념론자들은 몸과 영혼의 관계에서 영혼을 본질적인 것으로 보며 첫 번째 관계를 강조하며, 유물론자들은 몸을 본질적으로 보아 두 번째 관계를 강조한다. 세 번째 관계는 데카르트와 같은 이원론자들의 주장으로 몸과 영혼의 평행성을 강조한다.

몸과 영혼의 이원론 형성에 커다란 영향을 미친 철학자는 데카르트이다. 그의 철학은 근대 의학의 성립에 철학적 기초를 제공하는 공헌을 했다고 평가받지만 그와 동시에 인체를 기계로 보는 기계론과 질병에 관한 생물학적 환원론을 형성하는 계기를 제공함으로써 근대 의학의 편협한 시각과 비인간성을 초래하게 되는 결과를 가져다주었다는 비판을 함께 받고 있다.

데카르트는 일상경험과 철학, 내부세계와 외부세계, 영혼과 몸을 구별하는 철학적 방법에 근원을 두고 사유와 영혼을 다른 요소들과 완전히 분리하였다. 즉, 그는 『형이상학적 성찰』에서 정신은 분할할 수 없으나 몸은 분할할 수 있다고 말한다. 정신에 관하여 의지, 감정, 이해 등을 구별해서 말한다 할지라도 이것늘은 정신의 일부분이 아니며, 무엇을 바라고, 느끼는 것은 정신 전체라고 하였다. 이렇게 데카르트는 인간의 영혼과 몸을 사유하는 본체와 연장적인 본체로 구분하고 인간의 몸을 복잡하고 생동력이 있는 기계로 묘사하였다. 그리고 영혼은 의지와 오성, 의심과 상상력 등을 모두 포함하는 사유작용으로 보았다.

이와 같은 데카르트의 철학적 사유는 생의학에서 몸을 영혼과 분리하여 다루는 철학적 기초를 제공하였다. 즉 인간의 질병은 몸이라는 기계의 고장과 동일시되는 것이다. 그렇기 때문에 몸을 대상하는 해부학이나 몸의 화학적 상태를 변화시켜 치료하는 약물의 발전에 정당성을 부여하였다고 볼 수 있다. 그러나 다른 한편으로는 많은 질병의 정신적 원인에 대하여 깊이 성찰하는 치료법의 발전을 저해하고 증상 중심의 대증요법에 초점을 두는 한계도 동시에 가져왔다. 정신장애를 치료하는 방식에서도 환청, 망상 등과 관련된 신경계통을 억제시키는 방식으로 접근한다. 실제 정신적 위기를 초래한 관계의 문제는 부차적인 문제가 된다. 정신장애 치료를 위한 약물복용자들은 어둔한 행동, 졸리움, 입마름 등과 같은 많은 부작용 속에서 고통받고 있을 뿐 아니라 근본적인 원인에 접근하지 못하고 있기 때문에 평생 약물을 복용해야하는 처지에 놓여 있다.

제2절 정신의학적 접근

20세기 초반에 성행하였던 전기충격치료, 전두엽절제술, 인슐린쇼크 등의 치료법은 정신장애인 당사자들의 저항에 부딪치며 당사자운동의 주요 이슈가 되었다. 당사자들은 그것들은 치료가 아니라 아무런 근거가 없는 학대라고 주장하였다. 이와 같은 상황에서 정신약물의 개발은 정신의학의 새로운 가능성을 보여준 사건이었다. 현대 정신의학이 정신약물 중심으로 발전하는 계기를 제공한 클로르프로마진은 1950년 12월 프랑스의 롱프랑이라는 제약회사에서 수술 중 마취제 투여량을 감소 용도와 항구토제를 만들기 위한 목적으로 개발되었다(Scull, 2016). 우연히 해군 군의관이 이 약을 정신과환자에게 투여했을 때, 환자들이 주변 환경에 덜 날카롭게 반응하고 환청과 같은 양성증상이 감소하는 것을 보고함으로써 정신의학분야에서 사용되기 시작하였다(Scull, 2016). 1960년대부터 클로로프로마진은 대량 생산되어 널리 보급되었다. 실제 이 약물은 우연히 발견된 것이며 왜 정신장애가 있는 사람들을 어느 정도 안정시키는 효과가 있는지 정확하게 규명되고 있지 않다. 다만 도파민의 활동에 영향을 미친다는 것이 밝혀졌을 뿐이다. 그렇지만 정신장애에 대한 생물학적 원인론에 집착하는 정신의학계는 생화학적 접근을 통해 정신장애를 치료할 수 있다는 희망을 주었으며, 이후 약물 개발에 매진할 수 있는 정당성을 제공하였다.

1970년대 만성 조현병을 가진 사람은 뇌실이 확장되었다는 것이 밝혀졌다. 그러나 당시 정신의학계는 조현병은 기능적 정신병이기 때문에 뇌의 비정상성이 진정한 조현병일 수 없다는 풍조가 만연하였다(Murray, 2017). 이후 거의 30년이 지나서 다른 연구는 장기적 항정신병약물 복용이 대뇌피질의 크기를 축소시켜 측면의 뇌실크기를 확장시킬 수 있음을 밝혔다. 즉, 애초 물리적인 뇌의 비정상성이 정신장애를 발생시킨 것은 아니지만 장기적인 항정신병약물의 복용은 뇌의 비정상성을 초래한다는 것이다.

1970년대 후반부터 정신의학계에서는 조현병이 신경퇴행적 장애라는 클래페린 관점을 취하면서 정신장애를 신경의 문제로 접근하는 지속적인 노력이 촉발되었다(Murray, 2017). 그러한 경향의 하나로 발달장애와 유사한 관점에서 출산시 위해사건(adverse obstetric events)에서 원인을 찾고자 하는 시도들이 정신의학계에 폭넓게 수용되었다. 그렇지만 특별한 성과를 찾지는 못하였다.

현재의 정신의학은 신경전달물질이 왜 정신장애를 발생시키는가의 문제에 대한 조금씩 이해를 확장해가는 상황이라고 볼 수 있다. 여전히 부정적인 생활사건과 같은 환경적, 사회적 요인을 규명하기 위한 노력은 매우 미약하다고 하겠다.

제3절 정신약물의 효능과 한계

1. 항정신병약물의 효능과 한계

클로르프로마진이 환경적 스트레스에 무디어지게 하고 양성증상을 감소시키는 효능이 있다는 것이 발견되면서 정신약물의 개발이 활기를 띠고 곧이어 할리페리돌이 개발되었다. 이 두 가지 약물은 제1세대 항정신병약물이라고 하며 신경이완제(neuroleptics)로 명명되었다. 그런데 이 약물들은 효능과 함께 심각한 부작용이 보고되었다. 즉, 근육 경련, 떨림, 비자발적 운동 그리고 몸의 굳음 등과 같이 고통스러운 부작용을 동반하였다. 1980년대 들어 클로자핀, 리스페리돈, 올란자핀 등의 제2세대 비정형약물들이 개발되었다.

항정신병약물은 만성적 두뇌의 손상을 가져올 수 있다는 위험성이 알려져 있다. Ho 등(2011)의 연구는 장기적 항정신병약물을 복용하게 되면 대뇌피질의 크기를 축소시켜 뇌실을 확장시키는 변화를 초래한다는 사실을 밝혔다. 이와 같은 만성적인 두뇌손상은 근육 경련, 떨림, 몸의 굳음, 비자발적 운동 등과 같은 지연성 운동장애(Tardive Dyskinesis)의 발생과 관련되며, 항정신병약물 사용이 장기화되어 누적적으로 작용하게 되면 큰 위험성을 야기할 수 있다(Breggin, 2013). 또한 지연성 운동장애는 제2세대 항정신병약물에서도 제1세대 약물과 비교할 때 발생 빈도에 유의미한 차이는 없는 것으로 보고되었다.

연구를 통해 밝혀진 항정신병약물의 위험성은 지연성 운동장애 이외에도 다양하다. Breggin은 지연성 운동장애 이외에 항정신병약물의 위험성을 네 가지로 분류하여 설명한다(배진영·이용표, 2020). 첫째, 급성 부정적 신경반응(Acute Adverse Neurological Reaction)으로서 주로 약물 사용 초기에 모든 신체적 움직임의 느려짐이나 파킨슨증과 유사하게 나타나며, 그 증상은 운동장애, 강직, 떨림, 침 흘림 등이다. 둘째, 신경이완제 악성 신드롬(neuroleptic malignant syndrome; NMS)은 전형적으로 의식 손상과 정신적 고통을 수반하며, 체온과 자율신경계의 불안정성(호흡수 증가,

혈압 상승, 심장박동 혹은 땀분비 증가)을 증가시킨다. 셋째, 대사증후군 (metabolic syndrome)은 항정신병약물이 유발하는 체중 증가, 비만, 혈당상승, 당뇨, 고지혈, 고혈압 등의 부작용이다. 그리고 넷째, 수명 단축으로서 미국의 정신건강체계에서 서비스를 받고 있는 사람들은 일반인구보다 수명이 25년 짧은 것으로 조사되었다.

2. 항우울제의 효능과 한계

항우울제는 이미 대중화되어 있는 정신약물이다. 항우울제는 2010년에 미국에서 전체 의약품 중에서 두 번째로 많이 처방되었으며, 성인 여성의 21%가 항우울제를 복용하고 있다고 한다. 항우울제의 효능은 주의력이나 반사신경이 저하됨으로써 주변상황에 대하여 둔감해지는 것으로 나타난다. 전문가의 시각에서는 무관심, 냉담 그리고 유순해짐 등으로 관찰된다 (Breggin, 2013). 항우울제 사용에 따르는 감각의 둔화는 정서적 불안정의 완화를 가져올 수 있다.

항우울제의 위험성으로 제기되고 있는 것은 과도한 자극으로 인하여 자살, 폭력 등의 사건과 관련된 조증을 유발할 가능성이 있다는 것이다. Goldberg and Truman(2003)은 양극성장애 환자의 1/4에서 1/3이 항우울제를 복용하면 조증으로 발전한다고 하였다. 또한 Henry 등(2001)은 항우울제를 복용하는 양극성장애 환자의 24%가 조증으로 전환이 일어난다고 하였다. 그리고 또한 미국의 보훈시설 및 병원 환자 887,859명을 대상으로 한 연구는 항우울제를 복용하기 시작하면 약 2배 정도 자살률이 높아지는 것으로 나타났다(Breggin, 2013). 실제 미국 FDA는 항우울제를 처방받는 성인과 아동에게서 불면증, 흥분, 적의, 불안, 동요, 광적 공격, 경조증, 공격성, 충동성, 정좌불능 그리고 조증 등이 나타날 수 있음을 경고하고 있다(PAXIL, 2011). 이외에 항우울제의 위험성은 위장장애, 조증, 과잉반사 및 근육경련 그리고 섬망 등이 나타나는 세로토닌 신드롬, 성기능장애, 심장병의 위험, 비만 그리고 사망률의 증가 등이 있다(Breggin, 2013).

제4절 매드스터디와 반정신의학[1]

1. Mad Studies의 정의와 기본적 성격

1) Mad Studies의 탄생배경과 정의

Mad Studies는 광기(madness)에 관한 학문이다. Mad는 사전적 의미로 '화난' 혹은 '미친' 등을 의미하는 형용사이지만 많은 문헌에서 madness를 줄여서 표현하면서 명사처럼 쓰이는 경우도 많다. Mad Studies를 이해하기 위해서는 먼저 mad의 명사형인 madness가 사전적으로는 '정신이상, 광기, 미친 행동'등을 의미한다는 것에서 출발할 필요가 있다. 실제 광기로 포괄되는 말로는 서양에서 insanity, lunacy, frenzy, mania, melancholia, hysteria 등이 있으며, 우리나라 고대 문헌에서는 전증, 광증, 매병, 잉비 등이 있다.

그렇다면 당사자가 아닌 사람들은 광기를 어떻게 경험하고 있는가? 『광기와 문명』의 저자 앤드루 스컬은 우리가 광기가 있다고 여기는 사람들의 모습을 다음과 같이 묘사하고 있다.

"자신의 감정을 통제하지 못하는 사람들, 우리 대부분이 지각하는 상식적 현실과 우리가 거주하는 정신적 우주를 공유하지 않는 사람들, 자신의 존재에 대해 환각을 느끼거나 주위 사람들이 망상이라고 결론짓는 주장을 하는 사람들, 자기 문화의 관습이나 기대와는 철저히 다른 방식으로 행동하면서 이를 그만두게 하려고 사회가 으레 동원하는 교정 조치에 무관심한 사람들, 낭비와 지리멸렬의 극치를 드러내는 사람들, 치매환자의 기괴하게 박탈된 정신생활을 보여주는 사람들(Scull, 2017)."

이러한 사람들의 모습을 광기라고 표현하는 것은 주류 정신의학의 입장에서 하나의 저항으로 받아들여질 수 있다. Mad Studies에서 madness는

---

[1] 이용표 등(2017). 정신장애인 주거생활지원센터모형에 대한 당사자평가. 한울정신건강복지재단 보고서의 일부내용을 재구성하였음

정신의학에 의해 형성된 정상 대 질병이라는 지배적인 구조에 따르지 않는 중립적인 의미이다. Madness는 지배적인 구조에 저항하고 도전하는 사고, 기분, 행동 등의 경험의 범주이다(Liegghio, 2013). 따라서 언어적인 의미로 본다면 Mad Studies는 '광기에 관한 학문' 혹은 '광기학' 등으로 번역될 수 있다. 번역에 관한 문제는 학문집단이 형성되면서 좀 더 논의가 필요하기 때문에 여기에서는 원어를 그대로 사용하기로 한다.

Mad Studies는 광기를 질병으로 인식하는 정신병리화(psychiatrization), 광기(madness) 그 자체, 광기의 억압과 작동 그리고 정신의학담론과 반정신의학담론 사이의 논쟁을 하나의 우산 아래 모아내어 다양한 방식으로 탐색하는 새로운 학문영역이라고 할 수 있다. 이는 장애학(Disability Studies)의 탄생과 유사한 경로 하에 있다. 즉 장애에 관한 의료적, 개인적 해석에서 벗어나 장애 그 자체를 다양한 차원과 다학제적 연구방법으로 접근하는 장애학의 입장과 같은 선상에 있다. 장애학(Disability Studies)은 1982년에 아윙 케네즈 졸라들에 의해서 미국에서 창시되어 영국에서도 마이클 올리버를 중심으로 해서 크게 발전해왔다(杉野博昭, 2007). 현재 장애학을 형성·발전시키고 있는 학술지는 미국의 『Disability Studies Quarterly(DSQ)』과 영국의 『Disability and Society』이며 새로운 학술영역으로 받아들여지고 있다. 한편 Mad Studies 탄생의 기폭제 역할을 한 것은 2013년 캐나다에서 출간된 Mad Matters라는 책이다. 이 책이 출간되면서, 2014년 영국 랭커스터장애학회의는 Mad Studies를 주제로 토론이 진행되었다. 그리고 2년 후인 2016년에는 랭커스터 Mad Studies 회의로 명명한 회의가 개최됨으로써 Mad Studies는 국제적으로 좀 더 구체적인 윤곽을 형성하게 되었다.

최초로 Mad Studies에 관한 정의는 뉴욕의 시러큐스대학교 장애학 학생커퍼런스에서 Ingram(2008)에 의해 제시되었다. 그는 "Mad Studies는 정신의학적 사고, 행동, 관계 그리고 존재 등에 대한 비판과 초월을 위한 조사, 지식생산, 정치적 행동 등으로 정의될 수 있다"고 하였다. 즉, 반정신의학의 지적 전통이 Mad Studies의 기본적 토대임을 명백히 하면서 연구라는 지적 활동은 물론 정치적 행동까지 정의에 포함하고 있다.

또한 국제적 Mad Studies Networks의 당사자활동가 Lucy Costa (2014)[2]는 Mad Studies의 정의, 형성 그리고 향후 발전의 방향을 다음과 같이 제시하고 있다.

"Mad Studies는 우리 사회가 Mad, 정신의학생존자,[3] 소비자,[4] 서비스이용자, 정신질환자, 환자, 신경다양성, 수감자, 장애인 등으로 이름 붙이는 것과 관련된 "정체성 딱지"를 가진 사람들이나 그들의 경험, 역사, 문화, 정치조직화, 이야기, 글 등에 대한 교육, 연구 그리고 분석에 관한 영역이다. Mad Studies는 지역적 그리고 국제적으로 조직화된 소비자/생존자운동의 긴 역사로부터 성장하였다. … 우리는 우리 자신을 어떻게 이해하는가 혹은 정신보건전달체계, 연구, 정치 등과의 관계에서 우리의 경험을 어떻게 이해하는가에 관한 우리 자신의 이론, 모델, 개념, 원칙, 가설 그리고 가치 등을 개척해나갈 수 있다."

이와 같은 정의는 Mad 당사자의 삶의 경험과 구조적 조건들에 관한 교육, 연구 그리고 분석들을 중심으로 제안되고 있다. 이는 Ingram의 정의와 맥락을 같이 하면서 보다 당사자 중심성이 강조되고 있으며 교육활동을 포괄하고 있다. 현재 Mad Studies가 형성기에 있기 때문에 그 정의에 관한 논의는 점차 보다 구체적으로 이루어질 수 있을 것이다. 그럼에도 불구하고 장애학의 전통에서 Mad Studies가 출현하였다는 점에서 장애학의 기본적 성격과 많은 부분에서 공유되는 지점이 있을 것이며 새로운 영역도 나타날 것이다.

---

2 https://madstudies2014.wordpress.com/2014/10/15/mad-studies-what-it-is-and-why-you-should-care-2/

3 생존자는 당사자들이 근본적으로 결함이 있고 폭력적이며 육체와 정신을 통제하려 하는 정신건강산업의 희생자 혹은 적이라는 정체성으로 자신을 정의할 때 사용하는 용어임

4 소비자는 부족한 지원체계하의 유순한 클라이언트라는 당사자들이 자신을 정의할 때 사용하는 용어임

2) Mad Studies의 기본적 성격과 특징

기존에 정신의학을 중심으로 형성되어온 정신질환, 정신장애에 관한 연구와 Mad Studies는 어떻게 다른가? 하는 점을 중심으로 비록 짧은 기간이지만 Mad Studies가 형성되면서 나타나고 있는 기본적 성격과 특징을 캐나다에서의 논의를 중심으로 정리해보면 다음과 같다.

(1) 정신의학담론의 지배에 대한 비판

정신의학담론은 단지 병원 내에 머물지 않는다. 정신의학담론은 사람들의 생각, 행동, 관계 그리고 존재의 방식에 깊숙이 침투함으로써 지식 생산은 물론 정치적 행동에도 영향을 미친다. Mad Studies는 이러한 생의학에 기초한 정신의학의 반대편에 서 있다. 그리고 동시에 당사자들의 경험과 문화를 중심으로 새로운 Mad를 구축하자고 한다. Mad Studies는 정신 "보건"과 정신과학의 영역에 있는 종사자들에 의해 형성된 억압적인 언어, 실천, 사상, 법률, 체계를 바꾸고, 보다 포괄적인 문화에서 이에 맞서는 것을 목적으로 한다.

(2) 학제 간 연구

Mad Studies는 특정 학문분야에 고정되어 있지 않으며 다양한 학문분야에 걸쳐져 있다. 역사적으로 정신의학에 대한 저항은 다양한 학제와 현장에서 시작되었다. 현재 상황에서 그 관계를 어떻게 규정할 수 있는지 명확치 않다고 하더라도 분명 Mad Studies는 출발에서부터 장애학과는 깊은 상호 관련성을 가진다. 정신의료와 "정신보건"을 겨냥한 비판적 학문이 법, 사회학, 심리학, 역사, 철학, 교육, 의사소통, 영문학, 문화 연구, 여성과 젠더 연구, 사회법학, 장애학, 사회복지 분야와 함께 건강 연구, 과학, 의학 분야에서 발전하고 있다.

(3) 당사자의 경험에 토대로 둔 접근방법

Mad Studies는 정신의학 권력으로 삶이 붕괴된 사람들의 주관성, 언어,

경험, 열망 등을 그것의 주요 원천, 영감 그리고 존재 이유로 삼는다. 즉 당사자들의 경험과 문화를 분석대상으로 한다. Mad Studies는 지금까지 이어져온 당사자 운동의 행동주의와 비판적 지식의 토대가 없었다면 이룩될 수 없었을 것이다. 캐나다의 Mad Studies, 정치적 가치, 고전적 텍스트, 방법론, 의사소통의 형태, 그리고 운동의 청사진—운동의 주인공은 물론—은 모두 당사자 문화와 역사로부터 다양한 방법으로 출현하였다(Menzies, LeFrancois & Reaume 2013).

(4) 비판적 교육활동

Mad Studies는 지식의 급진적 공동생산, 순환 그리고 소비로 이루어지는 비판적 교육 활동이다. Mad에 관한 지식은 그동안 정신의학 전문가들에 의하여 생산되어왔다. 설사 정신의학전문가가 아닌 사람에 의해 지식이 생산되었다하더라도 그 지식을 일반적인 지식으로 인가하고 통제하는 영역은 정신의학영역이었기 때문에 유통되고 소비되기 어려웠다. 즉 Mad Studies는 대항적인 지식을 당사자와 연구자들이 공동으로 생산하고 소비하는 교육활동으로 기능할 수 있다. 21세기의 새로운 매체는 이와 같은 비판적 지식활동을 견지할 수 있는 기술을 제공한다.

(5) Mad와 자본주의 권력관계의 분석

Mad운동은 Mad와 관련된 권력체계에 대한 저항이다. Mad Studies는 자본주의와 가부장제가 어떻게 정신의학적 지배를 만들고 재생산하는지에 주목한다. 이를 위해 Mad Studies는 신자유주의와 생물학적 정신의학 사이의 다양한 상호적 관련성을 분석해야만 한다. 민영화, 소비자주의, 재정긴축 그리고 복지예산의 삭감 등을 기조로 하는 신자유주의는 개인과 정부 간의 새로운 제한적 관계를 만들어 왔다. 그리고 자본주의 체제변화는 "정신질환"은 자기 관리와 전문기술의 관리, 그리고 필요한 경우에는 강압적인 개입을 통해 관리되어야 할 순전히 개인의 문제가 된다. 즉 인간의 정신적 고통을 만드는 근본적 구조에 대해서는 어떠한 조치도 없이 자가 검진하는 새로운 종류의 정신의학 소비자를 생산함으로써 사회문제의 의료화(healthification)를 가져왔다.

(6) 사회적 억압의 도구로서 정신의학 비판

Mad Studies는 계층, 성별, 인종, 장애, 연령, 문화, 국적, 성적 취향에 대한 차별과 억압이 사회경제적, 정치적으로 교차하는 것을 조장하고 증폭시키는 정신의학의 역할을 비판적으로 분석한다. 예를 들어 이성애는 정신의학에 의하여 정신질환으로 간주됨으로써 사회적 억압에 직면하고, 남성에 비하여 높은 수준으로 나타나는 여성우울을 유전적, 체질적 문제로 전환시킴으로써 성적 차별은 은폐된다. 이렇게 교차성(intersectionaity)은 인종, madness와 같은 사회 정체성이 어떻게 성차별주의와 이성애주의 같은 억압과 교차하게 되는지 분석할 수 있도록 해준다. 이러한 교차성 분석은 madness, 정상, sanity의 지배적 구성체가 차이에 대해 지나치게 이분법적이고 대립적인 구성체(지배/복종, 좋은/나쁜, 위/아래, 우세/열등)를 형성하게 함으로써 본질에 관한 인식을 어떻게 왜곡하는지를 인식하게 할 수 있도록 해준다(Diamond, 2013).

(7) 목표로서 정신건강산업의 재구조화

Mad Studies는 거리, 학교, 인터넷 및 인쇄 매체를 통해, 법정이나 관공서 및 병원에서 또는 지역 사회조직에서 행해지던지 여부와 상관없이 정신건강산업의 급진적 재구조화를 추구하는 폭 넓은 혁명적인 프로젝트의 일부이다. 종국에서는 사고의 패러다임, 지식과 의사소통의 지배체계, 정신의학의 권력관계를 구현하고 유지하는 제도적 구조에 대한 대대적인 변화를 이루고자 한다. 이는 1960년대와 1970년대의 반정신의학과 해방운동의 전통에 뿌리를 두고 정신건강영역의 안과 밖에서 이루어지는 사회정의를 위한 투쟁은 정신의학을 폐지하거나 수정하려는 작업이다. Mad Studies는 비판적인 지적 작업을 통하여 정신의학권력과 그것이 형성한 체계의 모순을 드러내고 극복하기 위한 방안을 제시함으로써 이러한 목표를 성취할 수 있다.

(8) 대안공동체의 모색

Mad Studies가 정신적인 고통, 분노, 절망 그리고 정신의학이 정신질환이라는 딱지를 부쳐준 사람들에게 그것을 견딜 수 있고 극복 할 수 있는 대안이라는 감각과 어떤 희망의 척도를 제공 할 수 없다면 거의 의미가 없다. 21세기 정신의학은 보살핌과 접촉 그리고 인간다운 삶의 요구에 대하여 공허한 억압과 항정신성의약품과 제도적 억압으로만 대응함으로써 당사자의 삶은 상실되고 버림받았다. Mad Studies는 도움이 필요한 사람들에게 대안적인 사회의 희망을 줄 수 있어야 한다.

이상에서 Mad Studies의 탄생배경과 정의, 기본적 성격과 특징을 살펴보았다. 이 논문의 초점은 Mad Studies와 정신장애인 자립생활운동의 관련성에 있다. 즉 Mad Studies의 관점에서 정신장애인의 자기결정에 의한 자립생활을 영위하는 것을 억압하는 사회구조적 억압, 이러한 억압과 정신의학적 사고, 행동, 관계 및 존재양식을 검토하는 데에 이 논문은 초점을 두고 있다. 그리고 대안으로서 회복(recovery) 운동을 Mad Studies 관점에서 검토하고 자립생활운동과 관련시키고자 한다. 여기서 먼저 Mad Studies의 지적·실천적 근간을 이루는 반정신의학(anti-psychiatry)에 대해 정리해본다.

2. 반정신의학(Anti-psychiatry)과 Mad Studies

1) 정신의학과 반정신의학

(1) 반정신의학의 의의

'반-정신의학(anti-psychiatry)'이라는 용어의 존재에서 알 수 있듯이, 기존 주류 정신보건 체계를 장악해 온 정신의학(psychiatry)에 저항하는 세력과 이론가들 역시 존재해왔다. '반정신의학'은 의료적 행위와 의료적 전문성으로 이해되는 정신의학에 대한 일련의 비판들을 의미하는 용어로, 남아프리카 정신분석가 데이비드 쿠퍼(David Cooper)가 처음으로 사용하면서 이러한 흐름이 활성화 되었다(Berlim, Fleck & Shorter 2003). 그 시작은 1950년대 초기까지 거슬러 올라가며, 1960년대와 1970년대에 전성기를 맞이하였다.

정신의학의 주된 주체들은 정신의학자 혹은 정신의료기관의 의사, 제약회사(Big Pharma) 등이 될 수 있으며, 이에 저항하는 반정신의학의 주체들은 진보적인 정신의학자뿐만 아니라 정신질환자, 퇴원한 정신질환자, 환자의 주변 인물 등 정신의학적 체계로 인해 억압받은 경험이 있는 객체들로 광범위하게 구성되어 있다. 정신의학의 지식과 권력은 '정상(Sane)'이라는 개념을 만들었고 이러한 Sanism[5]을 정신질환자 및 이용자들에게 강요하였다. 즉, 정신의학자들은 정상 개념에서 벗어나는 정신질환자들에 대한 억압과 격리를 정당화할 수 있는 '치료'라는 명목의 권력을 획득한 것이다. 반정신의학자들은 이처럼 체계화된 정신의학이 강요하는 정상의 정의로부터 현실과 자유를 분리시키고자 하였고, 그에 따라 정신의학이 기반으로 하는 근거와 이론에 대한 비판적 활동이 형성되었다.

반정신의학의 비판적 움직임을 강압적 치료와 강제적 구금을 반대하거나, 혹은 정신의학의 반성을 요구하는 것으로만 이해하는 것은 매우 협소하다. 그보다도 반정신의학은 정신의학의 목적과 방식, 병인학과 질병 분류학의 기본 원칙, 광인과 정상인의 구별 등 전통적 정신의학자들이 가지는 중심 사상과 관념 전반에 도전한다. 따라서 반정신의학은 정신의학이 행하는 총체적인 분류 과정들을 금지할 것을 주장하였고, 정신의학자들의 의료 행위가 기반으로 하는 '의료적 모델'을 거부한 것이다(Berlim, Fleck & Shorter 2003).

---

5 Sanism은 직역하자면, 정상주의라고 할 수 있다. 그러나 이는 정신장애인의 억압과 차별을 드러내기 위한 '정신장애인 차별주의'로 사용되고 있다. Sanism에 대해서는 3장에서 보다 자세히 다루고자 한다.

(2) 사회적 통제 및 억압의 도구로서의 정신의학에 대한 비판

토마스 쉐프(Thomas Scheff)를 비롯한 사회학자들이 발전시킨 "꼬리표 붙이기(labeling) 이론"에 의하면, '일탈한' 혹은 '정신병을 가졌다고 여겨지는' 개인들은 의료적 전문성에 의해 '꼬리표(label)'를 부여 받게 된다. 이러한 꼬리표가 붙여지는 것은, 그들이 지역사회 통념과 규범에 맞지 않는 행위를 하였기 때문이며, 소위 '정신장애 진단'이라는 것은 단순히 사회가 수용하지 못하는 행동들을 반영한다(Berlim, Fleck & Shorter 2003). 즉, 정신질환은 어떠한 존재론적 실체이기보다, 정신의학자들의 독단과 주관에 의해 부여된 꼬리표일 뿐인 것이다. 이러한 측면에서 정신의학자들은 누군가에게 꼬리표를 부여할 권력과 그들을 '치료'할 법적 특권을 지닌다. 반정신의학자들은 이에 대하여 정신의학자들의 진단 행위, 즉 '꼬리표 붙이기'는 사회의 질서와 규범에서 일탈하고자 하는 혹은 위협적이라고 판단되어지는 개인들을 사회적으로 억압하고 통제하고자 하는 의도를 가진다고 주장한다.

또한 미쉘 푸코(Michel Foucault)는 '광기의 역사'에서 권력과 지식, 과학과 그 사회의 정치·경제 구조 사이의 관계에 대해 저술하였고, 정신의학과 같은 불명확하고 의심스러운 과학을 중점적으로 꼬집어 권력과 지식 사이의 복잡한 문제들을 확실하게 포착하고자 하였다(오생근, 1985). 그는 정신의학적 체계가 역경 속에 있는 사람에 대한 연민보다도 감시와 사회적 통제에 더욱 가깝다고 언급하였고, 이성과 지식이 권력을 창조하고 권력은 또 다른 지식을 창조한다고 주장하면서, 의료적 전문성과 치료적 목적으로 위장한 정신의학적 권력을 비판한다. 그의 주장에 따르면, 정신의학자는 이성의 언어의 한 대변인일 뿐인 것이다(오생근, 1985).

같은 맥락에서 토마스 사스(Thomas Szasz)는 정신보건 실천에 대한 자유의지적 모델을 통하여, 환자와 서비스 제공자들이 계약적으로 동등한 관계이며, '치료'라는 이름으로 사회 통제를 강압적으로 부과하는 권력은 없어져야 한다고 주장하였다(Menzies, LeFrancois & Reaume 2013). 그는 신체적으로 원인이 밝혀진 소수의 경우(신경매독, 뇌염)를 제외한 정신

질환에 대해 의료학적 실체로서의 존재성을 거부하며,[6] 정신질환이라는 것은 정신의학자들이 자신의 전문적 지위를 유지하고자 자행하는 '신화' 혹은 '기만적 행위'에 지나지 않는다고 주장하였다(Berlim, Fleck & Shorter 2003). 조현병 역시 어떠한 뇌병변을 나타내지 않기에, 이를 질병으로서 규정하는 것은 권력을 얻으려 하는 정신의학이 만들어낸 픽션에 불과하다는 것이다. 국가는 일반적인 관행을 따르지 않거나 반규범적인 사람들을 배제하기 위한 수단으로 정신의학의 강압적인 행위들을 묵인하고 있으며 이는 정신의학을 뒷받침하는 권력으로 작용한다. 반정신의학 운동은 정부와 정신의학 사이에서 이루어지는 공모를 이와 같이 통찰함으로써 발전해왔다.

사스와 푸코의 이론에 영향을 받아 이를 제도적으로 실현한 사례가 이탈리아에 존재한다. 프랑코 바자리아(Franco Basaglia)는 반정신의학 운동의 독트린을 가장 극단적인 형태로 수용함으로써 이탈리아 내의 모든 공공 정신병원을 폐쇄하는 법률을 도입하게 한 장본인이다. 그는 비실제적인 정신질환에 대한 정신의학적 관념을 비판하였고, 정신질환자들을 강자(정신의학적 체계)의 폭력에 희생된 사회적 피해자라고 말하였다. 그는 정신질환의 원인론으로써 생물학적, 심리적 모델을 거부하였고, 오히려 사회적 폭력과 배제에 맞서기 위한 방편으로 정신의학적 증상들이 발생한 것이라고 주장하였다. 바자리아의 '통제의 순환'이라는 개념은, 물질적으로 결핍되었거나 일탈한 개인들을 정신병원에 구금하는 것은 곧 지속적인 자율성의 탈취로 이어지고, 이는 결국 더욱 심한 일탈과 결핍을 그들에게 초

---

6 실제로 정신의학의 역사를 돌이켜보면, 19세기 광인의 집(madhouses, 정신병원이 설립되기 전 광인을 수용하던 곳)에 있던 징신질환자 중 절반 이상이 뇌질환 때문으로 드러났다. 주로 신경매독, 뇌염 등이었으며, 이것이 발견되면 신경매독은 더 이상 정신질환이 아닌 뇌 질환이 되었다. 토마스 사스를 이러한 역설의 논리를 지속적으로 주장하였다. 그는 뇌질환을 부정하지 않았으며, 정신질환이 뇌질환이라면 정신질환을 뇌질환으로 지칭해야 하고 뇌질환을 치료해야 한다는 것이다(토마스 사스 인터뷰 참고, https://www.psychotherapy.net/interview/thomas-szasz). 현재에도 뇌과학에 많은 예산을 투여하고 있지만, 정신질환이 뇌질환 때문이라는 명백한 근거는 발견되지 않고 있다.

래하는 것을 의미한다(Berlim, Fleck & Shorter 2003). 즉 사회적 통제의 수단으로 이루어지는 강제적 치료와 감금은 정신의학자들이 말하는 질환을 더욱 악화시킬 뿐 아니라 정신의학자들로 하여금 보다 강압적인 치료를 행하게 한다는 것이다. 바자리아의 논리에 따르면 정신병원과 정신의학자들은 '치료'의 역할을 제대로 수행하지 못하는 주체들이었으며 정신보건의 근본적인 목적을 달성하지 못하기에 폐쇄하여야 마땅한 것이었다. 이러한 운동에 따라 이탈리아는 지역사회 중심의 보호를 추구하게 되었고 정신병원의 폐쇄를 감행, 유지할 수 있었다.

(3) 의료적 모델 및 의료화에 대한 비판

오늘날의 정신 병리 진단 지침인, 미국 정신의학 연합의 DSM은 이미 북미 최고의 분류 체계가 되어가고 있다. DSM과 ICD가 수차례 수정되면서 더 많은 유형의 장애가 추가 및 생성되었고 이로 인하여 아동들에게 다양한 정신장애 진단명이 부여되는 현상이 만연하게 이루어졌다. 이전에는 에너지가 많아 활발하게 뛰어 다니고 통제가 힘들다고 여겨지던 아동들이 이제는 과잉행동 장애로 진단되며, 예의 없게 행동하거나 생생하고 창의적인 상상력을 가진 것으로 간주되던 아동들도 점차 정신 장애를 진단받는다(Menzies, LeFrancois & Reaume 2013). 이전에는 정신 장애로 여겨지지 않았을 뿐만 아니라 큰 문제로 여겨지지 않았던 인간의 성향과 모습들이 정신의학적 분류 체계와 진단 과정에 따라 정신장애로서 정의되는 현상을 보면 알 수 있듯이, 정신질환은 정신의학자들에 의해 '발견'되는 것이 아니라 정신의학적 지식과 권력에 의해 '발명' 되는 것이라고 볼 수 있다. 이는 위에서 언급한 정신의학의 사회적 권력 및 지식과도 일맥상통한다.

이러한 문제는 정신의학의 '의료화' 경향과 과도한 약물적 개입을 통해 좀 더 자세히 들여다 볼 수 있다. 반정신의학자들에 의해 정신의학의 약물에 대한 의존성은, 정신의학과 다국적 제약자본(Big Pharma)으로 일컬어지는 제약회사 사이의 암묵적인 관계로 인한 것이라는 비판을 받기도 한다. 즉, 제약회사가 이익을 취득하고 정신의학자들이 배를 불리기 위하여 정신질환에 대한 진단과 약물적 개입을 기계적으로 부여하고 있는 것이다.

이러한 지배 담론과 '의료화'는 정신질환이 생의학적 원인에 의한 것임을 근거로 두는 전문적, 의료적 모델을 기반으로 한다. 실제 정신질환과 사회적 원인 간의 상관을 주장하는 연구들이 증가하고 더 이상 유전적 원인에 대해 보충하지 못함에도 불구하고 정신질환에 대한 유전적, 의료적 모델의 주장은 계속해서 지속된다. 결국 대부분의 정신보건 주류 흐름은 의료적 모델을 고수하여, 진단적 편향과 생의학적 편향을 기반으로 정신질환자들을 치료하고 원인론을 구성하는 데에 투자한다. 정신의학자들의 이러한 투자는 실증주의적 수단을 활용한 정신보건 연구와 생물학적, 유전적 요인 및 진단적 틀에 대한 탐구를 내포한다고 볼 수 있다. 그들의 연구는 사회적, 문화적 권력으로부터 다양한 지원을 받으며, 의료적 맥락의 구미에 맞게 구성될 수 있었을 것이다. 그리고 이러한 근거에 기반 하는 '좋은 질'의 연구가 존재함에 따라 생의학적 모델은 영속적으로 정신의학을 지배할 수 있었을 것이다(Faulkner, 2017). 반면 반정신의학은 정신의학에 대한 반박의 수단으로 실증주의적 증거와 과학적 근거를 사용하지 않는다. 이러한 경향에 의해 반정신의학은 단지 정신의학에 대한 정치적, 환원주의적 이해를 바탕으로 하는 이상적인 운동의 한 형태로 비춰질 수도 있을 것이다(Berlim, Fleck & Shorter 2003). 그러나 양적, 실증주의적, 근거 기반의 연구들을 배제하는 반정신의학은 오히려 정신장애 당사자의 경험과 질적 근거들을 활용함으로써, 기존 정신의학의 전문적, 의료적 연구 형태 자체에도 저항하는 것으로 볼 수 있다.

(4) 주관적 경험과 환자 중심 치료에 대한 강조

위에서 언급한 것처럼 실증주의적, 근거기반의 연구에 저항하는 반정신 의하저 움직임은, 진정한 지역사회 중심의 경험들을 제시하는 형태로 영국에 자주 나타났다. 그 중 R. D. 랭(Ronald D. Laing)은 개인의 자유와 주관성을 강조하면서 '경험적 정치학'을 통해 다국적인 반정신의학 학파를 이끌었다. 그에 따르면 정신 질환은 광인의 세상을 이해하는 하나의 매개가 되며, 심지어 정신 질환이라는 것은 그 세상에 대한 개인의 정상적인 반응 혹은 적응 형태에 해당된다(Berlim, Fleck & Shorter 2003; Rissmiller & Rissmiller, 2006). 그리고 랭은 광기를 이해하기 위해서, 그 광기를 경험하고 살아가는 자들의 눈을 통해야만 한다는 도전적인 전제를 내세웠다(Menzies, LeFrancois & Reaume 2013).

랭은 정신장애인을 치료하는 데에 필요한 것은 전문적인 지식과 의사로서의 지위가 아니라, 관심과 진정성이라고 주장하였다. 그리고 정신장애인의 '광기의 과정'을 지지적으로 보호하는 치료 환경이 이루어져야 하며, 이를 통하여 치료자와 환자 간의 구분이 흐려짐으로써 환자들은 비로소 광기에 대한 '의료적' 가정들로부터 해방될 수 있다고 강조하였다. 즉 환자들이 스스로의 증상에 대해 느끼는 주관적인 관점은 치료자들의 관점과 동등하거나 오히려 더욱 합리적일 수 있으므로 이를 존중하고 치료 과정에 최대한 활용할 수 있어야 한다.

2) 반정신의학과 Mad Studies

(1) 반-정신의학과 Mad Studies의 접점

정신의학적 지배는 자본주의 체계 내에서 중산층과 의학적 모델에 유리하게 구성된 화학적 불균형의 집합체이다. 반정신의학은 Mad Studies의 일종으로, 광기에 대한 해석을 독점해온 전문 직종의 내막을 밝히는 것을 도와 정신의학적 개념 및 실천의 본질을 이해하는 데에 상당한 기여를 한다(Menzies, LeFrancois & Reaume 2013).

캐나다에서 발간된 간행물 Mad Matters에 따르면 Mad Studies가 사회적으로 급진적, 진보적인 기반에서 정신의학을 비판하는 모든 것을 통합하는 학문이라고 소개한다(Menzies, LeFrancois & Reaume 2013). 이 기반에서는 생의학적, 의료적 모델을 거부하고 인간주의적, 전체론적 관점을 채택하여 정신적 고난을 경험하는 주체들에 대한 대안을 제시하고자 한다. 기존의 의료적 모델과 같이 증상을 감소시키는 것에 집중하는 것이 아니라, 정신장애 당사자들이 살고 있는 사회적, 경제적 맥락에서 그 증상을 이해하고자 하는 것이다.

이처럼 Mad Studies는 반정신의학이 주로 취하는 정신의학담론의 지배에 대한 비판을 모두 내포하며, 당사자의 주관적 경험과 이해를 강조한다. 즉 반정신의학이 맞닿아 있는 정신의학에 대한 비판적 측면은 Mad Studies 와도 모두 접촉해 있음을 확인할 수 있으며 당사자 경험 중심의 접근 방법을 취한다는 것을 알 수 있다.

(2) 반정신의학과 Mad Studies는 어떻게 다른가?

Mad Studies가 반정신의학으로부터 발전함과 동시에 정신의학에 대한 비판을 내포하는 개념이기에 두 개념 사이의 차이를 명백하게 제시하기는 어렵다. 그러나 Mad Studies는 그 밖의 실천적인 이론 및 활동들을 Madness로 발전시켜왔기 때문에 이러한 측면에서 반정신의학과 차이를 갖는다.

우선 반정신의학은 기존의 정신의학 체계에 대한 저항을 뜻하는 개념이지만, 용어 그 자체에서 어렴풋이 나타나듯이 정신의학을 기준으로 한다. 즉, 정신의학이 전제로 하는 독트린과 지배적 담론, 정신의학적 지식 및 권력을 주축으로 삼아, 이에 대한 저항으로서 반정신의학 운동을 꾸려나가는 것이다. 반면 Mad Studies는 Madness를 주축으로 삼는다. 즉, 기존의 정신의학적 체계에 얽매이는 것이 아니라 광기와 관련된 모든 사안을 내포하기 때문에, 정신의학에 대한 비판에만 몰두해있던 반정신의학적 관점보다 더욱 많은 내용을 다룰 수 있는 것이다.

이러한 맥락에서 Mad Studies는 현재 주류 정신보건을 점유하고 있는 전문적, 의료적 지식에 대한 비판에서 더 나아가, 정신보건 서비스 이용자 및 생존자들이 가져올 수 있는 살아있는 경험, 즉 경험적 지식을 새롭게 끌어온다. 경험적 지식은 기존의 의료적 지식이 가지는 기본 전제들과 강하게 충돌하며, 진단 및 치료에 대한 생의학적 모델에 도전한다. 이처럼 병원치료와 의료모델에 대한 비판으로 작용할 수도 있지만, 경험적 지식을 통해 스스로의 증상에 관한 자조 혹은 자기관리 측면에서 경험 주체들에 의한 새로운 이론이 형성될 수 있다는 점에서 중요성을 가진다. 다시 말해, 경험적 지식은 정신질환자들의 정신적 고난을 이해하고 극복할 수 있는 새로운 수단과 가능성을 제공하며, 진단과 치료라는 일방향적인 수단만을 제공하는 생의학적 모델에 대해 다각적, 급진적으로 도전할 수 있게 한다(Faulkner, 2017). 그리고 Mad Studies를 구성하는 다양한 연구자들과 생존자들은 이러한 경험적 지식과 그 기반이 되는 동료 지지를 발전시키고자 한다.

　Mad Studies는 학문적 영역뿐만 아니라 사회 운동 영역과도 연관을 가진다. 반정신의학 역시 성적, 정치적, 인종적 부당성에 대한 저항 운동과 맥락을 같이한 바가 있다. 그러나 이러한 움직임은 위에서 언급한 바와 같이 반체제적 맥락에서 이루어진 것이기에, 과학이라는 이름으로 성차별적, 인종차별적, 동성애혐오적인 진단 코드와 개입을 부과하는 정신의학에 대한 저항에 불과한 것이었다. 그러나 Mad Studies는 Mad에 관련된 사안들은 물론, 인종과 성소수자 뿐만 아니라, 탈빈곤주의자, 반식민주의자, 디아스포라7 등 수 많은 소외 집단과 지속적으로 새로운 협력 체계를 구성하여 다양한 인권 운동을 설명하고자 한다. 즉, Mad Studies는 억압과 저항이 교차하는 경험 속의 교훈을 통해, 사회적 지배 형태에 경고하는 조직적 집단으로서 Mad Studies를 정의하고 그 역할을 강화 및 확장하여, 보다 포괄적인 형태의 투쟁들까지 지지하는 역량을 가진다(Menzies, Lerancois & Reaume 2013).

---

7 특정 인종 집단이 자의적, 혹은 비자의적으로 기존에 거주하던 지역을 떠나 다른 지역으로 이동하는 현상을 일컫는다. 지속적으로 거주지를 옮겨 다니는 유목과는 다른 개념이며, 본토지를 떠나 영구적으로 다른 지역에 정착한 집단에만 사용된다. 디아스포라는 원주민들의 문화와 다른 맥락에서 형성되어 기존 사회에서 배제되는 현상을 보이기도 하므로 소수자 집단에 해당된다고 볼 수 있다.

제8장

정신장애에 관한 회복패러다임[1]

제1절 정신건강복지영역에서 회복(Recovery)개념의 등장배경

회복(Recovery)의 개념은 미국의 정신보건역사에서 출현하고 발전된 개념이다. 미국의 정신보건역사의 드라마틱한 장면은 1950년 중반부터 미세하게 감소하기 시작한 정신병상이 60년대와 70년대를 거쳐 획기적으로 감소하는 과정이었다. 이 시기에 정신질환자들이 정신병원에서 지역사회로 대규모로 이동하는 탈원화 과정은 자연스럽게 지역사회의 대체시설과 서비스를 발전시켰다. 그리고 이러한 과정은 다시 지역사회의 시설과 서비스를 어떻게 조직화하고 어떠한 전달체계를 통해 구체적인 서비스를 제공하여야 하는가하는 과제를 가져다주었다. 1970년대 중반 미국 연방정부는 이러한 정책적 문제에 대응하기 위하여 지역사회지원체계(Community Support System(CSS)) 개념을 구축하고 포괄적 지역사회서비스를 제공하는 방안을 강구하였다(Anthony, 1993). 지역사회지원체계는 증상과 치료를 중심으로 정신질환을 바라보는 의료모델보다 정신질환자의 지역사회 삶의 문제를 폭넓게 이해하는 재활모델(Rehabilitation Model)의 이론적 주장과 결합함으로써 이전 시대에 존재하지 않았던 다양한 지역사회 서비스가 등장하는 길을 열었다. 그리고 CSS 개념과 재활이론의 결합은 이후 1990년대에 회복이라는 정책 비전을 형성하는 토대가 되었다(Anthony, 1993).

---

1 이용표 등(2017). 지역사회 정신장애인 현황조사 및 지원체계 연구. 보건복지부의 일부내용을 발췌하여 재구성하였음

미국 정신보건역사를 탈원화 전개과정을 통해 되짚어 보면 회복개념의 형성은 60~70년대를 거쳐 대규모로 전개된 탈원화가 그 계기를 제공하였다. 80년대에 이루어진 이전 퇴원환자들에 대한 추적조사의 결과는 전통적 관점에서의 예측과 많이 달랐다. 조사결과를 통해 지역사회에서 생활하는 정신질환자들이 증상의 완화 이외에도 많은 욕구를 가지고 있다는 사실에 직면하였다. 즉 정신질환을 가진 사람은 증상의 존재에도 불구하고 이전보다 더 나은 삶을 살고 있었고 지역사회 삶의 어려움은 정신과적 증상이 아니라 병의 결과로서 사회적 반응이라는 것이 드러나게 되었다. 불가피하게 악화되는 대표적인 질병으로 여겨져 왔던 조현병이 있는 사람들조차도 이전의 병원에서보다 더 나은 삶을 살고 있다는 것이 연구를 통해 밝혀졌다. 이러한 조사결과는 새로운 정신건강복지정책의 비전과 전략을 필요로 하게 만들었으며, 연구자들이 당사자들의 이야기에 주목하게 되는 계기를 만들었다. 정신질환자들이 지역사회에 거주하면서 경험한 사실들은 질병과 치료라는 이전의 전통적 정신질환에 대한 도식으로는 설명하기 어려웠기 때문이다.

1980년대 당사자경험에 대한 탐색을 통해 전문가들은 정신질환자들의 지역사회 삶의 문제에 주목하였다. 전문가들은 정신질환자의 지역사회에서의 삶의 어려움은 소위 정신의학적 증상의 문제이기보다 사회기술의 부족에 있다고 이해하면서, 사회생활을 위한 기능력 향상이 정신질환자들에게 더 개선된 삶을 가져다줄 것이라는 신념하에 새로운 지역사회정신보건 프로그램을 구축하고자 하였다. 이른바 의료모델과는 다른 재활모델의 관점으로 정신질환을 이해하고 설명하는 '정신재활(Psychiatric Rehabilitation)'이라는 새로운 흐름을 형성시켰다. 이와 같은 시대적 상황에서 1993년 정신재활의 권위자인 Anthony는 이전의 정신의학에 근거한 지역사회서비스를 비판하면서 대안적 패러다임으로 회복 패러다임(recovery paradigm)을 제시하였다. 이후 회복이라는 새로운 패러다임을 근거한 당사자와 전문가들의 연구 및 실천활동이 더욱 확산되었다. 마침내 1998년에 이르러 미연방정부 공중보건국 책임자(Surgeon General)는 향후 미국 정신보건체계는 새로운 정책의 비전으로 회복 패러다임을 지향함을 선언하기에 이르렀다.

제2절 지역사회지원(Community Support)과 회복

　지역사회지원과 회복개념의 관련성은 지역사회지원이 새로운 정책비전을 필요로 한다는 데에서 찾을 수 있다. 흔히 의료모델로 인식되는 전통적 관점에서 지역사회에서 생활하는 정신질환자에 대한 최선의 지원은 정신과적 증상에 대한 치료와 관리의 철저한 수행이다. 즉 정신질환을 가진 사람은 환자이므로 병을 치료해주기만 하면 다른 문제들은 자연스럽게 해결될 것이라고 믿기 때문에 정책비전은 '의학적 치료와 관리'로서 충분하다고 본다. 그러나 실제 퇴원한 정신질환자들이 경험한 지역사회에서의 삶의 고통은 증상 자체보다는 다른 사회적, 심리적 상황들이었으며 증상이 어느 정도 존재한다는 것이 삶의 큰 장애물도 아니었다는 것이다. 이러한 상황은 정신질환자의 지역사회 삶을 지원하기 위해 기존 정책과는 새로운 정책비전과 방안을 필요로 하게 되었다.

　1970년대 미국에서는 탈원화에 대응하는 과정에서 새로운 정신보건서비스들이 나타났다. 당시 지역사회지원체계(CSS)의 필수적 서비스 구성요소는 치료(Treatment), 위기개입(Crisis intervention), 사례관리(Case management), 재활(Rehabilitation), 강화(Enrichment), 권익옹호(Rights protection), 주거, 식사, 의료 등의 기본적 지원(Basic support) 그리고 자조(Self-help) 등의 여덟 가지로 구성되었다(Anthony, 1993). 이러한 서비스 구성요소의 이론적 근거는 재활모델에 의해 제공되었나. 재활모델은 중증 정신질환이 초래하는 지역사회 삶에서의 영향을 손상(Impairment), 기능적 제약(Dysfunction), 역할 제약(Disability) 그리고 불리(Handicap) 등의 4단계로 설명하면서 각각의 단계에 적합한 서비스들이 제공되어야 한다고 제안하고 있다. 사고·정신·행동상의 혼란에 의한 손상, 과업수행 혹은 일상생활의 기술 부족에 따른 기능상 제약, 실업·노숙과 같은 역할

제약 그리고 차별·빈곤의 불리 등에 따라 각각 다른 서비스와 정책이 필요하다는 것이다. 다음의 <표 8-1>은 지역사회지원체계의 필수적 서비스 구성요소와 재활단계가 어떻게 관련되는지를 설명하고 있다.

<표 8-1> 지역사회지원체계의 필수적 서비스 구성요소와 재활단계

정신보건서비스 (성과)	중증 정신질환의 영향			
	손상 (사고, 정서, 행동상의 혼돈)	기능적 제약 (과업수행 제한)	역할 제약 (역할수행 제한)	불리 (기회 제한)
치료 (증상 완화)	O			
위기개입 (안전)	O			
사례관리 (접근)	O	O	O	O
재활 (역할 수행)		O	O	O
강화 (자기개발)		O	O	O
권익옹호 (기회균등)				O
기본적 지원 (생존)				O
자조 (임파워먼트)			O	O

출처: Anthony, W. A.(1993). Recovery from mental illness: The guiding vision of the mental health service system in the 1990s. Psychosocial Rehabilitation Journal, 16(4), 11-23.

<표 8-1>에서 보는 것처럼, 정신질환자가 지역사회에서 생활하는 데에 있어 손상단계의 문제는 치료, 위기개입 그리고 사례관리 등의 서비스나 제도를 필요하며, 기능상 제약에 대처하기 위해서는 사례관리, 재활 그리고 강화 등의 지원이 요구된다. 그리고 역할제약은 사례관리, 재활, 강화 외에 자조활동 지원이 필요하며, 불리의 문제에 대해서는 사례관리, 재활,

강화, 권익옹호, 기본적 지원 그리고 자조지원이 이루어져야 한다. 의료모델은 정신질환을 손상에 초점을 두고 이해하는 것이지만 정신질환은 불가피하게 기능적 제약, 역할 제약 그리고 불리 등의 문제에 봉착한다. 즉 정신질환은 정신장애를 가져오게 된다. 대부분의 국가에서 중증 정신질환을 장애로 인정하고 지원하는 것은 이러한 현상이 보편적이기 때문일 것이다. 따라서 이러한 분석을 통해 드러나는 것은 병원내의 치료에 의존하였던 이전 시대의 의료패러다임으로는 정신질환자의 지역사회 삶을 지원하는 데에 많은 한계를 가질 수밖에 없다는 것이다.

제3절 장애를 보는 다양한 관점과 정신장애의 본질

정신장애가 있는 사람들이 지역사회 생활에서 경험하는 어려움은 사고·정신·행동상의 혼란이나 고통만으로는 이해하기 어렵다. 정신건강 전문가들이 정신장애의 핵심적 문제로 이해하는 인지·정서적 문제가 지역사회 생활의 가장 중요한 문제였다면 약물치료로서 대부분 해결되었어야 했다. 약물치료에도 불구하고 장기화된 입원과 지역사회에서 고립되고 빈곤한 삶의 지속은 정신장애가 매우 복합적인 문제임을 오히려 반증한다. 정신장애를 가지고 지역사회에서 생활하는 당사자들이 경험하는 삶의 고통을 보다 구체적으로 이해하기 위해서 장애의 본질에 관한 분석틀을 통하여 당사자들의 고통에 접근해보는 것이 필요하다. Priestley(1998)는 장애에 관한 관점을 사회에 대한 명목론과 실재론, 유물론과 관념론이라는 두 축으로 구분하여 개별적 유물론, 개별적 관념론, 사회적 유물론 그리고 사회적 관념 등으로 장애에 대한 접근방법을 분류·제시하였다. 이와 같은 관점을 통해 정신장애의 문제는 다음과 <표 8-2>와 같이 정리해볼 수 있다.

〈표 8-2〉 장애에 대한 다양한 관점과 정신장애문제의 본질

	유물론적(materialist)	관념론적(idealist)
개별적 (individual)	입장1. 개별적 유물론 모형 - 생물학적 조건과 관련된다고 보이는 환청, 망상, 불안정한 정서상태 - 부족한 사회생활기술	입장2. 개별적 관념론 - 무력하다거나 열등하다고 느끼는 자기감각 - 스스로에 의한 고립
사회적 (social)	입장3. 사회적 생성주의 - 자본주의적 경쟁관계에서의 배제 - 불형평한 자원배분에서 오는 빈곤	입장4. 사회적 구성주의 - 폭력적이고 비이성적이며 무능할 것이라는 대중의 관념

출처: Mark Priestley(1998). Construction and Creations: Idealism, Materialism and Disability Theory

의료모델은 Priestley의 분류에 따르면 주로 개별적 유물론적 입장에서 장애의 본질을 이해한다. 따라서 개입의 초점이 개인적 증상관리, 기능력 향상에 초점을 두고 있는 것으로 해석될 수 있다. 실제적으로 정신질환자의 지역사회에서의 실존의 문제는 증상이나 기능력의 문제에 국한해서 볼 수 없으며, 스스로 열등하다는 자기감각에 이르는 자기낙인과 고립, 사회적 배제와 빈곤 그리고 부정적 대중의 시선 등과 같이 다차원적이고 복합적인 상황 속에서 생존하고 있다. 개인의 증상이나 기능력에 초점을 둔 접근은 부정적 자기낙인, 구조적 배제, 빈곤 그리고 대중적 관념에 의한 정신질환자의 실존적 고통을 해결하는 데에는 많은 한계를 가질 수밖에 없다. 정신질환자가 지역사회 삶의 문제를 해결할 수 있도록 지원하기 위해서는 정신보건정책을 넘어 사회복지정책, 주택정책, 노동정책, 문화정책 그리고 교육정책 등의 통합적인 접근을 필요로 한다.

제4절 회복의 개념 및 원리와 회복정책

회복은 '정신질환이 있는 사람이 주변세계와의 관계 속에서 스스로 유능하다는 자기감각과 역량을 되찾아가는 과정'이라고 정의될 수 있다. 정신

질환이 있는 사람들은 병적 상태와 사회적 반응을 경험하면서 스스로를 '무능한 존재', '무슨 일을 저지를지 모르는 존재'로 규정하게 된다. 이런 식으로 형성된 자기감각은 사소한 사회적 반응에도 민감하게 반응하고 자기예언적으로 작동하게 되면서, 주변상황에 대한 통제감을 상실하고 수동적이 되거나 도피하는 방식으로 대응한다. 이제 병적 증상들이 완화되었다고 하더라도 주변상황에 대한 피해의식과 자신감의 상실은 사회적 기능과 역할에서 많은 제약에 봉착하게 한다. 지속적으로 약물치료를 받고 있다고 하더라도 이러한 자기감각이 변화하지 않는다면 장애는 고착화된다. 회복과정은 병의 경험에서 부정적으로 형성된 자기감각을 변화시키는 것이다. 회복과정에서 자기감각의 변화는 태도, 가치, 정서, 목표, 기술 그리고 역할 등의 변화로 나타난다. 즉 회복은 대중적 편견이나 그로부터 연유하는 '무능한 존재', '무슨 일을 저지를지 모르는 존재'등과 같은 자기낙인에서 벗어나 유능하고 희망이 있는 사람이라는 자기감각을 재조직화하고 삶을 새로이 인식해나가는 과정이다. 또한 회복은 생활세계의 관계 안에서 살아가는 데에 필요한 구체적 기능적 능력을 획득하고 강화하는 것이다. 이러한 능력에는 식사, 집안관리, 세탁 그리고 요리 등과 같은 도구적 능력과 사람들과 대화하고 교류하는 사회적 능력이 포함된다. 이러한 기능력의 향상은 자기감각과 상호작용하여 자신감을 증진시킴으로써 회복을 더욱 촉진시킬 수 있다. 회복관점은 이전의 부정적인 자기감각이나 기능력의 부족이 증상으로부터 만들어지는 것이 아니라 주변세계의 사회적 장벽으로부터 형성되었다고 본다. 따라서 회복을 지원하기 위한 정책은 치료를 강화하려는 정신보건정책으로만 접근해서는 해결할 수 없으며, 주거, 취업, 여가 그리고 권익옹호 등의 통합적인 지원이 필요하다고 본다.

정신건강복지정책에서 회복비전을 실현하기 위해서는 당사자들이 경험에서 도출된 회복과정에 관한 기본적인 설명적 명제를 살펴볼 필요가 있다. Anthony(1993)는 당사자들의 경험에서 밝혀진 회복과정의 기본 원리를 다음과 같이 정리하여 제시하였다.

〈표 8-3〉 회복의 기본 원리

전제	설명
1. 회복은 전문적 개입 없이도 일어 날 수 있다.	회복의 열쇠를 쥐고 있는 사람은 전문가가 아니라 정신질환자이다. 전문가는 회복을 도울 뿐이며, 자연적인 지지체계가 이 역할을 할 수도 있다.
2. 회복은 회복할 수 있음을 믿고 필요할 때 옆에 있어주는 사람들이 있을 때 가능하다.	회복에서 공통적인 요소는 한 사람의 회복에서 필요한 시기에 옆에 있어줄 것이라고 믿어지는 사람, 혹은 사람들이다.
3. 회복 비전은 정신질환의 원인에 대한 각종 이론에 따르는 것이 아니다.	정신장애의 원인에 대해 어떤 생각을 갖고 있든 간에 회복은 가능하다. 중요한 것은 미래에 희망이 있음을 믿는 것이지 과거에 일어난 원인을 이해하는 것은 아니다.
4. 증상이 재발하더라도 회복은 일어날 수 있다.	재발된다고 하더라도 회복은 일어난다. 회복이 진행됨에 따라 증상이 살아가는 일을 방해하는 경우가 적어지며, 증상이 없는 기간이 길어진다.
5. 회복은 증상의 빈도와 기간을 변화시킨다.	회복과정 중에 증상 악화를 경험할 수 있다. 그러나 증상의 빈도나 발생기간은 이전보다 양호한 상태로 변화한다. 회복됨에 따라 증상으로부터 자유롭게 되며 악화 이후에도 빠른 시간 내에 일상에 복귀하게 된다.
6. 회복은 단선적 과정으로 나타나지 않는다.	회복을 향해 가는 한 가지 길은 없으며, 결과가 같은 것도 아니다. 회복은 극히 개인적인 과정이다.
7. 정신질환의 결과로부터의 회복이 정신질환 자체로부터의 회복 보다 더 힘들다.	차별, 빈곤, 격리, 자기결정 기회의 상실, 스티그마, 치료로 인한 부작용 등 정신장애의 결과는 더욱 회복하기 어렵다.
8. 정신질환으로부터의 회복은 실제 정신질환을 가진 적이 없었다는 것을 의미하는 것은 아니다.	자주 정신질환으로부터의 성공적인 회복은 당사자들에게 회복의 모델이 되기보다 과장이나 사기처럼 보이는 경우도 있다. 이는 회복과정에 대한 지식의 원천이 당사자 경험에 있기 때문에 회복에 대한 일반적 지식의 한계에서 나타난다.

출처: Anthony(1993). Recovery from mental illness: The guiding vision of mental health system in the 1990s, Psychosocial Rehabilitation Journal, 16(4), 11-23; 한국사회복귀시설협회 편.(2006). 정신보건의 이해와 실천패러다임에서 수정 재인용

회복의 개념과 원리가 정신건강복지체계에서 실현되기 위해서는 구체적인 정책적 대안을 필요로 한다. 다시 말하면 정신질환을 가진 사람들이 자기감각을 긍정적으로 재조직화해가기 위해서는 다양한 정책적 지원방안을

모색할 필요가 있다. 물론 이러한 원리를 구체화하는 방식은 매우 다양할 수 있다. 그러나 다양한 정책적 방안들이 회복이라는 지향점을 가질 수 있기 위해서는 앞에서 Anthony(1993)가 당사자경험을 정리하여 제시하는 회복의 원리가 내포하고 있는 정책적 의미를 정리해볼 필요가 있다.

회복의 원리는 우선적으로 치료정책과 회복정책의 논리는 구분되어야한다는 것을 제시하고 있다. 애초에 정신질환의 증상이 기능이나 역할의 제약을 초래하고 사회적 불리를 가져왔다하더라도 회복은 증상의 감소 혹은 소멸로 이루어지는 것이 아니다. 회복은 정신질환의 원인에 관한 이론에 따르지 않으며 증상이 존재하는 가운데에도 얼마든지 일어날 수 있다. 이러한 회복의 원리에 따른 정책방향을 정리해보면 첫째, 회복은 가족, 친구 그리고 지역사회 등과 같은 자연적 지지체계에 의해 도움을 받을 수 있고 회복을 지원하는 주변의 지지체계가 중요하다. 즉 회복정책은 전문적 개입뿐만 아니라 지역사회 내의 옹호집단 혹은 지원단체를 육성하는 것이 매우 중요하다는 것을 의미한다. 둘째, 회복정책은 정신질환 자체보다 그 결과로서 나타나는 빈곤, 실업 그리고 주거의 불안정 등과 같은 기본적 욕구 충족에 초점을 두어야한다. 정신질환으로 발생하는 증상의 소멸로 사회적 배제가 자연적으로 해결되는 것은 아니다. 오히려 사회적 배제는 부정적인 자기감각을 강화시킴으로써 회복을 더욱 어렵게 할 수 있다. 회복은 지역사회에서 기본적인 삶의 조건과 구성원으로서의 기능 및 역할을 다시 형성시키는 것에서 출발하여야 한다. 셋째, 정신질환의 결과로서 사회적으로 박탈된 자기결정의 기회를 되찾아주어야 한다. 정신질환의 결과로서 형성된 자기결정 기회의 제한은 무능하다는 자기감각을 고착화시키는 과정을 통해 회복의 중대한 장애물이 된다. 즉 자기결정의 제도적, 관습적 제한은 정신질환을 가진 사람들에게 종속적이고 의존적이며 무능한 존재로 스스로를 각인시킬 수 있다. 자기결정의 기회제공과 존중은 자신을 가치 있는 존재로 맞이할 수 있도록 해준다. 회복정책은 정신질환을 가진 사람의 자기결정을 최대한 존중하고 지원하여야 한다. 넷째, 사회적 반응으로부터 나타나는 정신질환자에 대한 편견 및 차별 그리고 부정적 자기감각을 해소하기 위해서는 정신질환에 대한 인식을 개선하는 일이 중요한 과제가 된다. 부정적 감각은 정신질환의 증상에서 연유하기보다 사회적 장벽에 의해 형성되었기 때문이다. 그러므로 정신질환에 대한 인식개선은 회복정책의 중요한 목표이자 궁극적인 목적을 달성할 수 있도록 하는 핵심적 수단이다.

제5절 회복정책의 사례

미국에서 실제 회복개념을 작동시키기 위해서 지방정부들이 추진한 회복정책의 내용은 교육, 이용자 및 가족참여, 이용자주도 프로그램 지원, 재발예방 및 관리의 강조, 위기계획, 계약과 재정체계 혁신, 주요 정책의 재검토 및 수정 그리고 낙인 완화 등의 8가지로 분류해볼 수 있다 (Jacobson & Curtis, 2000). 그 구체적인 내용은 다음과 같다.

〈표 8-4〉 미국 내 지방정부 주요 회복정책

회복정책	구체적 서비스 내용
교육	- 회복교육의 가장 중요한 구성요소는 상호 훈련(cross-training). 즉 정신장애를 가진 당사자가 전문가들로부터 훈련을 받음과 동시에 전문가들도 정신장애를 가진 사람들로부터 회복에 관하여 배우는 것
이용자 및 가족참여	- 당사자와 가족의 대표는 정책 및 서비스의 계획단계에서부터 실행, 평가 등에 관여
이용자 주도 서비스	- 동료지지, 자조네트워크, 드롭인센터, 위기 및 휴식프로그램 그리고 입원 대안프로그램 등에서 전문가서비스와는 다른 차별성을 가진다고 주장 - 이용자주도서비스가 가지는 상호지지 및 원조, 비위계적 조직구조에 대한 신념을 배경으로 함
재발예방 및 관리의 강조	- 회복을 증진시키는 자조전략으로서 예방적 자기케어 및 재발예방에 관한 관심이 높아지고 있음. 증상 및 재발을 미리 인식하고 관리하는 기술을 회복교육의 중요한 내용으로 설정
	- 위기계획은 사전에 신중하게 이루어진 의사결정이 위기상황의 부정적인 결과를 완화하고 비자발적 입원, 격리, 강제투약 등의 강제적 개입을 줄일 수 있다는 전제에 의해 수립

회복정책	구체적 서비스 내용
위기계획	– 좋은 상태에 있는 동안 미리 장래 위기관리를 위한 계획을 작성함으로써 위기에 대해 합리적으로 대처. 미래에 닥칠 수 있는 위기의 징후에 대한 본인이 선호하는 방식 – 선호시설이나 병원, 약물복용 등 – 을 미리 계획
계약과 재정체계 혁신	– 회복개념은 미국 공공 정신보건사업의 핵심적 기제인 관리보호(managed care)와 결합. – 당사자들이 회복과정에서 중요하다고 여기는 주거, 취업, 여가, 사회적 관계, 영적 활동 등은 기존의 의료모델에서는 필수적인 서비스로 인식되지 못하고 있었는데, 회복개념들에 의하여 이와 같은 실제적인 삶의 문제에 대한 재정투입이 가능.
주요정책의 평가방식 수정	– 회복지향의 정신보건정책은 성과를 강조. 구체적으로는 당사자들이 실제 삶의 현장에서 회복을 경험할 수 있는 회복을 얼마나 가져다줄 수 있는가하는 문제가 핵심 – 정책에서 회복의 다양한 측면들을 측정할 수 있는 성과지표를 구축하고, 성과지표를 따른 평가가 필수적인 요소 – 성과지표들은 당사자에 의해서 선정되며 지역사회에 거주하는 의료급여 수급자들의 입원일수 및 입원비용이 얼마나 감소되었는가?, 이들이 적절한 거주와 취업기회를 제공받았는가? 낮시간 동안에는 얼마나 의미있는 활동에 참여하였는가? 그리고 행복하다고 느끼는가? 하는 영역들이 중요 지표가 됨
낙인완화	– 회복관점은 낙인완화를 위해서는 전문가의 실천태도를 벗어나 당사자 주도 서비스의 강점에 대한 존중이 요구되며, 정책 및 서비스에서 정신장애를 가진 사람들이 동등한 협력자로 활동할 수 있도록 기회제공이 중요. – 사회적으로 형성된 정신장애를 가진 사람들에 대한 부정적 이미지, 편견 등을 해소할 수 있도록 회복된 당사자가 함께 참여하는 교육과 캠페인 확대

출처: Jacobson, N. & Curtis, L.(2000). Recovery as policy in mental health service: Strategies emerging from the State. Psychiatric Rehabilitation Journal. Spring 2000. 23.

　　미국 언방정부기 회복을 정신보건서비스의 지향점이라고 선언하였다하더라도 많은 경우 주거, 직업, 여가, 자조집단 등에서의 서비스를 지칭하는 수준에서부터 회복개념 자체를 이해하고 실현하려는 새로운 정책 개발까지 그 스펙트럼은 상당히 넓다(Jacobson & Curtis, 2000). 전문가관점이 가지는 한계는 정신장애를 가진 사람의 정신적, 기능 수행상의 문제를 개인적 문제로서 간주하려는 것이다. 위에서 제시된 회복정책의 내용도 구체적으로 회복을 어떻게 이해하느냐에 따라 정책의 수행방식이 개인적 기능 증진과 관리에 중점을 두는가 아니면 사회구조적이고 환경적인 문제에 접근하느냐의 차이를 가진다. 회복의 개념을 왜 심도 있게 이해하고 폭넓게 접근해나가야 하는지를 이해하기 위해서는 당사자관점의 회복을 살펴볼 필요가 있다.

제6절 당사자관점의 회복과 회복프로그램

1. 당사자관점의 회복개념

정신장애로부터의 회복개념은 당사자경험을 토대로 등장하였지만, 그 전개과정에서 당사자 관점은 전문가관점과 다른 양상으로 전개되고 있다. 회복이 궁극적으로 자신의 삶에 대한 통제력을 스스로 행사하는 자기결정권 혹은 선택권을 추구하는 것이라는 점에서 두 관점은 동일한 지향점을 가진다. 즉 당사자뿐만 아니라 정신재활을 추구하는 연구자들의 회복개념 구성체에서 당사자의 선택과 자기결정은 회복의 핵심적 구성체이다. 그러나 두 관점은 궁극적인 회복에 접근하는 방식에 차이가 있다. 정신보건소비자운동에서 회복은 정치운동을 통해 억압적인 환경을 변화시킴으로써 삶속에서 자율적이고 유능한 한 인간으로 자신을 재조직화하여 새로운 자기감각(self)을 형성하고 스스로 선택하고 결정하는 삶을 영위할 수 있다는 것이다. 따라서 자아정체성 변화를 가져오기 위해서는 대중적 편견과 낙인과 같은 환경적 요소의 변화를 위한 정치활동은 중요한 의미를 가진다. 정치활동을 통한 억압적인 환경의 변화는 새로운 '나'를 형성함으로서 궁극적인 회복에 이르게 한다. 한편 전문가관점에서 회복에 이르는 길은 새로운 서비스를 통한 사회생활의 기능력 향상과 지지가 스스로의 삶을 통제할 수 있는 능력을 형성함으로써 회복에 이를 수 있다고 본다.

당사자관점의 회복개념의 대표적인 정의는 당사자 연구자인 Deegan에 의해 제시되었다. 그녀는 회복을 정신적 장애에도 불구하고 자신이 속한 지역사회에서 스스로 의미있는 존재가 되는 삶의 접근이라고 정의하고 있다(Deegan, 1988). 구체적으로 회복은 과정이고, 삶과 삶의 문제에 접근하는 방식이며 태도이다. 이러한 개념은 전문가들이 지역사회에서 정신장애를 가진 사람이 생존하는 데에 필요한 욕구나 기술을 중심으로 규범적으로 정의한 회복과 비교할 때 복합적인 의미를 내포한다.

2. 당사자 회복프로그램: 정서적 심폐소생술(Emotional CPR)

1) 탄생 배경

대니얼 피셔(Daniel Fisher) 박사는 정신장애 당사자로서 신경화학을 연구하다가 정신과의사가 된 매사추세츠 의과대학 교수이다. 애초 그는 정신장애로 고통을 받고 있는 누이를 위해 프린스턴대학과 위스콘신대학 대학원에서 생화학을 전공하였으며 24세에 박사학위를 취득하고 미국 국립정신건강연구소(NIMH: National Institute of Mental Health)에서 연구자로서 일하였다. 그는 이후 조현병으로 수차례 입원을 경험하였으며 이 과정에서 당사자로서 정신건강서비스체계의 문제점을 깊이 인식하게 되었다. 자신의 경험을 통해 미국의 정신건강시스템을 개혁하겠다는 의지를 가지고 조지워싱턴 대학의 의과대학에서 공부하였으며 정신과의사가 되었다. 그리고 정신장애인의 회복을 돕기 위해 당사자가 운영하는 전국임파워먼트센터(the National Empowerment Center: NEC)를 설립하여 새로운 연구와 교육훈련을 주도하고 있다. 이 기관에서는 회복의 역량강화모델을 개발하였으며 그 핵심내용은 지역사회생활을 지원하는 개인별 회복지원프로그램과 위기상황의 당사자를 지원하는 정서적 심폐소생술이 있다.

2) 피셔의 인간과 정신적 문제에 관한 관점

그는 자신의 저서 『희망의 심장박동(Hearts of Hope)』의 서문에서 사회가 정서적 스트레스를 인간관계와 무관한 화학적 불균형 때문이라는 관념을 확산시키고 있는 현실을 비판하면서 정신건강문제에 관한 그의 핵심적 관점을 밝히고 있다. 인간의 정신은 타인과의 관계에 의존하며 정서적 스트레스는 타인과의 관계 상실에서 비롯된다는 것이다. 데카르트의 고기토는 그에게 있어 "나는 관계맺는다 그러므로 나는 존재한다"로 변화한다. 인간에게 말과 생각보다 중요한 것은 심장박동의 언어이다.

피셔박사의 관점에서 정신장애는 인간에게 이성 혹은 생각이 감정보다 우월하다는 관념에서 비롯된다. 인간은 성장과정에서 사회적 이성을 주입받으며 감정은 억제하는 것이 미덕으로 훈육된다. 이러한 경험으로 인간은 진정한 자아는 감추어지고 사회적 자아라는 거짓된 모습으로 살아가도록 만들어 진다. 그래서 거짓된 자아는 진실한 자아를 엄격한 합리성의 독백 속으로 가둔다. 진정한 자아에 대한 갈망은 심각한 정서적 스트레스를 발생시킨다. 정신병이라고 하는 것은 인간의 깊은 내면의 자아를 재통합하고자하는 시도이다. 정신장애인에게서 나타날 수 있는 퇴행은 부서진 자신을 다시 통합하기 위해 유아기 이전의 초기상태로 돌아가는 것으로 이해해야 한다. 트라우마나 불균형적인 발달은 인간에게 내면이 부서지는 느낌은 주는데 이는 재창조를 위한 파괴와 같은 것이다.

피셔박사는 정신장애 혹은 정신질환이 무엇인가에 대하여 다음과 같이 표현한다(피셔, 2000).

> 자아와 공동체 사이에 있을 때, 사람의 영혼은 내면으로 휘감기면서 보호막을 형성한다. 우리의 생명력은 외부로 흘러가야할 필요가 있는데 내면으로 휘감기는 것은 그 반대이다. 내면으로의 소용돌이는 자아의 죽음을 경험하는 소용돌이가 될 수 있다. 사람들은 종종 이러한 내면의 소용돌이 상태를 '정신질환'이라고 설명한다. 그 때문에 우리의 화학물질에 변화가 생길 수 있다. 그러나 일반적으로 나는 이 기간 동안 경험하는 화학적 불균형은 한 개인의 삶에서의 불균형의 결과라고 생각한다. 화학을

통하여 더 나은 생활을 시도하는 대신에 '살아가기를 통한 더 나은 화학'
을 추구해야 한다.

인간이 파괴적 소용돌이에서 탈출하기 위해서는 삶에서 중요한 타인과
의 관계에서 사랑이 필요하다. 피셔에게 있어 사람을 사랑하는 것은 침묵
하고 숨어 있는 존재를 소환하는 것이다. 인간은 타인을 통해서만 내면으
로부터 숨어있는 진정한 존재를 인식할 수 있다. 정서적 심폐소생술은 내
면의 침묵의 존재를 깨울 수 있도록 다른 사람과 연결하는 방법이다. 그것
은 내면적 존재를 불러내는 방법이다.

외부로 흘러나가는 생명력을 창조하기 위해서는 삶의 가치를 인정해주
는 타인의 존재가 매우 중요하다. 그렇기 때문에 동료, 전문가 그리고 가
족의 긍정적인 태도가 중요하며, 그들은 정신장애인의 능력과 미래 가능
성에 대한 믿음을 전달해주어야 한다. 이러한 전달에게 말보다 중요한 것
은 정서이다. 지원자가 두려움을 가지고 있다면 그것은 정서적으로 당사자
에게 전달되며, 편안한 마음을 가진다면 당사자도 안전감을 느낄 것이다.

3) 정서적 심폐소생술

(1) 정서적 심폐소생술의 의미

피셔박사는 정서적 심폐소생술을 명확하게 정의하지는 않았다. 그의 저
서를 통해 정서적 심폐소생술의 정의를 구성해본다면 '극심한 정서적 위
기에 처한 사람들과의 정서적 연결을 통해 그들이 스스로 잠재력을 발견
하고 관계를 개선할 수 있도록 돕는 방법'이라고 할 수 있다. 그것은 이성
나 말이 아니라 심장과 심장이 연결되는 것이며, 육체적 심장마비가 아니
라 정서적 심장마비를 경험하고 있는 사람이 소생할 수 있도록 연결하는
방법이다. 피셔는 전통적인 정신건강응급처치가 정신질환의 증상을 확인
하고 전문가 도움을 받도록 연결하는 방법을 가르치도록 고안되었음을 비
판하면서, 진단명 딱지에 상관없이 다른 사람이 정서적 위기를 극복하도
록 돕기 위해 이 방법을 고안하였다고 한다(피셔, 2020).

(2) 정서적 심폐소생술 실천의 세 가지 요소 와 여섯 가지 단계의 목표

심폐소생술 실천의 요소는 연결(Connect), 역량강화(emPower), 다시 활력찾기(Revitalize) 등의 세 가지로 나누어볼 수 있다. 연결은 마음과 마음을 터놓을 수 있는 소통을 시작하도록 연민과 관심사를 연결하여 공유된 인간성을 회복시킨다. 역량강화는 열정과 목적의식을 경험할 수 있는 역량을 형성할 수 있도록 하는 것이다. 그리고 다시 활력찾기는 증가된 에너지, 새로운 삶, 창의력, 희망, 사람에 대한 관심을 되찾는 것이다. 이리한 세 가지 실천요소는 다음과 같은 여섯 가지 단계를 통하여 정서적 위기에 빠진 사람을 소생시킨다(피셔, 2020).

- 1단계(연결): 위기에 빠진 사람의 감정에 조율하기 위해 모든 표현에 귀를 기울이는 것이다. 그의 정서와 공명하여 몸, 마음, 영혼을 연결한다. 즉, 자세, 표정, 몸짓, 말투, 억양 등에 세심한 주의를 기울여 그와 정서적으로 연결되는 것이다.
- 2단계(연결): 마치 두 사람의 심장이 하나의 순환시스템에 있는 것처럼 서로의 존재를 느끼는 것이다. 이러한 경험은 위기에 있는 사람에게 자신을 표현할 힘과 용기를 준다.
- 3단계(역량강화): 무엇을 판단하거나 바꾸도록 조언하지 않으며 다만 함께 느끼고 옆에 있어준다.
- 4단계(역량강화): 무엇이 최선인지 알 수 없지만 함께 미지의 세계를 탐험한다.
- 5단계(역량강화): 함께 공유한 치유의 힘을 발산하고 건강한 상태를 향해 간다.
- 6단계(다시 활력찾기): 함께 새로운 삶, 새로운 목소리 그리고 새로운 희망을 창조하고 활력을 불어넣는다.

(3) 전통적 지원과 정서적 심폐소생술의 비교

위기상황에서 정신건강전문가에 의한 전통적 지원과 eCPR은 근본적으로 차이가 있다. 두 가지 지원을 비교한 내용은 다음의 <표 8-5>와 같다(피셔,2020).

첫째, 전통적 지원은 진단을 평가하고 개입을 결정하기 위해 많은 질문을 사용하고 언어적으로 연결을 시도하지만, eCPR은 문제가 아니라 존재 전체와 함께 하고 정서적인 존재로서 서로를 느끼고자 한다.

둘째, 전통적 지원은 극심한 정서적 위기를 겪고 있는 사람과 경계를 유지하기 위해 감정표현을 삼가지만, eCPR은 연결을 강화하기 위해 감정을 표현한다.

셋째, 전통적 지원은 전문가가 무엇인가 설명하고 판단하고 수정하려고 하지만, eCPR은 위기를 겪고 있는 사람이 해야 할 일을 알려주거나 고치리라는 조언을 하지 않는다.

넷째, 전통적 지원은 전문가들이 문제를 알고 해결방법도 제시할 수 있다고 믿지만, eCPR은 위기에 있는 사람과 지원자가 함께 미지의 불확실성을 탐험하도록 한다.

다섯째, 전통적 지원은 전문가들이 약한 사람을 치료할 권한이 있다고 믿지만, eCPR은 당사자와 지원자는 마음의 연결을 통해 스스로 내면의 지혜를 발견할 수 있고 관계 속에서 치유의 힘이 있다고 믿는다.

여섯째, 전통적 지원에서 전문가 실천의 목표는 증상을 완화하는 것이지만, eCPR은 당사자와 지원자가 새로운 삶과 희망을 함께 경험하는 것이다.

〈표 8-5〉 전통적 지원과 정서적 심폐소생술의 비교

	전통적 지원	eCPR
연결하기 Connect	진단을 평가하고 결정하기 위해 질문을 사용하며 구두로 참여한다.	먼저 당신의 존재 전체와 함께 하고 있는 또 다른 사람의 존재를 느껴라.
	경계를 유지하기 위해 감정표현을 삼간다.	연결을 강화하는 의사소통 경로를 통해 감정을 표현한다.
역량강화 emPower	설명하고, 판단하고 바로잡기	그 또는 그녀가 해야 할 일에 대해 설명거나 바로 잡거나 조언할 필요가 없다.
	전문들이 무엇이 잘못되었는지, 어떻게 문제를 바로잡을지 알고 있다.	연결의 힘으로 우리는 함께 미지의 불확실성을 탐험할 수 있다.
	전문들은 그들이 쇠약한 인간을 치	양쪽 모두 마음의 연결을 통해 그들

	전통적 지원	eCPR
	료할 수 있는 권한이 있다고 생각함	내면의 지혜를 발견한다. 치유하는 힘은 우리의 관계 속에 있다.
다시 활력찾기 Revitalize	목표: 전문가는 병에 걸린 사람의 증상을 완화한다	목표: 새로운 삶과 새로운 희망을 함께 경험하라

(4) 정서적 심폐소생술과 동료지원

회복한 정신장애인은 다른 당사자에게 영감을 주고 삶의 의미를 안내해 줄 수 있는 위치에 있다. 이런 역할을 가장 잘 수행할 수 있는 사람은 극심한 정서적 스트레스를 경험한 정신장애로부터 회복한 동료이다. 정서적 심폐소생술은 당사자들이 그들만의 경험을 성찰하면서 다른 동료를 지원하는 데에 유용한 방법이며 더욱더 정교하게 발전시킬 나갈 수 있는 지원전략이 될 수 있다.

제7절 당사자관점의 회복과 정체성의 문제

당사자관점의 회복은 정치운동을 통해 억압적인 환경을 변화시킴으로써 자율적이고 유능한 한 인간으로 자신을 재조직화하고 새로운 자기감각(self)을 형성하여 스스로 선택하고 결정하는 삶을 영위할 수 있다는 것이다. 이는 정신장애인 개인에게는 억압받고 있는 자기 정체성을 인식하여 환경변화를 통해 새로운 정체성을 획득하는 과정이다. 따라서 정신장애인이 스스로 억압을 받고 있는 '나'라는 자아정체성에서 출발하여 그 변화를 환경적 억압과의 투쟁을 통해 획득해나가야 한다. 현재의 억압받고 있는 '나'를 분명히 정의하고, 정치활동을 통한 억압적인 환경을 변화시킴으로써 새로운 '나'를 형성하는 과정이 궁극적인 회복에 이르게 한다.

회복을 위한 과정에서 억압받고 있는 정체성은 정신장애인 운동가들이 스스로를 지칭하는 언어를 통해 드러난다. 'Mad'는 정신장애인 당사자가

스스로에 대한 '정체성'을 어떻게 규정하느냐에 대한 역사의 현재를 말해
주고 있다. 정신장애인 당사자에 대한 정체성 논란의 역사는 다양하다. 왜
냐하면 어떤 용어를 사용하느냐에 따라 자신들의 정체성이 달라지기 때문
이다. 기존에 당사자를 지칭하는 용어는 북미지역의 경우, "c/s/x"
(consumer소비자/survivor생존자/ex-patient이전환자)를 주로 사용하였
으며, 영국의 경우 '정신과 생존자(psychiatric survivor)' 혹은 '서비스 이
용자(service user)'를 사용하였다(Menzies et al., 2013). 소비자(consu-
mer)는 부족한 지원체계하의 유순한 클라이언트를 거부하기 위해 사용된
용어이며, 생존자(survivor)는 당사자들이 근본적으로 결함이 있고 폭력적
이며 육체와 정신을 통제하려 하는 정신건강산업의 희생자 혹은 적이라는
정체성으로 자신을 정의할 때 사용하는 용어이다. 이전환자(ex-patient)는
정신의학체계 하에서 환자(patient)였지만, 정신의학체계 자체를 거부하는
당사자는 이제 '환자'가 아니라는 급진적 의미를 담고 있다. Mad Studies
는 이에 더 나아가 'Mad', 'Mad People', 'Madness', 'Mad experience'
등의 용어를 사용한다. 한국은 현재 '환자(주로 정신의료체계에서 사용)',
'회원(주로 지역사회정신건강체계에서 사용)', '당사자(소수 당사자조직에
서 사용)'등의 용어가 사용되고 있지만 여전히 '환자'로 지칭되고 있는 경
우가 일반적이다.

그렇다면 구체적으로 정신장애인 억압은 무엇을 의미하는가? 이는
Sanism(정신장애인 차별주의)을 통해 설명될 수 있다. 광인(Mad people)
에 대한 억압의 한 형태인 'Sanism'의 개념은 정신건강 진단이나 치료를
받은 사람들에 대한 체계적인 지배이며, 다양한 형태의 낙인을 초래할 수
있다. 드러나는 차별(discrimination)도 있지만 은밀한 차별(microagg-
ressions)도 존재한다. 그러나 정신의학이 억압적인 도구로서 기능하는 방
식과 정신건강제계 내부와 외부에서 정신장애인의 체계적인 억압은 여전
히 연구자들의 관심밖에 있다.

1960년대 그리고 반정신의학과 정신장애인 해방 운동의 첫 번째 물결
이후로, Sanism에 저항하는 사람들은 자기정체성의 수단으로 "광기
(madness)"를 가져왔다. 동시에 조직적인 정신의학과 같은 권력의 영역

과 광인의 삶이 맞닿는 진입점을 의미하기 위해 "광기(madness)"를 적용하였다(Menzies et al., 2013). 가장 극심한 종류의 편견과 학대를 시사하는, 한 때는 매도되었던 용어인 Madness는 정서적, 영적, 그리고 신경다양성(neurodiversity)에 의해 새롭게 명명되었다. 또한 "정신질환"이나 "장애"에 대한 대응수단이자 비판적 대안으로 대표되었다. Madness라는 언어는 기존 정신의학의 영역 안에서 수많은 사람들이 견딘 정신적, 영적, 물질적 고통 및 궁핍을 부인하는 것이 아니다. 이와 반대로 정신장애인이 한명의 사람으로서 경험한 것을 진정으로 인정함과 동시에 정신장애인을 병리화하고 비하하는 임상적 꼬리표를 거부하는 것을 추구한다. 또한 Madness를 내세워서 의료모델의 환원주의적 가정과 효과에 도전한다. 예를 들어 정신장애인과 관련된 현상의 기저에 있어 심리적, 사회적, 환경적 요인 등 다양한 요소가 존재할 수 있다. 그러나 의료모델로 그 현상을 바라보는 순간, 모든 요인은 사라지고 오직 정신의학적 요소로만 귀결된다. 이를 위해 Mad Studies는 정신의학을 포함하여 역사적, 제도적, 문화적 맥락 내에서 주체를 찾아내는 것이다. 이를 위해 우선적으로 정신장애인 억압에 대해 반대하고, 인간 정의를 증진할 수 있는 정신건강연구, 글쓰기, 옹호활동을 개진해야한다는 것이다(Menzies et al., 2013).

당사자관점의 회복에 이르기 위해서는 정신의학이나 정신의료체계, 정신건강복지서비스체계 그리고 제약산업 등이 정신장애인 자신을 어떻게 억압하고 있는지 인식하여야 한다. 다시 말하면 당사자관점의 회복은 자기결정권을 넘어 일반적인 인간으로서의 정체성 획득을 이야기하고 있는 것이다. 결국 그것은 투쟁을 통해서만 쟁취될 수 있는 것이다.

제9장

정신재활

제1절 회복과 정신재활

회복개념은 정신질환과 정신장애의 원인에 관한 인식론적 틀은 물론, 해결을 위한 접근방법에 관한 반성적 성찰을 제공한다. 정신의학은 19세기 이후 정신장애 혹은 정신질환에 관한 근본적인 인식의 틀을 제공하며 그것을 어떻게 인식하고 어떤 방법으로 해결하여야 하는가를 규정하는 근본적 패러다임을 제공해왔다. 즉 정신질환이나 그와 관련된 정신장애는 생물학적 근원에서 유래하는 것이며 가장 중요하고 1차적인 해결방법은 약물치료라는 인식의 틀을 만들어왔다. 1960년대 이후 정신약물의 개발과 함께 이러한 인식의 틀은 더욱 확산되었다. 그러나 1980년대 이후 의학패러다임의 정신질환에 대한 생물학적 원인론은 도전받게 되었다. 약물치료는 병리적 증상을 완화시키는데 어느 정도 기여했지만 삶을 개선하는 데에는 크게 영향을 미치지 못했다는 비판에 직면하게 되었다(Anthony & Liberman, 1986).

이미 1960년대 지역사회로의 이동을 떠받치고 있는 지역사회정신보건 패러다임은 정신질환의 원인론을 개인적 취약성과 개인의 둘러싼 환경과의 상호작용으로 이해하는 시각을 견지하면서 지역사회 개입의 필요성을 제시하고 있었다. 1980년대 당사자경험에 대한 탐색을 통해 전문가들은 정신장애인들의 지역사회 삶의 문제에 주목하였다. 전문가들은 정신장애인의 지역사회에서의 삶의 어려움은 소위 정신의학적 증상의 문제이기보다 사회기술의 부족에 있다고 이해하면서, 사회생활을 위한 기능력 향상이 정신장애인들에게 더 개선된 삶을 가져다줄 것이라는 신념하에 새로운 지역사회정신보건 프로그램을 구축하고자 하였다. 전문가들이 주창하는 새로운 정신보건프로그램의 내용은 '정신재활'이라는 이름으로 함축되었으며, 정신재활을 통해 추구하는 지향점은 '회복'이었다. 즉, 회복이 지역사회 정신보건프로그램의 목적이라면 정신재활은 그 목적을 달성하기 위한 전문가들의 구체적인 실천전략이다.

정신재활이라는 전문가관점의 회복개념은 다양하고 사회규범적인 개인적 자산, 정신적 증상으로부터의 자유, 직업적 기능, 독립생활 그리고 동료관계 등으로 기능적으로 정의될 수 있다. 이러한 정의는 새로운 정신보건서비스의 내용을 통해 구체화된다(Jacobson and Curtis, 2000). 정신재활에서의 회복은 전문가에 의한 증상의 완화 혹은 제거가 아니라 사회생활에 필요한 다양한 기술습득의 지원에 초점을 둔다. 회복을 위한 정신보건서비스는 당사자들이 지역사회생활에서 중요하다고 여기는 일, 거주, 관계 그리고 여가 등과 같은 삶의 주요 영역에서 기능을 증진시키거나 유지할 수 있도록 지원하는 것이다. 이를 통해 정신장애를 가지고도 만족스럽고 희망에 찬 삶을 영위하는 것이다. 또한 기능향상의 한계를 보완하기 위해 지역사회로부터 지지를 개발하는 것은 실천의 중요한 부분이 된다. 즉 자조집단 참여, 가족개입 등의 지역사회지지는 당사자가 가진 기능의 한계를 보완하면서 동시에 사회적 교류를 통하여 사회적 능력을 발달시키는 수단이 된다.

제2절 정신재활패러다임의 형성

1. 정신의학패러다임에 대한 전문가관점의 비판

1) 정신의학적 패러다임의 특징: 증상과 치료

정신보건지식과 기술에 관한 전통적 정신의학패러다임의 가장 큰 특징은 정신장애 현상을 증상의 문제로 인식하고, 증상의 소멸 또는 완화를 문제의 해결책으로 인식하는 것이다. 따라서 정신장애인의 재활의 문제도 증상의 소멸을 통해 성취되는 것으로 간주한다.

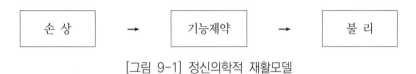

[그림 9-1] 정신의학적 재활모델

Liberman(1988)에 의하면 정신의학적 재활모델은 손상(impairment) → 기능제약(disability) → 불리(handicap)의 3단계로 진행되며, 이는 정신장애에 있어 질병 및 장애의 성질과 결과를 이해하는 기본적 틀이 된다. 이 모델에서 손상은 정신질환의 각종 증상을 말하며, 기능제약은 손상이 초래하는 사회적 역할수행의 감소이다. 여기에는 빈약한 자기보호기술(요리, 청소, 몸단장 등), 사회적 철회, 가족으로서 책임유기, 작업무능력을 포함한다. 불리는 손상이나 기능제약의 결과 정상적인 역할수행을 저해하거나 제한하는 사회적 불이익을 받게 되는 상태이다.

이 모형에 의하면 정신질환의 증상과 같은 손상은 기능제약을 초래하는 것으로 이해되며, 기능제약은 다시 사회적으로 불이익을 가져다준다. 바꾸어 말하면 이 모형은 증상치료를 통한 손상의 감소는 기능제약을 완화시키고 이러한 결과는 사회적 불리를 극복하게 할 것이라는 정신장애 문제를 해결방식을 제안하고 있는 것이다. 즉 이 모형은 재활문제의 핵심을 손상(증상)의 문제로 이해하고 재활에 관한 접근도 기본적으로는 증상의 치료에 초점을 두고 있다. 또한 이 모형에서는 정신장애인의 사회적 기능의 저하는 증상에서 연유하는 것이기 때문에 증상 치료를 통해 저절로 해결될 것이라는 가정을 가지고 있다. 이러한 패러다임에서는 정신재활시설에서 수행되는 사회적 능력의 향상을 위한 교육과 훈련은 단지 부수적이고 보조적인 접근에 지나지 않는 것으로 이해된다.

그러나 최근의 정신보건 연구들은 손상과 기능 그리고 사회적 불리 간의 상관관계나 인과관계가 과학적 근거가 미약함을 보여주고 있다(손명자, 1996). 증상의 소멸이 사회적 능력이나 재활의 성취에 가장 중요한 요인으로서의 설득력을 가지지 못하는 것으로 드러나고 있다. 오히려 직업재활의 성취, 현장 사회기술훈련이 증상을 감소시키는 효과를 가진다는 연구결과는 증상과 약물치료를 통한 재활효과보다 사회적 능력을 증진시키는 개입방법이 재활현상의 전반적인 영역에 영향을 미친다는 것을 보여주고 있다.

정신의학패러다임, 즉, 재활에 관한 증상과 약물치료의 패러다임으로는 정신장애라는 현상의 본질을 이해하는 데에 한계가 있다. 그것은 증상의 발생으로 정신장애인이 되는 경험이 당사자의 내적 기제를 관통하면서 생겨난 사회심리적인 문제에 대해 어떠한 설명도 하고 있지 못하기 때문이다. 따라서 증상이나 치료행위와 일정한 상호작용을 하고 있지만 폭넓은 영역에 걸쳐있고 광범위한 재활현상에 관한 새로운 이해를 가져다주는 패러다임의 형성이 중요한 과제가 된다. 손명자(1996)에 의해 소개된 정신재활의 원리도 새로운 패러다임의 모색이라는 맥락에서 중요한 의의를 가질 것이다.

2) 정신의학패러다임에 대한 전문가관점의 비판

Anthony 등(1998)은 실증적 연구결과를 토대로 정신건강분야의 15가지 오해를 제시하면서 정신의학패러다임에 무거운 비판을 가했다. 그 오해의 담론을 살펴보면 다음과 같다.

(1) 정신과적 장애를 가진 사람들 대부분 성공적으로 재활이 되고 있다.

실제로는 2017년 장애인실태조사에 따르면 정신장애인의 경제활동참가율은 19.2%로서 전체 장애인 경제활동참가율 38.9%의 절반 수준으로 매우 낮은 상태이다(김성희 외, 2017). 또한 전국 장애인거주시설 입소자 수는 27,089명[1]인데 반해, 정신요양시설 및 정신의료기관에 입원 및 입소한

---

1 보건복지부 사회복지시설정보시스템, 시설 입소자 현황
  https://www.w4c.go.kr/intro/introFcltInmtSttus.do

정신장애인의 수는 77,161명(국립정신건강센터, 2018)으로 격리·수용된 장애인의 대다수는 정신장애인이다.

(2) 약물치료를 잘 따르기만 하면 그것만으로 재활의 성과에 영향을 미칠 수 있다.

이용표 등(2017)의 실태조사에 따르면 우리나라의 정신장애인의 정신약물 복용율은 97.7%로 조사되었다. 그러나 이러한 높은 약물 복용율에도 불구하고 높은 재입원(30일 이내 29.3%, 90일 이내 38.7%))과 매우 낮은 경제활동참가율(19.2%)이 드러나고 있다. 정신약물에 의존하는 정신보건 정책의 한계가 실증적으로 드러난다.

(3) 정신치료, 집단치료, 약물치료와 같은 전통적인 입원환자 치료들은 재활성과에 긍정적인 영향을 미친다.

실제 장기입원을 통한 전통적인 치료방법이 증상 감소 이상을 할 수 있다는 실증적 근거는 존재하지 않는다. 즉 병실내의 치료에 오래 참여하는 것이 취업률 높인다는 증거는 없다.

(4) 환경치료, 토큰경제, 태도치료와 같은 혁신적인 입원환자 치료들은 재활성과에 긍정적인 영향을 미친다.

병원 내에서 다양한 프로그램이 진행될 수 있으나 이러한 프로그램에 참여한 사람이 퇴원 이후 지역사회에서의 재활로 연결된다는 증거는 부족하다.

(5) 병원에서 실시되는 작업치료는 취업성과에 긍정적으로 영향을 미친다.

실증적 연구결과에 따르면 작업치료에 참여한 사람들이 입원이 장기화되고 재입원율이 높은 것으로 나타났다.

(6) 지역사회기관에서 한시적 치료를 받는 것은 병원에서 한시적 치료를 받는
　　것보다 더 좋은 재활성과를 낳는다.

연구결과는 어디에서나 한시적 치료의 성과는 제한적으로 나타나고 있다.
이는 질병이 아니라 장애임을 보여준다.

(7) 정신과적 장애를 가진 사람들은 지역사회 치료기관을 잘 이용하고 있다.

미국의 경우 높은 서비스 탈락율을 보인다. 우리나라의 경우에는 이용
할 시설이 매우 부족하기 때문에 서비스를 받지 못할 확률이 더욱 높다.

(8) 어디에서 치료를 받는가가 어떻게 치료받는가 보다 더 중요하다.

그러나 지역사회서비스 기관이라고 하더라도 질병모델에 근거한 정신치료,
약물치료를 받는다면 병원프로그램과 성과는 차이가 없다. 새로운 목적과
방법에 따른 재활 접근이 이루어져야 함을 보여준다.

(9) 정신과적 증상은 장래의 재활성과와 높은 상관이 있다.

실증적 연구는 증상과 직업성과는 상관이 없는 것으로 나타난다. 직업
성과와 관련되는 요인으로는 사람과의 관계능력이나 자신감 등이 핵심적
인 요인이었다.

(10) 개인이 받는 진단적 명칭이 그 사람의 장래의 재활성과 관련되는 중요한
　　정보를 제공해준다.

정신장애의 진단 자체가 원인론과 상관없이 발생하는 증상의 양태에 기
초한 분류이다. 그렇기 때문에 진단명은 자립 및 직업능력과 상관관계가
적으며 큰 의미도 없다.

(11) 개인의 증상과 사회기술 간에는 높은 상관관계가 있다.

실증적 연구에서 증상은 사회기술과 상관관계가 없는 것으로 나타난다.

이러한 조사결과는 증상이 완화되면 사회기술이 자연스럽게 증진될 것이라는 질병모델의 기대와 다르다. 즉, 사회기술은 정신약물이 아니라 다른 접근방법의 지원이 필요하다.

⒀ 거주시설에서 개인의 기능력은 직업시설에서의 기능력을 예견하는 지표가 된다.

실제적으로는 개인이 장소나 상황에 따라 드러내는 기능력은 상관관계가 없다. 하나의 기술 습득이 생활의 다른 영역의 발전을 예견할 수 있는 것은 아니다. 다양한 상황에서의 재활훈련이 필요함을 의미한다.

⒀ 전문가들은 재활성과를 정확하게 예견할 수 있다.

전문적 평가도구는 재활성과와 무관하다. 실제 정신장애는 왜 좋아지고 혹은 악화되는지 아무도 모른다. 어쩌면 당사자만 알고 있을 수도 있다.

⒁ 개인의 재활성과는 그와 상호관계를 맺고 있는 정신건강 전문가의 자격증에 따라 달라진다.

정신과의사이면서 당사자인 다니엘 피셔 박사는 본인이 정신장애로 해군병원에 입원하였을 때 회복에 가장 도움을 준 사람은 의사, 간호사도 아니고 전문적 훈련을 거의 받지 않은 위생병이 이었다고 그의 저서에서 기술하고 있다.

⒂ 재활성과와 개입비용 간에는 정적인 관계가 있다.

현재 우리나라 정신건강영역의 상황은 이러한 명제가 성립하지 않음을 명백하게 보여준다. 즉, 고비용 약물치료나 정신치료 중심의 정신건강시스템은 입원의 장기화와 높은 재입원율을 양산할 뿐 지역사회에서의 성과를 보여주지 못하고 있다.

이러한 실증적 연구결과를 미국에서 새로운 정신보건정책 형성의 동인이 되었다. 이러한 오해 담론은 한국 상황에서도 거의 그대로 재현되고 있다.

증상 감소와 약물처치를 중심으로 한 서비스체계는 더 이상 유지되기 어려운 상황에 있다.

2. 정신재활패러다임의 형성

전문가집단의 정신의학 비판은 미국에서 정신장애가 있는 사람의 재활 문제에 관한 새로운 패러다임을 형성하는 계기를 제공하였다. 즉, 정신장애 현상을 증상의 문제로 인식하고, 약물을 통한 증상의 소멸 또는 완화를 문제의 해결책으로 인식하는 패러다임은 실증적 연구결과에 의해 도전받고 대체될 수밖에 없었다.

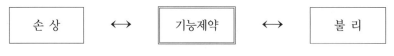

[그림 9-2] 정신재활패러다임의 재활에 관한 기본적 인식틀

정신장애의 치료와 재활은 다른 접근이 필요하다고 주장하는 연구자와 실천가집단은 새로이 '정신재활(psychiatric rehabilitation)'이라는 개념을 형성하였다. 정신재활은 손상과 기능 그리고 사회적 불리 간의 상관관계나 인과관계가 과학적 근거가 미약하다는 것에 주목하였다. 즉, 사회적 능력 증진이나 재활의 성취가 증상의 소멸이나 완화와 관련되지 못하다는 것이 충격적으로 받아들여졌다. 이러한 사실은 정신장애라는 현상을 질병으로 받아들이는 관점에서 설명할 수 없다. 왜냐하면 정신장애가 질병이라면 질병 증상이 소멸하거나 감소하면 자연스럽게 사회적 능력이 증진되고 더 좋은 재활성과가 나타나야 하지만 실상을 달랐기 때문이다. 오히려 정신장애현상은 장애(disability)의 상태로 이해하는 것이 훨씬 용이하였다. 그렇다면 정신장애인이 지역사회에서 생활하는 데에 어려움을 가져다주는 장애의 내용이 무엇인가에서 문제의 해결책을 모색하는 것이 좀 더 효과적인 접근방법을 제공할 수 있을 것이다. 이 점에 착안하여 정신재활

은 정신장애가 있는 사람이 가지는 장애를 사회생활의 기술의 제약이라는 기능적 관점에서 접근하게 되었다. 즉 정신장애가 있는 사람이 지역사회에서 생활하기 어려운 이유는 증상 때문이 아니라 사회생활의 기능이 부족하기 때문이라는 것이다. 따라서 정신재활에서 핵심적 문제와 접근방법은 사회기술의 문제이며 재활의 핵심적 전략은 사회기술을 증진시키는 것이 된다. 또한 사회기술은 주변 사람들과의 관계 증진을 통해 안정적 생활을 영위할 수 있도록 함으로써 증상 감소에도 순기능을 미치며, 배제로 인해 나타나는 사회적 불리의 감소에도 도움을 가져다준다고 본다. 이러한 정신재활의 기본적 논리는 위의 [그림 9-2]로 표현될 수 있다.

제3절 정신재활의 기본원리

정신재활은 정신장애인이 일상생활이나 직업활동에서의 기능력을 높이고 필요한 지원을 받아 보다 인간다운 삶을 영위할 수 있도록 하는 것을 궁극적 목적으로 한다. 이러한 목적에는 정신재활의 기본적 접근방법이 드러나고 있다. 즉, 정신재활은 기본적으로 정신장애인의 사회생활을 기능을 향상시키는 것을 주된 목적으로 하지만 기능력의 한계를 지원체계를 통해 보완하려는 접근방법이다. 이러한 정신재활의 접근방법을 구체화하는 원리는 다음과 같은 아홉 가지로 구성된다(Anthony 등, 1998).

1) 정신재활의 일차적인 초점은 정신과적 장애를 가진 사람들의 능력을 향상시키는데 있다.

정신재활의 일차적인 초점이 능력을 향상시키는데 있다는 것은 치료와의 차이를 명확하게 보여준다. 전통적인 접근이 증상에 초점을 둔 것과는 달리 재활은 사회생활의 기능적 능력 향상시키는 것이 가장 중요한 목표이다. 실증적 연구결과들은 증상에 초점을 둔 접근이 실제 재활의 성과를 보여주지 못했기 때문이다. 실제 일상에서 나타나는 증상을 극복하면서 재활성과를 이룬 많은 당사자들이 존재하는 반면, 특별히 나타나는 증상이 없지만 고립된 채 삶의 영위하는 사람들도 얼마든지 주변에서 찾을 수 있다.

2) 정신재활이 이용자에게 주는 이득은 그들에게 필요한 환경 속에서 행동을 향상시켜주는 것이다.

정신재활이 당사자에게 필요한 환경 속에서 행동을 향상시켜준다는 의미는 특수한 환경적 여건에서 개발된 사회기술이 다른 상황에서 활용되기 어렵다는 것이다. 그렇기 때문에 사회생활의 다양한 환경에서 마주할 수 있는 사회기술들이 훈련될 필요가 있다. 실제 정신재활에서 개발된 사회기술훈련 매뉴얼은 주거, 취업, 교제, 진료 그리고 친구관계 등 다양한 상황에서 필요한 기술들을 수록하고 있다.

3) 정신재활은 다양한 기법들을 사용하므로 절충적이라고 할 수 있다.

정신재활의 이론적 근거는 특별한 이론에 따르기보다 다양한 기법들을 사용한다. 그 이유는 정신장애의 원인이 잘 규명되고 있지 않으며 이전에 생물학적 원인론에 귀착한 접근방법들이 효과를 드러내지 못했기 때문이다.

4) 정신재활의 주요 초점은 정신과적 장애를 가진 사람들의 직업성과를 향상시키는 것이다.

정신재활이 직업성과 향상에 초점을 두고 있는 것은 재활의 궁극적인 목표가 자립이라고 보기 때문이다. 치료가 증상 감소를 목표로 하였다면 재활은 자립이 목표인 것이다. 취업은 자립에 접근하는 가장 보편적인 방법이며, 취업을 통해 경제적 자립을 도모하고 나아가 사회적 자립을 도모한다.

5) 희망을 갖는 것은 재활절차의 필수 요소이다.

정신재활에서는 희망을 갖는 것을 재활절차의 필수 요소로 간주하고 있다. 정신재활의 이러한 원리는 당사자관점의 회복과 같은 맥락에 있다. 즉, 당사자 관점의 회복은 자신이 의미있는 존재가 되는 것인데 이는 삶에 대한 희망을 통해 표현된다. 자신의 삶이 무의미하거나 무가치하다고 여기면 어떤 희망도 생기기 어렵다.

6) 이용자의 의존성을 신중하게 높이면, 결국은 이용자의 독립적인 기능력을 증대시킬 수 있다.

이용자의 의존성이 오히려 독립적인 기능력을 증대시킬 수 있다는 것은 인간은 모두 상호의존적인 존재라는 데에서 연유한다. 이용자가 의존성을 적절히 높이면 주변 사람들과의 관계능력이 발전할 수 있으며, 이러한 경험을 통해 상호의존하면서 독립적인 삶을 살아가는 방법을 배울 수 있을 것이다.

7) 이용자가 자신의 재활절차에 적극적으로 참여하는 것이 바람직하다.

적극적인 참여는 동기가 부여되었다는 의미이며, 스스로 결정할 수 있다는 의미이다. 그렇기 때문에 적극적인 참여는 재활성과를 가져올 수 있는 가장 중요한 지표가 됨을 물론 책임감이 있는 인간으로서의 성장기회를 가져다준다.

8) 정신재활의 두 가지 기본적인 개입방법은 이용자의 기술을 개발하는 것과 이용자의 환경적인 지원을 개발해주는 것이다.

정신재활은 이용자의 기술 개발와 함께 환경적인 지원개발을 추구한다. 정신장애가 있는 사람들은 사회기술 향상만으로 지역사회에서 자립적으로 살아가는 데에는 한계가 있을 수 있다. 이러한 한계는 주변 환경상의 지원을 얻음으로써 극복할 수 있으며, 사회기술의 향상은 보다 적은 지원으로도 자립할 수 있는 기회를 제공한다.

9) 장기적인 약물치료는 흔히 필요하기는 하지만, 재활개입법에서는 충분요소가 되는 경우는 드물다.

정신약물이 정신장애인의 직업적 성취를 저해한다는 것은 잘 알려진 사실이다. 정신장애인들은 취업을 하게 되면 약물 중단을 시도하는 경우가 많다. 왜냐하면 약물을 복용한 상태의 흐릿함이 업무능력을 감소시킨다고 느끼기 때문이다. 가능하다면 약물의 복용량은 최소화하고 장기적으로는 중단하는 것이 필요하다.

제4절 정신재활과 치료의 비교

정신재활은 증상과 약물치료에 몰두하였던 정신장애에 관한 정신의학패러다임에 대한 비판을 통해 탄생하였다. 정신의학은 정신장애에 관한 다양한 접근 중의 하나이지만 그것이 가진 권력적 속성으로 인하여 고유의 생의학적 접근을 정신건강시스템의 전반에 확산시켰다. 이로 인해 재활의 문제는 약물치료에 종속되고 부차적인 것으로 인식되었다. 그러나 미국에서의 1960년대 이후 30~40년의 경험은 정신의학이 열광했던 정신약물도 많은 한계를 가진 하나의 접근방법에 불과함을 보여주었다. 30~40년간 정신의학은 치료와 재활의 차이를 이해하지 못했다. 어쩌면 차이를 알았다고 하더라도 거대한 제약회사와 형성한 카르텔 구조가 너무 견고해졌기 때문에 새로운 정신건강기획을 할 수 있는 자정능력을 상실했을 수도 있다.

〈표 9-1〉 재활과 치료의 차이

	재활	치료
미션	구체적 환경 속에서 기능력을 개선시키고, 만족감을 증대시킴	치유, 증상 감소, 혹은 치료적 통찰의 발달
기저의 인과이론	인과적 이론이 아님	개입의 성질을 결정하는 여러 인과이론을 토대로 함

	재활	치료
초점	현재와 미래	과거, 현재, 미래
진단내용	현재 및 앞으로 요구되는 기술과 자원 평가	증상과 가능한 원인 평가
주요기법	기술교육, 기술프로그램 수립, 자원 조성, 자원 수정	정신치료, 화학요법
역사적 근거	인적 자원 개발, 직업재활, 이용자 중심 치료, 특수교육 및 학습적 접근	정신역동 이론, 신체의학

출처: Anthony 등(1998). 손명자 역. 정신재활. 11쪽

Anthony 등(1998)은 재활와 치료의 차이를 미션, 인과이론, 초점, 진단 내용, 일차적 기술 그리고 역사적 기술 등 여섯 가지로 나누어 설명한다.

첫째, 치료의 미션은 치유, 증상 감소 혹은 치료적 통찰의 발달이다. 반면, 재활은 사람이 살아가는 구체적 환경에서 생활의 기능적 능력을 개선시키고 만족감을 증대시키는 것이다.

둘째, 치료행위에서 인과이론은 개입 자체의 성질에 따라 각기 인과이론을 근거로 한다. 생의학적 이론이나 인지이론 등이 치료에 적용될 수 있다. 한편 재활은 특별한 인과이론보다는 이용자의 욕구에 따라 다양한 기법들이 절충적으로 사용된다. 즉, 하나의 사회기술훈련에서 인지이론, 학습이론, 인지행동접근방법이 동시에 사용될 수 있다.

셋째, 치료는 과거에 기반하여 현재 상황을 진단하고 미래를 예측한다. 반면, 재활은 현재 무엇이 문제이며 어떻게 해결해나가야 하는가에 초점이 두어진다.

넷째, 치료에서 진단내용은 증상과 가능한 원인을 파악하는 것이다. 반면, 재활진단에서는 정신장애인이 지역사회에서 자립적으로 생활하기 위하여 필요한 사회기술과 지원이 현재 시점에서 무엇인가 하는 것이다. 과거에 어떤 장애가 있었는지는 중요하지 않다.

다섯째, 치료에서의 주요 기법은 정신약물 처치와 정신치료이다. 반면, 재활은 사회기술의 교육, 필요한 지원을 조직화하기 위한 자원을 확보하는 것이다. 지원은 국가 프로그램의 공식적 지원과 가족, 친구 등의 비공식적 지원이 있다.

여섯째, 치료의 역사적 근거는 프로이드의 정신역동이론과 신체의학이다. 반면, 재활은 인간자원 개발, 직업재활, 이용자 중심 치료, 특수교육 및 학습적 접근 등과 같이 다양하다.

제5절 정신재활패러다임의 정책적 적용[2]

정신재활이라는 전문가관점의 회복개념은 새로운 정신보건서비스의 내용을 통해 구체화될 수 있다. 앞서 정리한 것처럼 정신재활에서의 회복은 전문가에 의한 증상의 완화 혹은 제거가 아니라 사회생활에 필요한 다양한 기술습득의 지원에 초점을 두며, 정신보건서비스는 당사자들이 지역사회생활에서 중요하다고 여기는 일, 거주, 관계 그리고 여가 등과 같은 삶의 주요 영역에서 기능을 증진시키거나 유지할 수 있도록 지원하는 것이다. 그리고 사회기술의 한계를 보완하기 위해 지역사회로부터 지지를 개발한다. 즉 자조집단 참여, 가족개입 등 사회적 지지의 개발은 당사자가 가진 기능의 한계를 보완한다. 이러한 정신재활패러다임이 우리 사회에서 어떻게 적용될 수 있는지에 관한 탐색을 위해 이용표 등(2017)이 전문가 관점에서 회복정책을 제안한 내용을 정리해본다.

1. 회복지향적 정신장애인 지역사회지원정책의 두 가지 요소

회복은 스스로 유능하고 미래에 대한 희망을 가진 존재라는 자기감각을 형성해나가는 과정이다. 그리고 자기감각은 나를 보는 나의 관점과 타인이 보는 나에 대한 나의 관점이 상호작용하면서 형성된다. 즉, 당사자가

---

2 이용표 등(2017). 지역사회 정신장애인 현황조사 및 지원체계 연구. 보건복지부의 일부내용을 발췌하여 재구성하였음

자신의 삶이나 현실을 인식하는 과정에는 개인적 요소와 함께 사회적 요소가 개입한다. 당사자가 편견이나 차별에 노출되면 그 경험은 자의식에 깊숙이 전달되어 영향을 미치게 마련이다. 그러므로 정책비전으로서의 회복은 유능한 자기감각을 형성시키는 개인적 요소와 사회적 요소를 적절하게 통합시키는 지향점을 가진다.

회복정책의 개인적 요소로서는 격리된 삶에서 지역사회로 복귀하는 과정에 대한 지원과 지역사회에서의 기본적 삶의 조건을 충족시키고 지역사회생활 유지할 수 있는 역량을 개발하도록 하는 지원 등이 필수적 요소이다. 타의에 의한 격리된 삶은 불가피하게 수동적이고 의존적인 자기감각을 유지시키거나 더욱 강화시킬 수 있다. 또한 지역사회에서의 빈곤, 고립 그리고 떠돌아다니는 불안정한 삶은 미래의 희망을 소거함으로써 무능한 존재로서의 자기를 각인시키는 결과를 초래할 수 있다. 따라서 사회복귀를 지원하고 지역사회에서의 기본적 삶의 조건과 유지역량을 개발하는 지원은 정신장애인 회복정책의 핵심적 요소가 된다고 할 수 있다.

회복정책의 사회적 요소는 지원체계를 구축하는 것과 관련된 문제로서 당사자들이 사회적 관계에서 개인의 자기결정 역량과 기회를 개발하고 당사자주도의 문화를 창출할 수 있도록 하는 지원과 정신질환에 대한 왜곡된 인식을 변화시키는 것이다. 자기결정은 상대방이 권력적 관계이든 정서적 관계이든 타자의 존재를 전제로 한다. 타자가 존재하지 않는다면 사람은 항상 자기 스스로 결정하게 될 것이며 자기결정이라는 용어 자체가 의미가 없어진다. 사회적으로 정신질환을 가진 사람들에게 자기결정의 기회를 부여하고 그것은 존중하도록 하는 제도적 방안을 강구하는 것은 당사자에게는 사회적 관계에서 의미있는 존재로서의 자기감각을 변화시키는 중요한 기회와 장이 된다. 그리고 당사자단체의 활동을 지원하는 것도 당사자들이 수동적, 의존적 존재에서 자립적 존재로서 일반인들과의 관계에서 사회적 의미를 부여하는 것을 용이하게 한다. 이와 더불어 가장 어려운 과제인 정신질환에 대한 사회적인 인식을 변화시키는 노력은 회복정책의 핵심적 요소가 된다.

2. 회복지향적 정신장애인 지역사회지원정책의 비전과 방향

■ 정책비전: 회복

■ 정책방향

(1) 정신장애인의 사회복귀를 지원하는 서비스체계 구축
(2) 정신장애인의 지역사회 삶의 기본적 욕구충족과 유지역량을 개발하기 위한 서비스 제공
(3) 정신장애인의 선택과 자기결정을 지원하는 권익옹호 강화
(4) 정신질환에 대한 사회적 인식 개선
(5) 정신질환관련 법제개선 및 정비방안

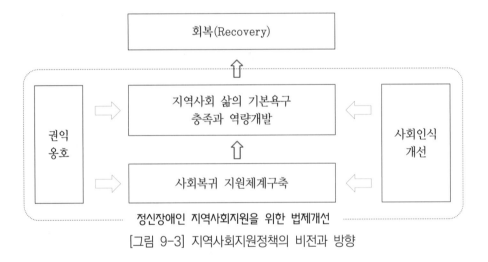

[그림 9-3] 지역사회지원정책의 비전과 방향

여기에서는 정신장애인 지역사회지원정책의 비전을 '회복'으로 규정하고 그 정책방향을 제시하였다. 여기에서는 [그림 9-3]을 토대로 정책방향들 간의 관계를 설명한다. 사회복귀지원체계 구축은 회복정책을 실현하는 근간이 된다. 비자의적 감금과 격리를 용인하고 지속시키는 제도는 그 자체로 반회복적이다. 그것은 쉽사리 당사자들을 무기력하고 수동적인 사람으로 만든다. 비자의적 감금과 격리로부터 지역사회로 복귀시키는 정책이 가장 우선적으로 이루어져야 한다. 그리고 사회복귀 지원체계의 구축은

동시에 지역사회로 복귀한 사람들에게 삶의 기본적 욕구 충족과 유지역량 개발에 관한 지원책을 요청한다. 왜냐하면 장기적 입원/입소뿐만 아니라 지역사회와 정신의료기관 사이에서 수없이 입·퇴원을 반복하는 정신장애인이 존재하는 원인도 지역사회에서 기본적 삶의 욕구를 충족시키지 못하기 때문이다.

이와 같은 두 가지 정책방향을 효과적으로 추진하게 위해서는 정신장애인에 대한 권익옹호와 사회적 인식 개선이 필요하다. 사회복귀 준비와 사회진출과정에서 당사자들의 의사결정이 최대한 존중될 수 있도록 하는 지원은 지역사회에서의 삶에서 자신의 존엄함을 일깨우고 긍정적 자기감각을 형성할 수 있도록 해준다. 그리고 당사자의 권익이 침해되지 못 하도록 예방하는 기능도 수행한다. 또한 정신질환을 가진 당사자들의 사회통합을 위해서는 정신질환에 대한 그릇된 사회적 인식이라는 관념적 장벽을 없애기 위한 인식개선이 요구된다. 부정적 사회인식은 정신장애인에 대한 사회적 배제를 제도화하고 유지시키는 근본 원인일 뿐만 아니라 사회생활에서의 차별이 보편화되는 원인이기도 하다. 정리하면, 권익옹호와 사회인식개선은 사회복귀지원체계 구축과 지역사회 삶의 기본욕구 충족 및 역량개발정책이 효과적으로 수행될 수 있는 환경적 여건을 마련하는 역할을 수행한다. 권익옹호는 인권의 가치아래 차별받지 않고 사회로 통합되는 것을 돕는 역할을 수행하고, 인식개선은 사회가 정신질환을 가진 사람을 받아들일 수 있도록 해준다. 그리고 법제 개선은 정신장애인 지역사회 지원을 위한 정책의 제도화를 통하여 지속성을 확보할 수 있도록 한다.

3. 정신장애인 지역사회지원의 정책목표

지역사회지원의 정책방향은 첫째, 사회복귀 지원제게 구축 둘째, 지역사회 삶의 기본욕구 충족 및 역량개발 셋째, 권익옹호 넷째, 사회인식 개선 그리고 다섯째, 법제개선 등 다섯 가지로 제시하였다. 여기에서 이러한 다섯 가지 정책방향을 실제적으로 구체화하기 위한 정책영역을 설정해보면 다음의 <표 9-2>와 같다. 사회복귀 지원체계 구축은 1) 퇴원후 사회적응 및 주거 지원정책을 통하여 구체화한다. 지역사회 삶의 기본욕구 충족 및 역량 개발을 위해서는 2) 취업지원, 3) 위기관리 및 가족지원, 4) 정신재활시설 확대 등의 정책을 개발한다. 그리고 권익옹호를 위해서는 5) 권익옹호서비스 개발정책, 사회적 인식 개선을 위한 사회인식 개선정책 그리고 지역사회 지원을 위한 법제개선을 위하여 정신질환관련 법제 개선 및 법률정비가 필요하다.

<표 9-2> 정신장애인 지역사회지원 정책방향에 따른 영역

지역사회지원의 정책방향	정책영역
사회복귀 지원체계 구축	1) 퇴원후 사회적응 및 주거 지원
지역사회 삶의 기본욕구 충족과 역량 개발	2) 취업지원 3) 위기관리 및 가족지원 4) 정신재활시설 확대
권익옹호	5) 권익옹호서비스 개발
사회적 인식 개선	6) 사회인식 개선
지역사회 지원을 위한 법제개선	7) 정신질환관련 법제 개선

그리고 정책영역별 정책목표는 다음의 <표 9-3>과 같다. 먼저 퇴원후 사회적응 및 주거 지원정책 목표는 첫째, 퇴원지원체계 수립 둘째, 주거지원서비스의 다양화 및 체계화 셋째, 지원주택의 제도화 등이다.

취업지원정책의 목표는 첫째, 정신장애인 취업지원 인프라 확충 둘째, 주간재활시설 등 직업재활서비스 기능 강화 셋째, 정신장애인의 특성을 반영한 서비스 개선 넷째, 직업영역확대와 창업지원 등 양질의 일자리 개발 다섯째, 고용 및 직업재활기관 간 연계체계 구축 및 통합형 맞춤서비스 제공 여섯째, 취업 및 고용안정 지원 등이다.

위기관리 및 가족지원정책의 목표는 첫째, 위기지원 시스템 구축 둘째, 지지적 치료지원과 외래치료명령제도 활성화 셋째, 심층 위기지원체계 구축 넷째, 단기보호서비스 제공 다섯째, 가족교육 및 지원 확충이다.

정신재활시설 확대정책의 목표는 첫째, 정신재활시설 확충 둘째, 장애인복지서비스 전달체계 이용방안 수립 등이다.

권익옹호정책의 목표는 첫째, 의사결정지원제도 도입 둘째, 권익옹호기관의 설치 등이다.

〈표 9-3〉 지역사회지원 정책영역별 정책목표

정책영역	지역사회지원의 정책목표
1) 퇴원후 사회적응 및 주거 지원	· 퇴원지원체계 수립 · 주거지원서비스의 다양화 및 체계화 · 지원주택의 제도화
2) 취업지원	· 정신장애인 취업지원 인프라 확충 · 주간재활시설 등 직업재활서비스 기능 강화 · 정신장애인의 특성을 반영한 서비스 개선 · 직업영역확대와 창업지원 등 양질의 일자리 개발 · 고용 및 직업재활기간 간 연계체계 구축 및 통합형 맞춤서비스 제공 · 취업 및 고용안정 지원
3) 위기관리 및 가족지원	· 위기지원 시스템 구축 · 지지적 치료지원과 외래치료명령제도 · 심층 위기지원체계 구축 · 단기보호서비스 제공 · 가족교육 및 지원 확충
4) 정신재활시설 확대	· 정신재활시설 확충을 위한 소요량 추정 · 장애인복지서비스 전달체계 이용 · 정신재활시설 재정분담구조 개편·
5) 권익옹호	· 비자의입원 절차의 개선 · 의사결정지원방안과 동료지원자 서비스 · 의사결정지원을 위한 사전정신의료의향서 활용 · 보편적 장애인복지서비스 제공

제6절 맺는 말

현재 우리 사회의 정신건강복지프로그램을 지배하는 패러다임이 정신의학패러다임이라는 데에 이견을 제기할 사람은 그다지 많지 않을 것이다. 정신의학패러다임을 탈피하고 정신재활패러다임으로 이동하기 위해서는 정신재활을 주도할 새로운 집단들이 필요하다. 일반적으로는 정신건강전문요원이나 사회복지사가 새로운 시대를 주도해가기를 기대할 수 있다. 그러나 궁극적인 힘은 당사자들에게서 나온다. 현재의 정신건강과 관련된 정치적 지형은 거대 정신의료집단과 막 걸음마를 시작한 당사자단체로 양분되어 있다. 이러한 지형에서 정신재활패러다임이 수용되기 위해서는 지역사회서비스를 주도하는 사람들과 당사자들의 연대가 필요하다. 당사자들의 회복패러다임이 정신재활과 상이한 부분이 있다고 하더라도 정신의학패러다임에 대한 비판의식이라는 공감대가 있다. 정신재활패러다임에서 당사자주도 서비스를 확충하는 방향에서 새로운 시대가 열리기를 기대한다.

제10장

사회기술훈련

제1절 사회기술과 사회기술훈련의 개념

정신장애인의 사회적응과정에서 가장 중요한 장애는 사회적 기능의 부족에 있는 것으로 인식되고 있다(이용표, 2003). 만성적인 정신질환으로 인한 잔여증상의 문제보다, 병에 의한 사회적 격리와 배제, 심리적 위축에 따른 사회적 관계의 회피 등이 가져다주는 사회적 기능의 저하가 정신장애를 가진 사람들에게 지속적으로 사회적응의 어려움을 주고 있다(박상규, 1999). 즉, 정신장애라는 손상 자체로 인한 능력 저하 또한 정신장애인의 낮은 사회기술의 요인이 될 수 있겠으나, 사회적 기술을 가장 활발히 습득하는 청소년 및 청년기에 주로 정신질환이 발생한다는 특성, 정신장애 발병 이후에도 사회적 낙인과 사회 진입 장벽 등으로 인한 기회 박탈 등 또한 주요한 요인이 된다. 이러한 사실은 만성 정신질환을 가진 사람들의 재활이 증상의 치유에 의해 자연스럽게 달성되는 것이 아니라, 병의 경험이 인간의 내적 기제를 관통하면서 생성된 사회적 기능의 손실이라는 문제에 대해 보다 차별적인 접근이 필요하다는 사실을 보여주고 있다.

Liberman 등(1989)은 사회기술을 "자신의 감정과 욕구를 상대에게 정학하게 전달 및 표현힘으로써 대인판세에서 스스로의 목표를 성취할 수 있게 해주는 모든 기술"이라고 정의하였다. Bellack과 Hersen(1979)은 "대인관계 상황에서 언어적·비언어적으로 긍정적인 감정과 부정적인 감정을 상황에 맞게 유효 적절하게 표현함으로써 상대로부터 사회적 강화를 받는 방법"이라고 정의하였다. 사회기술은 넓게는 사회생활이나 대인관계에서 자신이 원하는 것을 성취하는 데에 필요한 모든 기술이라고 할 수 있고, 좁게는 대인관계에서의 의사소통 기술이라고도 할 수 있다(전석균, 1991). 따라서 사회기술훈련이란, 일상생활, 가족, 직장과 같은 삶 속의 다양한 영역에서 발생할 수 있는 대인관계를 호전시키고, 정서표현방법과 대인관계기술을 효과적으로 습득하도록 원조하는 것이라고 정의할 수 있다.

사회기술훈련에서 다루는 사회기술은 일반적으로 세 가지의 요소들로 이루어져있으며, 그 내용은 다음과 같다(전석균, 1991).

1. 대화기술

대화는 사회적인 상호작용에 있어서 핵심적인 기능이 된다. 사회적으로 숙련된 사람의 경우에는 대화의 맥락에 따라 어떤 반응을 하고 어떤 내용으로 대화를 이끌어 나가야 하는지를 구분하는 능력이 있는 반면에, 정신장애인의 경우 이러한 능력의 부족으로 사회적 관계에 어려움을 겪을 수 있다. 언어적 메시지를 포함하여 시선접촉, 억양, 반응시간, 말의 속도, 표정, 신체적 거리 등의 비언어적인 반응요소 또한 대화기술에서 중요한 역할을 한다.

2. 사회적 인지기술

사회적 상황에 대한 정확한 인지가 있어야 그에 대한 효과적인 반응이 가능하다. 사회적으로 숙련된 사람은 타인을 대할 때에 상대에 관심을 가지고 현재의 상황을 파악하며 언제, 어디서, 어떻게 반응해야 하는지를 인지한다.

3. 문제상황에서의 대처기술

사회생활을 함에 있어서 가장 큰 어려움은 문제상황에서 대처하는 것이다. 문제 상황 속에서 적절하게 자기주장을 제시하는 기술, 금전 거래 등 경제적 활동 수행 기술, 갈등 상황 속에서 대화하는 기술 등이 해당된다. 이러한 기술과 주장은 정신장애인이 보다 긍정적인 대인관계를 증진하고 사회에서 적응하는 데에 필수적이다.

제2절 사회기술훈련의 이론적 배경

1. 행동주의적 접근

행동주의 학습이론은 인간의 행동을 환경의 자극에 대한 반응으로 이해한다. 이 이론은 행동을 유발하는 힘이 없는 중립적 자극도 반응유발능력을 형성시켜 특정한 행동을 발생시키는 조건자극으로 변화시킬 수 있다고 본다. 또한 인간의 행동의 결과에 대하여 긍정적 혹은 부정적 보상을 한다면 특정 행동을 강화시키거나 감소시킬 수 있다는 것이다. 따라서 행동주의적 접근에서는 사회적응에 방해가 되는 정신장애인의 행동들을 새로운 기술들로 학습시킴으로써 건설적인 행동으로 바꾸고 사회적응의 수준을 높일 수 있다고 본다. 즉, 행동주의 접근은 정신장애인의 사회적응에 방해가 되는 행동들을 변화시키기 위하여 사회적 행동기술(언어적, 비언어적 의사소통), 사회적 인지기술, 문제상황에 대한 대처기술 등을 다른 구성원들의 피드백과 강화를 통해 새롭게 습득시킴으로써 적응적 사회기술을 형성하는 것을 목표로 한다(강성애, 1997). 또한 정신장애인에게 이를 스스로 교정하고 습득할 수 있는 능력이 기본적으로 존재한다고 바라본다.

2. 사회학습이론

사회학습이론은 관찰학습이라고도 한다. 사회학습이론은 행동주의이론에 기반을 두고 있으며 인간의 행동을 환경적 자극에 의한 학습의 결과라고 보는 측면은 동일하다. 사회학습이론이 행동주의이론과 차이가 있는 지점은 반드시 환경적 자극의 대상이 직접적으로 행동을 수정하려는 개별적 개인일 필요가 없다는 것이다. 즉 사회학습이론은 다른 개인의 보상적 행동을 모방하는 방식을 통해서도 학습이 가능하다고 본다. 인간은 타인과의 상호작용, 동일시, 모델링을 통해 사회적 기술 및 기능들을 학습하게 되는데, Skinner는 강화와 처벌을 통한 조작적 조건형성의 원리로 학습을 설명하고, Bandura는 본보기나 관찰을 통한 학습을 강조하고 있다.

제3절 사회기술훈련의 방법

1. 사회기술훈련의 구성

사회기술훈련을 통해서는 일상생활기술을 포함하여 대화기술, 사회인지기술, 문제상황처리기술 등을 다룰 수 있다. 정신장애인의 사회적응 문제의 각 영역과 그에 맞게 사회기술훈련을 통해 다루어질 수 있는 주제는 다음과 같다.

〈표 10-1〉 사회기술의 문제 영역과 사회기술훈련에서 다루는 주제

문제 영역	사회기술훈련에서 다루는 주제
대화를 시작/유지하는 것이 어려움	대화 기술 등
소비생활을 하는 것이 어려움	금전 관리 기술 소비 활동 기술 등
가족과의 불화	가족 간 의사소통 기술 갈등 및 문제를 해결하는 기술 등

문제 영역	사회기술훈련에서 다루는 주제
위생관리의 어려움	몸단장 및 청결 유지 기술 등
정신적 위기로 인한 어려움	위기관리 기술 위기 시 주변에 도움을 요청하는 기술 등
스트레스로 인한 정서적 어려움	스트레스 관리 기술 등
공공기관 및 공공장소 이용의 어려움	공공기관 이용 및 대화하는 기술 대중교통을 이용하는 기술 등
직장에서 업무를 유지하는 것이 어려움	업무 수행 기술 직장 내 동료/상사와 대화하는 기술 등

2. 사회기술훈련의 과정

1) 계획단계

사회기술훈련을 실행하기에 앞서 참여하는 정신장애인의 사회기술에 대한 평가가 우선적으로 실시되어야 한다. 이 때 평가해야 할 내용은 첫째, 그 성원은 역기능적인 대인관계 행동양상을 보이는가? 둘째, 역기능이 나타나는 특수한 상황은 무엇인가? 셋째, 역기능의 근원은 무엇인가? 넷째, 그 성원은 어떠한 사회기술에서 어려움을 가지고 있는가? 등이다(전석균, 1991). 이를 사정하기 위해서는 평상시의 행동과 태도의 관찰, 당사자와의 직접 면접, 당사자의 주변 인물과의 간접적 면접 등의 비정형화된 사정 방법이 있는 반면, 질문지 작성을 통한 정형화된 사정 방법이 있다.

사회기술훈련은 보통 집단치료로 실행되는데, 집단성원을 구성할 때에는 사회적 기능수준이 유사한 사람들로 구성하는 것이 좋다. 집단을 진행하는 사람은 해당 집단을 통해 어떤 목표를 달성할 것인지, 연령대는 어떻게 구성할 것인지, 성별을 구분할 것인지 등을 결정하여 가장 효과적일 수 있는 방안을 선택하여야 한다. 보통 진행자가 한 명인 경우에는 4~6명 정도의 집단이 적절하다. 훈련 운영의 시간 및 빈도는 구성원들의 기능 또는 역량에 따라 다양하게 조정될 수 있으며, 보통은 1회당 최소 30분에서 최대 120분 정도의 시간이 적절하다. 빈도는 주2회 정도가 효과적이나 이 또한 치료 목적 등에 따라 조절할 수 있다.

사회기술훈련은 사회복지사 등의 전문가에 의해 진행되지만, 해당 모임에 참여하는 구성원들의 의견 또한 이 모임을 운영해나가는 데에 중요하게 다루어져야 한다. 구성원들의 현재 상태나 진행방향 등에 대한 견해에 대해 진행자는 경청하고 반영하는 등, 협조적인 분위기를 조성하여야 한다. 또한 집단 내에서 발생하는 역동과 변화 과정 등을 관찰하고 이를 구성원들과 함께 공유할 수 있다.

2) 실행단계

훈련모임이 시작되면 진행자는 구성원들이 안전감을 느끼도록 구성원들을 격려하고 흥미를 북돋아주도록 노력해야 한다. 실행단계는 주로 소개, 역할시연, 피드백과 사회적 강화, 시범, 과제와 같은 5가지 단계로 진행된다.

(1) 소개(introduction)

사회기술훈련 모임의 목적, 운영방식, 구성원들의 주요 초점 등에 대해 소개한다. 이 단계에서 훈련모임에 대한 소개뿐만 아니라 구성원들과 협의하여 모임에 대한 규칙 등을 협의해볼 수 있다.

(2) 역할시연(role playing)

진행자는 미리 작성된 문제상황내용을 설명하고, 한 명의 구성원과 역할극 상대자가 각자의 역할로 상호작용한다. 문제상황을 설정할 때는 환자가 어려움을 겪게 되는 상황을 바탕으로 구성해볼 수 있다.

(3) 피드백과 사회적 강화(feedback and social reinforcement)

역할시연이 끝나면 진행자는 구성원들에게 조언을 제공한다. 역할시연에 대한 피드백을 제공함과 동시에 지지적인 태도를 갖춤으로써 구성원들이 안전감을 느낄 수 있도록 주의한다. 긍정적인 면에 대한 피드백을 주면서, 개선점이나 부족한 점에 대해서 구체적이고 명확한 피드백을 제공한다.

244

(4) 시범(modeling)

역할시연과 피드백, 사회적 강화만으로도 충분한 습득이 되는 구성원이 있을 수도 있으나, 구성원의 특징에 따라 시범연기가 필요한 경우가 있을 수 있다. 시범연기자는 집단구성원 중에서도 할 수 있고 보조진행자가 할 수도 있다. 시범을 보일 때에는 지나치게 과도하게 보이기보다 한 두가지 행동에만 초점을 두고 실시한다.

(5) 과제(home assignment)

훈련모임에서 획득한 기술을 구성원이 체득하고 일반화하기 위해서는 실제생활에서 연습할 수 있는 과제가 필요할 수 있다. 진행자는 구성원에게 개별적으로 기술을 실천해볼 수 있게 과제를 부여하고 다음 회기까지 실시하도록 요청한다. 과제는 분명하고 단순하게 내는 것이 좋다.

제4절 사회기술의 평가

사회기술훈련 진행자는 각 구성원들의 훈련 과정에서의 행동을 자세히 관찰한 후 적절하게 평가를 실시할 필요가 있다. 평가요소는 다음과 같다.

〈표 10-2〉 사회기술 평가요소

체언직 요소	1) 말하기 전에 주저함 없이, 하고 싶은 말이나 행동을 즉시 나타내는가 2) 서두르지 않고 침착하게 말하는가 3) 상대방을 바라보고 말하는가 4) 얼굴표정이 상황에 적절한가 5) 손을 비비거나 발을 흔드는 등 부자연스런 행동은 없는가 6) 몸 전체가 편안한가
음성적 요소	1) 상대가 충분히 알아들을 수 있는만큼 큰소리로 이야기하는가 2) 음성이 떨리지 않고 단호한가 3) 또렷하게 이야기하는가

	4) 억양이 자연스러운가
	5) 말이 끊어짐 없이 유창한가: 언어의 유창성
내용적 요소	1) 자신의 의사를 적절하게 밝히는가
	2) 대화초반에 자신의 의사를 표현하는가
	3) 전달하는 내용이 분명한가
	4) 상대가 요구한 내용에 따라서 하는지의 여부: 내용에 대한 추종여부

출처: 전석균(1991)

평가 방법으로는 설문지를 통한 평가, 행동분석적인 평가, 역할시연을 통한 평가, 실제상황에서의 평가 등이 있으며, 그 내용은 다음과 같다(강성애, 1997).

1. 설문지를 통한 평가방법

- 대인관계변화척도(Relationship Change Scale: RCS)
- 자기주장척도(Rathus Assertiveness Scale: RAS)
- 문제해결에 대한 자기평가척도(Problem Solving Inventory, PSI)
- 사회행동척도(Social Behavior Scale: SBS)

2. 행동분석적 평가방법

- 다른 사람들과 생활할 때에 어려움을 느끼는가? 어떤 어려움을 느끼는가?
- 어떤 상황에서 어려운 문제점들이 발생하는가?
- 실제로 그 상황을 시작부터 설명해보라.
- 상대방은 그 행동에 대해 어떻게 반응하였는가?
- 대인관계에서 당신이 원하는 목표를 얻지 못하였는가?
- 보통 누구와 그런 문제가 발생하는가?
- 얼마나 그런 일이 자주 발생하는가?

3. 역할시연을 통한 평가방법

— 의사소통기술, 사회인지기술, 사회문제상황에서의 대처기술 등의 역할
시연을 실시한 후 시연에서의 구성원의 반응을 통해 평가를 실시함

4. 실제상황에서의 평가방법

— 실제상황에서의 평가는 가장 신뢰성이 높고 이상적일 수 있으나, 현
실적으로 시간적 비용이 많이 들고 많은 노력을 필요로 함. 실제상
황을 통한 평가에서 적용될 수 있는 상황으로는 낯선 사람에게 길
물어보기, 물건 고르고 구입하기, 타인과의 약속 잡기, 식사할 장소
정하기 등이 있음

제5절 사회기술훈련의 모형

1. 사회행동모형(기본훈련모형)

사회기술훈련 모델 중 가장 널리 활용되고 있는 모형으로, 1970년대부
터 개발되어 적용되고 있다. 이 모형에서는 사회 부적응적인 행동은 학습
되고 모방된다고 보고, 조건형성이론과 사회학습이론에 따라 이러한 행동
을 교정하는 것을 목표로 한다. Bellack 등(1997)은 사회행동모형의 주요
한 절차를 다음과 같이 제시한다.

  1) 진행자는 구성원에게 사회기술의 중요성을 알린다.
  2) 진행자는 역할시연을 통하여 사회기술의 시범을 보인다.
  3) 구성원이 직접 역할시연을 하도록 원조한다.

　4) 즉각적인 개입과 격려, 사회적 강화 및 환류를 제공한다.
　5) 과제 부여 및 실제생활에서의 일반화를 시도한다.

　기본훈련모델에서는 시범, 강화, 행동조성, 과학습, 일반화와 같은 구체적인 기법들을 많이 응용하고 있으며, 다음과 같은 기법들을 단독 또는 복합적으로 응용하여 활용하고 있다(김철권·조진석, 2001; Morrison & Bellack, 1984).

〈표 10-3〉 사회행동모형의 기법

시범 (modeling)	진행자 또는 다른 구성원이 역할시연이나 실제 장면에서 사회기술을 직접 시범하여 보여줌으로써, 구성원은 이를 보고 학습할 수 있다.
강화 (reinforcement)	진행자는 구성원이 바람직한 사회기술을 사용했을 때 그에 대한 보상을 제공함으로써 그 행동이 지속되도록 원조한다. 강화에는 정적 강화(긍정적 피드백, 물질적 보상 등)와 부적 강화(싫어하는 것을 면제해주는 것 등)가 있으며, 강화의 효과를 높이기 위해서는 즉각적으로 제공하는 것이 좋다.
행동조성 (shaping)	구성원이 바람직한 방향으로 사회기술을 사용할 수 있도록 단계적으로 원조하는 것을 말한다. 훈련을 통해 구성원이 학습해야 하는 기술들이 구성원이 짧은 기간 내에 습득하기에는 어려움이 있을 수 있으므로, 목표 기술을 몇 개의 단계로 세분화하여 실시하도록 하는 것을 말한다. 구성원의 행동이 목표와 가까워질 때마다 강화를 제공하여 새로운 행동을 완성시켜 나간다.
과학습 (overload learning)	사회기술을 자동적으로 수행할 수 있을 때까지 반복하여 연습하는 것을 말한다. 진행자는 구성원이 익숙해질 때까지 다른 기법들을 활용하여 반복하여 연습시킨다.
일반화 (generalization)	훈련을 통해 배운 기술을 일상생활에서도 적용하고 지속적으로 사용할 수 있는 수준으로 이끄는 것을 말한다. 주로 훈련을 마칠 때에 일상생활에 적용해보도록 과제를 내어주는 방식으로 이루어지고 있으며, 가족이나 주변 인물들의 지지를 통한 강화도 일반화에 활용할 수 있다.

2. 문제해결모형

문제해결모형은 일반화와 지속성을 보다 효과적으로 유지하기 위해 개발된 것으로, 기존의 사회행동모형에서 습득한 사회기술이 실제 생활에서 적절하게 활용되지 못하거나 빠른 시일 내에 소멸된다는 제한점을 해소하고자 대안적 접근법으로써 개발되었다(Liberman et al., 1989). 따라서 이러한 제한점을 극복하고 지속성과 일반화를 향상시키기 위해서 인지적 과정에 대한 훈련을 포함하고 있다(Corrigan et al., 1991).

문제해결모형에서는 정보처리 단계에 근거한 훈련을 강조하는데, 대인관계에서의 정보처리단계는 첫째, 받아들이는 기술(receiving skills), 처리기술(processing skills), 보내는 기술(sending skills)로 구분된다. 먼저 받아들이는 기술이란 문제상황과 대인관계에서 발생하는 단서들을 정확하게 인식하고 파악하는 것을 말한다. 처리기술은 대안적인 활동들을 생각해내고 각 대안적 방법에 대한 가능한 결과를 고려하여 최선의 대안을 선택하는 것을 말한다. 보내는 기술이란 본인이 선택한 대안을 적절한 언어적, 비언어적 행동요소를 활용하여 효과적으로 표현하는 것을 말한다. 이처럼 문제해결모형에서는 대인관계의 의사소통을 통해 정보를 받아들이고, 처리하고, 보내는 각각의 단계에서 정신장애 당사자가 수행하고 있는 기술을 분석하고 교정하면서 훈련한다. 참여자가 사회적인 상황을 정확하게 파악해내고 해당 상황에서의 초점과 문제점이 무엇인지를 잘 판단하는 것, 대인관계에서 상대방의 반응을 미리 예상하는 것, 적절한 대안적 활동들을 생각해내고 선택하는 것 등에 초점을 맞춰 사회기술을 향상시킨다(장희정 외, 2006).

3. 주의집중모형

한편 인지적으로 손상된 만성적인 정신장애인의 경우에는 문제해결모형이 다소 복잡하고 어렵게 느껴질 수 있다는 단점이 있다. 따라서 인지적인 손상을 가진 사람의 경우에는 주의집중모형을 적용하는 것이 보다 알맞다. 주의집중모형은 의사소통기술을 훈련하기 위하여 주의집중 절차를 활용하는 방법이다(Liberman et al., 1989). 환자의 주의력을 유도하는 것이 주요한 초점이며 체계적인 반복, 단계적인 격려, 즉각적인 강화 등의 기법을 활용한다(전석균, 1995). 또한 참여자의 주의력 자체가 높지 않으므로 1회기 당 20분, 하루에 2회씩 실시하는 편이다. 진행자가 어떤 말을 건네었을 때 정신장애인이 적절하게 반응하면 그에 대해 긍정적인 피드백이나 보상을 하고, 부적절한 반응을 보였을 때에는 진행자가 직접 시범을 보이거나 재반응을 하도록 요구한다. 일차적으로 참여자가 상대방에게 적절한 반응과 질문을 할 수 있도록 훈련하는 것을 목표로 한다(장희정 외, 2006).

4. 당사자연구의 SST

당사자연구는 일본 '베델의집'에서 실시하는 하나의 프로그램으로, 정신장애 당사자들이 증상뿐만 아니라 생활상의 과제, 인간관계, 직장 등 다양한 고생들 중 하나를 연구테마로 삼고, 자신이 고생의 주인공이 되어 주체적으로 연구해보고자 하는 자기주도적 자세를 가지는 것을 목표로 한다. 당사자와 동료들, 사회복지사 등의 독특한 발상과 의견을 활용하여 각자에게 맞는 '자기를 돕는 방법'을 모색하여 병에 대한 이해를 도모해 가는 일련의 연구활동이라고 할 수 있다(べてるしあわせ研究所, 2009; 이용표, 2018).

베델의집에서는 1992년부터 당사자연구에 SST(Social Skill Training; 사회기술훈련)를 적용하였고, 이는 당사자연구에 이론적, 실천적 도구를 제공하고 있다. 이를 통해 정신장애 당사자가 구체적인 일상생활의 고민에 대해 자기 대처방법을 모색하고 현실에 적용해 나감으로써 문제를 해결해나가도록 하고 있다. 당사자연구의 구체적인 방법은 다음과 같으며, 그 중 '자기병명 붙이기' 외에는 사회기술훈련과 인지행동요법의 기본적인 틀과 본질적으로 동일하다(이진의, 2017). 다만 기존의 모형들과 당사자연구 SST의 차이점은 치료자(진행자, 전문가) 중심적인 틀에서 벗어나 정신장애 당사자를 중심으로 모든 연구 활동과 대안의 모색이 이루어진다는 점이다. 때문에 당사자연구 내에서 사용되는 언어들 역시 전문가들이 만든 용어가 아닌, 당사자들에 의해 만들어진 용어들이다.

이 때 당사자연구에서의 사회기술훈련은 4단계 '자기를 돕는 방법 고안'과 5단계 '실천 결과의 검증'에서 이루어진다. 4단계와 5단계에서는 당사자가 직접 고생에 대한 대처방법을 사용하고 연습하기 때문이다.

〈표 10-4〉 당사자연구의 실천원칙 및 과정

순서	단계	내용
1	사람과 문제의 분리	당사자의 증상이 일상에서 반복적으로 발생하면 사람과 문제가 뒤엉켜 그 사람 자체를 문제와 동일시하게 된다. 사람과 문제를 분리하여, 문제에만 초점을 맞춤으로써 당사자는 제3자의 시점에서 거리를 두고 문제를 바라보는 시선을 갖게 된다.
2	자기병명 붙이기	의학적인 병명이 아닌 스스로 안고 있는 고생의 의미나 상황을 반영하여 스스로 병명을 붙인다.
3	고생의 패턴·과정·구조의 설명	당사자가 스스로의 고생에 대해 정보를 수집하고 고생을 일으키는 방법, 행동, 과정에서의 규칙성과 반복성을 밝혀낸다. 이를 동료들과 함께 공유하면서 고생의 패턴과 메커니즘을 규명해나간다. 고생의 메커니즘은 이후 도식화, 삽화, 역할극을 통해 시각화되어 공유된다.
4	'자기를 돕는 방법' 고안	고생의 패턴을 발견하고 나면, 문제에 대한 새로운 대처법을 동료들과 함께 고안하고 대처법의 효과를 검토하며 그 기술을 익힌다. 당사자연구를 통해 구체화된 문제를 동료들과 함께 시연하여 연습한다.
5	실천 결과의 검증	새로운 대처법을 개발한 뒤에는 이를 실제 생활에서 시도하고 그 실효성을 확인하거나 개선점을 찾아낸다. 연습 결과를 검증하고 난 뒤, 좋았던 점과 더욱 개선할 점을 동료와 공유하며 다음 연구와 실천으로 이어나간다.

출처: 이진의(2017), べてる しあわせ研究所(2009) 재구성

제6절 사회기술훈련의 실제

본 절에서는 앞서 소개한 모형들을 실제 사례에서 어떻게 적용할 수 있는지 살펴보고자 한다. 인지능력이 현저히 부족한 정신장애인을 대상으로 하는 주의집중모형을 제외하고, 사회행동모형, 문제해결모형, 당사자연구 모형을 중심으로 다룬다.[1]

사례 1
A씨는 사람들과 회의 및 대화를 하거나 사람들이 많은 곳에 가게 되면, 압박감이 덮쳐와 긴장하게 되고 갑작스러운 스트레스에 휩싸이게 된다. 스트레스가 발생하면 다양한 정신적인 증상이 나타나 불쾌감을 느끼기도 한다. 이러한 문제로 인해 사람들과 대화를 전혀 나누지 못하고 인간관계를 유지하는 데에 큰 어려움을 겪고 있다.

| 사회행동모형 | 진행자(치료자)는 A씨를 비롯하여 유사한 어려움과 욕구를 가진 사람들로 훈련모임을 구성하였다. 이번 회기에서는 '많은 사람들과 대화하는 기술'에 대하여 훈련하는 것으로 목표를 설정하였다.
① 역할시연을 통한 사회기술의 시범
진행자는 구성원들과 보조치료자의 도움을 받아, 많은 사람들과 대화하는 상황을 역할시연하였다. 이 때 진행자는 적절하게 대화하는 방법을 A씨에게 먼저 시범을 보였다.

② A씨의 역할시연
이번에는 역할을 바꾸어 A씨가 역할시연에 직접 참가하도록 하였다. A씨는 역할시연을 통해 다른 구성원들과 직접 대화하는 상황을 연출하였다. 이 때 A씨가 긴장하거나 심리적 압박감을 받아 역할시연에 어려움을 가진다면, 진행자가 적극적으로 격려하거나 난이도를 조절하는 등 즉각적으로 개입한다.

③ 사회적 강화 및 피드백
A씨가 역할시연에서 적절한 대화기술을 잘 사용했다면, 진행자는 A씨의 활동에 대하여 긍정적인 피드백과 보상을 줌으로써 그 행동을 강화할 수 있다. 만약 A씨가 적절한 대화기술을 활용하지 못하였다면 더욱 잘 할 수 있는 방법을 알려주는 등의 피드백을 제공한다.

④ 과제 부여
진행자는 A씨에게 이번 회기 동안 습득한 사회기술을 일상생활에서도 활 |

---

1 사례들은 『베델의 집. 렛츠! 당사자연구』(べてるしあわせ研究所, 2009)를 참고하여 재구성하였음.

사례 1	
	용할 수 있도록 '다른 사람과 1회 이상 대화하기' 또는 '다른 사람들에게 먼저 안부 묻기'와 같은 과제를 부여하였다. 해당 과제에 대한 실시 여부와 내용은 다음 회기에서 평가하도록 한다.
문제해결모형	① 문제 및 목표 설정 진행자와 A씨는 A씨가 겪고 있는 문제를 명확하게 설정하였다. A씨의 문제는 "많은 사람들과 대화를 나누어야 되는 상황이나 많은 사람들이 있는 곳으로 가야할 때에 긴장감과 압박감을 느끼게 되는 것"이다. 이 문제를 해결하는 것을 이번 훈련의 목표로 설정하였다. ② 문제에 대한 구체적인 탐색 A씨의 문제에 대하여 보다 깊이 탐색하였다. A씨가 긴장감과 압박감을 느끼게 되는 상황이 대체로 일을 하러 가기 전이나 본인이 많은 사람들 앞에서 무언가를 이야기해야 될 때에 발생한다는 것을 알아냈다. ③ 문제를 해결할 수 있는 방안 A씨와 진행자는 A씨의 문제를 해결할 수 있는 다양한 방안들에 대해 함께 이야기 나누었다. 일하러 가기 전에 마음을 안정시킬 수 있는 음악 듣기, 사람들 앞에서 이야기를 하기 전에 미리 대본을 적어서 들고 가기, 사람들 앞에서 이야기하는 상황을 미리 연습해보고 가기 등의 방안을 고안해냈다. 그 중에서 가장 효과적인 방법을 찾기 위해 어떤 방법이 A씨에게 가장 안정감을 주는지, 시간적·경제적 비용이 드는지 등을 고려하여 선택하기로 했다. 그 결과, A씨의 어려움을 가장 효과적으로 해결할 수 있는 최선의 행동으로 사람들 앞에서 말을 하기 전에 미리 대본을 작성하여 가는 방법을 선택하였다. ④ 선택한 방법을 실행 및 평가하기 A씨는 실제로 일 하러 가기 전에 회의에서 본인이 해야 할 말들을 대본에 적어 직장으로 가기로 했다. 이 방법을 직접 실행한 이후, 그 결과를 다음 회기에서 진행자와 공유 및 평가하기로 하였다. 만약 이 방법이 크게 효과적이지 않았다면 다른 방법을 시도해보고, 어느 정도 효과가 있었다면 계속 유지할 수 있도록 한다.
당사자연구 모형	A씨를 비롯한 당사자 동료들이 함께 당사자연구에 참여한다. A씨가 겪고 있는 문제를 진행자(사회복지사)가 칠판에 그림으로 표현한다. 그 이후에도 당사자연구를 진행하면서 도출되는 내용들을 칠판에 그림 또는 글로 작성해나간다. ① 자기병명 붙이기 A씨의 문제를 들은 당사자연구 참여자들은 A씨의 문제를 가장 잘 표현할 수 있는 자기병명을 함께 정한다. 이 과정에서 A씨의 문제에 관해 연구 참여자들이 더욱 구체적으로 탐구한다. 그 결과, A씨가 사람들이 많은 곳

사례 1

으로 가기 전이나 일을 하러 가기 전부터 긴장감과 압박감을 느끼게 된다는
것을 알게 되었고, 그 이유가 '잘 해야 된다'라는 생각 때문이라는 것을
도출해냈다. 많은 토론을 통해 A씨의 자기병명은 '완벽추구형 NO라고 말
못하는 타입'으로 정해졌다.

② 고생의 패턴·과정·구조의 설명
당사자연구 참여자들과의 토론과 역할극을 통해 A씨의 고생이 다음과 같
은 패턴으로 발생한다는 것을 알게 되었다. 진행자는 다음 패턴을 도식화
하여 칠판에 기록하였다.

  ⓐ 일터나 많은 사람들을 만나야 하는 상황을 생각하면 '잘 해야 된다',
    '내가 잘 할 수 있을까?'와 같은 자기책망적인 생각이 든다.
  ⓑ 그리고 나면 '긴장씨'가 A씨를 찾아온다. (당사자연구 참여자들은 A씨
    를 덮치는 압박감과 스트레스에게 '긴장씨'라는 이름을 붙여주었다)
  ⓒ '긴장씨'는 A씨의 다리가 굳게 하고 몸을 굳게 함으로써 아무 것도
    못하게 만든다.
  ⓓ A씨는 아무 것도 못하게 된 본인의 모습을 보며 괴로워 자기 혐오감
    을 느끼게 되고, 이러한 악순환이 반복된다.

③ 자기를 돕는 방법 고안
A씨와 연구참여자들은 이러한 악순환의 고리를 끊기 위해 A씨가 실행할
수 있는 '자기를 돕는 방법'을 함께 토론하였다. 이 때 한 명의 동료가 "긴
장은 스스로를 지키려는 신체의 반응이고 자기를 책망하면 할수록 더 몸
이 굳게 된다"는 자신의 경험을 이야기해주면서 "그럴 땐 긴장씨한테 고
맙다고 하면 된다"고 알려주었다. 그래서 A씨는 긴장씨가 찾아와도 '지금
내가 긴장하고 있구나. 그래도 괜찮아. 긴장씨 올테면 와봐요.' 또는 '긴
장씨, 고마워요~'라고 생각하거나 이야기하는 연습을 실시하였다.

④ 실천 결과의 검증
A씨는 당사자연구에서의 연습을 바탕으로 실제 생활에서 실험 및 검증하
기로 하였다. 실제로 일하러 가기 전에 긴장씨가 찾아오면 당사자연구를
통해 고안해 낸 대처방법을 실시하고 그 결과를 자기연구노트에 기록하여
다음 당사자연구에서 공유한다.

사례 2

B씨는 이웃집에서 들려오는 소음이 매우 시끄럽게 느껴지고 동네의 개 짖는 소리가 들리
면 공포감을 느꼈다. 결국 이웃집에서 들리는 생활소음에 견디지 못해 정서적으로 폭발
하여 이웃집 사람들과 싸우게 되었고, 개를 키우는 이웃집의 가옥을 파손시켜 변상하기
도 하였다. 이러한 문제로 인해 B씨는 자주 이사를 다니게 되었다.

	사례 2
사회행동모형	진행자는 '이웃집의 생활소음에 대해 적절하게 반응하고 조용히 해줄 것을 요청하는 기술'을 훈련하는 것으로 목표를 설정하였다. ① 역할시연을 통한 사회기술의 시범 진행자는 구성원들과 보조치료자의 도움을 받아, 이웃집에서 생활소음이 들려오는 상황을 연출하였다. 이 때 진행자는 이웃집에 정중하게 찾아가 조용히 해줄 것을 요청하며 대화하는 방법을 먼저 시범을 보였다. ② B씨의 역할시연 이번에는 역할을 바꾸어 B씨가 역할시연에 직접 참가하도록 하였다. B씨는 역할시연을 통해 이웃과 대화하는 상황을 연기하였다. 상대방을 연기하는 사람은 다양한 반응을 보여줌으로써 B씨가 다양한 상황을 연습할 수 있도록 돕는다. 이 때 B씨가 적절한 기술을 사용하는 데에 어려움을 가진다면, 진행자가 적극적으로 격려하거나 난이도를 조절하는 등 즉각적으로 개입한다. ③ 사회적 강화 및 피드백 B씨가 역할시연에서 적절한 대화기술을 잘 사용했다면, 진행자는 B씨의 활동에 대하여 긍정적인 피드백과 보상을 줌으로써 그 행동을 강화할 수 있다. 만약 B씨가 적절한 대화기술을 활용하지 못하였다면 더욱 잘할 수 있는 방법을 알려주는 등의 피드백을 제공한다. ④ 과제 부여 진행자는 B씨에게 이번 회기 동안 습득한 사회기술을 일상생활에서도 활용할 수 있도록 '이웃집 사람과 긍정적인 대화 나누기' 또는 '소음이 발생하였을 때 정중하게 부탁하기'와 같은 과제를 부여하였다. 해당 과제에 대한 실시 여부와 내용은 다음 회기에서 평가하도록 한다.
문제해결모형	① 문제 및 목표 설정 진행자와 B씨는 B씨가 겪고 있는 문제를 명확하게 설정하였다. B씨의 문제는 "이웃집의 소음에 대해 과하게 신경질적으로 반응하게 되는 것"이다. 이 문제를 해결하는 것을 이번 훈련의 목표로 설정하였다. ② 문제에 대한 구체적인 탐색 B씨의 문제에 대하여 보다 깊이 탐색하였다. B씨가 이웃집의 소음이나 동네의 개 짖는 소리 등에 신경질적으로 반응하게 되는 상황이 대체로 피곤하거나 고립되어 있을 때라는 것을 알게 되었다. ③ 문제를 해결할 수 있는 방안 B씨와 진행자는 B씨의 문제를 해결할 수 있는 다양한 방안들에 대해 함께 이야기 나누었다. 소음이 잘 들리지 않도록 편안한 음악을 틀어놓기, 신경이 예민해지지 않도록 피로 관리하기, 신경이 예민하거나 소음이 과

사례 2

	도하게 들리면 친구나 가족과 함께 있기 등의 방법을 고안해냈다. 이 중에서 B씨는 '친구나 가족과 함께 있기'가 가장 효과적이고 편안하다고 하여, 이 방법을 선택하였다.
	④ 선택한 방법을 실행 및 평가하기 B씨는 유독 피곤하거나 소음이 과도하게 들릴 때에는 근처에 있는 친구 집이나 가족의 집으로 가서 지내기로 하였다. 이 방법을 직접 실행해본 이후, 그 결과를 다음 회기에서 진행자와 공유 및 평가하기로 하였다. 만약 이 방법이 크게 효과적이지 않았다면 다른 방법을 시도해보고, 어느 정도 효과가 있었다면 계속 유지할 수 있도록 한다.
당사자연구모형	① 자기병명 붙이기 B씨의 문제를 들은 당사자연구 참여자들은 B씨의 문제를 가장 잘 표현할 수 있는 자기병명을 함께 정한다. 이 과정에서 B씨의 문제에 관해 연구 참여자들이 더욱 구체적으로 탐구한다. B씨의 문제점은 B씨가 피곤할 때, 초조할 때, 고립되어 있을 때에 생활소음에 많은 신경을 쓰게 되고, 이웃들과 사이가 안 좋아져 자주 이사를 다니게 된다는 것이었다. 이에 당사자연구 참여자들은 B씨의 자기병명을 '생활소음 공포형 이사타입'으로 정하였다. ② 고생의 패턴·과정·구조의 설명 당사자연구 참여자들과의 토론과 역할극을 통해 B씨의 고생이 다음과 같은 패턴으로 발생한다는 것을 알게 되었다. 진행자는 다음 패턴을 도식화하여 칠판에 기록하였다. ⓐ 피곤하고 외롭다고 느껴질 때, 이웃집에서의 생활소음과 이웃집 개가 짖는 소리가 더욱 시끄럽게 느껴진다. ⓑ B씨는 '옆집 사람이 나를 일부러 괴롭히는구나' 또는 '나도 복수해야겠다'는 생각을 하게 된다. ⓒ 이러한 부정적인 생각으로 인해 감정이 폭발하여 이웃이 이해할 수 없는 행동을 취하게 된다. ⓓ 이웃들과 사이가 나빠지고 더 이상 그 동네에서 살 수 없게 되어 이사를 다니게 된다. 이러한 악순환이 반복된다. ③ 자기를 돕는 방법 고안 B씨와 연구참여자들은 이러한 악순환의 고리를 끊기 위해 B씨가 실행할 수 있는 '자기를 돕는 방법'을 함께 토론하였다. 이를 통해 B씨가 피곤함이나 외로움이 없을 때는 이웃집의 생활소음에 예민하게 반응하지 않고 평상시처럼 지낼 수 있다는 것을 알게 되었다. 따라서 당사자연구 참여자들은 1) B씨가 자신의 컨디션과 기분을 잘 체크하는 방법, 2) 당사자연구에 참여한 동료들이 B씨는 혼자가 아니라는 것을 느낄 수 있게 응원메시지를 써서 B씨의 집에 붙여 놓는 방법을 고안해냈다.

사례 2
④ 실천 결과의 검증 B씨는 당사자연구에서 도출된 자기를 돕는 방법을 실제 생활에서 실험 및 검증하기로 하였다. 실제로 매일 자신의 컨디션을 체크하고 피곤하다고 느껴질 때에는 이웃집의 소음이 크게 들리더라도 개의치 않는 연습을 하고, 고독하게 느껴질 때에는 동료들이 써준 응원메시지를 읽으며 혼자가 아니라는 사실을 의식하기로 하였다. 그 결과를 연구노트에 기록하여 다음 당사자연구에서 공유한다.

사례 3
C씨는 신문이나 TV에서 큰 범죄 사건이 보도될 때마다 "너가 범인이지?" 또는 "너가 잘못한 거야"와 같은 환청이 들린다. 이에 자신이 범인이라는 피해망상적인 사고와 자책하는 마음에 사로잡히게 되고 바깥 사람들의 시선이 두려워 낯선 사람들이 많이 있는 대중교통이나 공공시설을 이용하는 데에 큰 어려움을 겪게 되었다.

사회행동모형	진행자는 '낯선 사람들이 많이 있는 대중교통 또는 공공시설을 이용하는 기술'을 훈련하는 것으로 목표를 설정하였다. ① 역할시연을 통한 사회기술의 시범 진행자는 대중교통 및 공공시설을 이용하는 기술 중에서, 이번 회기에서는 은행과 같은 공공시설에서 낯선 사람과 대화하는 기술을 습득하기로 하였다. 구성원들과 보조치료자의 도움을 받아, 은행직원과 대화하는 상황을 역할시연하였다. 이 때 진행자는 적절하게 대화하는 방법을 C씨에게 먼저 시범을 보였다. ② C씨의 역할시연 이번에는 역할을 바꾸어 C씨가 역할시연에 직접 참가하도록 하였다. C씨는 역할시연을 통해 은행직원 역을 맡은 상대방과 직접 대화하는 상황을 연기하였다. 이 때 C씨가 긴장하거나 심리적 압박을 느껴 역할시연에 어려움을 가진다면, 진행자가 적극적으로 격려하거나 난이도를 조절하는 등 즉각적으로 개입한다. ③ 사회적 강화 및 피드백 C씨가 역할시연에서 적절한 대화기술을 잘 사용했다면, 진행자는 C씨의 활동에 대하여 긍정적인 피드백과 보상을 줌으로써 그 행동을 강화할 수 있다. 만약 C씨가 적절한 대화기술을 활용하지 못하였다면 더욱 잘 할 수 있는 방법을 알려주는 등의 피드백을 제공한다. ④ 과제 부여 진행자는 C씨에게 이번 회기 동안 습득한 사회기술을 일상생활에서도 활용할 수 있도록 '낯선 사람과 1회 이상 대화하기' 또는 '은행직원을

사례 3	
	통해 1회 이상 출금 또는 입금하기'와 같은 과제를 부여하였다. 해당 과제에 대한 실시 여부와 내용은 다음 회기에서 평가하도록 한다.
문제해결모형	① 문제 및 목표 설정 진행자와 C씨는 C씨가 겪고 있는 문제를 명확하게 설정하였다. C씨의 문제는 "죄책감으로 인해 낯선 사람들의 시선이 두려워 외부 활동을 제대로 하지 못하는 것"이다. 이 문제를 해결하는 것을 이번 훈련의 목표로 설정하였다. ② 문제에 대한 구체적인 탐색 C씨의 문제에 대하여 보다 깊이 탐색하였다. C씨가 대중교통이나 공공시설을 이용하지 못하는 것은 범죄사건의 범인이 본인이라는 피해망상과 죄책감에서 비롯된다는 것을 알아냈다. ③ 문제를 해결할 수 있는 방안 C씨와 진행자는 C씨의 문제를 해결할 수 있는 다양한 방안들에 대해 함께 이야기 나누었다. 범죄사건을 자주 보도하는 채널이나 신문을 멀리 하기, 주변 사람들에게 본인이 범죄자라고 생각하는지 물어보기 등의 방법을 고안해냈다. 그 중에서 C씨의 어려움을 가장 효과적으로 해결할 수 있는 최선의 행동은 'TV 채널이나 신문을 멀리 하는 것'이라고 판단하였다. ④ 선택한 방법을 실행 및 평가하기 C씨는 다음 회기까지 범죄를 자주 보도하는 채널이나 신문을 멀리하는 행동을 실행해보기로 하였다. 잘 실행되었고 도움이 되었는지 그 결과를 다음 회기에서 공유 및 평가하기로 하였다. 만약 이 방법이 크게 효과적이지 않았다면 다른 방법을 시도해보고, 어느 정도 효과가 있었다면 계속 유지할 수 있도록 한다.
당사자연구모형	① 자기병명 붙이기 C씨의 문제를 들은 당사자연구 참여자들은 C씨의 문제를 가장 잘 표현할 수 있는 자기병명을 함께 정한다. 이 과정에서 A씨의 문제에 관해 연구 참여자들이 더욱 구체적으로 탐구한다. 그 결과, 많은 토론을 통해 C씨의 자기병명은 '죄책감형 스스로 누명 쓰는 타입'으로 정해졌다. ② 고생의 패턴·과정·구조의 설명 당사자연구 참여자들과의 토론과 역할극을 통해 C씨의 고생이 다음과 같은 패턴으로 발생한다는 것을 알게 되었다. 진행자는 다음 패턴을 도식화하여 칠판에 기록하였다. ⓐ TV 채널이나 신문을 통해 범죄사건에 대해 읽게 되고, 범죄자의 이름은 가려져 있지만 "이 범인 너지?"라는 '환청씨'의 말을 듣게 된다. ⓑ '환청씨'가 C를 격하게 몰아세우면서 경찰 수사를 받는듯한 압박감을 느끼게 되고 결국에는 "내가 이런 범죄를 저질렀구나"하고 믿어

사례 3
버리게 된다. ⓒ 이러한 믿음과 죄책감으로 인해 사람들의 수군거림과 시선이 두려워 집 안에 스스로를 가둔다. ③ 자기를 돕는 방법 고안 A씨와 연구참여자들은 C씨가 실행할 수 있는 '자기를 돕는 방법'을 함께 토론하였다. ⓐ 변호사에게 의뢰하기: 당사자연구 참여자 중 동료 한 명이 변호사가 되어 주겠다고 자청하였다. C씨는 범죄자로 몰아세우는 '환청씨'가 나타나면 "변호사를 통해주세요"라고 부탁하기로 하였다 ⓑ 고생을 공개하기: 범죄를 저질렀다는 생각을 비밀로 안고 있으면 죄책감이 더욱 커질 수 있으므로 다른 동료에게 이를 공개하기로 하였다. ⓒ 지명수배하기: '환청씨'가 "네가 했지?"라고 몰아세워도 C씨는 직접한 기억이 없기 때문에 진범이 따로 있을 수 있다는 가설을 세울 수 있다. 그래서 진범을 상상하며 '나쁜 남자'를 그렸고, 그를 지명 수배하기로 했다. ④ 실천 결과의 검증 C씨는 당사자연구에서 고안해 낸 자기를 돕는 방법을 실제 생활에서 실험 및 검증하기로 하였다. 범죄를 저질렀다는 생각이 들 때마다 다른 동료에게 이를 공개하고, '환청씨'에게 변호사의 존재를 알리거나, 진범을 지명수배하는 등 직접 실천하기로 하였다. 그 결과를 연구노트에 기록하여 다음 당사자연구에서 공유한다.

제4부

정신장애인의 인권문제

제11장 정신장애와 인권
제12장 정신장애와 위기지원

정신장애와 인권

제1절 인권의 개념

현대사회의 인권개념의 목적은 정부에 의한 권력남용으로부터 개인을 보호하는 것이다(Freeman, 2005). 역사적으로도 인권 개념의 출현은 군주의 권력남용으로부터 시민의 권리침해를 억제하려는 사상들을 통해 발전해왔다. 예를 들어 고대 그리스의 '폭정(tyranny)'개념은 군주에 대항하는 개인의 권리를 생각조차 하기 어려웠던 고대 사회에서조차 군주라고 하더라도 침해할 수 없는 시민의 권리영역이 있다는 사상을 내포한다. 즉 폭정은 군주가 가진 권한의 범위를 넘어진 억압이나 부정행위를 지칭함으로써 사람들에게는 누구도 침범할 수 있는 어떤 권리의 범주가 있음을 가리킨다고 본다. 실제 국제연합의 세계인권선언도 당시 법률에 의해 합법화되었던 나치정권의 잔혹한 학살이 가장 중요한 성립 배경이 되었다.

중세에는 기독교사상이 인권개념의 발전에 중요한 영향을 미쳤다. 기독교의 '신 앞의 평등' 사상은 모든 인간의 평등이라는 사상의 기틀이 잡히고 자연권사상이 발전할 수 있는 계기를 마련하였다(장영수, 2003). 즉, 개인과 신과의 관계를 중심으로 군주의 권력에 대항할 수 있는 개인의 권리를 보장하려는 사상이 싹텄다. 근대에 와서 그로티우스는 자연의 법칙은 인간이 서로의 권리를 존중하는 것이며, 인간이 가진 이러한 사회성은 모든 자연법칙의 기본이 된다고 하였다. 따라서 인간의 도덕적 책무를 다하기 위해 모든 사람은 생명, 육체, 자유, 재산을 방어하기 위한 권리를 누려야 하며 신의 존재에 대한 믿음이 필요하지 않다고 하였다(Freeman,

2005). 존 로크는 인간은 이성적인 피조물로서 종교적 신앙을 행동에 옮겨야하기 때문에 행동의 자유가 필요하다고 하였으며, 이와 같이 종교와 관련된 자연권은 개인과 신 사이에서 주어지는 것으로 정치권력이 방해해서는 안 된다고 주장하였다. 그리고 종교적 신념을 실천할 행동의 자유를 보장하기 위한 천부적 권리로서 생명, 건강, 자유, 재산 등을 강조하였다.

중세 이래 천부적인 인권개념은 군주권이나 정부로부터 개인의 권리가 침해되는 것을 억제하기 위하여 발전하여왔다. 제2차 세계대전 이후 국제연합의 세계인권선언은 나치의 폭압에 크게 충격을 받은 인류사회가 천부적인 인간의 권리가 무엇인지 구체화하고 지키기 위한 노력의 결실이다. 다만, 인권개념이 가진 추상적이고 이념적이기 때문에 실정법에서 이를 보장하기 위해서는 실정헌법에서 구체화할 필요가 있다. 인권이 각국의 상황에 맞게 제정된 실정헌법에 의하여 보장되고 있는 국민의 권리를 '기본권'이라고 한다.

역사적으로 자연권이론을 중심으로 구체화되어온 인권의 특성은 다음과 같은 네 가지로 정리할 수 있다.

- 보편성: 인권은 인종, 성별, 사회적 신분 등에 상관없이 모든 인간이 가진다.
- 천부성: 인권은 헌법이나 국가에 의해 창설된 권리가 아니라 천부적으로 타고난 권리이다.
- 항구성: 인권은 일정한 기간 동안 보장되는 것이 아니라 한번 인간이면 지속적으로 보장되는 권리이다.
- 불가침성: 인권은 국가권력이라고 하더라도 본질적인 부분은 침범할 수 없는 절대적 권리이다.

제2절 정신장애인 인권의 내용

1. 정신장애인의 보호와 정신의료 및 돌봄 향상을 위한 원칙

정신장애인의 보호와 정신의료 및 돌봄 향상을 위한 원칙(Principle for the Protection of Persons with Mental illness and for the improvement of Mental Health Care, 이하 MI원칙)은 1991년 12월 17일 UN총회에서 의결되었다. MI원칙은 1978년 UN 인권위원회가 정신장애로 억압받는 사람들을 보호하기 위해 연구를 시작한 후 14년간 이루어졌던 작업의 결실이다. MI원칙은 25개의 원칙으로 구성되어 있으며, 각 국가에서 정신보건에 관한 법률 제·개정, 정신보건사업 평가지침으로 활용되고 있다. 여기에서 정신장애인의 인권과 관련된 주요 내용을 소개한다.

근본적 자유와 기본권

1. 모든 사람은 보건의료 및 사회적 보호제도 안에서 가장 적절한 정신보건의료를 제공받을 권리가 있다.
2. 모든 정신장애인 또는 정신장애로 치료를 받고 있는 사람은 인간으로서 고유한 존엄성을 토대로 한 인류애와 존경을 바탕으로 치료를 받아야 한다.

원칙1.의 1은 사회보장제도와 정신보건서비스, 일반보건서비스가 연계 혹은 통합되어 제공하여야 함을 의미한다. 즉, 지불능력이 부족한 사람들도 의료 및 정신보건서비스를 받을 수 있어야 함을 뜻한다.

원칙1.의 2는 치료과정에서 인권 보장을 위한 절차를 갖출 것을 요구하는 것이며, 이러한 인권적 절차들은 전문가단체의 도덕적 지침이나 법률로서 보장하여야 한다는 의미이다.

원칙3. 지역사회에서의 삶

모든 정신장애인은 가능한 한 지역사회 내에서 생활하고 일할 권리가 있다.

이 원칙은 정신의료기관에서의 입원치료를 최소화하고 지역사회에서 생활할 수 있도록 충분한 지역사회지원시설, 직업재활, 사회복지 및 의료서비스 그리고 주거서비스를 제공해야한다는 뜻이다.

원칙7. 지역사회와 문화의 역할

1. 모든 정신장애인은 가능한 한 자신이 거주하는 지역사회에서 치료받고 돌봄을 받을 권리가 있다.
2. 정신보건시설에서 치료가 이루어질 때 환자는 가능한 언제나 자신의 거주지 또는 친척이나 친구의 거주지 근처에서 치료받을 권리가 있으며, 가능한 한 치료가 끝나는 즉시 지역사회로 복귀할 권리가 있다.

원칙7.의 1은 정신장애인을 격리시키지 않고 지역사회에서 외래 의료서비스와 사회복지서비스를 받을 권리가 있다는 의미이다.

원칙7.의 2는 입원치료를 받는 경우에도 거주지의 가족이나 친구들과 연결을 유지할 수 있어야 하며 입원을 최소화되어야 함을 뜻한다.

원칙9. 치료

1. 모든 정신장애인은 환자의 건강 관련 필요 및 다른 이들의 신체적 안전을 보호하기 위한 필요의 치료를 받는 경우, 가능한 한 제한적이지 않은 치료를 받을 권리가 있다.
2. 모든 환자들에 대한 치료 및 의료는 환자에 따라 개별적으로 처방된 계획에 기초해야 하며, 환자와 함께 논의하고 정기적으로 심사하며 필요할 때마다 수정을 거쳐 자격을 갖춘 전문가에 의해 제공되어야 한다.

원칙9.의 1은 가능하면 입원치료를 배제해야함을 의미한다.

원칙9.의 2는 치료과정에서 환자와 함께 치료계획을 수립하고 수정해나가야 한다는 것이다.

원칙 10. 약물치료

1. 약물치료는 환자의 건강 관련 필요에 최대한 부합해야하고, 진단상 또는 치료상의 목적을 위해서만 이루어져야 하며, 처벌이나 다른 이들의 편의를 위해 시행되어서는 안 된다. 다음의 원칙11의 15에 따라 정신보건전문가는 그 효능이 이미 밝혀져 있거나 증명된 약물 치료만을 시행해야 한다.

원칙10의 1은 정신약물은 치료를 위해서만 사용되어야 하며 환자의 행동을 통제하기 위한 목적으로 사용되어서는 안 된다는 것이다. 그리고 효능이 증명되지 않은 약물을 사용해서는 안 된다는 의미이다.

원칙11. 치료에 대한 동의

1. 정신장애인의 고지된 동의 없이는 환자를 치료할 수 없다. 단, 이 원칙의 6, 7, 8, 13, 15항에 제시된 사항은 예외로 한다.

원칙11.의 1은 자타해의 급박한 위험이 있거나 의사결정 대리인이 지정된 경우를 제외하고는 사전에 치료에 대하여 설명하고 동의를 얻은 후 치료해야함을 뜻한다.

2. UN장애인권리협약

UN장애인권리협약은 장애인의 권리보장을 위한 UN의 권리협약으로서 우리나라에서는 2008년 12월 국회의 비준을 받아 2009년 1월부터 발효되었다. 이 협약은 전문 25개 조항, 본문 50개 조항 그리고 선택의정서 18개 조항으로 구성되어 있으며, 정신장애인의 생명권, 사법 접근권, 신체의 자유, 자립적 생활 및 지역사회참여권, 의사 및 표현의 자유, 사생활보호, 교육, 건강, 취업 등 전반적인 삶의 영역에 관한 권익보장을 규정하고 있다. 이러한 협약이 보장하려는 권리 중에서 정신장애인의 지역사회생활을 중심으로 협약상의 권리를 정리해보면 다음의 <표 11-1>과 같다.

〈표 11-1〉 커뮤니티 케어와 관련된 CRPD의 정신장애인 권리

관련조항	정신장애인의 권리
제9조 접근성	대중에게 개방된 시설에 대한 접근권 정보, 의사소통 및 전자서비스와 응급서비스를 포함한 기타 서비스 접근권
제11조 위험상황과 인도적 차원의 긴급사태	위험상황 발생시 보호받을 권리
제12조 법 앞의 평등	법적 능력을 행사하기 위하여 필요한 지원을 받을 권리
제19조 자립적 생활 및 지역사회에의 동참	개별적 돌봄서비스 접근권 거주지 및 동거인 선택권 가사지원서비스에 대한 접근권 주거지원서비스에 대한 접근권
제24조 교육	통합교육에 관한 권리 평생교육에 관한 권리
제26조 훈련 및 재활	종합적인 훈련, 재활서비스 참여의 권리
제27조 근로 및 고용	기술과 직업지도 프로그램, 직업소개 서비스, 직업훈련 및 지속적인 훈련에 대한 권리 작업장에서 장애인에게 합리적인 편의를 제공받을 권리 고용 제반에 관한 차별금지
제30조 문화생활, 레크리에이션, 여가생활 및 체육활동에 대한 참여	TV 프로그램, 영화, 연극 및 다른 문화 활동에 관한 권리 창조적, 예술적, 지적 잠재력을 계발하고 활용할 수 있는 기회에 관한 권리

출처: 이용표 등(2020). 서울형 정신장애인 커뮤니티케어모형 개발연구. 서울특별시의회

　제9조 「접근성」 조항에서는 장애인이 자립적으로 생활하고 삶의 모든 영역에 완전히 참여할 수 있도록 하기 위하여 정보, 의사소통 및 전자서비스와 응급서비스에 접근할 수 있는 권리를 보장하도록 하고 있다. 그리고 제11조 위험상황과 인도적 차원의 긴급사태에서는 인도적 차원의 긴급사태 및 자연재해의 발생을 포함하는 위험상황의 발생 시 장애인을 보호하고 안전을 보장하기 위하여 모든 필요한 조치를 취하도록 하고 있다. 두 개의 조항을 통합적으로 이해하면, 정신질환자는 위기상황에서 응급서비스를 받을 권리가 있고 국가는 안전 보장을 위해 필요한 조치를 취할 의무가 있다는 것이다. 선발국가들은 이에 따라 불필요한 입원치료를 억제하기 위하여 지역사회 위기돌봄체계를 구축하고 있다.

　　제12조「법 앞의 평등」조항은 당사국은 장애인이 모든 생활 영역에서 다른 사람과 동등하게 법적 능력을 향유함을 인정하고, 장애인이 법적 능력을 행사하기 위하여 필요한 지원에 접근할 수 있도록 적절한 조치를 취하도록 하고 있다. 정신질환자라 하더라도 지역사회 생활이나 입원상황에서 가지는 법적 능력을 행사할 수 있으며, 국가는 이를 지원할 의무가 있다는 것이다. 이러한 조항을 국내법에서 실현하기 위해서는 의사결정지원제도의 법제화가 요청된다.

　　제19조「자립적 생활 및 지역사회에의 동참」조항은 장애인은 자신의 거주지 및 동거인을 선택할 기회를 가지며, 특정한 주거 형태를 취할 것을 강요받지 아니한다고 규정한다. 그리고 지역사회에서의 생활과 통합을 지원하고 지역사회로부터 소외되거나 분리되는 것을 방지하기 위하여 필요한 개별 지원을 포함하여, 장애인은 가정 내 지원서비스, 주거 지원서비스 및 그 밖의 지역사회 지원 서비스에 접근할 수 있는 권리를 보장하도록 하고 있다. 이 조항은 자립생활과 지역사회 참여를 위해 정신질환자에게 주거권은 물론 개별적 돌봄서비스, 가사지원서비스 그리고 주거지원서비스를 받을 권리를 보장할 국가의 책무를 규정하고 있다.

　　제24조「교육」조항에서는 당사국은 장애인의 교육을 받을 권리를 인정하며, 이러한 권리를 균등한 기회에 기초하여 모든 수준에서의 통합적인 교육제도와 평생교육을 보장하도록 하고 있다. 그리고 교육을 받을 권리는 인간의 잠재력, 존엄성 및 자기 존중감의 완전한 개발과, 인권, 기본적인 자유 및 인간의 다양성에 대한 존중의 강화. 인성, 재능 및 창의성의 계발 극대화, 장애인의 자유로운 사회에 대한 효과적인 참여를 증진하기 목적이라는 것을 천명하고 있다.

　　제26조「훈련 및 재활」조항은 당사국은 장애인이 최대한의 독립성, 완전한 신체적·정신적·사회적 및 직업적 능력 그리고 삶의 전 분야에서 완전한 통합과 참여를 달성하고 유지할 수 있도록 동료집단의 지원을 포함하여 효과적이고 적절한 조치를 취하도록 하고 있다. 이를 위하여, 당사국은 특히 보건, 고용, 교육 및 사회 서비스 분야에서 조기에 접근가능한 종합적인 훈련, 재활서비스 및 프로그램을 구성·강화 및 확대하도록 하고

있다.

제30조「문화생활, 레크리에이션, 여가생활 및 체육활동에 대한 참여」에서는 당사국은 다른 사람과 동등하게 문화생활에 참여할 수 있는 장애인의 권리를 인정하며, 접근 가능한 형태로 된 텔레비전 프로그램, 영화, 연극 및 다른 문화 활동에 대한 접근을 향유할 수 있도록 한다. 그리고 장애인의 창조적, 예술적, 지적 잠재력을 계발하고 활용할 수 있는 기회를 보장하기 위하여 적절한 조치를 취하도록 하고 있다.

UN장애인권리협약은 현재 입원상태에 있는 정신질환자에게 지역사회에 대한 정보에 접근할 권리, 특히 비자의입원 상태에 있는 사람들에게는 법적 능력을 행사하기 위해 필요한 지원을 받을 권리를 국가는 보장해야 하며, 거주지 및 동거인 선택권은 퇴원할 권리를 보장하기 위한 국가의 책무로서 규정하고 있다. 그리고 지역사회에 거주하는 정신질환자에게는 위험상황에서 보호받을 권리, 개별 돌봄을 받을 권리, 가사지원 및 주거지원을 받을 권리, 교육과 훈련 및 재활서비스를 받을 권리, 근로의 권리, 여가생활에 관한 권리를 국가는 보장해줄 책무가 있음을 규정하고 있다.

제3절 정신장애인 인권의 쟁점

우리 사회에서 정신장애영역이 가장 인권의 사각지대로 남아있다는 데에 이의를 제기할 사람은 거의 없을 것이다. 정신장애가 있는 사람들은 의료행위에 있어 강제로 입원을 당할 수 있으며 본인의 동의 없이도 특수치료를 받을 수 있다. 그리고 사회보장과 관련된 수급권 행사도 본인의 동의 없이 타인들의 수취가 가능하다. 더 나아가 직업적 선택과 관련된 자격취득도 제한된다. 여기에서는 정신장애인 인권문제와 관련된 쟁점들을 살펴보고, 이러한 쟁점들을 가로지르고 있는 근본적인 문제가 무엇인지에 대하여 조망해보고자 한다.

1. 의료행위에서의 자기결정권

1) 고지된 동의

의료행위라 함은 의학적 전문지식을 기초로 하는 경험과 기능으로 진료, 검안, 처방, 투약 또는 외과적 시술을 시행하여 질병의 예방 또는 치료하는 행위를 의미한다. 정신장애인에게 있어서 항정신병약물의 투약은 많은 부작용과 중독의 위험성을 가진 침습적 의료행위이다. 그러므로 의료행위를 받는 사람에게 충분한 설명과 정보가 제공되어야만 자기결정이 제대로 기능할 수 있다. 이렇게 의사가 환자에게 의료행위에 대하여 충분한 설명을 하고 자발적인 승낙을 얻는 것을 '고지된 동의(Informed Content)'라고 한다. 즉 의사는 의료행위에 대한 적절한 설명을 제공하고 의료행위에 대하여 충분한 이해를 한 환자로부터 자발적인 승낙을 얻지 못한다면 의사는 의료행위를 할 수 없다는 것이다. 또한 의사는 환자에게 실시되는 개별적 의료행위에 대하여 각기의 고지된 동의를 얻어야 하며, 포괄적 승낙을 얻는 동의서는 효력이 없다. 의료행위에 대한 동의의 형식은 청약과 승낙을 필요로 한다. 즉 투약이나 시술은 침습이나 위험을 가져오게 된다는 점에서 의사의 설명이 청약이 되고 환자의 동의가 승낙이 된다. 그러나 정신장애인이 약물의 처방에 대한 설명을 듣고 묵시적으로 동의하였다고 하더라도 이후 강제적 투약에 동의하였다고 볼 수는 없다. 처방에 대한 동의가 투약에 대한 동의를 포괄한다고 볼 수 없기 때문이다. 일반적인 경우 약물을 처방받았다고 하더라도 투약은 다시 자기결정의 문제가 된다.

의료행위에 있어서 동의가 유효하게 성립하기 위해서는 환자에게 동의능력이 있어야 한다. 다만, 공익목적을 달성하기 위한 경우나 환자에게 동의능력이 없는 경우에는 의사가 동의없이 의료행위를 할 수 있다. 공익목적을 달성하기 위한 경우는 전염병예방법 제8조(건강진단), 제9조(건강진단 등의 명령), 제29조(격리환자) 등에서 동의 없이 의료행위를 할 수 있는 경우를 규정하고 있다. 그리고 환자가 동의능력이 없는 경우에 관해서는 응급의료에 관한 법률 제9조 제1항은 "응급환자가 의사결정능력이 없는 경우 및 설명 및 동의절차로 인하여 응급의료가 지체되어 환자의 생명에 위험 또는 심신상의 중대한 장애를 초래하는 경우" 동의 없이 의료행위를 할 수 있도록 하고 있다. 사실상 쟁점이 되는 것은 정신적 역량(mental capacity)이 부족하거나 결여된 정신장애인이나 지적장애인의 동의능력 문제이다.

2) 비자의입원

정신건강복지법에서 보호입원(제43조), 행정입원(제44조), 응급입원(제50조)의 입원요건은 자·타해위험과 정신질환의 존재라는 두 가지 요건이 충족되는 경우 본인의 동의없이 입원을 시킬 수 있도록 규정하고 있다.

〈표 11-2〉 정신건강복지법상 입원제도의 요건 및 절차비교

	자의입원	보호입원	동의입원	행정입원	응급입원
자의 여부	자의	비자의	자의	비자의	비자의
입원 요건	정신질환	입원치료가 필요한 정신질환 및(and) 자·타해 위험	정신질환	정신질환 의심 및 (and) 자·타해 위험	정신질환 추정 및(and) 자·타해 위험
입원 절차	당사자 신청	보호의무자 2인의 신청+정신과전문의 1인 입원 소견 ⇒ 2주 간 입원 가능 + 소속이 다른 정신과 전문의 1인 입원 소견 ⇒ 2주 이상 입원 가능 * 1인은 국립병원 또는 지정병원 소속	보호의무자의 동의	정신과전문의 또는 정신건강전문요원의 시·군·구청장에게 진단, 보호 신청 ⇒진단 의뢰 ⇒ 2주 범위내 진단 입원 ⇒계속입원 가능	발견한 사람이 의사와 경찰관 동의 얻어 의뢰 ⇒ 3일 이내 응급입원 ⇒ 필요한 경우 다른 입원유형 으로 전환 가능
입원 적합성 심사	없음	최초입원 1개월내 입원적합 여부 판단	없음	최초입원 1개월내 입원적합 여부 판단	입원유형 전환의 경우 그 절차에 따름

출처: 이용표.(2019). 정신장애인의 정신의료기관 입·퇴원관련 의사결정지원제도 비교연구-시범 절차보조 서비스를 중심으로. 비판사회정책

구체적으로 살펴보면, 정신건강복지법 제43조(보호의무자에 의한 입원 등)는 본인의 동의없이 입원을 시킬 수 있는 요건으로 ⑴ 정신질환자가 정신의료기관등에서 입원치료 또는 요양을 받을 만한 정도 또는 성질의 정신질환을 앓고 있는 경우, ⑵ 정신질환자 자신의 건강 또는 안전이나 다른 사람에게 해를 끼칠 위험(보건복지부령으로 정하는 기준에 해당하는 위험)이 있어 입원등을 할 필요가 있는 경우를 규정하고 있다. 제44조(특별자치시장·특별자치도지사·시장·군수·구청장에 의한 입원)은 ⑴ 정신질환으로 자신의 건강 또는 안전이나 다른 사람에게 해를 끼칠 위험이 있다고 의심되는 경우와 ⑵ 자타해위험을 규정하고 있으며, 제50조(응급입원)는 ⑴정신질환자로 추정되는 사람으로서 ⑵자신의 건강 또는 안전이나 다른 사람에게 해를 끼칠 위험이 큰 경우를 규정하고 있다.

현재의 쟁점은 이전 정신보건법이 비자의입원의 요건으로 '입원치료를 요하는 정신질환의 존재 OR 자타해위험'으로 규정하고 있는 것을 정신건강복지법은 '입원치료를 요하는 정신질환의 존재 AND 자타해위험'으로 개정한 것이 정신장애인의 보호를 위해 합리적인 것인가의 문제이다. 즉, 의료계는 강제입원의 요건 강화는 적절한 치료시기를 놓치게 할 수 있다고 주장하고 있다.

3) 특수치료

정신건강복지법은 전기충격요법·인슐린혼수요법·마취하최면요법·정신외과요법 등의 특수치료의 경우, 본인의 의사능력이 미흡한 경우 생명의 위협이 없이도 보호의무자의 동의로 치료를 결정할 수 있도록 하고 있다.

제73조(특수치료의 제한) ① 정신의료기관에 입원을 한 사람에 대한 전기충격요법·인슐린혼수요법·마취하최면요법·정신외과요법, 그 밖에 대통령령으로 정하는 치료(이하 "특수치료"라 한다)는 그 정신의료기관이 구성하는 협의체에서 결정하되, 본인 또는 보호의무자에게 특수치료에 관하여 필요한 정보를 제공하고, 본인의 동의를 받아야 한다. 다만, 본인의 의사능력이 미흡한 경우에는 보호의무자의 동의를 받아야 한다.

MI원칙은 11.의 1은 정신장애인의 고지된 동의 없이는 환자를 치료할 수 없다고 하고 있으며, 예외적인 경우로 자타해의 급박한 위험이 있거나 의사결정 대리인이 지정된 때를 제시하고 있다. 제73조의 보호의무자 동의가 의사결정 대리인이 지정된 경우라고 볼 수 있는가하는 문제가 제기될 수 있다. 의사결정 대리인은 당사자가 지정할 수 있어야 당사자의 의사를 적절하게 대변할 수 있다. 우리나라의 경험으로 본다면 대부분의 비자의입원은 보호의무자의 동의로 이루어져왔고 현재도 이루어지고 있다. 그렇기 때문에 정신건강복지법에서 보호의무자의 동의로 당사자의 의사와 상관없이 특수치료를 할 수 있도록 정한 것은 권익침해의 소지가 있다. 그리고 보호의무자의 동의를 받아야하는 경우를 본인의 의사능력이 미흡한 경우라고 규정하고 있는데 의사능력의 미흡을 판단하는 기준과 방법이 분명하게 제시되어야 남용의 위험을 방지할 수 있다.

4) 정신장애인 인권과 정신건강체계의 문제

정신건강영역에서 의료서비스 제공자들은 정신장애인의 치료거부 혹은 참여를 치료에 관한 자기결정의 문제로 보기보다 저항(resistance)과 순응(compliance)이라는 틀 속에서 바라본다. 즉, 의료서비스제공자들에게 정신장애가 있는 사람들은 자신의 문제에 대한 합리적 인식을 가지고 치료의 필요성 혹은 유용성을 판단할 수 있는 존재로 인식하지 못하고 있다는 것이다. Kessler and Merikangas(2004)의 연구에 따르면 정신건강영역에서 약물치료가 필요하다고 보는 사람들 중 30~40%는 약물을 거부한다. 이와 같은 약물치료에 관한 자기결정은 단지 치료저항으로 간주되는 것이다.

우리 사회의 일반적 관념을 지배하는 정신장애인에 대한 편견과 낙인의 출처는 정신건강영역의 전문가집단일 수 있다. Cook & Jonikas(2002)는 정신건강영역에서 나타나는 정신장애인의 인권문제에 관한 빈약한 감수성은 다음과 같은 세 가지 방향에서 설명한다. 첫째, 정신장애인은 다른 장애인들과 달리 권리를 지속적으로 박탈당하고 있으며, 특히 범죄에 의하지 않고도 자신의 의사와 상관없이 정신병원에 감금되거나 격리되는 상황에 있다. 이러한 상황은 그들이 매우 위험한 존재여서 사회적 통제가 필요한 집단이라는 낙인을 생산하고 자기결정의 능력이 부족하다는 편견을 만든다. 둘째, 정신건강영역에서는 치료라는 명목으로 가해지는 다양한 강제를 통하여 자기결정을 제거하고 있다. 정신장애인들에게 제공되는 정신건강서비스에서는 강제적 입원치료, 외래치료명령제 등과 같이 치료를 강제하는 수단이 동원된다. 그리고 치료과정에서 이루어지는 격리, 강박, 화학적 억제 등은 치료에 대한 저항과 회피를 형성함으로써 회복을 더욱 어렵게 만든다. 셋째, 정신보건서비스 전문가교육은 정신장애인의 자기결정의 중요성을 일깨우는 데에 실패하고 있다. 교육체계는 약물과 입원치료를 강조하면서 자조활동, 동료지지 등과 같은 자조적 노력을 간과한다. 그 결과 전문교육과정은 정신건강서비스 제공자들에게 정신장애인들의 자기결정을 고양시킬 수 있는 지침이나 실천원칙을 제공하지 못하고 있다는 것이다.

전문가집단과 정신장애인의 자기결정 문제에서 중요한 것을 전문가들이 정신장애인을 위해서 하는 행위라고 스스로 인식하는 것들이 실제로는 당사자들의 자기결정권을 상실시키고 수동적 존재로 만들어 회복을 더욱 어렵게 할 수 있다는 것이다.

2. 사회보장 수급권과 자기결정권

개인은 특정 시설의 서비스를 이용할지 말지 결정할 권리가 있다. 계약에 따라 차이가 있다고 하더라도 서비스에 만족하지 못 한다면 중도에 시설 이용을 중단할 권리도 있다. 그러나 정신의료기관 입원제도에서 알 수 있는 것처럼, 정신장애인이 정신요양시설에 입소하는 경우에도 가족들이 결정하는 것이 보편적인 관행이었다. 우리나라 사회복지시설은 오랫동안 기초생활수급자만 입소할 수 있었기 때문에 가족들은 정신장애인을 무연고자로 만들어 수급권을 취득하게 하는 방식을 이용하였다. 이런 이유 때문에 정신요양시설에는 실제 가족들이 있는 무연고자가 입소하여 생활하고 있다.

그리고 한 개인이 연금이나 수당을 받는다면 당연히 본인 명의의 계좌를 통해 수취하여 자신의 결정에 따라 사용한다. 사실 금전거래에서 다른 사람의 명의로 지급한다면 오히려 받는 사람보다 송금한 사람이 불안할 것이다. 만약 수취인이 자신은 금전을 받지 못했다고 주장하는 경우 금전을 송금한 사람은 자신의 지급사실을 입증하는 데에 난감한 상황에 놓이기 때문이다. 그러나 정신장애인들에게 지급되는 장애연금과 같은 현금급여는 가족들이 수취하는 것을 법률이 인정하고 있다. 이런 이유 때문에 정신장애인에게 지급한 연금이나 현금급여가 가족 재산과 구분이 되지 않은 채 관리되거나 당사자의 동의도 없이 지출된다. 국민기초생활보장법은 금전 또는 현물을 수급자의 배우자, 직계혈족 또는 3촌 이내의 방계혈족 명의 계좌에 입금(시행령 제6조 1항; 시행규칙 제6조 6항)하는 것을 인정하고 있다. 또한 장애인연금법은 수급권자가 의사결정에 장애가 있는 경우 배우자, 직계혈족, 3촌 이내의 방계혈족의 계좌로 입금이 가능(시행령 제11조, 시행규칙 제9조)하도록 하고 있으며, 장애수당도 마찬가지이다(장애인복지법 시행령 제32조). 의사결정능력이 부족한 사회취약계층들의 사회서비스 신청과 이용에서의 자기결정권은 사회적 관행뿐만 아니라 법률에 의해서도 보장받지 못하고 있다.

3. 정신장애인의 결격조항

결격조항이란, 장애 등의 사실을 공무 담임, 각종 자격 또는 인허가, 각종 기관·법인·단체의 임직원 등의 자격에 대한 결격사유로 삼고 있는 각종 법령조항을 의미한다(박인환 등, 2016). 결격조항의 입법목적은 자격·면허제도에서 그것을 토대로 행해지는 업무가 적정하게 이루어질 수 있도록 질환이나 장애사실을 부적격 사유로 인정하여 그 자격·면허의 부여를 금지 또는 제한한다는 것이다.

정신건강복지법 부칙 제7조에는 정신장애인의 자격이나 면허 등을 금지 또는 제한하는 25개 법률이 다음과 같이 제시되어 있다.

1. 「공중위생관리법」 제6조제2항제2호 및 제6조의2제7항제1호
2. 「국민영양관리법」 제16조제1호
3. 「노인복지법」 제39조의13제1호
4. 「노인장기요양보험법」 제32조의2제2호
5. 「말산업 육성법」 제13조제1항제2호
6. 「모자보건법」 제15조의2제2호
7. 「사행행위 등 규제 및 처벌 특례법」 제6조제2호다목
8. 「수산생물질병 관리법」 제37조의3제1호
9. 「수상레저안전법」 제5조제1항제2호
10. 「수상에서의 수색·구조 등에 관한 법률」 제30조의3제2호
11. 「수의사법」 제5조제1호
12. 「식품위생법」 제54조제1호
13. 「실험동물에 관한 법률」 제25조제1호
14. 「야생생물 보호 및 관리에 관한 법률」 제46조제3호
15. 「약사법」 제5조제1호
16. 「영유아보육법」 제16조제2호
17. 「응급의료에 관한 법률」 제37조제1호
18. 「의료기기법」 제6조제1항제1호
19. 「의료기사 등에 관한 법률」 제5조제1호
20. 「의료법」 제8조제1호
21. 「장사 등에 관한 법률」 제29조의4제2호
22. 「장애인복지법」 제74조제1항제1호
23. 「장애인활동 지원에 관한 법률」 제29조제1호
24. 「축산법」 제12조제2항제2호
25. 「화장품법」 제3조제2항제1호

이러한 정신장애인에 대한 결격조항을 가진 법률의 문제점은 다음과 같은 다섯 가지 측면에서 살펴볼 수 있다(박인환 등, 2016).

첫째, 헌법상의 기본권을 정신장애인에게 제한하고 있다. 헌법 제15조의 직업선택의 자유를 직접적으로 제한하고 있다. 그리고 결격조항은 질환이나 장애를 이유로 한 차별이기 때문에 평등권을 침해한다.

둘째, 입법목적의 정당성이 분명하지 않다. 즉 정신장애인의 자격이나

면허 등을 제한하여 달성하려는 공익이 무엇인지 불분명하다. 예를 들어, 말산업육성법의 말조련사, 의료기기법의 의료기기제조업, 장애인복지법의 의지·보조기기사, 축산법의 가축수정사 등을 정신장애인에게 제한함으로 써 얻는 공익이 무엇인지 불분명하다.

셋째, 자격이나 면허 등을 제한하는 수단의 적합성에 의문이 있다. 정신 장애가 있는 사람에게 자격이나 면허 등을 제한하기 위해서는 정신장애가 있다는 사실을 사전에 알 수 있어야 한다. 실제 이 사실은 치료경력을 조회해야만 확인할 수 있다. 이렇게 되면 치료를 위해 정신과 치료를 받는 사람만 자격이나 면허 등에서 제한을 받는다. 이 사실을 확인하는 과정 자체도 사생활 침해가 될 수 있으며 정신건강문제가 있는 사람이 치료를 받지 않으려 할 수 있다.

넷째, 정신장애인 결격조항이 보호하려는 공익에 비해 기본권 침해를 최소화할 수 있는가의 문제이다. 정신장애는 다양하게 나타난다. 그런데 제한이 필요한 정신장애에 관한 구체적인 기준이 없이 결격조항을 적용한다면 많은 정신장애인들에게 과도한 기본권 침해를 가져올 수 있다.

다섯째, 정신장애인 결격조항은 법익의 균형성 문제를 가져다 줄 수 있다. 실제 정신장애인의 위험성이 통계적으로 아무런 근거가 없다. 따라서 정신장애인에 대한 자격이나 면허 등의 제한은 당사자들의 직업선택의 자유를 제한하여 경제활동을 금지하는 결과를 초래하여 가정을 파탄에 빠뜨릴 가능성이 있다.

4. 정신장애인의 정신적 역량과 능력

정신장애인의 의료행위, 사회보장 수급권 그리고 결격조항 등의 문제의 근저에는 정신적 역량(mental capacity)과 능력(competence)의 문제가 내재한다. 즉, 자기결정은 개인이 정신적 역량과 능력을 가지고 있다는 것을 전제로 한다. 역량은 행위과정을 이해하거나 결정할 수 있는 정신적 기능을 의미하고, 능력은 정신적 역량을 가지지 못한 법적 결과를 뜻 한다

(신권철, 2013). 만약 정신장애를 가진 사람이 정신적 역량(capacity)이 결여되어 법적 판단을 받아 성년후견이 선고되었다면 능력(competence)을 상실하게 되는 것이다. 그러나 정신적 역량이 부족하다고 법적 역량(legal capacity)이 제한되는 것은 아니다(UN장애인권리협약 제12조). 모든 인간은 법 앞에 평등하며 비록 정신장애가 있다할 지라도 법적 역량을 가지고 있다. 다만, 법적 역량은 법적 권리의 보유자라는 지위와 법에 따른 행위를 할 수 있는 법적 행위의 주체를 포함하는 개념인데, 정신적 역량이 부족한 경우라도 법적 지위는 보편적으로 적용되지만 법적 행위의 주체가 될 수 있는가하는 문제에는 논란이 있다.

정신장애인의 법적 역량과 관련하여 UN장애인권리협약 제12조는 장애인들이 삶의 모든 영역에서 다른 사람들과 동등한 조건으로 법적능력을 누려야 함을 인정한다(제2항)고 규정하고 있다. 즉 정신장애인도 정신적 역량에 관계없이 일반 사람들과 차별없이 법적 지위와 행위주체로서 완전한 법적 능력을 가지고 있다고 본다. 우리나라 정신건강복지법이 정신질환자는 원칙적으로 자신의 신체와 재산에 관한 사항에 대하여 스스로 판단하고 결정할 권리를 가지고 있으며, 의료행위에 대한 동의나 거부 등을 스스로 결정할 수 있도록 자기결정권을 존중받는다(제2조 제7항)고 규정하고 있는 것도 같은 의미를 갖는다. 즉 정신건강복지법의 신체에 관한 자기결정권은 항정신병약물에 관해서도 적용된다. 또한 UN장애인권리협약은 당사국 장애인들이 그들의 법적능력을 행사하는데 필요한 지원에 대한 접근성을 제공받을 수 있도록 적절한 입법 및 기타 조치를 취하도록 요구하고 있다(제12조 제3항). 이는 정신장애가 있는 사람이 의료행위나 재산관리에 관한 자기결정을 할 수 있는 정신적 역량이 부족한 경우에도 적절한 지원을 받아 법적 역량을 발휘할 수 있도록 국가는 지원하여야 한다는 의미이다.

정신적 역량이 부족한 사람을 지원하는 접근으로 성년후견제도가 발전되어 왔으며, 우리나라의 경우에도 민법개정을 통하여 2013년부터 시행하고 있다. 그러나 성년후견제도는 의사결정을 대체함으로써 법적 능력을 제거하여 오히려 인권 침해적 요소를 가지고 있다는 비판을 받고 있다. 이러한 비판에 따라 새롭게 주목을 받고 있는 제도가 지원의사결정이다. 대체의사결정은 정신역량이 부족하거나 결핍된 사람을 대체해서 의사결정을 함으로써 법적 역량이 제거되는 반면, 지원의사결정은 정신역량이 부족한 만큼 지원함으로써 법적 역량을 보존하는 방식이다. 대체의사결정이 제3자에 의하여 대행자가 결정되고 최선의 이익이라는 관점에서 의사결정이 이루어지는 반면, 지원의사결정은 모든 형태의 지원이 당사자의 의지와 선호에 따라 이루어지며 최선의 이익에 기반하지 않는다. 정신장애인과 관련된 지원의사결정의 예는 영국의 IMHA(Independent Mental Health Advocacy) 서비스나 우리나라 절차보조서비스를 들 수 있다.

제4절 권익옹호와 의사결정지원

1. 권익옹호의 개념

권익옹호는 '자신 또는 누군가를 위해 큰소리로 말하는 것'이라고 상징적으로 정의될 수 있다(김용득 등, 2013). 권익옹호는 사회적 관계에서 이해관계를 달리하는 한쪽 편에 서서 자기 자신이나 다른 사람의 권익을 위해서 행해지는 활동이다. 본인이 스스로 옹호를 할 수 있는 것이 가장 바람직한 일이다. 그러나 정신장애인처럼 자기 스스로 의견을 표시하고 선택권을 행사하기 어려운 사람들은 사회복지사, 변호사 등 전문가에 의한 타인의 옹호를 받을 수 있다. 그리고 전문가들은 직접적으로 옹호활동을 한 뿐만 아니라 당사자들이 스스로 옹호할 수 있는 역량과 환경을 형성할 수 있도록 조력할 수도 있다. 옹호의 방법은 옹호의 대상이 되는 사람의 욕구나 의사를 분명히 전달하는 것이다. 일반인들은 자신의 원하는 것을 세련된 방식으로 표현할 수 있을 것이다. 그러나 사회적 약자의 목소리는 당사자들이 스스로 이야기하지 않거나 이야기한다고 해도 무시당하기 쉽다. 따라서 권익옹호는 사회적 약자들이 자신이 원하는 것을 표현하고 필요한 것들을 얻는 행위이거나 사회적 약자들이 원하는 것을 표현하고 획득할 수 있도록 변론하고 지원하는 활동이라고 할 수 있다.

권익옹호는 그 활동이 추구하는 목적에 따라 넓은 의미와 좁은 의미로 정의될 수 있다. 되기도 한다. 넓은 의미의 권익옹호는 사회적 약자에 대한 사회정의를 확보, 유지하기 위한 목적에서 하나 이상의 개인이나 집단 또는 지역사회를 대신하여 일련의 조치를 직접 주장, 방어, 개입, 지지, 추천하는 행위라고 정의될 수 있다. 정신장애인자립생활센터를 비롯한 많은 장애인단체들이 공공정책의 자원배분과정에서 집단적 주장을 하거나, 인권단체들이 사회적 약자를 위한 자원획득을 대변하고 지지하는 활동은 넓은 의미의 권익옹호활동이다.

좁은 의미의 권익옹호는 사회적 약자의 의사결정지원으로 이해되고 있다. 좁은 의미의 권익옹호는 사회적 불평등 개선을 위해 사회적 약자를 대변하고 지지하는 활동보다 피옹호자가 의사와 욕구를 표현하는 것을 지원하는 데에 초점을 둔다. 즉 거시적이고 구조적인 불평등 문제보다 사회적 약자의 구체적인 의사결정과정을 지원하는 데에 초점을 둔다. 좁은 의미의 권익옹호의 정의는 사회적 약자들이 자신의 욕구와 기호에 따라 일상생활에서의 문제를 스스로 선택하고 상황에 관한 통제력을 가질 수 있도록 지원하는 것이다.

2. 권익옹호와 의사결정지원

의사결정지원은 당사자의 자율적 결정을 지원하는 것이다. 즉, 당사자가 타인으로부터 간섭받지 않으면서 내부적 욕망에도 의존하지 않는 절제된 결정을 할 수 있도록 지원하는 것이다(이명현·강대선, 2015). 의사결정지원은 의사결정능력이 불충분한 사회적 약자에게 최선의 이익이라고 여겨지는 선택을 하도록 지원하면서 최종적으로는 당사자가 자율적 결정을 내리도록 하는 것이다.

의사결정지원의 원칙은 결정의 독립성(independence), 의사의 진정성

(authenticity) 그리고 최선의 이익(best interests)이 조화를 이룰 수 있도록 하는 것이다. 물론 당사자는 자신의 의사에 따라 지원자 관점에서는 최선의 이익이 아닌 선택도 할 수 있다. 이러한 의사결정지원의 단계는 자기결정 과정을 지원하는 단계와 주장된 권리를 실현하도록 지원하는 단계로 나누어볼 수 있다. 두 개의 단계에서 전자 단계는 의사결정이 독립성, 진정성 그리고 최선의 이익 등의 원칙이 조화될 수 있도록 지원하는 것이 중요하다. 후자의 단계에서는 주장된 결정에 따라 협상, 투쟁과 같은 방법이 취해질 수 있다. 그리고 의사결정지원의 유형은 자율지원의 수준에 따라 타인결정형과 당사자결정형으로 구분될 수 있다. 타인결정형 의사결정지원은 법정후견제도에 따라 후견인이 당사자를 대신하여 결정하는 유형이며, 당사자결정형 의사결정지원은 결정에 필요한 정보를 당사자가 충분히 이해할 수 있도록 제공하면서 다른 대안과 비교하는 지원을 함으로써 의사결정을 조력하는 유형을 의미한다.

UN장애인권리협약은 국가는 장애인의 의사결정지원을 위해 조치하여야할 의무가 있음을 규정하고 있다. 협약 제3조 일반원칙에서는 '개인의 천부적인 존엄성, 선택의 자유를 포함한 자율성 및 자립에 대한 존중'을 인권존중을 위한 8대원칙 중 첫 번째 원칙으로서 제시하고 있다. 그리고 협약 제12조 제3항에서는 '당사국은 장애인이 법적 능력을 행사하기 위하여 필요한 지원에 접근할 수 있도록 적절한 조치를 취한다'고 규정하였으며, 제12조 제4항은 협약국은 의사결정지원체계의 안전성을 담보할 의무가 있다고 하였다(제철웅, 2018). 안전성을 담보할 의무란 의사결정지원이 의사결정대체가 아니며, 당사자의 권리, 기회, 선호에 따라 선택과 결정이 이루어질 수 있는 안전한 지원체계를 마련하는 것이다. 정신장애인이나 발달장애인 등과 같은 정신능력이 부족한 장애인은 여타 장애인들에 비해서 자신의 욕구나 기호를 외부적으로 표현하는 데에 어려움을 가진다. 비록 복지제도의 빌딜에 의해 최소한의 생존 여선이 갖추어진 경우에도, 존엄한 인간으로 자립적 삶을 영위하기 위해서는 어디에서 살 것인지, 어떠한 서비스를 받을 것인지 스스로 선택할 수 있어야 한다.

3. 권익옹호의 유형

권익옹호는 시간적으로 지속적 옹호와 일시적 옹호로 구분된다. 우리나라 성년후견제도에서 성년후견이나 한정후견은 한번 법원의 선고를 받으면 계속 피후견인이 되는 지속적 옹호라고 할 수 있으며, 특정후견이나 계약에 의한 임의후견은 일정 기간 혹은 계약기간 동안만 존속되는 일시적 옹호이다.

시간적 구분에서 권익침해 발생시점을 기준으로 사전적 옹호와 사후적 옹호로 구분할 수 있다. 우리나라 장애인권익옹호기관은 학대나 권익침해에 대한 대응을 핵심사업으로 한다. 즉, 학대신고를 접수하면 현장 조사를 통해 장애인들이 학대나 권익침해에 대하여 용이하게 진술할 수 있도록 지원하며 조사결과에 따라 법적·행정적 조치를 취한다. 이러한 활동은 장애인 학대에 대한 사회적 경종을 울림으로써 학대예방에 일정한 효과를 기대할 수 있다. 그러나 이러한 권익옹호기관의 활동은 권익침해 이후의 사후적인 활동이라는 한계가 있다. 권익옹호에서 사전적 옹호는 장애인이 의사결정지원을 받아 작성한 정신의료사전지시서가 한 예가 된다. 정신장애인이 정서적 위기에 봉착하여 스스로 판단하기 어려운 상황이 되기 전 의사결정능력이 있을 때, 누가 입원에 관한 의사결정을 대신하게 할 것인지 혹은 입원을 하게 되는 경우에는 어떠한 유형으로 어떤 병원에 할 것인지 사전지시서를 작성·등록하게 함으로써 강제입원으로 발생할 수 있는 권익침해를 방지할 수 있다.

제5절 정신장애인 권익옹호제도

1. 영국의 IMHA(Independent Mental Health Advocacy)

영국에서 정신장애인 서비스의 근간이 되는 두 개의 제도는 국민건강서비스(NHS; National Health Services)와 지역사회보호(Community Care)이다. 1990년 국민보건서비스및지역사회보호법(The NHS and Community Care Act) 제정으로 두 제도는 지방정부 차원의 서비스통합을 위한 법적 토대를 구축하였다. NHS를 통해 제공되는 정신건강서비스는 대부분 무료이며, 정신병원에서 퇴원한 정신장애인에게는 커뮤니티케어를 통해 주거를 포함한 돌봄서비스가 제공된다. 영국에서 2015/16년 한 해 동안 정신보건법상의 강제치료명령을 받은 사람은 25,577명이며, 이 중 20,151명은 강제입원되었다. 그리고 5,426명은 지역사회치료명령(Community Treatment Orders)을 받아 지역사회에서 치료받도록 조치되었다.

IMHA(Independent Mental Health Advocacy)는 2009년 영국 잉글랜드와 웨일즈에서 도입된 정신장애인 옹호서비스이다. IMHA는 2002년 정신보건법 개정안에서 옹호를 법제화할 필요성에 대한 문제제기가 있었으며, 2005년 정신능력법에서는 정신능력이 부족한 사람에 대한 독립적 정신능력옹호(Independent Mental Capacity Advocacy)제도가 도입된 것이 도입배경이 되었다. 이러한 정책적 분위기에서 2007년 정신보건법 개정으로 IMHA제도가 법제화되어 2009년부터 시행되었다. 그리고 2014년 개정법은 정신질환(mental illness)의 범주를 우울, 조현병, 불안장애 등으로 규정하고, 정신질환으로 정신건강서비스를 받고 있는 사람들의 권리를 명시하고 있다.

IMHA서비스의 대상은 정신병원에 강제입원되어 있는 사람과 지역사회 치료병령을 받은 사람이다. 그리고 자의입원을 했지만 강제치료명령의 위험이 처해있는 사람, 강제치료 후 퇴원 1개월 이내인 사람, 정신장애를 이유로 기소중지되거나 무죄를 선고받은 사람 그리고 유죄선고를 받고 구금 중 강제치료가 필요하다는 평가되어진 사람 그리고 강제치료가 필요하다고 평가를 받고 감독을 받고 있는 사람도 이 서비스를 받을 수 있다.

IMHA서비스는 강제치료명령을 받은 사람이 온라인이나 전화로 신청할 수 있다. 만약 전화를 할 수 없을 때에는 돌봄자나 병원직원이 서비스를 대신 신청하도록 요청할 수 있으며, 번역 및 통역서비스도 제공된다.

IMHA서비스의 내용은 정신장애인에 해당되는 법률 조항과 당사자의 권리를 이해할 수 있도록 지원하여 그 권리를 행사할 수 있도록 지원하는 것이다. 그렇기 때문에 서비스는 주로 정신의료기관, 지역사회서비스기관을 방문하여 이루어진다. 이 서비스의 구체적인 내용은 다음과 같다.

- 당사자의 권리를 설명하고 행사하도록 지원
- 정신건강재판소에 대하여 이용자에 대한 판결 재검토 요청
- 병원에서의 경험 또는 치료에 대한 문제를 제기하는 방법을 이해할 수 있도록 지원
- 치료에 대한 정보 지원
- 회의, 병동 라운드 또는 치료 리뷰에서 당사자 지원
- 이용자의 치료 계획에의 완전한 참여 지원
- 어떤 조건이나 제한이 당사자에게 적용되는지 확인할 수 있도록 지원

IMHA 수행기관의 권한은 (1) 서비스 이용자를 방문하기 위하여 병동 및 병실에 자유롭게 접근할 수 있으며 (2) 엄격한 관찰이나 격리 중에 있거나 안전상의 이유가 없는 한 입원중인 이용자를 사적으로 만날 수 있고 (3) 서비스 이용자가 요청할 경우 정신병원 직원들의 회의에 참여할 수 있다. 그리고 (4) 이용자에 관하여 관련 전문가들과 만나 논의에 참여할 수 있으며 (5) 이용자가 허락하는 경우 관련 기록을 열람할 수 있다.

IMHA의 비용은 무료이며, 서비스는 NHS나 정부으로부터 독립된 비영리자선단체에서 제공한다. 일반적 단위조직은 1~7명의 상근 직원을 두고 있으며, 수행인력은 정신건강과 인권활동영역의 전문가로 구성된다. 즉, 사회복지사, 심리학 전공자, 인권운동 경력을 가진 사람 등이 참여한다.

2. 정신질환자 절차보조 시범사업

정신질환자 절차보조 시범사업은 2019년 1월부터 시작되었다. 정신건강복지법 제2조 제6항은 '입원등을 하고 있는 모든 사람은 가능한 한 자유로운 환경을 누릴 권리와 다른 사람들과 자유로이 의견교환을 할 수 있는 권리를 가진다'고 규정하고 있으며, 동법 제2조 제7항은 '정신질환자는 원칙적으로 자신의 신체와 재산에 관한 사항에 대하여 스스로 판단하고 결정할 권리를 가진다. 특히 주거지, 의료행위에 대한 동의나 거부, 타인과의 교류, 복지서비스의 이용 여부와 복지서비스 종류의 선택 등을 스스로 결정할 수 있도록 자기결정권을 존중받는다'고 규정하고 있다. 그리고 제2조 제8항은 '자신에게 법률적·사실적 영향을 미치는 사안에 대하여 스스로 이해하여 자신의 자유로운 의사를 표현할 수 있도록 필요한 도움을 받을 권리를 가진다'고 하고 있다. 그러나 현재로는 절차보조사업에 대한 구체적인 법적 근거가 없는 상태이다.

정신질환자 절차보조사업의 목적은 다음의 두 가지이다. 첫째, 정신질환자가 입원 치료 과정에서 치료의 필요성 등을 이해하는데 도움을 주고, 각종 절차를 보조하여 정신질환자가 치료 과정에 자기 주도적으로 참여할 수 있도록 한다. 둘째, 정신질환자에 대한 정서적 지지와 공감 등을 통해 힘든 치료 과정을 잘 이겨낼 수 있도록 하고, 퇴원 시에도 지역사회의 지속적 치료·재활서비스 등을 연계하여, 정신질환자가 건강한 삶을 누릴 수 있도록 한다. 이러한 목적 규정은 비자의입원 조기 해소와 퇴원, 지역사회에서의 안정적 정착 지원의 취지를 포함하고 있다.

서비스 대상자는 정신의료기관 및 정신요양시설에 비자의입원·입소 중인 사람 중 서비스 제공에 동의한 사람, 즉 정신건강복지법 제43조와 제44조에 의하여 한 입원한 사람이다. 그리고 비자의입원 중 자의입원 등으로 입원유형 변경된 사람은 서비스를 지속적으로 제공받을 수 있다. 또한 입원 전에 사전지시서에 의하여 서비스에 동의한 사람도 대상이 된다. 서비스 신청은 당사자, 주치의(정신건강의학과 전문의), 보호자가 할 수 있으며, 정신건강심의위원회에서 심의 의견으로 주치의에게 절차보조사업 신청을 권고할 수도 있다. 서비스 개시는 본인 동의로 시작된다.

서비스내용은 다음과 같은 다섯 가지 영역으로 나누어진다. 첫째, 정보 전달에 대한 지원을 통하여 치료 및 정신질환자의 권리에 대한 정보를 제공하고 당사자가 이해할 수 있도록 설명하고 설득한다. 둘째, 의사표현 지원을 통하여 당사자가 치료와 치료과정에 대하여 표현하는 내용을 경청하고 공감하며 지지한다. 또한 당사자가 치료와 관련된 의사, 선호 등을 보호자와 의료진에게 적절한 형태로 표현하는 것을 지원한다. 셋째, 각종 절차지원은 당사자의 의향을 반영하여 정신건강심의위원회 심사청구 절차나 자의입원이나 동의입원으로 전환하는 것이다. 넷째, 퇴원 후 치료 및 지역사회 연계계획 수립을 지원하여 퇴원후 당사자가 희망하는 정신건강복지센터나 정신재활시설 등의 프로그램, 외래치료에의 참여를 지원한다. 다섯째, 동료지원은 당사자의 의견에 대하여 동료로서의 이해와 공감을 표현하고, 치료과정을 잘 이겨낼 수 있도록 정서적 지지·응원·격려하며 자조모임에의 참여를 격려하고 퇴원 이후 지역사회 동료 네트워크를 형성할 수 있도록 한다.

사업의 수행주체는 정신질환자 권익보호 관련 업무를 수행하는 비영리법인(사회복지법인 및 당사자가 포함된 법인 등) 또는 광역정신건강복지센터로 설정하고 있다. 광역정신건강복지센터에서 사업 수행할 경우, 당사자가 포함된 비영리법인 등과의 컨소시엄 구성 후 신청하는 것을 권고한다. 사업의 단위는 광역자치단체이다. 사업의 수행인력은 정신건강전문요원, 동료지원가, 지역사회 정신건강복지사업 또는 정신질환자 권익옹호활동을 경험한 경력 2년 이상의 간호사·임상심리사·사회복지사, 권익옹호활동 경력자, 법조인 등이 참여할 수 있다.

3. 정신질환자 공공후견사업

정신질환자 공공후견사업은 정신건강복지법 개정으로 정신장애인 정신요양시설 비자의입소 규정이 강화됨에 따라 보호의무자가 없는 비자의입소자의 퇴소 또는 계속 입소를 지원하기 위해 도입되었다. 그 목적은 정신요양시설에 입소하여 보호의무자 없이 의사결정능력 부족으로 어려움을 겪고 있는 정신질환자에게 공공후견서비스를 제공하여 사회복귀 촉진 등 자립생활을 지원하기 위한 것이다.

정신질환자 공공후견사업의 대상은 정신요양시설에서 입소하고 있는 대상자 중 보호의무자 없고 의사 결정능력 부족으로 어려움을 겪고 있는 정신질환자이며, 서비스 신청은 본인, 정신요양시설장, 지방자치단체의 장, 관할 가정법원 등에서 할 수 있다.

서비스 내용은 신상보호와 재산관리로 나누어지는데, 신상보호활동은 최소 2주 1회 피후견인의 거주시설을 방문하여 피후견인의 권익을 보호하면서 시설에서 안전하게 살 수 있도록 지원하는 것이다. 재산관리는 피후견인의 재산상황에 관한 재산목록보고서를 작성하여 피후견인에게 발생하거나 발생할 수 있는 위험에 대비하고, 피후견인이 알지 못한 상태에서 재산상황에 변동이 발생하거나 후견인의 입장에서 이해하기 어려운 재산변동을 발견하면 상황을 파악한 후 피후견인의 재산상의 권익을 보호하기 위해 필요한 적절한 조치를 취하는 것이다. 이 사업의 수행인력은 대부분 사회복지사이거나 정신건강전문요원이다.

제6절 정신장애인 권익옹호의 과제

현행 법체계나 제도 하에서도 정신장애인의 권리옹호기능을 수행할 수 있는 제도로는 인신보호법에 의한 구제절차, 정신건강복지법의 보호의무자제도 그리고 성년후견제도 등이 있다. 인신보호제도의 경우 강제입원에 대한 구제수단으로 기능할 수 있다. 그러나 인신보호제도는 '다른 법률의 구제절차가 있는 경우 상당한 기간 내에 그 법률에 따른 구제를 받을 수 없음이 명백하여야 한다'고 규정(인신보호법 제3조)하고 있어 정신장애인에게 실효성이 없다. 왜냐하면 정신건강복지법에 구제절차가 있어 그 보충성 규정이라는 한계를 가지고 있기 때문이다. 또한 정신건강복지법에서는 보호의무자의 보호의무(제40조)에 대하여 규정하고 있다. 즉, 보호의무자가 권익옹호자의 역할을 수행한다고 보는 것이다. 실제 정신건강복지법 제39조는 민법상의 부양의무가 있는지의 여부를 묻지 않고 선정절차 없이 보호의무자로 인정하고 있다(제철웅, 2018). 그렇기 때문에 민법상의 의무가 없는 자에게 공법상의 의무를 부담시키고 있는 문제가 있다. 즉 공법상의 의무에 대해 그에 상응한 비용변상조치가 필요하나 그런 규정이 없기 때문에 의무를 위반하더라도 제재를 가할 방법이 없다(제철웅, 2018). 현실적으로도 강제입원은 보호의무자에 의해 이루어지고 있어 보호의무자가 권익옹호자로서 기능할 것이라 기대하기 어렵다. 성년후견제도의 후견인이 보호의무자가 되는 경우 어느 정도 권익옹호기능을 기대할 수 있다. 그러나 법원의 심판절차에 상당한 기간과 비용이 소요됨에 따라 이용자가 매우 적고, 후견선고 이후에는 피후견인에게 상당한 권리 제약이 발생한다는 측면에서 권리옹호제도로서는 한계가 있다.

정신장애인 권익보장의 가장 중요한 부분이라고 할 수 있는 입원 및 치료과정에서의 권익옹호를 위해서는 현재 시범사업을 진행하고 있는 절차 보조서비스를 법제화하여 광범위하게 대상을 확산시키는 것이 합리적인 방안이 될 것으로 보인다. 그리고 결격조항이나 사회보장 수급권에 대한 대리수령의 문제는 새로운 입법을 통해 개선해나가야 할 것이다. 이를 위해서는 사회적 약자의 인권문제에 대하여 성찰할 수 있는 따뜻한 인류애를 가진 사람들이 개선을 위한 노력에 동참할 수 있도록 하는 것이 가장 중요한 과제가 될 것이다.

제12장

정신장애와 위기지원

제1절 정신건강 위기(Mental Health Crisis)

1. 위기의 개념

지역사회에서 생활하는 정신장애 당사자들은 언제나 '위기'발생의 가능성을 안고 살아간다. 지역사회에서 생활하던 중 위기가 발생한 당사자에게 적절한 치료나 지원이 제공되지 않는다면, 당사자는 위기상황을 예방하거나 적절하게 대응하지 못하여 자타해 등의 극단적 위기 상황을 초래하게 될 수 있다. 그로 인해 강제입원이라는 또 다른 부정적인 결과를 낳게 된다.

'위기'의 개념은 정책적으로도 현장에서도 모호하고 다중적인 의미를 가지고 있다. 사실상 현장에서는 정신장애인의 위기가 매우 포괄적으로 이야기된다. 생활 상의 위기, 증상으로 인한 위기, 경제적인 위기 등 비단 정신과적인 고통으로 인한 위기만이 아니라 그에 수반되는 다양한 사회적 어려움까지 함께 다루어질 수밖에 없다. 이는 당사자가 정신장애로 인해 겪을 수 있는 어려움은 오로지 증상 그 자체뿐만 아니라, 사회적 관계에서의 어려움, 고용에서의 어려움과 그에 따른 빈곤, 낙인과 차별 등 수 많은 위험들이 당사자의 삶에 유입되고 혼합되기 때문이다. 이처럼 위기에 대한 실용 성의는 상낭이 범위가 넓다.

반면에 정신장애인의 위기에 관한 우리나라의 정책적 정의는 현장에서의 어려움에 적절히 대응함에 있어서 두 가지 문제를 가지고 있다.

첫 번째는 '위기'와 '응급'을 구분하지 않고 혼용하고 있다는 것이다. 우리나라 국립정신건강센터(2018)가 제시하는 실무매뉴얼에 따르면, 정신과적 응급이란 "사고, 행동, 기분 그리고 사회적 관계의 급성 장애를 말하며, 정신과적 질환이 급성기 상태로 발현하거나 악화되어 환자 본인 혹은 타인의 안전과 건강에 위협되는 상황"이라고 정의하고 있다. 해당 정의에 따르면, 정신장애인의 위기 상황은 곧 정신건강복지법에서 비자의입원 요건으로 제시되고 있는 '자타해위험'을 의미하고, 이러한 위기 상황을 유발하는 요인은 '정신과적 질환의 급성기 상태'로 개념화된다. 한편 국립정신건강센터에서 유사한 시기에 발간한 다른 매뉴얼에서는 긴급한 개입이 없으면 자타해 위험을 초래하게 되어 즉시 입원치료가 필요한 경우를 '위기'라고 명명하고 있다. 이처럼 동일한 상황에 대하여 두 가지 개념을 혼용하는 것은 정책이 올바르게 적용되는 데에 방해가 될 수 있으며, 두 개념을 명확하게 구분하고 그에 따른 정책을 마련해야만이 응급에 맞는 서비스, 위기에 맞는 서비스가 적절한 시기에 적절한 방식으로 제공될 수 있을 것이다.

두 번째는 위기 정책의 대상이 매우 협소하다는 것이다. 대체로 위기/응급 서비스의 대상은 자타해 위험성을 가진 개인으로 강제입원 요건과 동일하다. 이는 정신과적, 심리적인 응급상황으로, 상대적으로 예측 불가능하게 발생하여 즉각적인 대응을 요구하는 극심한 상황에 국한된다. 반면에 현장에서 겪고 있는 대부분의 어려움은 이러한 '응급'상황 뿐만 아니라 보다 포괄적인 '위기'상황인 경우가 더욱 많다. 특히 위기 상황에서는 강제적인 입원 조치가 아니라도 충분한 정서적 지지와 안전한 환경에서의 휴식만 보장된다면 위기를 잘 넘길 수 있다는 당사자들의 욕구 또한 강하게 존재한다. 따라서 '응급'에만 초점을 두고 있는 현재 우리나라 정책의 위기 개념은 보다 확장될 필요가 있다.

현재 우리나라 정신건강체계에서 바라보는 정신장애인의 위기는 급성기 상태를 잠재울 수 있는 의료적인 개입을 필요로 하는 상황을 말하며, 비자의입원이라는 결과로 자연스럽게 연결되고 있다. 즉 우리나라 공적 시스템에서는 정신건강 위기와 자타해 위험을 동일선상에서 바라보고 대응하고 있는 것이다. 그러나 위기에 대한 협의의 관점은 정신건강 위기를 해결하는 데에 크게 도움이 되지 않는다. 자타해위험 행동이 발생하면 즉각적인 대응이 필요하다는 사실이 명백해지지만, 이러한 행동은 조금씩 발전해 온 위기 에피소드의 정점에 불과한 것일 수 있다. 따라서 좁은 의미의 위기, 즉 신체적 안전이 위험할 때에만 가동되는 위기대응체계는 너무 늦거나 문제의 본질을 해결하는 데에 전혀 도움이 되지 않는다. 이러한 대응방식은 오히려 본질적인 문제를 해결하는 데에 악효과를 줄 수도 있다(SAMHSA, 2009).

한편 NAMI(2018)[1]와 SAMHSA(2009)는 정신건강상의 위기란 자신과 타인에게 해를 입힐 위험 소지가 있는 상황뿐만 아니라, 지역사회에서 스스로를 돌보거나 효과적으로 기능할 수 없는 상황까지를 포괄하여 정의해야 한다고 언급하고 있다. 위기 개념이 보다 광범위해지면 위기를 유발하는 요인에 대한 관점 역시 더욱 확장될 수 있으며, 이러한 개념 정의로 인해 위기 개입의 주요 목적은 자타해위험에서 벗어나게 하는 것만이 아니라 위기 이전 당사자의 기능적·환경적 상태를 복구하여 지역사회에서의 삶을 유지하게 하는 것으로 상정되어, 위기 상황에 대한 개입의 선택지도 보다 확장된다. 이를 통해 위기에 대한 정의가 어떻느냐에 따라 정신건강상의 위기 개입의 범위도 달라질 수 있음을 알 수 있다.

〈표 12-1〉 좁은 의미의 위기와 넓은 의미의 위기

	좁은 의미의 위기 (응급)	넓은 의미의 위기
개념	정신과적 질환이 급성기 상태로 발현하거나 악화되어 환자 본인 혹은 타인의 안전과 건강에 위협되는 상황	극심한 정서적 고통(불안, 우울, 분노, 공황, 절망), 기능상의 명백한 변화(개인 위생의 소홀, 비정상적 행동), 비극적 사건의 발생
위기 개입의 목적	자타해위험 상황의 해결	지역사회에서의 생활 회복
위기 유발 요인	정신과적 질환의 재발/악화	- 관계의 변화(상실, 갈등, 피해 등) - 학업 및 직업상 스트레스(압박감, 갈등, 고립, 차별, 실직 등) - 기타 촉발 요인[2]

1 1978년 미국 전역에서 정신장애 당사자와 가족을 중심으로 정신장애에 관한 낙인을 줄이기 위해 결성된 당사자 및 가족 조직

2 NAMI(2018)에서는 기타 촉발 요인으로 군중 앞에 서는 경험, 지역사회에서의

한편, '위기'는 '재발'과도 혼용되고 있다. 현재 체계에서 위기상황과 재발 모두 대부분 입원이라는 결과로 이어지기 때문에 실천현장에서 위기와 재발 사이의 명확한 구분이 없다. 보통 재발의 방지는 정신건강프로그램이나 정신건강치료의 주요한 목표로 규정된다(Moncrieff et al., 2019). 그만큼 재발은 의료현장, 복지현장에서 하나의 기준으로써 작용한다. 많은 연구들에서는 재발의 대표적인 지표로 '재입원'을 사용하고 있는데(Gleeson et al., 2010), 재입원의 경우 단순히 한 개인의 재발로 인한 결과이기보다는 사회적·문화적·제도적인 다양한 요인들로 인해 발생하는 결과이므로 재발의 명확한 지표라고 보기는 어렵다.[3] 즉, 현재까지도 재발에 대한 명확한 정의가 존재하지 않는 것이다. Falloon 등(1983)은 재발 개념이 명확하지 않은 것을 최초로 지적하면서, 재발과 '짧은 혼란(brief flurries; 1~2일간의 정신적 증상의 증가 상태)'을 혼동할 위험이 있다고 언급하였다. 즉, 증상의 중증도가 재발의 기준이 된다면 임상적으로 큰 의미가 없는 일시적인 혼란과 재발을 혼동하기 쉽다는 것이다.

2. 위기의 유형 및 단계

인간이 경험할 수 있는 정신건강상의 위기는 발달적 위기, 상황적(우발적) 위기, 사회문화적 위기, 정신질환적 위기 등으로 구분된다.

먼저 발달적 위기란 인간의 정상적인 발달과정에서 발생할 수 있는 위기로, 출생, 아동기, 청소년기, 성인 초기, 결혼, 사망, 노년기 등의 변화에서 관찰될 수 있다. 둘째로 상황적(우발적)인 위기란 실업, 이혼, 질병의 발생, 전염병, 재난과 같이 예측 불가능한 상황의 발생으로 야기되는 위기

폭력 및 트라우마 경험, 재난 및 테러 경험, 약물 및 알코올 오남용, 새로운 유형의 약물 복용 및 약물 조정 등으로 제시하고 있다.

3 예를 들어, 한 개인이 '재발'하였다고 가정하였을 때에, 그 개인을 지원하는 가족의 성향과 가치관, 개인이 처해있는 사회문화적 인식, 개인이 속한 국가 혹은 지자체의 제도에 따라 그는 입원할 수도, 입원하지 않을 수도 있다.

를 뜻한다. 셋째로 사회문화적 위기란 인종 차별, 계급에 의한 차별과 같이 개인 수준이 아닌 사회문화적 수준에서 발생할 수 있는 위기를 뜻한다. 마지막으로 정신질환적 위기란 정신질환의 진단을 가진 사람이 더욱 자주 경험할 수 있는 위기를 의미하는데, 진단을 받지 않은 사람들 역시 유사한 위기 상황을 경험하는 경우가 많다. 정신질환 진단 여부와 관계없이 스트레스 요인들은 우리의 건강에 위협을 주며, 단지 그에 대한 각자가 가진 극복 능력의 정도 차이가 위기 상황의 양상을 다르게 할 뿐이다.

인간의 위기에 대한 반응은 각기 다르지만 단계에 따라 제시해볼 수 있다. Caplan(1964)은 정신건강의 위기를 다음의 4가지의 단계로 제시한다.

1) 초기 위협 혹은 촉발 사건

사람들은 자기개념(self-concept)을 위협하는 문제나 갈등에 직면하면 불안감이 증가하는 방식으로 반응하게 된다. 불안(두려움)의 수준을 낮추기 위해 이들은 보상(추가적인 노력), 합리화(정당화), 부정과 같은 다양한 방어기제를 사용한다. 강한 극복 능력을 가진 사람들의 경우, 이러한 문제가 금방 해결되어 위협 요소가 제거되고 위기 역시 발생하지 않는다.

2) 단계적 확대

만약 해당 문제가 지속되고 방어적인 반응 또한 실패하는 경우, 불안은 심각한 수준까지 증가되며 이는 극심한 불편감을 유발한다. 때문에 당사자의 문제해결능력이 저하되거나 성공적이지 않게 된다. 당사자는 무질서해지고, 사고, 수면, 기능에서 어려움을 경험한다. 따라서 문제를 해결하기 위한 시행착오의 노력들이 시작되는데, 적절한 대처 방안을 찾지 못하면 무기력감에 빠지게 된다.

3) 위기

당사자는 심리적 불안감을 완화하기 위해 활용할 수 있는 모든 자원들을 동원한다. 이러한 모든 시도가 실패하면 당사자의 불안감은 극심한 수준으로 심화되고, 그는 자동적으로 구제 행동(비행 또는 투쟁)까지 하게 된다. 이 시점에서 일부 사람들은 전문가의 도움을 구해, 해당 문제를 재정의하거나 새로운 각도에서 문제에 접근하는 등 다양한 형태의 해결 방법을 도출해낼 수 있다. 이 때 새로운 방법이 성공하면 위기가 해결되어 이전과 유사한 수준의 기능으로 다시 돌아갈 수 있게 된다.

4) 인격의 혼란

두 번째 혹은 세 번째 단계에서도 문제가 해결되지 않고 새로운 대처기술 또한 효과가 없게 되면, 불안감이 개인을 압도하고 공황 상태 또는 절망 상태로 이어질 수 있다. 심각한 와해, 혼란, 우울증, 정신병적 사고 또는 자타해 위험이 존재할 수 있으며, 이 때는 적절한 외부 지원을 필요로 하게 된다.

3. 위기의 양상

정신질환은 사고와 감정, 대인관계능력에 영향을 미친다. 중증의 정신질환의 경우 타인에게는 비현실적인 사고 또는 언행일 수 있지만 이를 직접 경험하고 있는 당사자에게는 모든 것이 현실로 느껴진다. 이러한 요인들은 정도에 따라 일상생활에 지장을 줄 수 있으며, 정신과적 위기수준으로 확대될 때에 위기 상황으로 간주할 수 있다. 정신건강상의 위기가 발현되기 전 그에 대한 징조가 항상 나타나는 것은 아니다. 그러나 위기 상황에 있는 사람에게서는 다음과 같은 특징이 관찰될 수 있다(Benas & Hart, 2017).

- 기분 변화: 갑작스러운 빠른 기분 변화
- 사회적 위축: 친구, 가족, 타인에 관한 관심을 끊고 고립됨
- 지남력 상실: 사고력, 기억력, 말하기, 집중력 등에 문제.
- 과잉자극: 빛, 시야, 소리, 군중, 접촉과 냄새에 대한 민감한 반응
- 무관심: 지시를 따르거나 어떤 활동에 참여하려는 욕구를 잃어버림

- 단절: 비현실적 감각을 갖고 있으며, 그들 스스로나. 주변 환경과 단절되어 있다고 느끼는 사람.(정신질환을 경험하면 실재하지 않지만 실재하는 것처럼 보고 들을 수도 있음)
- 비논리적 사고: 사건의 의미를 이해하기 위해 본인의 능력에 대한 일반적이지 않거나 과장된 믿음 등
- 긴장: 타인에 대한 두려움, 의심, 또는 모르는 것에 대한 강한 불안감
- 특이행동: 이상하거나, 특이하거나, 평소와 다른 행동
- 식욕 변화: 너무 많이 먹거나 너무 적게 먹음
- 수면: 불면증이거나 너무 많이 잠

더 나아가 위기 상황에 있는 당사자가 자신 또는 타인에게 해를 입힐 수 있는 상황이 임박해있다고 판단되면, 이는 생명을 위협할 수 있는 정신건강 응급상황으로 간주된다. 정신건강 응급 여부를 판단할 수 있는 요소는 다음과 같다(University of Hawaii, 2020).

- 자살 시도 행위
- 극심한 지남력 장애
- 현저한 정신증적 증상(현실 감각의 상실, 가족 또는 친구를 알아보지 못함, 타인의 말을 이해하지 못함, 환각)
- 살해 또는 위협적 행동
- 즉각적인 치료가 필요한 자해 행위
- 약물 또는 알코올에 의한 심각한 손상
- 스스로의 안전을 보장하지 못하는 예측불가능하고 불규칙적인 비정상적 행동

인간의 정신 및 정서적 건강은 삶의 경험들에 의해 형성된다. 생물학적 요인들이 이에 영향을 미치는 것으로 주로 알려있지만, 정신건강에 영향을 미치는 것으로 알려진 요인들은 훨씬 다양하다. 정신건강 위기의 위험을 증가시킬 수 있는 요인은 다음과 같다(Benas & Hart, 2017).

- 삶에서 주돌봄제공자/부모/후견인과의 관계 또는 불안정한 애착상태: 영유아기의 외로움, 고립감, 불안전함, 혼동 또는 언어적이거나 신체적 또는 성적학대의 경험 등

- 어린 시절의 정신적 외상 또는 심각한 상실 경험: 부모의 죽음 또는 다른 정신적인 외상 경험(교통사고, 자연재해, 장기입원 등) 등
- 학습된 무기력: 부정적인 경험은 무력감과 삶에서의 상황을 통제할 수 있는 것이 거의 없다는 믿음으로 이어짐
- 질병: 신체 질환과 만성적인 질환을 경험할 때 고립 또는 격리된 경험 등
- 약물의 부작용: 처방약(특히, 다양한 약물을 복용할 수 있는 노인)의 원하지 않는 부작용, 약물로 인한 뇌와 신체 반응의 불균형 등
- 물질의 남용: 알코올 및 약물남용

Benas & Hart(2017)의 『정신건강 응급 상황: 정신건강 위기를 인지하고 대처하기 위한 초기 대응자 가이드』에서는 정신장애 유형별로 나타날 수 있는 위기의 특징 및 지표를 제시하고 있다. 이를 간략하게 소개하면 다음과 같다.

공황장애	• 땀을 흘림 • 손 혹은 신체 떨림 • 호흡이 짧아짐, 심장 두근거림, 심장 박동 수 증가 • 질식 혹은 숨 막힘 • 가슴 통증 • 불안 • 메스꺼움, 복통 • 현기증, 기절할 것 같은 느낌 • 비현실감이나 해리감 • 자제력을 잃거나 미칠 것 같은 느낌 • 죽음에 대한 공포 • 무감각한 기분 • 뜨거운 섬광 혹은 오한
우울장애	• 공허함, 내면이 텅 빈 느낌 • 슬픈 감정, 비애 • 신체적, 정신적 활동으로 인한 극심한 피로 • 기력 상실이나 신체적, 정신적 활성도가 낮은 상태 • 이전에는 재미 있었던 활동에도 흥미를 상실함 • 취미나 교우 관계에서 멀어짐 • 수면 장애(잠을 자지 못하거나 오히려 너무 많이 잘 경우) • 집중과 사고 문제, 기본적인 기억과 관련한 문제

	• 죄책감 • 부적절한 느낌; ("난 무가치해" 혹은 "나 자신이 혐오스러워") • 지속적인 자살 혹은 죽음 사고 • 식습관 변화(폭식 혹은 극도의 소식) • 위생 불량: 양치, 목욕을 하지 않고 깨끗한 옷으로 갈아입지 않음(헝클어지거나 말끔하지 않은 사람은 우울증의 직접적 결과일 수 있음)
조현스펙트럼 장애	• 불안 • 과민성 • 우울증 • 의심증, 가깝고 사랑하는 사람들을 의심 • 무감각한 상태, 위축, 부적절한 감정(순간순간 폭소를 터트리는 등) • 식욕과 식생활의 변화 • 에너지 및 의욕 감소 • 주목과 집중의 어려움 • 다른 사람이 다르게 행동하고 있는 것 같은 변화감 • 이상한 생각 • 냄새, 소리, 혹은 색채의 감소 또는 증가와 같이 비일반적인 인식 경험
양극성장애	• 에너지 증가 및 과도한 활동 • 고조된 기분 • 평소에 비해 수면 부족 • 과민성 • 빠른 사고와 발언 • 억제력 부족 • 과대망상증 • 통찰력 부족

제2절 위기 지원

1. 위기 지원의 필요성 및 목적

위기에는 정해진 전조 징후가 없기 때문에 이를 미리 예견하는 것에는 어려움이 따른다. 이용표 등(2017)이 실시한 실태조사에 따르면, 지역사회 거주 정신질환자 및 정신장애인의 97.7%가 평소에 약물치료를 받고 있음에도 연 평균 9.7회의 위기를 경험한 것으로 드러났다. 즉, 약물치료를 받고 있는 정신장애 당사자 중 상당수에서 위기가 일상적으로 발생한다는 것을 의미한다. 때문에 전통적인 치료방식 이외에도 정신장애인이 경험하는 다양한 위기상황에 대응할 수 있는 적절한 개입 방안이 실천적인 측면에서 제공되어야 한다.

또한 위기지원체계의 확립은 정신질환자의 입원을 통제하는 전략으로서도 매우 중요하다. 현재 우리나라의 경우, 정신과적 위기 또는 응급은 자타해위험이 있는 상황과 동일하게 정의됨으로써, 대응방안도 응급입원 또는 비자의입원 이외에 전무하다. 예를 들어 서울시 위기사례대응매뉴얼에 따르면, 위기사례 발생 시 응급성이 있는 경우는 응급입원, 응급성이 없는 경우는 자의입원을 유도하고 있다. 만일 자의입원을 거부하고 자타해위험이 있는 경우에는 보호의무자에 의한 입원을 의뢰하고, 보호자가 없거나 협조하지 않는 경우에는 행정입원을 의뢰한다. 응급성이 없는 위기상황에 있는 경우에도 자의입원이 어렵다면 외래치료를 유도하는 것이 유일한 방안이다. 즉, 위기가 발생하면 모든 경우 정신의료기관 입원의뢰를 최우선적으로 고려하도록 매뉴얼이 설계되어 있다(이용표·박인환, 2020). 현재 우리나라 정신건강 체계 내에서는 위기상황에 적절한 서비스를 제공하여 정신질환자의 무분별하고 불필요한 입원을 통제할 수 있는 기제가 전혀 존재하지 않음을 의미한다. 이처럼 위기지원에 대한 정책적 고민이 없는 상황에서 정신질환자에 대한 입원 예방은 결코 수월하게 이루어질 수 없다.

지역사회에서 정신장애를 안고 살아가는 과정에서는 가능한 한 위기대응체계라는 보호막을 통해 입원치료는 최후의 수단으로서 선택될 수 있어야 한다. 입원치료 이전에 조기에 적절한 개입을 통해 불필요한 입원을 회피하고, 위기상황이 방치 및 악화된 상태에서 자타해의 위험 등이 발생하지 않도록 지원하는 것이 중요한 것이다(박인환·한미경, 2018).

2. 위기 지원의 원칙

WHO에서는 정신건강 위기 또는 응급 상황에 효과적으로 대응할 수 있도록 기관 간 정신건강 및 심리사회적 지원 지침에서 다양한 수준의 서비스들을 승인 및 권장하고 있다. 그 내용은 다음과 같다.

1) 지역사회 자조 및 사회적 지지

구성원들이 공동으로 문제를 해결하고 응급상황에 대한 대처 또는 새로운 기술을 습득하는 활동에 함께 참여하는 등, 지역사회에서의 자조 및 사회적 지지체계를 강화하여야 한다. 이 때 정신장애가 있는 사람을 포함하여 사회적으로 취약하고 소외된 사람들의 참여 또한 보장하여야 한다.

2) 심리적 응급 처치(Psychological first aid)

최근에 발생한 사건으로 인해 갑작스러운 고통을 겪고 있는 사람들에 대한 일차적인 정서적 및 실질적인 지원을 제공하여야 하며, 보건 전문가, 교사, 또는 훈련된 자원 봉사자를 포함한 현장 근로자가 이를 제공하여야 한다.

3) 기초적인 정신건강의료서비스

우선적인 개입이 필요한 상태(우울, 정신증적 장애, 뇌전증, 알코올 및 약물 남용 등)에 대한 기초적인 정신건강의료서비스는 훈련 및 슈퍼비전을 받는 보건 전문가에 의해 모든 보건시설에서 제공되어야 한다.

4) 심리적 개입

문제해결 개입, 집단지료, 인지행동치료의 원칙에 기반한 개입 등, 장기적인 정신적 고통을 경험하는 사람들에 대한 심리적 개입은 보건 및 사회복지 부문의 전문가 또는 훈련 및 슈퍼비전을 받은 지역사회 워커에 의해 제공되어야 한다.

5) 중증의 정신질환 및 심리사회적 장애를 가진 사람에 대한 권리 보호와 증진

중증 정신질환자 또는 심리사회적 장애인의 권리를 보호하고 증진하는 것은 매우 중요하다. 정신과적 시설/병원 및 주거에서 생활하는 사람들에 대한 지속적인 방문, 모니터링, 지원 등이 요구된다.

6) 지역사회 연계 및 의뢰 체계

정신건강 전문가, 일반 의료서비스 제공자, 지역사회 기반의 지원 및 서비스(학교, 사회복지서비스, 의식주, 쉼터 등) 간에 연계 및 의뢰를 위한 체계가 마련되어야 한다.

미국 연방정부의 보건복지부(Department of Health and Human Services) 산하의 SAMHSA(약물 및 정신건강청; Substance Abuse and Mental Health Services Administrations)(2009)에서는 정신건강위기에 대응하는 필수적인 가치를 다음과 같이 10가지로 제시하고 있다.

(1) 위해의 방지

정신건강위기는 때때로 당사자, 위기대응자 등의 안전을 위태롭게 한다. 적절한 대응은 신체적 안전을 확립하는 것이기도 하지만, 심리적인 안전도 함께 획득하여야 한다. 정신건강위기에 있는 개인에게 급박한 대응을 하는 것은(종종 신체적 안전을 확보하고자 실시됨) 당사자에게 해를 끼치기도 한다. 정신건강위기에서의 적절한 대응은 개입에 수반되는 위험과 이익을 고려하고, 가능할 때마다 '주의 깊은 기다림(watchful waiting)'의 시간을 허용하여 위험을 충분히 통제하는 등의 대안적 접근을 사용하는 것이다. 신체적 안전을 확보하는 것이 긴급하고 중대한 자타해 위험 상황에서 별다른 대안이 없는 경우에는, 개입의 지속기간과 부정적인 영향을 최소화하기 위한 조치가 취해져야 한다.

(2) 사람-중심적(person-centered) 개입

정신건강위기는 어떤 환경 속에서는 일상적일 수도 있고, 중증의 정신질환 혹은 정서적 문제를 가진 몇몇 사람들에게는 더욱 일상적으로 발생해왔을 수도 있다. 한편 적절한 위기지원을 위해서는 특정 세팅에서의 진단적 라벨, 주 호소, 관례적인 실천에 기반하는 틀에 박힌 개입은 자제하여야 한다. 적절하게 개입하기 위해서는 당사자, 당사자의 특수한 상황, 그리고 당사자가 어떠한 개인적 선호를 가지고 있는지를 이해하여야 한다.

(3) 책임 공유

사건이나 감정에 대한 통제력을 상실한 것 같은 급박한 느낌은 정신건강위기의 특징이다. 실제로 '통제력 상실감'은 정신과적 응급지원을 받게 되는 가장 빈번한 이유이다. (당사자와 책임을 함께 공유하지 않고) 당사자에게 일방적으로 처치된 개입은 이러한 무력감을 더욱 강화할 수 있다. 사람-중심 계획에 대한 주된 근거 중 하나는 책임의 공유가 더욱 나은 참여도와 효과를 촉진한다는 것이다. 위기상황 속에서 공유된 사람-중심의 계획을 실행하는 것이 어려울 수도 있지만, 궁극적으로는 위기해결에 대한 개인의 역할을 가능한만큼 고려하고 존중하는 개입방식이 장기적인 이익을 가져올 수 있다. 적절한 위기 대응은 당사자를 서비스에 대한 수동적 수혜자가 아닌 서비스의 능동적인 파트너로서 고려하여, 통제력을 회복하도록 돕는 것이다.

(4) 트라우마(외상)에 대한 치료

위기 그 자체는 본질적으로 외상적이며, 특정 위기개입 방식들은 신체적 및 정서적 트라우마를 추가적으로 초래할 수도 있다. 또한 중증정신질환을 가진 사람들은 학대 또는 방치의 피해자가 될 가능성을 높게 가지고 있다. 신체적 안전이 확립되고 나면, 진단 및 필요한 치료를 시작할 자격

301

을 보유한 사람이 지체 없이 위기 또는 위기대응으로 인한 피해를 검사하고 다루는 것이 필수적이다. 또한 특정한 개입과 관련하여 당사자의 관련 외상 이력과 취약성에 대해서도 이중 책임을 가진다. 위기 대응자들은 그들이 접근 가능한 범위 내에서 이러한 정보를 적절히 파악하고 통합하여야 하며, 개인들은 이 중요한 정보가 사용가능하도록 개인적인 책임을 져야 한다(예를 들어, 사전의료의향서를 적용할 수 있다).

(5) 안전감을 확보

당사자는 정신건강 위기를 스스로에게 치명적인 사건으로써 경험할 수 있으며, 따라서 안전감을 즉각적으로 느낄 필요가 있을 수 있다. 불안행동(agitated behavior)을 보인다면, 이는 자기방어를 위한 당사자의 시도가 투영된 것일 수 있다. 개인 안전의 주체적인 목표를 달성할 수 있도록 당사자를 지원하기 위해서는, 안전감을 경험하고자 하는 당사자에게 어떤 것이 필요한지와(당사자에 의해 사전에 형성된 개인안전계획이나 위기계획에 포함되어 있을 수 있음) 어떤 개입이 취약한 감정을 더 강하게 느끼게 하는지(예를 들어, 독방 격리)를 이해하는 것이 필요하다. 또한 그러한 지원을 제공하려면 종사자는 이러한 욕구들을 창의적으로 다루기 위해 개인의 욕구와 자기결정의 자유를 이해할 수 있는 시간을 가져야 한다.

(6) 강점 중심

위기 해결에 대한 책임을 공유하는 것은 비록 위기에 있더라도 당사자가 개인적 강점을 파악하고 응급상황 해결을 원조할 수 있음을 이해한다는 것을 의미한다. 당사자들은 종종 위기를 촉발시킨 요인과 그로부터의 영향을 개선하는 데에 도움이 되는 요인들을 이해하고 있다. 적절한 위기 대응을 위해서는 당사자가 이끌어낼 수 있는 자원들을 식별하고 강화할 수 있도록 해야 하며, 이는 위기 상황으로부터 회복할뿐만 아니라 미래의 사건들을 예방하는 것을 돕고자 하는 것이다.

(7) 온전한 인간

위기에 있는 중증정신질환 당사자는 전인적인 사람으로 복합적인 욕구를 가질 수 있다. 위기를 적절하게 이해하기 위해서는 보건 분야별로 분류에 의해 서비스들이 제한되어서는 안된다. 개인의 응급상황은 다른 건강요인들과 정신과적 문제의 상호작용이 반영된 것일 수 있기 때문이다. 또한 당사자가 의료적 현상으로써 다루어지곤 하는 위기를 경험하고 있는 동안, 당사자의 반응에 중대한 영향을 미치는 평범해 보이고 실질적인 문제들이 있을 수도 있다. 예를 들면, 당사자 자녀의 소재, 반려동물의 복지, 집이 잠겨있는지의 여부, 직장 결근 등이 해당된다.

(8) 사람에 대한 신뢰

중증정신질환으로 진단된 당사자의 주장이나 불만은 다른 사람들에게는 회의적으로 보여지는 경향이 있다. 특히 정신건강 위기의 맥락 속에서, 이러한 당사자들의 진술들이 망상적 사고의 징후라고 추정될 수도 있다. 결론적으로는, 의학적 질병, 통증, 학대, 또는 피해와 같은 문제들과 관련된 합당한 불만들까지도 무시될 위험이 있다. 심지어 당사자의 주장이 현실적이지 않고 망상적인 언어로 표현되더라도, "대화하기"는 위기 해결을 위한 중요한 단계가 될 수 있다. 이러한 이유로, 정신건강 위기에 있는 당사자에 대한 적절한 대응에서는, 개인의 강점과 욕구를 이해하는 데에 중요한 신뢰할 수 있는(사실적 혹은 감정적) 정보원으로써 당사자를 인정하고 무시하지 않는다.

(9) 회복, 회복탄력성, 자연스러운 지원

병원응급실과 같은 특정한 세팅에서는 당사자들을 오로지 급성의 위기상황과 스트레스가 많은 환경 속에서 일시적으로만 바라보게 된다. 응급상황은 일시적인 재발일 수 있으며 사람이나 개인의 더욱 포괄적인 삶의 과정을 정의할 수 없다는 관점을 잃지 않는 것이 중요하다. 적절한 위기대응은 회복과 회복을 향한 개인의 더욱 큰 여정에 기여하고 이러한 가치를

통합한다. 따라서, 개입은 존엄성을 유지하고 희망감을 촉진하며 공식적인
시스템 및 비공식적인 자원의 참여를 장려하여야 한다.

(10) 예방

중증정신질환을 가진 당사자들은 종종 잦은 위기들 사이에서 일시적인
휴식기만을 갖는다. 적절한 위기 대응은 현재의 에피소드에 영향을 미치
는 요인들을 진단 및 검토함으로써 위기가 재발하지 않을 것을 보장하고
미래의 재발을 예방하는 것이다. 따라서 적절한 위기대응에는 개별적인
계획과 체계적인 개선들을 통해 충족되지 않은 요구를 해결하는 수단들이
필요하다.

이와 함께 SAMHSA에서는 필수적 가치를 실질적으로 이행하는 데에
필요한 15가지의 원칙을 소개하고 있다(SAMHSA, 2009; 박인환·한미경,
2018).

① 지원과 서비스에 대한 접근은 시기적절해야 한다.
② 서비스는 최소 억압적인 방식으로 제공되어야 한다.
③ 동료지원을 사용할 수 있어야 한다.
④ 위기상황에 있는 개인 및 상황을 파악하기 위한 충분한 시간이 확보되
   어야 한다.
⑤ 개입의 실천은 정신질환을 가진 당사자의 강점을 중심으로 한다.
⑥ 위기개입서비스는 질환을 겪고 있는 개개인의 전반적인 서비스 계획과
   상황을 고려해야 한다.
⑦ 위기개입은 당면한 문제들에 대해 효과적으로 개입하고 평가할 수 있는
   적절한 교육을 받고 역량이 증명된 전문가에 의해 이루어져야 한다.
⑧ 본인이 스스로 위기상황이라고 하는 경우도 고려 대상이 되어야 한다.
⑨ 위기상황에 개입하는 사람은 위기에 대한 총체적인 이해가 있어야 한다.
⑩ 서비스를 제공할 시 개인의 문화, 인종, 나이, 성적취향, 건강지식 및
   대화 욕구 등을 존중하여야 한다.
⑪ 질환을 겪고 있는 사람이 다시 삶에 대한 통제를 할 수 있도록 돕는
   것이 우선되어야 한다.

⑫ 개개인의 권리가 존중되어야 한다.
⑬ 서비스는 정신적 외상(트라우마) 치료에 기반하여야 한다.
⑭ 반복적인 위기는 평가 또는 케어에 대한 문제 신호이다.
⑮ 미래에 일어날 수 있는 위기를 줄이는 방향으로 개입방법을 취해야 한다.

제3절 외국의 위기지원체계

1. 미국

미국의 경우 위기상황에 있는 개인들에 대한 다양한 서비스들이 존재한다. 주 또는 카운티에 따라 서비스의 종류와 내용에 차이가 있으나, 미국 연방정부 SAMHSA(2014)에서는 실증적 근거가 입증된 위기서비스들을 다음과 같이 소개하고 있다.

〈표 12-2〉 미국의 정신장애인 위기대응서비스

서비스	주요내용
24시간 위기 핫라인 (24/7 crisis hotline)	특별한 정신질환을 가지고 있는가와 상관이 없이 극심한 스트레스에 시달리거나 자살충동을 느끼는 모든 사람에게 무료로 제공되는 전화상담서비스이며, 교육훈련을 받은 전문가에 의해 위기상황을 극복할 수 있도록 지원
기동 위기서비스 (mobile crisis intervention)	위기상황이 보고되면 이동차량을 이용하여 심리학자, 사회복지사, 동료전문가, 정신질환을 겪는 사람을 둔 가족 등으로 구성된 MCI팀이 즉각적으로 출동하여 조사하고 개입하여 위기를 해결하는 서비스
23시 위기안정/보호침상 (23-hour crisis stabilization/ observation beds)	짧은 시간내에 집중적인 치료를 통해 위기상황이 24시간내에 안정될 수 있다는 판단이 서는 경우에 활용되는 서비스. 23시간 이내 위기인정이 가능한 경우 병원부설 시설에서 서비스제공. 강제입원이나 입원치료가 현저히 줄어든다는 실증적 효과성이 입증됨
단기위기거주서비스 (short term crisis	병원이 아닌 주거형태 시설에서 24시간 동안 급성적 상태를 안정시키는 서비스. 주로 한번에 16명의 환자를 수용할 수

서비스	주요내용
residential service and crisis stabilization	있으며, 급성증상을 치료함으로써 더 이상의 위협상태로 가는 것을 방지하는 것이 목표
동료위기 서비스 (Peer crisis service)	동료들이 제공하는 위기대응 주거서비스. 전문가가 아닌 교육받은 당사자들에 의해 안전하고 지지적인 환경을 제공하여 위기상황 감소역할. 24시간에서 1주일까지 서비스 이용 가능
웜라인 (Warmline)	동료들이 위기상황에 있는 사람들에게 유선으로 정서적 지원을 제공하는 서비스. 당사자 경험을 바탕으로 정서적 지원을 제공하여 위기상황을 감소시키고 적절한 선택을 할 수 있도록 지원함.
사전의료의향서 (Psychiatric advanced directive statement)	임종을 앞둔 사람들이 이용하는 사전의료의향서(advanced directive statement)를 정신질환을 가진 사람에게 적용. 정신질환을 가진 사람들이 위기상황에서 올바른 판단을 할 수 없었다는 경험을 바탕에 두고 언제 닥칠지 모를 위기상황에 대비하여 본인이 원하는 치료방법(병원, 치료방식, 주치의 등)을 미리 지정하는 서비스

출처: 이용표 등(2019). 서울시 정신질환자 지역사회지원체계 연구. 서울특별시의회

미국 위기대응서비스의 시사점을 살펴보면 다음과 같다(이용표 외, 2019).

첫째, 미국의 위기대응체계는 유사한 상황을 경험하여 당사자를 보다 잘 이해할 수 있는 정신장애를 가진 동료지원가들이 광범위하게 참여하고 있다. 기동위기서비스에는 동료지원가가 직원으로 고용되어 있고, 동료지원가들은 유선으로 위기상황에 있는 사람들에게 정서적 지원을 제공하는 웜라인을 운영하고 있으며, 당사자단체는 위기시 안전한 주거와 지지를 제공하는 동료위기서비스를 운영한다. 당사자에게 발생한 위기상황은 이를 즉각적으로 지원해야 하는 비정신장애인(가족, 전문가 등)의 입장에서 바라보았을 때에 이해하기 어려운 정서와 행동처럼 보일 수 있다. 반면에 위기 또는 유사한 경험을 가진 동료 정신장애인이 위기상황에서 지원을 제공한다면, 비정신장애인보다 더욱 많은 공감과 이해를 기반으로 하는 지원이 가능해진다. 미국의 경우에는 이러한 동료지원가의 경험적 전문성을 공식적으로 인정하여 위기대응 서비스에서 적극적으로 활용 중에 있으며, 동료지원가에 의한 지원이 효과가 있음을 입증한 바 있다.

둘째, 미국의 위기대응체계는 위기와 관련된 다양한 상황과 단계에 따른 서비스체계가 구축되어 있다. 전화상담에서부터 현장출동, 1일 이내 병원보호, 비의료적 주거에서의 보호 그리고 안전주택에서의 동료지지 등으로 위기상황과 단계에 따라 세분화된 서비스가 제공된다. 이러한 방식으로 구축된 체계에서는 위기의 범주를 급박한 자타해위험에 한정하지 않고 있기 때문에, 비자의입원요건을 갖추지 못한 정신장애인까지도 포괄하여 보호할 수 있다. 한편, 우리나라의 경우에는 정신과적 위기상황이 비자의적 입원 요건인 자타해위험의 존재로 한정되어 있어 입원치료 이외에는 마땅한 서비스가 없다. 즉, 자타해위험은 없지만 정서적으로 고통을 경험하고 있는 당사자에 대한 서비스는 전무한 상태인 것이다. 이러한 점에서 미국의 단계적인 위기대응체계와 위기에 대한 관점은 우리나라에 시사하는 바가 크다.

셋째, 위기상황에서 강제입원은 극도로 자제되며 최후의 방편이다. 미국 체계에서 위기상황에서의 1일 이내 병원보호, 비의료적 주거에서의 보호 그리고 안전주택에서의 동료지지 등 정신과 입원을 억제하기 위한 대안들이 다양하게 제공되고 있다. 이러한 체계는 주거공간을 제공하고 당사자의 욕구에 따라 다층적인 대안을 가지기 때문에 강제입원은 억제될 수 있다.

넷째, 사전의료의향서를 통하여 미리 위기계획을 당사자와 수립하고 있다. 생활상에서 언제든지 찾아올 수 있는 위기에 당사자들이 주도적으로 대응할 수 있도록 사전의료의향서를 작성한다. 이는 주로 노년기에 닥칠 수 있는 연명치료와 관련하여 사전의료지시서를 작성하고 공적으로 등록하는 시스템을 정신장애가 있는 사람에게 위기시에 적용할 수 있도록 하는 것이다. 이러한 제도는 당사자 참여를 통하여 당사자들이 억압받는다는 느낌을 감소시키는 대응체계를 만들어낼 수 있으며, 계획과정에서 가족, 동료 그리고 가까운 전문가들이 참여할 수 있도록 함으로써 안전감을 제공할 수 있다.

2. 일본[4]

일본정부는 2004년 '정신보건의료복지 개혁 비전'을 통하여 사회적 입원 대책을 강구하고자 하였다. 이러한 비전에 따라 '2008년 '정신장애인 지역 이행지원 특별대책사업'의 시범사업이 이루어졌으며, 2010년에는 퇴원전 부터 지역사회정착까지를 지원하는 프로그램이 '정신장애인 지역이행·지역정착사업'으로 구체화되었다(大谷寛, 2016). 즉 이 사업의 목적은 병원·시설 등 지역 관계자와 연계하여 입원 중인 정신질환자가 퇴원 후 자립하여 지역사회에서 사회생활 및 일상생활을 할 수 있도록 지원하는 것이다. 사업추진은 광역자치단체가 기획하며 권역별로 나누어 권역의 보건소가 실무를 주관한다. 실제 사업의 추진을 위해서 보건소는 사업의 구체적 지원을 맡을 지역이행추진위원회을 조직하며, 지역체계정비 조정자로서 각 권역의 상담지원사업자 등을 배치한다. 그리고 사업에서는 동료지원가의 정신병원 방문서비스에의 활용을 강조한다. 2012년 4월에 와서 이 사업은 장애인종합법에 근거한 지역상담지원(지역이행지원·지역정착지원)으로서 개별 급부화(법제화)되었다(中央法規編集部, 2016).

그중 지역정착지원서비스는 주거에서 혼자 생활하는 정신장애인이나 동거하고 있는 가족 등이 장애, 증상으로 인해 긴급 시 지원이 어려운 상황에 있는 장애인 중 위기 시의 지원체계가 필요하다고 예상되는 사람을 대상으로 한다. 단, 그룹홈, 숙박형 자립훈련시설 입주자는 대상에서 제외하고 있다.

지역정착지원서비스의 내용은 네 가지로 분류된다. 첫째 이용자를 사정하여 이용자의 상황과 긴급시 연락체계(가족·의료기관·장애복지서비스사업자 등)를 기재한 지역정착지원대장을 작성하여 관리한다. 둘째, 이용자 주변인의 연락체계 확보와 주거 방문 등을 실시하고 이용자의 상황을 파악한다. 셋째, 긴급시 이용자 주거방문, 관계기관과의 연락조정, 일시적

---

4 이용표(2019). 정신장애인의 정신의료기관 입·퇴원관련 의사결정지원제도 비교 연구-시범 절차보조서비스를 중심으로. 비판사회정책 제63호 233~273의 내용을 수정·보완

〈표 12-3〉 일본의 정신장애인 지역정착지원

	지역정착지원
사업개요	주거에서 혼자 생활하고 있는 장애인에 대해 상시 연락을 취할 수 있는 체계를 확보하고 장애특성에 기인하여 발생한 긴급사태 등에 대해 상담지원을 실시
대상자	• 주거에서 혼자 생활하는 장애인이나 동거하고 있는 가족 등이 장애, 증상으로 인해 긴급시 지원이 어려운 상황에 있는 장애인 중 긴급시의 지원체계가 필요하다고 예상되는 자. • 지역이행한지 얼마되지 않았거나, 지역생활이 불안정한 자 등으로 그룹홈, 숙박형 자립훈련 입주자는 대상 외
지원내용	• 이용자마다 사정을 실시하여 이용자의 상황과 긴급시 연락 가능한 체계(가족·의료기관·장애복지서비스사업자 등)을 기재한 지역정착지원대장을 작성 • 이용자 주변인의 연락체제 확보와 주거 방문 등을 실시하고 이용자의 상황 파악 필요 • 긴급 시에 이용자의 주거에 방문, 관계기관과의 연락조정, 일시적 체류를 통한 지원 등을 실시 • 긴급 시에 일시적으로 머물 곳에 대해서는 지정장애인복지서비스사업자에게 위탁 가능
기간	급부결정일이 속하는 달을 제외하고 1년 이내(지역생활을 계속하기 위해 긴급 시의 지원체제가 필요하다고 예상되는 경우에는 1년 갱신 가능)

체류를 통한 지원 등을 실시한다. 넷째, 긴급 시에 일시적으로 머물 곳에 대해서는 지정장애인복지서비스사업자에게 위탁하도록 할 수 있다. 지역 정착지원서비스는 1년 동안 제공되며, 1년 이내 연장이 가능하다. 이를 정리하면 다음의 〈표 12-3〉과 같다.

이 사업은 장애인종합법의 서비스제공자격을 가진 단체에 의해 수행되며, 일반적으로 사회복지법인이다. 수행인력은 정신보건사회복지사가 일반적으로 책임자가 되며, 실제 다양한 활동에서 동료지원가는 핵심적인 역할을 한다. 동료지원가는 정신질환의 경험을 살려 입원 중인 정신장애인이 퇴원하여 지역에서 생활할 수 있도록 필요한 지원을 제공하는 역할을 한다. 즉 동료지원가는 센터장의 지시하에 지역정착지원 종사자와 연계하여 지역에서의 생활을 희망하는 정신장애인에게 퇴원 후 지역에서 생활하는 데에 필요한 지원을 제공하고, 지역생활이행지원협의회에서의 보고 및 지원에 필요한 정보를 수집하는 업무를 한다.

3. 우리나라에 주는 함의

2017년 4월부터 시행된 정신건강복지법은 이전 법에 비해 엄격해진 비자의입원 절차와 지역사회 복지서비스 확충을 토대로 정신질환자 및 정신장애인의 탈수용화를 추진하고자 하였다. 그러나 국회입법조사처가 법 시행 이후의 상황을 분석한 바에 따르면, 입원환자는 미세하게 감소하였지만 퇴원환자가 더욱 감소함으로써 오히려 전체적으로 입원이 장기화되는 추세가 나타난 것으로 분석되었다. 정신건강복지법의 입원통제정책이 실효성을 발휘하지 못하고 있는 것이다.

미국과 일본 사례를 통해 우리나라의 법령을 보완하기 위해서는 첫째, 현재 위기대응을 수행하고 있는 정신건강복지센터 차원에서 위기상황을 안정시킬 수 있는 입원 이외의 자체적인 대안을 제도적으로 구축하여야 할 것이며, 둘째, 사전정신의료의향서나 사전위기상황 계획의 공식적 등록체계 등을 도입하여 당사자가 원하는 개입방법을 위기상황에서 반영할 수 있도록 해야 하며, 셋째, 비의료적인 주거서비스(위기쉼터), 동료지원가가 서비스를 제공하는 주택 등을 중심으로 위기관리 체계를 개선하여야 할 것이다. 위기체계는 정신장애인의 탈원화 또는 비수용화와도 직접적으로 연관이 있기 때문에 우리나라에서는 위기대응체계에 대한 개선을 적극적으로 검토하고 적용하여야 한다.

제5부

대안정신보건프로그램의 모색

제13장 서구의 대안정신보건프로그램
제14장 일본의 대안정신보건프로그램:
　　　　베델의 집과 당사자연구
제15장 커뮤니티케어와 정신장애인

제1절 대안정신보건프로그램의 필요성

1. 의학적 치료모델의 발전과정

현재 모든 정신적 문제는 정신질환으로 일컬어지고 있다. 목소리를 듣고, 환상을 보는 등 현실과 다른 감각을 느끼는 현상은 조현병의 환각으로 정의되고 있고, 기분이 오르내리는 현상은 양극성정동장애로 분류된다. 과거에는 '다소 산만하다'고 여겨졌을 아동들에게는 ADHD라는 꼬리표가 붙여졌다. 이처럼 인간의 어떤 특징을 문제 또는 일탈이라고 해석하게 되면서, 모든 정신적인 문제는 의학의 치료 대상으로 편입되었다.

현대의학은 관찰을 바탕으로 질병을 가시적인 것으로 정의하고, 해부병리학적인 소견에 따라 분류한다(박시성, 2007). 의학은 다양한 감각기관을 활용하여 질병에 접근하는데, 대표적으로 시각(MRI, Xray), 청각(청진기) 등이 있다. 이러한 경험적인 관찰을 통한 접근은 임상의학이 질병을 이해하는 전형적인 방법이다(박시성, 2007).

한편, 정신의학 영역에서는 의학적 감각기관을 통한 접근이 어렵다. 현재까지 정신적 문제에 관한 구체적인 병소가 규명된 바 없기 때문에, 정신질환은 여타 신체적 질병 또는 장애와 달리 감각적, 경험적으로 지각하기

---

1 본 장은 "배진영(2020). 정신장애인의 약물중단 경험에 대한 연구. 석사학위논문."과 "이용표·배진영(2020). 대안정신보건프로그램에 관한 연구: 정신장애인 취업활동 증진을 위한 비약물 접근을 중심으로. 직업재활연구, 30(2), 21~52"의 일부내용을 수정·보완하였음.

힘들다는 특성을 가진다. 때문에 정신과 전문의들은 환자의 주관적이고 개별적인 호소와 서술에 의존하여 진단명과 약물을 처방하는데, 이처럼 정신의학은 다른 의학 영역에 비해 환자 또는 의사의 주관성이 개입할 가능성이 농후하다.

그럼에도 불구하고 정신의학의 치료모델이 정신건강 영역에서 차지하고 있는 위상은 독보적이다. 이처럼 현재의 의학적 치료모델이 정신의학의 중심에 위치하기까지 수많은 역사적인 노력들이 있었다.

1) 생물학적 정신의학의 시작

본디 정신의학은 의학과 의학이 아닌 것의 경계에 위치해 있었다. 이러한 처지를 극복하고자 정신의학 영역 역시 임상병리적 방법을 적용하여 정신적·행동적 문제들을 생물학적인 관점에서 설명할 수 있다는 것을 증명하고자 하였고, 이러한 노력 끝에 정신적·행동적 문제들은 의료화되어 '정신질환'으로써 인정받을 수 있었다(Shorter, 1998). 정신과의사들은 정신질환이 뇌 또는 척수 등의 구조적 문제라고 보고 그에 관한 정밀한 연구들을 실행하였지만, 정신질환의 뇌병변 원인론을 뒷받침할 수 있는 근거와 치료법을 규명해내지는 못했다. 이후 정신과 의사들은 정신적인 문제의 원인이 신체에 있다는 것을 오랜 기간 동안 주장해왔음에도 명확한 근거를 밝혀내지 못하게 되자, 정신질환의 원인을 유전적 결함으로 설명하며 본질적으로 고칠 수 없는 인간의 퇴화라고 주장하였다(Scull, 2016). 이후 이러한 주장은 우생학적 퇴행이론으로 발전하여 강제불임시술, 단종술, 심지어는 안락사와 같은 장치들을 만들기에 이르렀다(신권철, 2012).

한편 미국 정신과의사 헨리 코튼(Henry Cotton)은 정신질환의 병소가 신체에 있다는 신념을 굽히지 않고 이를 증명하기 위한 실험들을 지속했다. 정신질환의 원인이 미생물 감염, 만성 감염에 있다는 주장부터 시작하여, 국소패혈증 원인론을 창안해 환자들의 치아, 편도선, 위장, 비장, 결장 등까지 제거하기도 하였다(Scull, 2016). 코튼의 신체 실험들은 유럽과 북아메리카에 영향을 미쳤고, 전기치료(ECT), 전두엽절제술, 인슐린혼수요법

등의 물리적 치료법이 정신질환의 치료법으로 각광받게 되면서 정신질환의 신체적 원인론은 더욱 공고해졌다(Deacon, 2013). 그러나 물리적 치료방법에 대한 비판들이 거세지고 뒤따라 정신약물이 등장하게 되면서 약물을 중심으로 한 새로운 치료법의 시대가 열렸다.

2) 정신약물 시대의 도래

최초의 정신과약물인 클로르프로마진(chlorpromazine)은 페노티아진 계열의 약물로, 프랑스 해군군의관이었던 앙리 라보리(Henri Laborit)가 본래 마취제의 효능을 강화하기 위한 용도로 개발한 것이었다(정영인·박숙현, 2006). 라보리가 자신의 환자들에게 실험을 해본 결과, 환자들이 클로르프로마진을 복용한 뒤 주변의 일에 '무관심'해진다는 것을 우연히 발견하게 되었고, 이 약물은 본래의 의도와는 다르게 항정신병 약물로써 기능하게 되었다. 이후 다른 정신과 의사들을 통해 클로르프로마진이 조현병 또는 조증 환자들을 진정시키는 데에 우수한 효과가 있다는 것이 증명되었고(Shorter, 1998), 유럽과 미국 등지에서는 상품으로써 출시되었다. 클로르프로마진에 뒤이어 각종 항정신병약물, 항조증약물, 항우울제 등 다양한 약물들이 쏟아져 개발되었는데, 이로써 정신과의사들은 많은 비판을 받았던 외과적 요법에서 벗어나 현대의학을 상징하는 약물이라는 도구를 최종적으로 거머쥐게 되었다.

이처럼 생물정신의학의 약리학적 기반이 된 각종 정신약물들은 물론 단계적으로 천천히 준비해 온 과학적 연구에 의한 것이기도 하지만, 우연이라는 행운이 더해진 것이기도 하다(Shorter, 1998). 정신과의사들은 우연히 발견된 약물의 효과의 기전을 밝히는 과정을 통해 정신질환의 병태생리를 규명하고자 하였는데, 이는 질환의 병태생리가 먼저 규명되고 그에 따른 치료약물이 개발되는 기존의 약물개발과정과는 대조를 이룬다(정영인·박숙현, 2006). 따라서 정신약물학은 다양한 정신약물이 신체에 어떤 영향을 미치는지를 탐구하기 위해 약물의 작용 기전을 연구하기 위한 분야로서 정립되었고, 이를 주도한 제약회사들은 정신과 약물이 도파민

(dopamine)이나 세로토닌(serotonine 또는 5-HT)과 같은 뇌의 신경전달물질에 화학적 변화를 일으킨다는 것을 확인하였다(Shorter, 1998). 이로써 정신질환에 대한 원인론으로 도파민 가설과 세로토닌 가설이 제기되었고, 이후에는 더욱 많은 신경전달물질이 발견됨에 따라 정신질환에 대한 새로운 화학적 불균형 이론들도 계속해서 뒤따랐다.

3) 담론으로서의 정신약물

19세기 말 정신의학 영역에서는 정신질환이 신체적 손상에 의한 것임을 공고히 하였고, 20세기 말부터 현재까지 정신질환에 관한 생물학적 패러다임이 주류로써 자리매김하고 있다(Scull, 2016). 그에 따라 뇌 신경전달물질의 불균형이 정신질환의 원인이라는 가설이 마치 정설처럼 간주되고 있지만, 사실상 정신질환의 명확한 원인은 지난 200년 동안 밝혀진 적이 없으며 생물학적 검사법도 존재하지 않는다(Frances, 2013). 이러한 상황 속에서도 정신의학과 정신약물이 정신질환에 관한 모든 문제에 관여하게 된 것에는 특수한 맥락과 이유가 존재한다.

1980년, 미국정신의학회(APA: American Psychiatric Association)의 정신질환진단 및 통계편람 제3판(DSM-3)의 출판은 정상성과 정신질환 사이의 경계를 구분지음으로써 많은 사람들의 인생에 지대한 영향을 미치는 중요한 결정을 도맡게 되었다(Frances, 2013). DSM-3가 발표된 이후, APA는 유명 언론을 통해 마케팅 캠페인을 시작하였고(Deacon, 2013), 다국적 제약산업은 DSM 진단 범주와 약물치료 사이에 연결고리를 채움으로써, DSM과 약물치료의 영향력이 더욱 커지도록 도움을 주었다(Scull, 2016). 이처럼 제약업계는 재정적 역할을 담당하고 APA와 정신과의사들은 학문적 영역에서 지식적 정당성을 부여함으로써, 정신의학도 여타 의학분야처럼 타당한 질병분류와 그에 따른 치료법을 가지고 있다는 인식을 줄 수 있게 되었다(Whitaker, 2010; Deacon, 2013). 이로써 미국 문화권 내에서는 정신질환이 '생물학적 기반의 뇌 질환'이라는 관념이 강화되었고, 그에 따라 정신의학의 정체성 자체가 약물처방에 관한 독점권으로 직결될 수 있었다. 자연스럽게 제약 회사들 역시 무수한 수입을 얻게 되었다 (Frances, 2013).

이처럼 정신의학이 정신질환을 전문적으로 다룰 수 있다는 인식이 우리 사회에서 독보적으로 자리하게 된 데에는 정신적인 문제들을 의학의 영역으로 끌어오기 위한 역사적인 노력들이 있었음을 알 수 있다. 의학은 지식과 실천을 이루는 언어 과정, 관점, 그리고 이들의 교환 속에서 규정되는 질서이며, 특히 정신적인 것에 있어서는 더욱, 의학 역시 진리가 아닌 담론이다(박시성, 2007).

2. 약물치료의 작용과 한계

2017년 정신질환을 갖고 있는 당사자들을 대상으로 한 실태조사에 따르면, 당시 정신과 외래 치료를 이용하고 있는 사람의 비율은 97.4%, 약물을 복용하고 있는 사람의 비율은 97.7%로, 여타 사회서비스의 이용 여부와는 관계없이 거의 모든 정신장애 당사자들이 병의원을 통해 약물을 복용하고 있었다(이용표 외, 2017). 반면에 그중 1년 간 정신적 위기를 경험한 비율은 37.4%에 달하였고 이들의 평균적인 위기 경험 횟수는 9.6회로 나타나, 대부분의 당사자들이 정신약물을 복용하고 있음에도 정신과적인 위기에서 완전히 해방되지 못함을 알 수 있다.

현재 약물치료를 중심으로 이루어지고 있는 임상 실천에서는 약물을 중단하면 증상이 재발하거나 재입원될 수 있다고 간주하여(Aldridge, 2012), 비록 증상의 관해(remission)에 접어들었다 하더라도 최소 1~2년 이상은 약물 복용을 지속할 것을 권고하고 있다(Alvarez-Jimenez et al., 2016; Bowtell et al., 2018). 그러나 사실상 약물복용을 유지해야 하는 최적의 기간은 규명된 바가 없으며 약물의 감소 또는 중단 시기를 규정하는 실천적 지침 역시 부재하다(Bowtell et al.,, 2018). 미국정신의학회에서도 약물을 중단했을 때에 재발을 경험할 사람과 재발하지 않을 사람을 구분해낼 수 있는 신뢰성 있는 지표가 없음을 밝히며, 따라서 정신질환을 가진 사람들은 무기한으로 약물을 복용할 것을 권고하고 있다(APA, 2004-Aldridge, 2012 재인용). 실제로 우리나라의 정신장애 당사자들은 초기 진료에서부터 최소한 10년 이상의 약물 복용을 권장받기도 하면서(장혜경, 2006), '평생 동반하는 몸의 한 부분(남상희, 2004)'으로 약물을 서서히 수용하게 된다.

이러한 임상적 실천은 정신약물이 증상을 유의미하게 완화시키고, 재발을 예방할 수 있다는 무수한 경험적 증거들과 신념으로 뒷받침되고 있기 때문에 가능한 것이었다(Moncrieff, 2011). 약물치료의 효과성을 입증하는 연구들은 대개 약물복용을 유지한 집단과 약물을 중단한 집단을 추적 조사하여 비교하는 방식으로 이루어져있다. 이들 대부분은 1년에서 2년 정도의 추적기간을 가지고 있으며, 결과적으로 약물을 중단한 집단이 더욱 높은 재발률과 재입원률을 보였다(Kane et al., 1982; McCreadie et al., 1989; Chen et al., 2010; Boonstra et al., 2011; Gaebel et al., 2011; Gitlin et al., 2001; Wunderink et al., 2007).

> 약물 복용 집단 VS 약물 중단 집단: 18개월 추적조사(Wunderink et al., 2007)
>
> Wunderink 등(2007)은 지속적으로 약물을 복용한 집단 63명과 약물을 서서히 감량한 집단 65명을 18개월 이후에 비교하였다. 그 결과 약물복용집단에서는 재발률이 21%였던 반면, 약물중단집단에서는 재발률이 43%로 나타났고 이 둘 사이의 차이는 유의미하였다. 즉, 해당 연구에 따르면 정신장애 당사자의 재발을 막기 위해서는 약물을 복용하는 것이 더욱 나은 조치로 보인다.

한편, 시간이 지남에 따라 일부 연구들에서는 약물치료의 효과성을 입증한 연구 결과들과 일치하지 않는 연구들이 등장하기 시작했다. 또한 약물에 반응을 보이시 않는 지료저항성과 건강을 위협하는 부작용 등이 드물지 않게 발견되면서, 정신약물이 주는 효과의 일관성과 지속성이 장기적으로도 유효한지에 대한 의문이 제기되기 시작하였다(Spandler & Calton, 2009). 다음의 Wunderink 등(2013)의 7년 추적조사는 장기적인 약물의 효과에 대한 새로운 관점을 제시해준다.

약물 복용 집단 VS 약물 중단 집단: 7년 추적조사(Wunderink et al., 2013)

Wunderink 등(2013)은 18개월 추적조사와 동일한 집단을 대상으로 7년 추적조사를 한 번 더 실시하였다. 그 결과는 이전의 연구결과(Wunderink et al., 2007)와 매우 극적인 대조를 보여준다.

〈표 13-1〉 Wunderink 등(2013)의 연구 결과

구분	약물복용집단	약물중단집단
재발률	68.6%	61.5%
증상적 완화	66.7%	69.2%
기능적 완화	19.6%	46.2%*
회복률	17.6%	40.4%*
*은 유의미한 차이를 의미함		

동일한 집단을 대상으로 7년 이후에 다시 한 번 더 비교한 결과, 약물을 중단한 집단이 현저히 높은 기능적 완화와 회복률(증상적 완화와 기능적 완화를 모두 충족한 상태)을 보여주었고, 재발률이나 증상적 완화는 두 집단 간에 차이가 없었다.

그 밖에도 Wils 등(2017)의 연구에서는 조현스펙트럼장애 진단을 받은 사람들을 약물을 복용한 집단과 약물을 중단한 집단으로 구분하여 10년 이후에 비교하였는데, 그 결과 증상이 완화된 비율은 약물복용집단과 약물중단집단이 서로 동일하였고, 증상이 완화되지 않은 비율은 약물복용집단이 31%로 약물중단집단(10%)에 비해 3배 높게 나타났다. 즉, 10년 이후의 시점에서도 약 3분의 1에 해당하는 환자들은 약물을 복용하지 않고도 증상적인 완화를 경험하고 있었다.

Morgan 등(2014)의 연구에서는 10년 이후 증상적으로 회복한 사람들

중 절반가량(56%)만 약물을 복용하고 있었고, 회복하지 않은 사람들 중에서는 89%가 약물을 복용하고 있었던 것으로 드러났다. Harrow 등(2012)은 20년 간의 추적연구를 실시하였는데, 4.5년부터 점차 시간이 지남에 따라 약물을 복용하지 않는 환자들에게서 증상이 유의하게 경감하였고 회복의 기간이 더욱 길게 나타났다.

이처럼 약물을 복용한 집단과 약물을 중단한 집단 간의 비교는 단기간에 이루어졌을 때와 장기간에 걸쳐서 이루어졌을 때에 서로 상반되는 결과를 보여주고 있다. 이는 정신장애의 진행 과정이 각 개인에 따라 이질적으로 드러난다는 것과 약물에 대한 현재의 지침이 모든 사람들의 효과를 담보하지는 못함을 증명할 뿐만 아니라(Wils et al., 2017), 오히려 약물의 중단이 장기적으로는 회복에 도움이 될 수도 있음을 암시하고 있다(Wunderink et al., 2013).

제2절 오픈다이얼로그

핀란드에서 시작된 오픈다이얼로그 프로그램은 욕구맞춤접근(Need-adapted approach)이라는 철학적 기반에서 구체적인 실천으로 발전된 것이다. 욕구맞춤접근은 심리치료적인 태도를 바탕으로 하여 사회적 관계망을 중심으로 최소한의 항정신병약물을 통해 이루어지는 대안적인 치료접근이다(Gromer, 2012). 욕구맞춤접근은 정신역동적 관점과 체계적 가족치료모델에 개념적 기반을 두고 있고(이용표 외, 2018), 오픈다이얼로그는 여기서 더 나아가 바흐친(Bahktin)의 대화주의, 베이트슨(Bateson)의 이중구속이론의 철학을 포함한다(Seikkula & Olson, 2003).

1. 욕구맞춤접근의 시작

핀란드에서는 1968년 공공 정신보건서비스에서 적용할 수 있는 조현병에 대한 치료적 접근을 개발하기 위해 핀란드조현병프로젝트(Finnish National Schizophrenia Project)를 장기간 수행하였다. 이 프로젝트를 통해 치료공동체를 구현하고, 개인이 장기간 참여할 수 있는 치료법을 개발하고자 한 것이다(Bola et al., 2009).

이에 투르크의 연구팀은 '체계적 정신역동 가족치료훈련(systemic psychodynamic family therapy)'을 시작하였고(Alanen, 2009), 동시에 조현병을 진단 받은 사람이 병원에 입원하는 즉시 가족 및 주변 인물들을 초청하여 '치료회의(therapeutic meeting)'를 주선하였다(Bola et al., 2009). 이러한 실천을 통해 연구팀 및 치료진들의 인식이 상당히 변화하게 되었는데, 그 이유는 지난 몇 년 간의 치료를 통해서는 환자들의 급성 증상에 대한 히스토리를 밝혀낼 수 없었지만, 새로운 접근방식을 통해서는 환자와 주변 인물들이 겪었던 과거의 어려움과 연결된 위기로써 그들의 증상을 이해하는 것이 가능해졌기 때문이다(Bola et al., 2009). 이러한 실천적인 경험을 통해 치료진들은 환자와 그들의 가족들이 치료적으로 협업해야 한다는 필요성을 인식하게 되었고, 사회적 관계망을 통한 치료회의의 효과가 인정되면서 이는 욕구맞춤접근(Need-adapted Approach)'으로 명명화, 체계화되었다.

욕구맞춤접근의 이름에서 드러나는 것과 같이, 모든 치료과정은 당사자 개인의 특수하고 다양한 욕구에 따라 조정되어야 한다(Seikkula & Alakare, 2007). 이 때 당사자의 욕구 뿐만 아니라 당사자와 가장 가까이서 상호적인 환경을 이루고 있는 가족 및 주변 관계망들의 욕구도 함께 포괄되어야 하는데, 이러한 포괄적인 욕구 사정을 위해서 이루어지는 것이 치료회의이다.

욕구맞춤접근이 '치료회의(therapeutic meeting)'에서 시작되어 체계화된 만큼, 이 회의가 전반적인 치료에서 갖는 의미는 매우 크다. 우선 치료회의란, 문제시 되는 상황과 관련된 인물들(당사자, 가족, 친구 등)이 모여,

해당하는 모든 이슈를 논의하고 대화하는 토론의 장을 말한다(Seikkula & Alakare, 2007). 이 과정을 통해 참여자 및 치료진은 당사자와 관련된 문제에 대해 정보를 수집할 수 있게 되고, 수집한 정보들을 기반으로 하여 치료 계획을 수립하거나 필요한 모든 결정을 내릴 수 있게 된다. 이러한 전 과정은 궁극적으로 심리치료적인 효과를 낳는데(Seikkula & Alakare, 2007), 이는 치료회의가 특정한 개인에 의해 주도되는 것이 아니라 참여자들이 모든 계획과 결정에 동등하게 기여하게 한다는 점에서 자아존중에 일부 기여하기 때문이며, 정신역동치료적 관점에서는 가족과의 접촉이 개인의 성공적인 치료에 효과적인 것으로 보여진다(Alanen, 2009).

또한 욕구맞춤접근에서 주목해야 할 점은 약물의 사용이다. 약물치료가 전적으로 배제되는 것은 아니나, 여기서는 약물을 우선적으로 사용하기 이전에 공감적인 접근으로 당사자를 지원하고자 한다(Räkköläinen et al., 1991). 그 이유는 욕구맞춤접근의 심리치료적 관계 속에서 당사자로부터 얻는 정보와 역량이 매우 크게 작용하는데, 약물은 이러한 당사자의 창의성과 학습 능력에 부정적인 영향을 미치기 때문이다(Alanen, 2009).

2. 오픈다이얼로그의 실행

1980년대, 핀란드에서 전국적인 조현병 프로젝트가 수행되는 동안, 욕구맞춤접근은 다른 지역에서도 적용되기 시작하였다(Alanen, 2009). 그중에서도 가장 의미 있고 성공적이었던 프로젝트는 알토넨(Aaltonen)과 세이쿨라(Seikkula)가 케로푸다스(Keropudas) 병원에서 실시한 서부 라플란드(Western Lapland) 프로젝트였다. 해당 병원의 치료진들은 욕구맞춤접근을 시행하는 와중에 어떠한 종류의 치료보다도 치료회의를 우선적으로 조직하기 시작하였고(Scikkula & Olson, 2003), 이를 '오픈다이얼로그(Open Dialogue)'라는 보다 구체적인 프로그램으로 발전시켰다.

오픈다이얼로그라는 명칭은 전 가족 구성원과 사회적 관계망 중심의 치료법을 설명하기 위해 처음 사용되었다. 이 치료법에서는 모든 관련 구성원들이 처음부터 회의에 참여하여 주제가 되는 상황을 대화를 기반으로 하여 새롭게 이해하고자 한다(Seikkula & Alakare, 2007). 오픈다이얼로그는 욕구맞춤접근에서부터 파생되었지만 구체적인 실천 원리들이 추가되면서 당사자와 가족 구성원, 사회적 관계망, 전문가들이 다 같이 참여하는 것에 주안점을 둔다는 측면에서 그 용이성을 획득한다(이용표 외, 2018).

〈표 13-2〉 오픈다이얼로그의 실천원칙

구분	실천원칙	내용
1	즉각적인 지원	가장 극심한 상태에 놓인 환자의 주거지에서 24시간 이내에 즉각적으로 지원을 제공함.
2	사회적 관계망 관점	사회적 관계망(당사자, 가족, 고용주, 직장 상사, 동료, 이웃, 친구 등)과의 토론을 통해 문제를 정의함.
3	유연성 및 유동성	당사자 및 가족 구성원의 구체적으로 변화하는 욕구에 따라, 각 개인에게 가장 적합한 치료법을 사용하고 치료에 대한 반응을 반영함.
4	책임감	연락을 받은 전문인력은 첫 치료회의를 조직하고 팀을 구성하는 책임을 지님.
5	심리적 연속성	다학제 팀을 구성하여 여러 치료 시설을 돌아다니거나 중간에 치료에서 벗어나는 현상을 예방함. 다양한 치료법들을 활용해 영역 간 보완하여, 응집력 있는 치료 과정으로 통합함.
6	불확실성의 관용	위기상황의 불확실성을 받아들이고, 지속적 회의, 팀 개입, 열린 결말, 약물치료가 아닌 당사자의 심리적 활동을 중시, 모든 사람의 목소리를 중시하는 실천 등을 포괄함.
7	대화주의 (다양성)	오픈다이얼로그는 대화의 증진에 초점을 둠. 이를 위해 대화를 통한 새로운 이해를 구축하고, 당사자의 정신증적 언어를 중시함. 또한 당사자, 가족, 사회적 관계망, 전문가들의 목소리가 동등하게 받아들여지는 민주적, 주체적 구조를 형성함.

출처: 이용표 외(2018). 핀란드 오픈다이얼로그에 관한 탐색적 연구. 한국장애인복지학, 40, 291~319.

오픈다이얼로그의 실행방향은 그것이 담고 있는 7가지의 주요 원칙들을 통해 더욱 잘 이해할 수 있으며, 이들은 개별적으로 존재하는 것이 아니라 서로 간에 긴밀한 유대를 가지고 있기 때문에, 하나의 연결선상에서 바라보아야 한다.

1) 즉각적인 지원

오픈다이얼로그에서는 정신증적 위기에 처해 있는 그 시간을 '창문이 열린 상태'로 바라본다(이용표 외, 2018). 따라서 창문이 열려있는 상태, 즉 당사자의 상태가 가장 극심한 시기(정신적 현상 발현 이후 24시간 이내)에 첫 치료회의를 개최한다(Seikkula & Alakare, 2007). 이 때 당사자의 의견이 이해하기 힘든 것처럼 들릴 수도 있지만, 오히려 그들이 위기 전에는 분명하게 표현하지 못했던 두려웠던 요소나 상황들을 이야기할 수 있는 기회가 된다(이용표 외, 2018). 즉각적인 대응이 이루어지기 위해서는 증상이 가장 심할 때가 오히려 좋은 기회라는 사고의 전환이 수반되어야 한다는 점이 중요하다(이용표 외, 2018).

2) 사회적 관계망 관점

당사자, 가족, 여타 중요한 사회적 관계망의 구성원들은 항상 첫 번째 치료회의에 초대되어 당사자와 가족에 대한 지지를 제공한다(Seikkula et al., 2006). 가족이 아닌 다른 중요한 사회적 관계망 구성원들로는 지역고용공단과 건강보험공단과 같은 공공기관 담당자가 될 수도 있고, 직업재활서비스 담당자, 직장 동료, 고용주, 이웃, 친구 등이 될 수도 있다(Seikkula & Alakare, 2007). 이들이 치료회의에 반드시 참여하여야 하는 이유는 문제정의체계(problem-defining system)의 일부이기 때문이다(Seikkula & Alakare, 2007). 오픈다이얼로그가 바라보는 '문제(problem)'는 당사자의 언어뿐만 아니라 당사자와 가까운 사람들의 언어를 통해 정의되며, 그들이 그것을 더 이상 문제로 정의하지 않게 될 때에 비로소 해결될 수 있으므로(이용표 외, 2018), 모두가 한 자리에서 대화하는 것은 필수적인 과정이다.

3) 유연성 및 유동성

유연성과 유동성은 당사자와 가족의 구체적으로 변화하는 욕구에 따라

각 개인에게 가장 적합한 치료법을 사용하고 치료 반응을 반영함으로써 보장될 수 있다(Seikkula et al., 2006). 당사자들은 통상적인 프로그램에 적용되기보다, 그들의 특정한 언어, 생활 방식, 특정한 치료법의 적용 가능성, 실제 문제를 해결하는 데에 필요한 치료 기간 등을 고려했을 때 가장 적합한 방식으로 치료되어야 한다(Seikkula & Alakare, 2007). 또한 치료회의의 장소 역시 공동의 선택에 따라 당사자에게 가장 좋은 곳으로 선정되어야 하며, 가족의 동의가 있다면 당사자의 거주지에서 회의를 개최하여 불필요한 입원을 예방하고 가족의 자원을 더욱 촉진시켜 줄 수도 있다(Seikkula & Alakare, 2007).

4) 책임감

전문 인력 중 누구든 간에, 처음 연락을 받은 사람이 첫 치료회의를 조직하는 책임을 가지며 이때 회의에 참여하는 팀원들을 다학제적으로 초대하게 된다(Seikkula et al., 2006). 이를 통해 즉각적인 대응을 보장하고, 위기관리 서비스를 원활하게 운영할 수 있게 된다(Seikkula & Alakare, 2007). 당사자 및 가족들과 함께 치료에 대한 책임을 함께 가질 팀 구성원들을 선정하고, 여러 분야의 전문가들로 팀을 구성함으로써 다양한 문제에 적합한 팀을 완성할 수 있다(Seikkula & Alakare, 2007).

5) 심리적 연속성

구성된 팀은 당사자가 입원해있거나 퇴원해있는 경우 모두에 대해 필요한 기간동안 치료를 책임진다(Seikkula et al., 2006). 이 원칙에 따르면, 당사자가 여러 치료 시설들을 방황할 가능성을 감소시키고 중도에 탈락하는 것을 예방할 수 있으며, 다양한 치료법들이 서로를 보완하여 응집력 있는 치료 과정으로 통합된다(Seikkula & Alakare, 2007).

6) 불확실성의 관용

실제 위기상황에서는 해당 문제에 대한 해답을 그 누구도 알지 못한다. 이러한 불확실성은 치료가 안전하게 느껴질 때에 관용될 수 있다(Seikkula & Olson, 2003). 따라서 전문가들은 참여자들이 안전감(safety)을 느끼도록 지원해야 한다(Seikkula & Alakare, 2007).또한 이 원칙은 모든 것을 빠르게 확신하지 않고 섣부르게 답을 내리지 않는다는 것을 의미하기도 한다(이용표 외, 2018). 따라서 오픈다이얼로그는 '우리가 무엇을 해야 하는가?'라는 질문에 즉각적인 조언, 성급한 결론, 전통적인 개입으로 처리하지 않고, 이를 열린 상태로 유지하여 위기를 완화시킬 수 있는 자연스러운 방법들을 탐색한다(Seikkula & Olson, 2003). 그 중 일환으로, 일반적으로는 급성기 발생 초기에 약물이 다량으로 처방되는 것을 가능한 최대한 보류하도록 하는데, 이 때 당사자와 가족들이 직면해있는 문제와 맥락들을 이해할 수 있는 시간을 확보할 수 있기 때문이다(Seikkula & Alakare, 2007). 만약 약물이 필요하다고 여겨질 때에는 약물을 사용하기 전에 최소 3번의 회의를 거쳐 약물의 사용에 대해 논의하여야 한다(Seikkula & Alakare, 2007).

7) 대화주의

대화주의의 개념은 철학자 미하일 바흐친(Mikhail Bakhtin)에 의해 만들어졌다. 이는 언어와 의사소통이 사회적 현실을 이루는 주요 요소가 된다고 바라보는 관념에서 시작된다(Seikkula & Olson, 2003). 정신증을 경험하고 있는 사람은 자신이나 타인들과 대화할 방법을 찾지 못하여, '정신증적인 말(psychotic speech)'을 통해 독백하는데 이는 자신의 경험을 설명하는 유일한 방법이 된다(Anderson, 2002-Lakeman, 2014 재인용). 이 때, 오픈다이얼로그는 당사자의 정신증적인 네러디브, 시적인 내면의 소리, 환각에 의한 증표들을 단서로 하여, 표현되지 못한 채 남아있는 당사자 경험을 공통의 언어로 발전시켜 표현할 수 있는 것으로 재탄생시킨다. 오픈다이얼로그는 참여하는 모든 사람들이 각자의 방식으로 대화하는 것을 허용하며(이용표 외, 2018), 이 때 당사자의 정신증적 환각이나 망상 또한 무엇보다도 하나의 목소리로 받아들여진다(Seikkula et al., 2006).

3. 오픈다이얼로그의 성과

욕구맞춤접근의 연장선인 서부 라플란드 프로젝트가 시행된 1990년부터, 해당 지역의 모든 환자들은 오픈다이얼로그의 치료를 받게 되었다. 그에 따라 오픈다이얼로그의 시행 전과 후를 비교하는 연구가 실시되었다. Aaltonen 등(2011)은 오픈다이얼로그가 도입되기 전인 1985~1989년과 도입된 이후인 1990~1994년의 서부 라플란드 지역 초발 입원환자에 대한 모든 사례기록을 상세하게 조사하였고, 각 사례에 대해 정신과 의사가 진단을 내리도록 하였다. 그 결과, 모든 조현스펙트럼 장애가 오픈다이얼로그 시행 이후 절반의 수준으로 감소한 것으로 나타났다(이용표 외, 2018). 또한 Seikkula(2003)의 2년 추적조사에 따르면, 오픈다이얼로그 집단이 일반치료 집단에 비해 입원 기간이 짧았고 정신적 증상과 재발을 덜 경험하였으며, 더욱 많은 사람들이 고용 상태를 유지하고 있었다. 또한 일반치료 집단은 모두 항정신병약물을 사용한 반면, 오픈다이얼로그 집단에서는 약 30%만 약물을 사용하고 있었다(이용표 외, 2018).

제3절 소테리아 하우스

1. 소테리아의 시작: 미국 캘리포니아의 소테리아 프로젝트

미국 정신과 의사 로렌 모셔(Loren Mosher)는 병원에서의 경험을 통해 정신병원과 같은 의료기관의 폐쇄적인 환경이 환자들의 정신적 문제를 해결하는 데에 긍정적인 영향을 미치지 못한다는 사실을 확인하였다. 이에 어떠한 사회적 환경이 환자들의 정신적인 문제들에 좋은 영향을 미칠 것인지에 관심을 갖기 시작하였다(Mosher & Bola, 2004). 이후 미국립정신보건연구소(NIMH; National Institutes of Mental Health) 내 조현병 센터(Center 0f Schizophrenia)의 장으로 임명된 그는, 공감과 돌봄을 강조한 인본주의적인 방법이 병원에서 제공되는 약물치료와 비교했을 때 어느 정도의 효과를 갖는지를 규명하고자 1971년 캘리포니아에서 최초의 소테리아 하우스(Soteria House) 프로젝트를 시작하였다.

소테리아 캘리포니아(Soteria California)는 정신적인 고통을 경험하는 청년들을 대상으로, 약물을 최소로 혹은 전혀 복용하지 않게 하는 대신에 아담하고 가정적인 분위기의 주거와 돌봄을 제공하였다(Mosher & Bola, 2004). 또한 조현병에 대한 기존의 생의학적인 해석 대신에 누구에게나 발달적 위기가 존재하며 이 위기를 통해 긍정적인 학습이 가능하다는 것을 전제로 하여(Chamberlin, 1978; Joseph, 2013 재인용), 전문가와 타인에 의해 규정되어 왔던 본인의 정신적인 문제에 대해 당사자가 직접 주체적으로 이해해볼 수 있는 환경을 조성하도록 하였다. 이러한 치료적 환경은, 입주자들이 가지고 있는 내면의 두려움과 정서적인 고통을 본인 스스로 이해할 수 있는 기회를 부여함으로써, 정신적인 고통에서 야기되는 다양한 위기를 스스로 헤쳐나갈 수 있는 힘을 얻을 수 있게 해주었다(Joseph, 2013).

소테리아 캘리포니아에서 가장 강조한 원칙은 비전문적인 스태프가 입주자들의 입장에서 그들을 지지하고 '곁에 있어주는(being with)' 역할을 수행하는 것이다(Mosher & Bola, 2004). 'being with'의 정신은 소테리아 캘리포니아의 핵심적인 원칙이기도 하다. 스태프들의 '비전문성(혹은 순수함)'은 한 명의 '사람'으로서 입주자를 대할 수 있게 해주었고, 그 덕분에 고도의 훈련된 전문성으로 인해 입주사들의 경험이나 문제들이 이론적, 인지적 개념으로 덧씌워지는 것을 방지하였다(Mosher & Menn, 1979).

소테리아 캘리포니아의 효과성은 이후에 이루어진 무작위 통제 연구와 추적조사들을 통해 입증되었다. 소테리아 프로젝트에 6주간 참여함과 동

〈표 13-3〉 소테리아 캘리포니아의 실천원칙

구분	실천원칙
1	아담하고 가정적인 공간. 스태프 2인(남성 1인, 여성 1인)을 포함하여 입주자는 10인 이하로 유지한다. 스태프는 24~48시간 교대하여 필요한 경우 집중적인 1대1 접촉이 가능하다.
2	스태프는 회복에 대한 긍정적 기대를 제공하고, 입주자의 정신증에 대한 주관적인 경험이 실제임을 인정한다.
3	스태프는 입주자들에 대한 '지지(being with)'를 통해 그들의 입장에 서고, 정신증의 경험을 새롭게 재구성하는 개념과 언어를 일상에서 사용한다.
4	자율성을 유지하기 위해 개인의 역량을 보호하고 불필요하게 의존하는 것을 방지한다.
5	일상적인 가사노동은 가능한 수준까지 분담한다. '평상시' 활동, 쇼핑, 요리, 청소, 정원관리, 운동 등이 장려된다.
6	역할 차등을 최소화하는 것은 역할, 관계, 반응의 유연성을 향상시킨다.
7	위계를 최소화하는 것은 권위를 약화시키고 상호관계를 향상시키며, 비구조적 기능(문제가 발생할 시 이를 해결하기 위해 빠르게 회의를 계획하는 것 등)을 가능케 한다.
8	발생한 일들을 공유할 수 있는 관계 발전을 위한 프로그램에 충분한 시간을 소요하고, 대개 부인되는 고통스러운 감정들을 경험하고 표출하고 삶의 연장선상으로 바라보도록 한다.
9	편견, 배제, 차별을 방지하기 위해 지역사회로의 통합을 추구한다.
10	사후(스태프 및 동료들과의) 관계는(필요한 경우) 다시 복귀하는 것을 쉽게 해주었고, 동료 기반, 문제 해결 중심, 지역사회 기반의 사회적 네트워크의 발전을 장려하였다.

출처: Mosher, L. R., & Bola, J. R.(2004). Soteria-california and its american successors: Therapeutic ingredients. Ethical Human Psychology and Psychiatry, 6, 7~24.

시에 약물을 복용하지 않은 28명의 입주자들과 약물을 매일 복용하면서 일반적인 치료를 받은 11명을 비교한 결과, 두 집단 간의 증상에는 차이가 없었고(Ciompi et al., 1992), 입주자들의 긍정적인 상태는 더욱 오래 유지되었다(Chamberlin, 1978; Joseph, 2013 재인용). 2년 추적조사에 따르면, 소테리아 참여자들과 일반치료집단 사이에 재발률의 차이가 없었을 뿐만 아니라, 입주자들의 50% 이상이 더 이상 약물 복용을 필요로 하지 않게 되었다. 또한 소테리아 참여자들에게서는 사회적응 수준이 더욱 높게 나타났고 정신적인 증상으로 인한 고통도 덜 경험하였으며 치료 비용도 절감된 것으로 나타났다(Mosher & Menn, 1978). 소테리아 캘리포니아 프로젝트는 이러한 연구 결과를 통해 약물치료와 고도의 전문적인 치료의 필요성에 의문을 남겼다(Joseph, 2013).

소테리아 프로젝트는 정신과의사들과 정신의학자들로 이루어진 의료프로젝트연구검토위원회(Clinical Projects Research Review Committee)로부터 충분한 재정 지원을 받으며 시작하였지만, 우수한 효과성을 입증하였음에도 불구하고 이후에는 극히 소수의 프로그램만을 유지할 수 있을 정도로 점차 재정이 삭감되면서 1983년에는 프로젝트를 마감하였다(Whitaker, 2001).

2. 소테리아의 적용: 스웨스 베른의 소테리아 하우스

1) 소테리아 베른의 이론적 토대

소테리아 캘리포니아에 깊은 인상을 받은 정신과 의사 Ciompi는 소테리아 모델을 스위스 베른으로 가져와 새롭게 적용하였다. 소테리아 베른은 초기 캘리포니아 모델에서의 경험들에 기반을 두되, 다양한 심리적, 사회적, 생물학적 치료에 대한 가능성을 포괄적으로 열어두었다. 또한 Ciompi가 창안한 '정서-논리(Affect-logic)' 이론에 따라 조현병에 대한 다각적인 이해를 시도하였다.

정신적인 문제에 대한 전통적인 이론과 접근들은 정신질환의 심리적·사회적·생물학적 요소들의 관계성과 상호작용을 설명하지 못하고 그 중 하나의 요소만을 다루거나 다른 요소들을 배제한 채 환원주의적인 태도로 정신질환을 설명한다(Ciompi, 1994). 반면 '정서-논리(Affect-logic)' 이론에서는 정서와 인지 사이의 상호작용을 심리적·사회적·생물학적 요소들의 통합적 관점으로 설명하었으며, 이를 정신직 고통으로도 끌고 와 조현벙(schizophrenia)을 3가지 단계로 나누어 설명하였다. 이 이론은 소테리아 베른을 통해 실천 현장에서 직접 적용되었고 소테리아 베른을 이용한 참여자들의 정신적 고통이 경감되는 결과를 보여주었다(Ciompi & Hoffman, 2004; Mosher & Menn, 1979).

'정서-논리(Affect-logic)'[2] 개념에서의 '정서(affect)'는 감정적 현상들(즐거움, 두려움, 슬픔, 분노 등)을 모두 포괄하는 상위 개념이며(Ciompi & Hoffman, 2004), 인식의 질, 강도, 기간, 정도를 변화시키는 특정한 방향성을 지닌 활동적인 상태로 정의된다(Ciompi, 1994; Ciompi & Hoffman, 2004). 정서는 피부색을 희거나 빨갛게 만들고, 눈동자를 크거나 작아지게 하고, 근육을 긴장시키거나 이완시키고, 호흡을 빨라지게 하거나 늦출 수 있기 때문에 이는 심리적이면서도 생물학적인 것, 즉 심리생물학적인 것이다. 따라서 정서는 정신뿐만 아니라 뇌와 전체 신체에도 '영향을 주는(affect)' 전반적인 질적 상태로 이해되며, 심리적인 것과 신경생물학적인 것, 주관과 객관, 의식과 무의식의 두 가지 측면들 모두를 포함한다(Ciompi, 1994). 때문에 일상적으로 수반되는 '중립적'인 감정들(무관심, 이완감 등)조차도 정서적 조정에 의해 발생할 수밖에 없고, 인간에게 있어서 어떠한 정서 상태에도 놓이지 않는 것은 불가능한 일이다(Ciompi, 1997).

반면, '인지(cognition)'는 감각적 차이들을 인식하고 더 나아가 이를 정교하게 처리하는 능력을 말하며(Ciompi, 1997), 서로 다른 인지적 요소들을 연결시키고 관련지어 더욱 복합적인 인지적 체계를 형성하는 방식은 '논리(logic)'로 정의된다. 여기서의 논리는 아리스토텔레스적인 좁은 의미의 논리뿐만 아니라, 사고의 전반을 지배하는 방식을 뜻하는 논리의 넓은 의미까지 포함한다(Ciompi & Hoffman, 2004).

정서-논리 개념은 정서와 사고 사이의 끊임없는 상호작용과 그들 사이의 일정한 관계 법칙에 주목한다(Ciompi, 1994). 그에 의하면 인간은 아동기 발달시기부터 특정한 정서와 그와 관련된 인지적 자극들을 지속적·체계적으로 연결시킨다. 반복적인 경험들이 쌓이면, 정서, 인지 그리고 그

---

2 'Affect-logic'의 원문은 독일어인 'Affektlogik'으로, 모든 정신적 기능에서 정서와 인지 사이의 상호작용이 지속적이고 순환적으로 작용하고 있다는 의미를 내포하고 있다(Ciompi & Hoffman, 2004). Ciompi(1994)는 영문 번역어가 원문의 이러한 의미를 정확하게 포함하지 못한다고 하였으나, 본 서에서는 영문 번역을 기반으로 하여 '정서-논리'로 표현한다.

와 관련된 행동들이 하나의 체계로 통합되어 '프로그램'을 이룬다. 이 프로그램들은 유사한 상황에 놓일 때 마다 재활성화되고 구별되고 부분적으로 수정되는데, 비슷한 경험이 반복될수록 기존의 정서-인지 체계가 강화되는 반면, 기존의 것과 모순되고 비일관적인 경험은 연결성을 약화시킨다(Ciompi & Hoffman, 2004). 결과적으로는 이러한 프로그램의 형성 과정을 통해 정신(psyche)이 기본적인 수준과 복합적인 수준에서 '건축'되며(Ciompi, 1997), 프로그램들은 신경가소성에 의해 특정한 신경 회로에서 부호화된다(Ciompi, 1994).

> 정서-논리 이론에 따르면, 인간은 감정의 상태에 따라 인지적으로 주목하게 되는 초점이 지속적으로 조절된다. 감정 상태들은 어떤 인지적 자극을 선택하고 연결하는지에 결정적인 영향을 미친다.
>
> 어떤 사람이 화재 현장 속에 있었다고 가정해보자. 치솟는 불길과 연기를 본(인지) 그는 가장 먼저 '두려움'의 감정(정서)을 느끼게 된다. 두려움의 감정은 구조와 관련되지 않은 자극들은 제거하고 구조와 관련된 자극들(인지, 행동)에만 초점을 두도록 영향을 미친다. <불(인지)―두려움(정서)―구조(인지, 행동)> 기제는 높은 생존 가치를 지닌 프로그램으로써 저장된다.

이처럼 정서-논리 개념은 심리적·사회적·생물학적 현상들 사이의 유기적인 연결뿐만 아니라, 정서 및 인지적인 기능과 그 전체의 '말초 신경' 사이의 연결고리까지 보여줌으로써 포괄적인 심리사회생물학적 모델을 제시한다(Ciompi, 1994). 그 중에서도 특정한 방향성을 지니는 정서가 모든 행동과 사고의 주요한 동력인 된다(Ciompi & Hoffman, 2004).

정서―논리 개념은 특히 조현병에 대해서 구체적인 설명을 제시하고 있다. 그 중에서도 조현병의 장기적 진행과정에 대한 심리사회생물학적 모델을 3가지 단계로 나누어 제시한다[그림 13-1].

우선, 1단계에 해당하는 병전 단계는 난소에서 수정된 순간에서부터 조현병이 발생하기 이전의 시간까지 이어져오는, 조현병이 생기기 이전의 기간을 말한다(Ciompi, 1997). 이 기간 동안에 발생하는 감정의 선천적

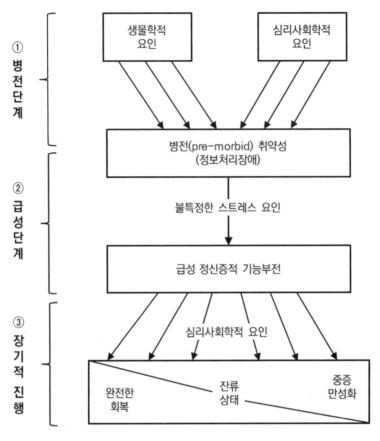

[그림 13-1] 조현병의 3단계 모델(Ciompi, 1994)

불안성이나 과민성, 그리고 심리사회적 경험들[3]은 정서, 사고, 행동의 '프로그램' 구축을 저해한다. 때문에 특정한 심리사회생물학적 취약성이 형성되어, 높은 수준의 감정적 혹은 모순적 자극이 발생하였을 때에 이를 극복하는 능력이 감소된다(Ciompi, 1994).

극복 능력이 감소한 상태에서 심리사회생물학적인 요소들과 스트레스 요인들 간의 상호작용이 증가하여, 정신의 지형이 더욱 불안정해지면 급성 단계(2단계)에 이른다(Ciompi, 1994). 이 단계는 정상적 발달 과제의

---

3 부모와의 조기 분리 등, 충분히 일관적인 정서-인지 체계의 구축을 저해하는 불연속적인 경험들을 말한다.

수행(예: 독립, 성적 및 직업적 정체성 확립, 결혼 및 출산 등)이나 관련 호르몬의 변화, 또는 약물의 사용 시점 등과도 부분적으로 겹칠 수 있는 데, 이러한 심리사회생물학적 요인들이 정서적 긴장감을 증가시켜 이미 취약해있던 극복 체계를 혹사시키게 한다(Ciompi, 1997).

장기적 진행 상태인 3단계에서는, 완전하고 안정적인 회복에서부터, 급성 악화와 재발, 정신증의 잔류, 심각한 만성화 등, 각 개인에 따라 예측 불가능한 결과들로 서로 다르게 나타난다(Ciompi, 1994). 이 단계에서의 상태는 심리사회생물학적 체계 내에서 이루어진 복합적 변수들의 역동적인 결과물로 볼 수 있는데, 즉 생물학적, 심리사회학적(환경적, 치료적 영향) 요인과 같은 다양한 개입 변수들의 영향과 상호작용에 따라, 3단계에서의 상태가 달라질 수 있음을 말한다(Ciompi, 1997). 그 요인들에는 병전 사회적 적응, 성격 구조 및 취약성을 결정하는 유전적•환경적 요인들의 상호작용, 사회경제적 및 문화적 조건들, 주거 환경과 케어 시스템, 치료적 개입 등이 모두 포괄된다(Ciompi, 1997).

이러한 정서-논리 개념은 하나의 공통분모에 영향을 미치는 혼합된 요인들을 통합하는 이론적 틀을 제공하였다(Ciompi, 1997). 그 중에서도 조현병에 대한 정서 중심의 이해는 정서적 긴장감의 수준이 정신적 고통의 경과와 예후에 중요한 영향을 미친다는 점에서 실천적으로 많은 함의를 제공한다. Ciompi(2014)는 공감적 관계와 안전한 치료적 환경을 충분한 시간에 걸쳐 형성하는 것이 치료의 기본 전제가 되어야 함을 주장하면서, 주로 대량의 정신약물을 투여하고 높은 정서적 긴장감을 주며 때로는 폭력적인 기존의 입원 형태에서는 치료가 이루어질 수 없음을 지적하였다. 이에 그는 소테리아라는 대안적 형태를 제시함으로써 정서-논리의 개념이 어떻게 실천적으로 이루어질 수 있는지를 보여준다.

2) 소테리아 베른의 실행과 성과

Ciompi에 의해 시작된 소테리아 베른(Soteria Berne)은 이전의 캘리포니아 모델에서 그의 정서-논리(affect-logic)이론과 심리사회생물학적 통합

모델의 관점에 맞게 조정되었고, 환경적, 정서적 요인들에 더욱 초점을 맞추어 실행되었다(Ciompi & Hoffman, 2004).

〈표 13-4〉 소테리아 베른의 실천원칙

구분	실천원칙
1	최대한 일반적인(아담하고 편안하고 조화로우며 자극이 없는) 치료적 환경에서 지속적으로 인간적이고 심리치료적인 지원을 제공한다.
2	정신적 위기를 경험하는 동안에는 신중하게 소수의 사람들을 선택하여 그들과 안정적이고 지지적인 대인관계를 유지한다.
3	스태프는 치료를 시작하는 급성기부터 사회 및 직업재활을 제공하는 시기까지 일관된 치료 개념을 적용하여 안정적으로 유지된다.
4	입주자의 친인척 및 중요한 주변 인물들과의 긴밀한 협력을 지속한다.
5	입주자, 친인척 및 보호자에게 질병, 예후, 치료에 대해 동일한 정보를 제공한다.
6	항정신병 약물은 자신이나 타인에게 심각한 위험을 가져올 때 3~4주 안에 개선의 징후가 없거나, 사후 단계에서 임박해있는 재발을 예방할 수 없는 경우에만 사용한다.
7	개인의 특징적인 전구증상과 어려운 상황에 대한 잠재적인 상황들을 감지하기 위해 입주자, 가족 구성원, 보호자들과의 긴밀한 협력을 기반으로 하여 최소한 2년 이상의 기간 동안 체계적인 사후관리와 재발 방지를 제공한다.

출처: Ciompi, L., et al., (1992). The pilot project 'Soteria Berne'Clinical experiences and results. The British Journal of Psychiatry, 161(S18), 145~153.

소테리아 베른은 평균적으로 54일(최소 3일~763일) 간 입주했었던 당사자들을 대상으로 하여 증상의 정도, 주거 상태, 고용 상태, 종합적 상태의 측면에서 효과성을 평가하였다. 그 중 41%는 완전한 회복을 보였고, 39%는 소테리아에 거주해있는 동안 약물을 복용하지 않았으며 그 중 75%는 퇴록 이후에도 우수한 상태를 보였다(Ciompi & Hoffman, 2004). 2년 추적조사에서는 소테리아 집단과 일반치료 집단(스위스 및 독일에서 전형적인 병원에서 치료받은 사람)을 네 가지 측면에서(증상의 정도, 주거 상태, 고용 상태, 종합적 상태) 비교한 결과, 소테리아 집단이 더욱 우수한 예후를 보였다(Ciompi et al., 1992). 또한 소테리아 베른을 이용한 사람 중 27%는 2년 동안 약물을 전혀 복용하지 않았던 반면, 일반치료 집단에서는 5%만이 약물을 복용하지 않았다(Ciompi & Hoffman, 2004).

소테리아 캘리포니아는 이론적 기반 없이 정서적 지원에 초점을 둔 실천원칙들로 이루어진 반면, 소테리아 베른은 정서-논리의 심리사회생물학적 개념을 기반으로 이루어졌다. 이러한 점에서 두 모델 간에는 크고 작은 차이점들이 있지만, 두 모델 모두 각 입주자에 대한 존중, 신뢰할 수 있는 대인관계, 낮은 스트레스 환경, 당사자의 회복 과정으로의 적극적 참여, 최소한의 약물치료 등과 같은 치료적 환경을 중점적으로 조성하였다는 점에서 일맥상통하다(Bola et al., 2009). 또한 치료적 관계들을 이루어 회복에 대한 가능성을 통합하고 당사자의 주관적 경험들을 존중해주었다는 점에서(Bola et al., 2009), 전문가가 장악하고 있던 회복의 주체성을 당사자에게 다시 돌려줄 수 있는 실천 모델로 자리하게 되었다.

제4절 대안프로그램의 의의

1. 대안 프로그램이 가지는 대안성

그렇다면 오픈다이얼로그와 소테리아 하우스[4]는 어떤 점에서 대안성을 가지는가?

먼저 오픈다이얼로그의 경우 첫째, 사회적 관계망과 협력하는 태도는 해당 문제에 대한 풍부한 이해를 도모함으로써 그 문제와 환경 간의 연결고리를 규명하고 결과적으로 전인적인 방안을 도출해낸다. 현재 생의학적 모델에서 의료진들은 클라이언트가 가진 문제에 대한 '전문가'라는 위치에서 그 역할을 수행한다. 때문에 그 문제에 대한 클라이언트의 발화는 최소화 되고 전문가의 발화와 용어가 치료 과정을 장악하게 된다. 반면 오픈다이얼로그에서 실천가들은 당사자가 직면한 문제에 대해 '알지 못하는(not knowing)' 위치에서 시작하기 때문에, 당사자와 그의 관계망이 과거에 겪

---

4 소테리아 하우스의 경우에는 현재까지도 실천되고 있는 소테리아 베른의 모델을 중심으로 살펴봄.

었던 일련의 사건들에 대한 정보와 그들의 발화를 통해 그 문제를 이해하고자 한다(Fisher, 2017). 이러한 태도는 그 문제를 둘러싼 개인과 환경의 역사를 공동으로 발굴해내고 실질적으로 유용한 대안을 함께 결정할 수 있는 분위기를 조성하기 때문에, 오픈다이얼로그는 전문가의 일방적인 지식과 실천으로 구성되는 의료적 실천보다 전인적이고 포괄적인 시각을 획득한다.

둘째, 오픈다이얼로그는 당사자의 정신증적 위기 상황을 "창문이 처음 며칠 동안만 열려 있는 상태"라고 바라봄으로써(Seikkula & Alakare, 2007), 이전에는 당사자가 분명히 표현할 수 없었던 두려움이나 어려움에 대해 대화할 수 있는 장을 제공한다. 이는 증상이 가장 심할 때가 오히려 좋은 기회라는 사고의 전환을 수반하며(이용표 외, 2018), 이 시기에 이루어지는 즉각적인 대응과 신중한 경청을 통해 안전한 분위기가 조성되면 당사자의 예후는 충분히 개선될 수 있다(Seikkula & Alakare, 2007). 이는 오픈다이얼로그에서의 약물에 대한 관점과도 관련을 지닌다. 대화를 중심으로 이루어지는 오픈다이얼로그에서는 당사자의 발화에서 얻는 정보와 이를 표현하는 당사자의 심리적 역량이 매우 중요한데, 약물은 당사자의 창의성과 심리 상태를 둔감하게 만듦으로써 대화에 부정적인 영향을 미친다(Alanen, 2009). 즉, 위기 상황에서 무조건적으로 투여되는 약물은 이를 다룰 수 있는 기회를 차단하고 그 기회는 수개월의 치료가 끝날 때까지도 다시 나타나지 않을 수 있다는 것이다(이용표 외, 2018). 때문에 오픈다이얼로그에서는 24시간 이내의 즉각적인 대응과 약물을 최대한 보류하는 것을 원칙으로 한다.

이와 같이 오픈다이얼로그는 기존의 생의학적 모델처럼 개인의 생물학적 요인에 문제가 있다고 상정하지 않고, 전통적인 체계적 가족 치료처럼 주요한 문제가 당사자의 가족에게 내재한다고 바라보지도 않는다(Fisher, 2017). 단순히 그 문제의 기인을 어딘가에서 찾기보다, 주변의 모든 사람들과의 대화 속에서 함께 발전시켜나갈 수 있는 총체적인 것으로써 해당 문제를 바라보는 것이다(Fisher, 2017).

소테리아 베른이 가지는 대안성은, 첫째, 당사자가 약물 사용에 대해 암묵적 혹은 명시적 압박을 받는 일반적인 치료 환경에서 벗어나 충분한 정보에 입각하여 자발적으로 약물 사용을 통제하고 선택할 수 있다는 점이다(Spandler & Calton, 2009). 규모가 크고 복잡한 병원의 폐쇄적인 치료과정, 당사자 및 주변 관계망의 치료에의 불참, 무차별적이고 강압적인 치료 방식 등 기존의 생의학적 모델에 따른 정신의학적 실천은 오히려 긴장감을 증가시킨다. 약물 그 자체도 긴장감의 수준을 낮추기보다 당사자가 느끼는 약물에 대한 거부감과 약물 복용을 강압하는 수단들에 의해 정서적 긴장감을 얼마든지 높일 수 있다(Ciompi & Hoffman, 2004). 이러한 정서적 긴장감의 상승은 정서-논리 이론에 따르면 정신증의 장기적 진행에 악영향을 끼칠 수 있다. 따라서 소테리아 베른에서는 당사자에게 약물을 강요하지 않는 것이 윤리적이고 효과적인 실천임에 입각하여, 정서적 긴장감을 최대한 낮출 수 있는 환경 속에서 치료팀과 당사자, 그의 사회적 관계망 간에 장기적이고 신뢰할 수 있는 치료적 동맹을 구축하는 것을 성공적인 치료로 간주한다(Ciompi, 2017).

둘째, 소테리아 베른의 치료 과정은 당사자의 정신증적 위기에만 초점을 두는 것이 아니라 지역사회로의 통합과 그 이후의 과정까지 주목한다. 소테리아 베른의 치료 과정은 총 4단계로 이루어지는데, 그 중 1단계는 급성기일 때 정서적 안정을 제공하기 위한 위기 지원에 해당하고(Ciompi, 2017), 나머지 단계들은 정신증적 위기가 안정된 이후 지역사회로의 완전한 통합을 위한 과정이다. 2단계에서는 치료적 공동체 내에서 보편적인 일상 활동을 통해 점진적으로 통합되고, 3단계에서는 외부 세상으로의 점진적인 통합 및 퇴소를 준비하며, 4단계에서는 퇴소 이후 사후관리 등이 이루어진다(Ciompi, 2017). 이 모든 과정을 소테리아 베른에서는 '치료'라고 언급하는데, 정신장애 당사자의 증상적인 완화만이 아니라 지역사회에 완전하게 정착하고 안정적인 일상을 되찾는 것까지가 소테리아의 치료 목적임을 알 수 있다. 즉, 소테리아 베른은 정신장애인의 전체 삶 중의 극히 일부에 해당하는 증상만을 다루어 파편화된 치료를 제공하는 정신의학적 치료의 한계를 뛰어넘고, 당사자에게 연속적이고 지속적인 치료를 제공하고 있는 것이다.

2. 대안 프로그램의 의의

기존의 전통적인 모델인 생의학적 모델과 대안적 프로그램인 오픈다이얼로그, 소테리아 베른을 함께 비교하면 다음 표와 같다. 대안적 프로그램들과 생의학적 모델은 서로 다른 특징을 지니고 있지만, 오픈다이얼로그와 소테리아 베른 간에는 공통적인 요소들이 발견된다. 이를 정리하면 다음 <표 13-5>와 같다.

〈표 13-5〉 각 대안 프로그램과 생의학적 모델의 비교

구분	생의학적 모델	오픈다이얼로그	소테리아 베른
정신장애의 본질	생물학적 부조화	사회적 구성물	심리사회생물학적 구성물
위기상황에 관한 인식	약물처치나 입원으로 통제되어야 할 상황	극단적 경험을 이해할 수 있는 창문이 열리는 시기	생물학적, 심리사회적, 스트레스 요인들로 정서적 긴장감이 증가한 상태
주체	의료진	당사자, 가족, 다양한 분야의 전문가로 구성된 치료모임 참여자	당사자, 스태프, 가족과 친구를 포함한 사회적 관계망
초점	증상	참여자들 간의 대화를 통해 드러나는 문제	당사자의 환경적, 정서적 요인들
치료 매개체	전문적 진단과 약물	문제에 대한 공유와 대화	공감적 관계, 안전한 치료적 환경
약물에 관한 관점	가장 강력한 치료수단	사회심리기능을 약화시켜 치료와 회복을 방해할 수 있음	정서적 긴장감을 주어 치료에 적합하지 않을 수 있음
치료적 관계의 구성원	- 의사 - 환자	- 당사자 - 치료 팀(의사, 심리치료사, 사회복지사 등) - 중요한 주변 인물(가족, 친구, 이웃 등) - 관련된 기관 종사자(건강보험기관 직원 등)	- 당사자 - 치료 팀 　(의사, 간호사, 사회복지사, 심리치료사 등) - 중요한 주변 인물(가족, 친구 등)
구성 과정	당사자에게 위기 또는 증상이 발현하면, 당사자가 의사의 진료실 또	당사자에게 위기가 발생한 즉시 24시간 이내에 첫 연락을 받은 치료 팀 구성	당사자에게 위기가 발생하면 정서적 안정을 취할 수 있는 소프트룸에서 치료 팀

구분	생의학적 모델	오픈다이얼로그	소테리아 베른
	는 응급실에 방문한 후 별도의 지지체계 구성 없이 내원 및 입원치료를 제공받음	원이 치료회의를 구성하고, 심리적 연속성의 원칙에 따라 치료회의를 일정 기간 지속함	구성원과 함께 시간을 보낸 후, 소테리아 하우스의 일상과 지역사회에 점진적으로 통합
구성원의 역할	– 의사: 진단, 약물처방, 상담 – 환자: 약물관리, 증상 및 약물처방에 대한 호소, 상담에 답변	– 치료 팀: 대화의 촉진, 치료회의 참여자들의 상호작용 및 대화의 증진 – 당사자 및 주변 관계망: 경험에 대한 정보 및 단서의 제공, 대화에의 주체적인 참여 – 치료에서 약물사용 여부에 관한 집단 전체 결정	– 치료 팀: 정서적 안정을 위한 함께 하기(being with), 참여자들 간의 합의와 결정 도모, 동일한 정보의 공유 – 당사자: 소테리아 하우스 내의 일상 활동 참여 – 당사자 및 주변 관계망: 경험에 대한 정보 및 단서의 제공, 치료 과정에 대한 합의와 결정
중심장소	의사의 진료실	당사자가 가장 편안함을 느끼는 장소(자택 등)	소테리아 하우스 및 소프트룸

출처: 이용표·배진영(2020). 대안정신보건프로그램에 관한 연구. 직업재활연구. 30(2).

생의학적 모델과 대안프로그램을 비교하면 첫째, 생의학적 모델에서는 정신장애의 본질을 '생물학적 부조화'라는 일원화된 요인으로 바라보는 반면, 대안적 프로그램에서는 정신장애가 다양한 요인들의 구성물이라는 관점을 취한다. 이는 대안적 프로그램들이 기존 정신의학 모델의 환원주의에서 탈피하여 보다 다원적이고 통합적인 접근의 가능성을 제공한다는 것을 시사한다.

둘째, 생의학적 모델은 정신적 위기를 약물 처치나 입원으로 통제되어야 할 상황으로 바라보는 반면, 대안적 프로그램들은 다음 단계로 나아갈 수 있는 하나의 과정이라고 바라본다. 따라서 대안적 모델에서는 위기 상황에서 발동되는 증상적인 측면을 억누르거나 소거하는 것이 목적이 아니라, 위기 상황 자체를 기회로 삼아 지역사회로 통합하거나 더 나은 삶을 구축하고자 한다.

셋째, 생의학적 모델에서의 치료 주체는 의료진에게만 국한되지만 대안적 프로그램에서는 해당 문제와 가까이 위치해있는 모든 사람들이 포함된다. 정신과적인 문제가 단순히 정신장애인 개인에 의한 것이 아니며, 주변 환경이 함께 공유하고 해결해야 하는 문제임을 전제로 하는 것이다. 때문에 대안적 프로그램에서의 전문가는 의료적 지식을 보유한 사람이 아니라 해당 문제를 함께 지켜보고 경험해왔던 사람들이 된다.

넷째, 생의학적 모델에서는 정신장애인의 삶에서 증상을 떼어놓고 그것에만 초점을 두지만, 대안적 모델에서는 증상을 당사자의 삶 속에 위치시켜놓고 증상을 둘러싼 당사자의 일상까지 확대하여 바라본다. 그렇기 때문에 대안적 프로그램은 당사자가 자신의 삶을 통제할 수 있게 되는 것을 최종 목표로 삼는다.

다섯째, 생의학적 모델에서는 전문적인 진단과 약물이 주요한 치료매개체로 사용되는 반면, 대안적 프로그램에서는 문제에 대한 치료주체들 간의 대화와 관계, 환경의 조정이 치료매개체이다. 앞서 살펴본 것과 같이 생의학적 관점에서는 정신장애의 원인이 생물학적 부조화에 있다고 보기 때문에, 그 부조화의 유형을 분류하고 명명하는 전문가의 진단과 신경전달물질 등을 변화시키는 약물만을 치료 수단으로 삼는다. 반면 대안적 프로그램에서는 정신장애의 본질이 다양한 요인들의 구성물이라고 바라보기 때문에 생물학적인 치료만 선행되었을 때에는 오히려 치료가 저해될 수 있다고 간주한다. 따라서 정신장애를 둘러싸고 있는 다양한 요인들을 이해하고 그에 맞는 접근을 제공하기 위해 사회적 관계망과의 '대화'와 '집단지지체계'의 형성을 가장 우선시한다.

여섯째, 때문에 생의학적 모델에서는 약물을 가장 강력한 치료수단으로 바라보지만, 대안적 프로그램에서는 약물을 가장 최후의 치료수단으로 바라본다. 생의학적 모델에서 약물은 정신장애 치료의 유일한 수단이고 약물에 대한 전문성은 의료진에게만 부여된다고 여겨지기 때문에, 약물 사용 여부와 종류, 복용량 역시 유일한 치료 주체인 의료진에 의해 모두 결정된다. 그에 따라 약물에 대한 당사자의 견해와 결정은 대체로 무시되거나 또 다른 의료 지식으로 억압되어, 정신장애인에 대한 약물 강요도 정당화되고 있다. 그러나 대안적 프로그램에서는 당사자를 포함한 다양한 치료 주체들이 약물과 관련한 모든 내용을 공동 합의하고 결정한다. 이는 정신장애의 치료에 있어서 약물이 어떤 영향을 미치는지에 대한 객관적인 평가가 선행되어, 약물 이외의 접근들을 함께 적용하고자 하는 노력이 뒷받침되기에 가능한 것이다.

일곱째, 생의학적모델의 치료 관계는 오로지 의료진과 당사자로 구성된 수직 관계로만 구성되는 반면, 대안적 프로그램에는 다양한 구성원들이 치료 관계를 이루어 '집단지지체계'를 구성한다. 대안적 프로그램에서는 당사자와 당사자의 사회적 관계망, 그리고 다양한 전문가들로 이루어진 원형의 집단지지체계가 구축되어 있다. 다양한 주체들로 이루어진 원형 집단의 형태에서는 정신장애에 관한 역할과 책임을 고르게 분담하여 돌봄과 지지를 가능케 한다. 또한 집단지지체계 구성원의 속성이 주로 당사자에게 중요하거나 신뢰할 수 있는 인물들이라는 점이 공통적인데, 이는 당사자가 진정으로 정서적 안정감을 느낄 수 있는 치료적 환경을 자연스럽게 조성해준다.

여덟째, 생의학적모델에서의 치료는 분절적, 수동적으로 구성되는데 반해, 대안적 프로그램에서의 지지체계는 즉각적, 연속적, 참여적으로 구성된다. 생의학적모델 내에서 치료를 받기 위해서는 당사자가 직접 병원으로 가야하기 때문에 당사자의 증상 발현 시점과 치료의 시점 간에 단절이 생길 가능성이 높다. 또한 치료의 전 과정이 의사의 전문적 지식으로 이루어지기 때문에 당사자가 수동적으로 치료를 받기만 하는 방식으로 구성되며, 치료의 내용이 당사자의 일상으로 연결되기 어렵다. 반면 대안적 프로그램에서의 집단적인 지지체계는 위기 발생 시점으로부터 즉각적으로 구성되며 정신적 위기가 해결된 뒤에도 당사자 및 사회적 관계망의 욕구에 따라 해체되지 않고 연속적으로 운영된다. 이는 당사자가 위기 상황 속에 혼자 고립되는 시간은 최소화하고 집단의 관심과 지지를 제공받는 기간은 최대화하는 시스템이라고 볼 수 있다. 궁극적으로는 정신장애인의 일상의 재구축과 지역사회로의 재통합을 포함하는 최종적인 목적을 달성할 때까지 당사자와의 연결을 유지한다.

아홉, 생의학적모델에서 당사자는 의사의 질문에 답변하거나 약물 조정

341

을 요구하고 증상을 호소하는 등, 의사의 전문적 지식에 대한 의존적인 역할을 수행하게 된다. 이에 의사는 전문적 지식을 활용하여 진단, 처방, 상담 제공의 역할을 수행한다. 치료의 흐름이 의사의 전문적 지식을 중심으로 이루어지기 때문에 환자와 의사의 역할은 서로 비대칭적이고 두 구성원 간의 상호작용도 적다. 반면, 집단지지체계 내에서 당사자 및 사회적 관계망은 본인의 경험에 대해 적극적으로 공유하는 역할을, 치료 팀의 구성원들은 대화와 합의를 촉진하고 정서적 안정을 제공하는 역할을 수행한다. 모든 구성원들의 역할은 균등하게 배분되며, 이러한 역할 수행이 상호작용을 증진함으로써 체계 내 구성원들 모두는 당사자의 문제나 대화의 주제에 대한 지식을 넓혀나갈 수 있게 된다.

마지막으로 생의학적모델의 치료는 의사의 진료실에서 주로 이루어지는 반면, 대안적 모델의 중심장소는 당사자의 일상과 거리가 가깝고 정서적으로도 매우 밀접한 곳으로 선정된다. 일상에서 벗어난, 특히 병원과 같은 환경은 당사자로 하여금 불안과 거부감을 느끼게 하며, 이러한 특성은 대안적 모델에서 치료를 저해하는 요소로 간주된다. 때문에 대안적 프로그램에서는 대부분의 치료 과정이나 대화를 위한 집단 모임을 당사자가 거주하는 공간이나 마을 내에서 진행하고 있다.

위 비교를 통해 대안 프로그램이 제시하는 의의는 다음과 같다. 첫째, 현재 정신장애 당사자에 대한 돌봄은 주로 가족의 책임으로 집중되어 있다. 이러한 구조를 해체하고 다수를 통한 지지의 구조를 만들어야 한다. 가족 중심적인 돌봄구조는 돌봄 자체를 정신약물에 의존하게 만들며 약물치료에 한계가 있음에도 더 많은 약물을 요구하는 방식의 대처가 이루어지기 십상이다. 대안프로그램들은 정신장애를 환경과 인간과의 상호작용의 산물로 바라본다는 공유지점을 가지고 있으며, 이전에 비공식적 영역에 있었던 친구나 이웃을 공식적 돌봄이나 지지체계로 포섭시킨다. 친구나 이웃은 당사자의 가족구조에 내재해있는 긴장적 요소를 해소할 기회를 제공할 수 있으며, 새로운 상호작용을 경험할 수 있는 환경적 요소가 될 수 있다. 이러한 체계의 변화는 가족부담 돌봄을 집단적 돌봄이나 동료 간 상호돌봄으로 전환하여 보다 민주적이고 효과적인 돌봄의 기능을 수행할 수 있을 것이다.

둘째, 돌봄 혹은 지지집단 구성의 가장 중요한 원칙으로는 당사자의 '안전감'이 되어야 한다. 소테리아 베른 프로그램의 이론적 기반이 되는 정서-논리이론은 정신장애의 원인을 인간과 환경간의 관계에서 발생하는 정서적 긴장에서 찾으며, 정서적 긴장을 해소해줄 수 있는 돌봄이나 지지는 정신약물을 대체할 수 있다고 한다. 따라서 돌봄 혹은 지지집단은 정서적 안전감을 축으로 당사자가 편안하게 자신의 이야기를 할 수 있는 사람들로 구성되어야 적절하게 기능할 수 있다. 만약 당사자의 이야기가 망상적이라고 하여 비웃거나 무시한다면 안전감을 줄 수 없을 뿐만 아니라 말문을 닫아 버리게 될 것이다. 오픈다이얼로그도 증상이 가장 심한 시기에 자신의 생각, 느낌 그리고 고통을 말할 수 있도록 정신약물을 사용하지 않는다. 대신 당사자가 안전감 속에서 말할 수 있도록 그가 원하는 사람들로 열린 대화집단을 구성한다. 구성원은 가족, 친구, 주치의, 지역사회서비스를 담당하는 사회복지사 그리고 당사자가 원하는 다른 사람 모두 참여할 수 있다. 당사자가 안전감을 느끼면서 자신의 이야기를 할 수 있고 필요한 도움을 받을 수 있는 사람이라면 누구라도 가능할 것이다.

셋째, 집단적 돌봄이나 지지 등을 위한 주된 치료 장소는 당사자의 집이나 시설 모임공간 등 자유롭게 선택될 수 있으며 당사자의 선택이 존중되어야 한다. 병원은 강제입원의 경험이 있는 사람에게는 상당한 정서적 긴장을 초래할 수 있어 치료에 부정적인 영향을 미칠 수 있다. 집단적 돌봄의 장소는 당사자가 정서적 긴장을 해소할 수 있는 공간이 최선의 선택이다. 당사자에게 정서적 긴장을 완화시킬 수 있는 다양한 장소가 유연성을 가지고 모색될 필요가 있다.

제14장

일본의 대안정신보건프로그램: 베델의 집과 당사자연구[1]

제1절 서론

당사자연구는 2001년 일본 홋카이도 우라카와에 위치한 정신장애인 공동체인 <베델의 집>에서 시작되었다. 당사자연구는 일반적인 연구절차에 따라 진행되는 연구와 다르며 일반과학이나 치료방법과도 다른 맥락에 있다. 당사자연구는 정신장애가 있는 사람들이 자신의 증상이나 일상생활과 밀착된 문제를 '연구'라는 태도를 견지하고, 관점과 대처방법을 스스로 바꿔나감으로써 문제를 해소해 나간다. 당사자연구는 당사자들의 자조의 도구이며, 자조의 도구로서 연구 활동은 당사자와 동료, 그리고 원조자가 연대하는 공동행위로 이루어진다. 이러한 면에서 당사자연구는 '장애나 문제를 가진 당사자들이 스스로의 문제와 마주하고 동료와 함께 연구하는 것' 혹은 '당사자가 사람들과의 유대 속에서 고생을 되찾고 말을 되찾고 스스로의 역사성을 되찾아 가는 작업', '자신이 고생의 주인공이 되어 삶의 주체성을 되찾는 작업' 등의 다양한 의미로 정의되고 있다.

지금까지 정신장애에 대한 접근방식은 기존의 관점과 이론에 근거하여 개입이 이루어지고 그 결과로서 당사자들의 삶이 존재하는 방식이었다. 그러나 당사자연구는 이러한 기존의 접근방식을 근본적으로 뒤엎는 시도라고 할 수 있다. 생의학적 패러다임에 토대를 둔 정신의학은 정신장애의 본질을 생물학적 이상으로 파악한다. 그리고 당사자들에게서 나타나는 증

---

1 제14장은 이용표 등(2017). 정신장애인 주거생활지원센터모형에 대한 당사자평가. 한울정신건강복지재단 보고서의 일부내용을 발췌하여 재구성하였음

상들을 분류체계와 범주를 적용하여 병리적 진단을 내린다. 이후 진단분류에 따라 뭉뚱그려진 증상에 초점을 둔 개입과정에서 당사자의 입장은 배제되며 전문가 중심으로 약물치료가 이루어진다. 이와 같은 의료적 통제과정을 통해 정신장애인은 의존적이고 무력화되어 사회적 기능을 더욱 상실하게 되며, 결과적으로 정신장애인은 탈사회화된 채 살아간다.

이와 달리 당사자연구는 당사자들의 삶이 중심이다. 이 연구는 당사자들 개개인의 고유한 생활세계에서부터 시작한다. 당사자들은 의학적 분류가 아니라 당사자들이 생활에서 체험하고 있는 고생별(증상, 대인관계, 취업 등)로 장애를 마주한다. 그리고 이에 대한 이해를 도모하고 대처법을 모색하면서 생활에 적용하는 식으로 진행한다. 즉 당사자연구는 당사자들의 생활 속에서 발생되는 문제나 곤란에서 출발하여 이를 지지하는 수단과 도구로서 당사자연구를 활용하고 구체적으로 개입하여 그것이 당사자들의 생활로 이어지는 순환적 개입인 것이다.

본 장에서는 정신장애와 그로 인해 발생하는 생활상의 문제를 병적 관점이 아니라 사람의 문제로서 당사자경험을 통해 파악하고 당사자들과 함께 해결하는 당사자연구를 대안정신보건프로그램으로서 조명해본다. 이러한 방식은 그 동안 병이라는 관점에서 타자화되고 객체화되어 왔던 당사자들이 주체가 되어 그들이 공유하는 경험을 통해 해결하려고 한다는 점에서 혁신적 대안성을 가진다고 하겠다.

제2절 당사자연구의 기원

1. <베델의 집>의 역사

장애인 공동체인 <베델의 집>은 일본 북방의 섬 홋카이도 남쪽 해안 우라카와에 위치해 있다. <베델의 집>은 1984년 무카이야치 이쿠요시 사회복지사와 당사자들이 함께 설립하여 정신장애인 당사자 지역 활동의 거점이자 지역사회 정신장애인 공동체이다. 우라카와는 홋카이도 남쪽 끝 에리모곶에 인접한 인구 13,000명의 연안도시로, 종마사업과 히다카 다시마로 잘 알려진 지역이다. 현재는 정신장애를 경험한 사람들의 대안 공동체로 세계적인 관심을 받고 있다.

<베델의 집>은 하나의 물리적 장소를 의미하는 것이 아니라 여러 조직으로 구성되어 있다. 히다카지방의 특산물인 히다카 다시마 직송 사업을 담당하는 사회복지법인 '베델의 집'을 비롯해, 개호용품을 취급하는 유한회사 '복지숍 베델', 당사자 자조활동 지원과 베델의 자생적 지원기법인 당사자연구의 보급을 맡고 있는 NPO법인 '셀프서포터센터 우라카와' 등 다양한 영역의 활동으로 정신장애 당사자와 그 외 다양한 장애를 가진 당사자들에게 주거와 일자리와 돌봄을 제공하고 있다. 현재는 150명 정도의 당사자들이 이 지역사회에서 생활하고 있다.

베델은 구약성서에 나오는 지명으로 '신의 집'을 의미한다. <베델의 집>은 1978년 정신장애인으로 구성된 회복자클럽 '도토리회' 회원과 지역사회 유지들의 활동으로 시작되었다. 1970년대는 당사자운동과 자립생활운동의 영향으로 우라카와에도 알코올 중독증 환자의 금주회, 정신장애인 가족회, 회복자클럽 등 장애인들의 자조활동이 속속 시작되었던 당사자활동의 여명기였다. 다양한 분야에서 '지역복지'가 부상하면서 실천 현장에서는 정신보건사업이 입원중심에서 지역사회 정신보건으로 전환될 것을 전망하는 분위기였다. 이러한 배경과 기대 속에서 우라카와에도 1978년 처음으로 무카이야치 이쿠요시가 히다카 지역의 유일한 사회복지사로서 우라카와 적십자병원 정신과에 부임했다. 하지만 1970대의 사회운동 열기가 가라앉자 일본 내 지역사회 정신보건을 지향하는 실천 활동은 그 기세가 꺾이고 다시 약물치료 중심으로 전환되어 갔다. 그러나 이러한 여건 속에서도 <베델의 집>은 '의료중심에서 지역생활지원으로' 라는 흐름을 고수하며 30여 년 동안 꾸준하게 실천 활동을 이어온 귀중한 실천운동의 사례이다.

1) '고생 되찾기' 철학

인구 대비 세계 최고 병상수 보유국인 일본에서도 우라카와는 2001년까지 가장 병상수가 많던 곳으로 정신과의료의 부정적 현실이 가장 상징적으로 응축되어 있는 지역이었다. 그러나 더 심각한 문제는 입원생활 후 퇴원한 정신장애인들이 복귀해야 할 지역사회가 위축되고 침체되어 지역사람들조차 도시로 떠나버리는 마을의 현실이었다. 이런 복합적인 여건 속에서 <베델의 집>은 '지역사회전체의 사회복귀'를 지향하며 1983년 다시마 포장을 시작으로 1988년 다시마 산지 직송 사업, 1993년 유한회사 설립, <베델의 집> 관련 서적 집필 판매와 다큐멘터리 제작 판매, 당사자의 전국 강연 등 다양한 분야로 범위를 영역을 확장해 갔다. 이처럼 <베델의 집>이 상업적인 부분에 집중한 것은 이들이 복귀해야 할 지역사회를 활성화하고, 그를 통해 지역사회 안에서 주민과 교류함으로써 실제적인 일상의 문제들과 부딪히며 삶의 당연한 고생을 되찾기 위해서였다. 즉, 베델의 철학은 사람이 살아가는 것 자체가 도전이며 도전에는 위험이 수반되고 고생이 따르는 것이 당연하다는 사실을 실제적으로 체험하여야 한다는 것이다. 기존에 정신장애인들은 정신의료기관의 지나친 보호와 통제로 인해 무력화된 채 고민하고 고생하는 힘 자체를 빼앗겨 인간적인 행위의 풍요로움과 가능성을 상실해 가고 있다는 것이다(浦河べてるの家, 2002). 그러므로 이들이 삶의 현장에서 고생을 되찾는다는 것은 정신장애인으로서의 고생이 아니라 인간으로서 고생을 견디어 내면서 당사자가 다시 삶의 주체의 자리로 되돌아가게 하는 과정이다.

2) 내려가는 삶

<베델의 집>은 정신장애인의 상업활동에서 고유의 철학을 가지고 있다. 이들이 고생을 되찾기 위해 만든 회사는 치열한 경쟁 논리에 지배되는 회사가 아니라 "이익을 나지 않는 것을 소중히" 여기고 "안심하고 땡땡이 칠 수 있는" "아래로 내려가는" 등의 신념으로 만들어진 회사였다. 일견 일반사회의 상식과 동떨어져 보이는 이러한 이념들은 당사자들을 우선적으로

배려한 불평등과 비효율을 관철하면서도 연 매출 1억 엔 이상을 올리며 이들에게 일자리를 제공하고 나아가 지역사회경제에도 공헌을 하고 있다. 이러한 실천 활동은 2002년 사회복지법인 '우라카와 베델'의 설립, 2007년 NPO법인 '셀프 서포트센터 우라카와'의 발족으로 이어졌다. 더불어 1995년 이후 매년 '환청망상대회'를 개최하고, '편견·차별 대환영'과 같은 의외의 교류집회 등을 통해 정신장애에 대한 금기와 편견을 타파하기 위한 다양한 활동을 지속하고 있다.

이러한 활동 자체로 베델의 사람들이 병을 극복하거나 완치할 수 있었던 것은 아니다. 대신 그들은 동료와 전문가의 도움을 받아 베델식 표현으로 '병과 사귀는 방법'을 습득했고, 이를 통해 새로운 회복의 관점과 삶의 방식을 체득해 갔다. 병은 이들 삶의 방향을 알려주고 관계의 위기를 완화시켜주는 감지기가 되었다. 문제를 극복하거나 해결하지는 못했어도 이 과정에서 거듭한 실패와 시련은 "그것으로 순조로운" 과정이었고 문제와 고생에 대한 관점은 변화되었다. 그리고 이는 당사자들을 생존하게 하고 인생을 풍요롭게 했다. 베델의 집은 "내려가는 삶의 방식"으로도 세상을 충족히 살아 갈 수 있다는 것을 30년간 증명해 왔으며, 이를 배우기 위해 연간 3,500명이 넘는 견학자들이 이곳을 방문하고 있다. 근래에는 정신장애인 당사자는 물론, 의료와 복지 분야의 종사자와 인접학문이라 할 수 있는 심리학, 교육학, 철학, 인류학, 사회학, 간호학 등을 공부하는 사람들의 발길이 이어지고 있다. 그들은 베델에서 '위로 올라가는 삶'에서 행복을 찾기 어렵다는 새로운 세계관을 마주한다.

3) '비원조의 원조'라는 실천이념

<베델의 집>은 '지역전체의 사회복귀'라는 구상을 추구하며 30년 동안 지역사회 한편에서 이를 꾸준히 구현해 왔다. 그리고 정신보건 전문가들은 이 당사자활동을 다른 한 편에서 지원하는 이른바 베델의 '비원조의 원조' 체계를 구축해 갔다. '비원조의 원조'란 당사자 주체의 실천, 즉 자조를 원조하는 실천으로 당사자를 고생에서 보호하는 원조가 아니라 고생을 활

용해가는 원조를 통해 인간적 행위의 풍요로움과 가능성을 경험하고 고민하는 힘을 되찾아 가는 원조를 뜻한다. 이렇게 스스로 고민하는 당사자주체의 실천은 '당사자 연구'라는 형태로 당사자 스스로가 자신을 돕는 방법을 연구하는 실천으로 이어지고 있다.

베델의 실천적 지향성을 담고 있는 키워드는 '말', '고생', '약함'이다.

첫째 '말'은 인간이 자신의 세계를 구축해가는 근거이자 본질이다. 이는 인간이 인간으로 살아가는 데 있어서 자신을 표현하고 세계와 소통하는 기본적 수단이다. 그러므로 어떤 장애를 가진 사람이라도 자신의 욕구를 표명할 수 있는 의사소통 능력을 키워나가는 것은 치료 이전에 기본적이며 불가결한 조건이다. 정신장애인들은 그 딱지가 붙는 순간부터 증상을 악화시킨다는 이유로 치료라는 맥락 이외에 병에 대한 이야기를 나누는 것을 금지 당해왔기 때문에 자신의 말로 자신을 표현하는 데 있어 어려움을 겪는다. 그리고 자신이 경험하는 세계를 표현하는 데에 한계에 부딪힐 때, 표현과 소통의 위기는 내적 불균형을 초래해 극단적인 표현으로 분출될 위험이 있다. 그러므로 진정한 회복은 자신의 말을 되찾는 일, 즉 자신의 이야기에서 시작된다. 베델에는 '세끼 밥보다 회의'라는 표어가 있을 정도로 한 달에 100회가 넘는 당사자와 원조자의 다양한 회의와, '말만하기, 듣기만하기'라는 원칙으로 운영되는 SA(Schizophrenics Anonymou: 조현병 등의 정신장애를 가진 사람들의 익명 모임)의 이야기의 장이 마련되어 있다. 지역사회의 활발한 교류 또한 이야기하는 활동을 지지하고 있다. 이러한 기회를 통해 당사자들은 자연스럽게 자신의 말을 되찾아 가고 고민하는 힘을 되찾아 간다. 자신에 대해 말할 수 있는 이런 계기들은 당사자들이 이야기를 통해 머리와 마음을 활성화하는 중요한 장치가 되며, 한편으로 '관계의 병'이라 할 수 있는 자신의 병에서 벗어나 타인들과 관계를 맺는 역할을 한다. 베델의 당사자들은 일상의 다양한 인간관계와 동료들의 이야기를 통해 자기 자신을 이해하고 자기 자신과 교제하며 동시에 다른 사람들과 교제하는 방법을 익히게 된다. 또한 어려움과 직면했을 때마다 거듭되는 논의를 통해 탄생하게 되는 말들은 이념이 되어 각 개인들 안에서 고유한 역사를 갖게 되고, 또 이러한 말의 힘에 의해 베델의 실천 활동은 지속적으로 지지를 받고 있다.

베델의 두 번째 실천적 지향성은 '고생'이다. 이는 앞서 이야기 한 바와 같이 의료적 통제에 의해 약해진 정신장애인들을 사회에 적응시키는 근원적인 복귀 장치는 정신약물로 고생에서 달아나는 것이 아니라 그것을 수용하고 되찾는 것이다. 인간의 삶이 치료와 재활로만 회복될 정도로 단순하지 않다는 것을 통감해 온 베델은 '일상생활에서 고생이나 불안과 대립이 일어나기 쉬운 환경을 만들어 가는' 규제 완화(浦河べてるの家, 2002)로, 고생을 되찾아 가는 과정을 통해 오히려 더 느낄 수 있었던 인생의 묘미를 되찾아가는 과정으로 승화하려고 해왔다.

베델이 소중하게 여겨온 마지막 가치는 '약함'이다. 베델의 집은 약함을 인연으로 만나 함께 살아온 공동체이다. 이들은 타자와의 관계 속에서 강함이라는 가치보다 오히려 더 무한한 가능성이 열려 있는 약함의 가치와 힘을 믿어왔다(斉藤道雄, 2002). 약함은 이들에게 하나의 소중한 가치가 되어 스스로 기댈 곳이 되고 타자나 사회와 관계를 맺게 하는 중요한 단서가 되었다(佐藤絵美·向谷地生良, 2006). 일상의 활동자체가 이야기와 열린 인간관계의 장인 베델은 서로 그 안에서 '약함의 정보 공개'를 하고 '약함을 유대로' 하여 공고히 다져온 관계의 결집체인 것이다.

2. 당사자연구의 탄생

'당사자연구'는 <베델의 집>의 실천과 이념을 토대로 만들어진 것이지만, 애초에 이는 의도적인 활동이 아니라 우연한 계기에서 시작되었다. 직접적인 계기는 2002년 조현병으로 부모를 곤란하게 하는 '폭발'을 멈추지 못하는 어떤 청년의 절박한 현실이 당사자연구라는 새로운 실천방식의 모티브가 되었다. 그는 쌓여가는 스트레스를 해소하기 위해 부모와 주변 사람들을 때리고 밥상을 뒤엎고 물건을 부수며, 심지어 집에 방화까지 하는 등 폭력적인 방법으로 스트레스를 분출했다. 하지만 곧 죄책감에 시달렸고 그 죄책감을 제대로 표현하지 못해 다시 폭발을 반복하는 악순환에서

빠져있었다. 이러한 상황에서 무카이야치 이쿠요시 사회복지사는 막다른 곳에 이른 심정으로 그 청년에게 폭발에 대해 함께 연구해보지 않겠냐는 제안을 했고, 그 청년이 스스로도 해결방안을 찾지 못하던 상황에서 모험심을 부추기는 '연구'라는 말에 매료되어 이 제안을 받아들이면서 당사자연구는 시작되었다(浦河べてるの家, 2002).

그러나 그는 폭발에 대한 연구를 실시함으로써 내재화 되어있던 자신의 고통을 연구대상으로 외재화해 바라볼 수 있는 위치를 취할 수 있게 되었다. 즉 연구라는 객관적 위치에 서자 문제를 객관적으로 분리시켜 바라볼 수 있게 된 것이다. 이 방법은 자기 스스로를 적나라하게 직시할 수 있도록 함으로써 폭발로 이어지는 요인을 다른 관점에서 바라볼 수 있는 해주었다. 이렇게 두 사람은 새롭게 '고민하는 방법의 위치'를 획득하면서 당사자 스스로가 끊임없이 '물음'을 계속 던질 수 있는 거리를 갖게 되었다. 그리고 마침내 자신을 고통스럽게 했던 문제가 실은 자신을 어떻게든 도우려고 했던 '가능성을 포함한 문제'였다는 의미를 구명해 수용함으로써 문제를 바라보는 시선의 질적 전환을 이루어 폭발이 아닌 방식으로 스스로 해결하거나 자신이 '짊어지기 쉬운 형태'로 바꾸어 인식해갔다(石原孝二·稲原美苗, 2013).

이렇게 시작된 당사자연구를 초기에는 자신을 통찰하는 의미에서 '자기연구'라고 표현했다. 하지만 자기완결적인 연구가 아니라 동료를 대표하여 동료와 연대하며 보편성을 확대해 나가는 연구의 의미로 자신에 대한 연구를 넘어 공동의 작업이라는 관점이 대두되면서 '당사자연구'라고 통칭하게 되었다. 이는 '당사자성'을 중심에 두고 동료들과 활동을 펼쳐온 베델의 실천 철학이 뿌리내려 맺은 결과라고 할 수 있다.

물론 당사자연구의 탄생을 우연이라고만 단정할 수는 없다. 베델은 1990년대초에 기업경영에서 물러나 지역발전 고문을 맡고 있던 시미즈 요시하루에게 배운 '1인 1연구'를 도입해 다시마 판매방법과 신제품 개발 등에 적용하고 있었다. 이같은 조직적 '연구' 활동을 통해 베델은 연구에 대한 태도와 마인드를 확산시키고 있었으며 이는 당사자연구의 든든한 기초가 되었다(石原孝二, 2013).

또한 1992년부터 베델은 SST(사회기술훈련)를 도입해 적용하고 있었다. SST는 인지행동치료 기법 중 하나로, 자신이 가진 고충과 생활에서 발생되는 문제를 해소하기 위해 역할극 등을 통해 사회 기술을 연습하는 행동요법이다. 즉 당사자가 구체적인 일상생활의 고민과 고충에 대한 자기 대처방법을 찾아내 현실의 생활 장면에 적용해 나가는 문제해결법이다. SST는 원조자와 당사자 간의 협동적 관계 아래 당사자가 자신의 문제를 이해하고 스스로 돕는 기술을 익혀가는 것이 특징이다. 이 SST의 등장으로 정신장애인은 회복하는 과정에서 자신의 병을 전문가에게 전적으로 위임해온 수동적인 입장을 벗어나, 당사자 스스로 주체가 되어 능동적으로 개입할 수 있는 가능성을 갖게 되었다. 이로써 당사자성을 주창해온 베델은 SST를 통해 전문가 중심의 의료 및 재활에서 당사자 주체의 개입이 가능해지는 당사자 중심의 연구 및 재활의 적극적 의미를 실천하는 새로운 전기를 맞이했다.

SST가 도입되면서 베델의 실천현장에서는 당사자의 일상생활에서 발생되는 문제를 구체화해 대처법과 해결방법을 찾아냈으며 이 연습을 반복하여 실생활에서 실행해 갔다. 그리고 이 효과를 검증하는 방식으로 SST를 당사자의 '자조'의 도구로 활용해 갔다. 물론 이 과정이 순조롭지만은 않았다. 당사자의 문제가 심각하고 복잡할수록 해결지향―베델에서는 이를 희망지향이라고 부르고 있다-인 SST만으로는 쉽게 대처방법을 찾을 수 없어 난관에 봉착하는 상황이 빈번히 발생했던 것이다. 해결을 시도하기에 앞서 문제에 대한 이해와 분석이 우선적으로 중요하다는 인식이 본격화되기 시작했다(べてる しあわせ研究所, 2009). SST의 실효성을 높이기 위해 '문제자체가 어떻게 되어있는가'에 대한 접근의 필요성이 부각되기 시작하면서 문제지향적 시각의 중요성이 필수적으로 강조된 가운데, 우연적 사건 및 이전부터 구축해온 연구적 접근 환경과 SA활동이 배경이 되어 당사자연구는 탄생하였다.

제3절 당사자연구의 철학과 방법

1. 당사자연구의 철학

1) 스스로 생각하는 사람

당사자연구는 다양한 접근과 철학을 흡수하고 동시에 그것을 자기의 것으로 체화하면서 발전되어왔다. 당사자연구라는 실천방법을 당사자들과 함께 구축해온 무카이야치 교수는 두 사람의 철학자의 사상이 여기에 배태되어 있음을 이야기한다. 먼저 당사자연구의 이념인 '자기 스스로 함께'를 현상학자 후설의 말에서 힌트를 얻었다고 한다. 즉 '자기 스스로 생각하는 사람'들이 '함께 철학하는' 때야 말로 사물의 본질에 다가갈 수 있다는 것이다. 이 이념은 당사자연구가 한 사람 한 사람이 함께 자기 스스로 생각하는 기회의 장이며 공동적인 행위임을 나타내고 있다. 이는 인간은 다른 누구에게 휘둘리거나 지배될 수 없는「한 사람」인 동시에, 한 사람으로는 자신을 충분히 이해할 수 없고 또 살아갈 수도 없는 존재라는 점을 의미한다(石原孝二, 2013). 당사자연구를 무카이야치 교수는 다음과 같이 설명하고 있다.

> 괴로운 증상이나 곤란한 상황과 조우했을 때, 자신의 고생을 모두 떠맡기 듯이 병원으로 달려가 의사나 사회복지사에게 상담을 하던 날들과는 다른 풍경을 당사자연구에서는 볼 수 있다. 그것은 우라카와식으로 말하면 '자기 고생의 주인공이 된다'는 체험이며, 환각이나 망상 등 여러 가지 불쾌한 증상에 예속되어 번민하던 상황에서 '나'라는 인간이 살아갈 발판을 구축하여 삶의 주체성을 되찾는 작업이라고도 할 수 있다(浦河べてるの家, 2005).

정신장애에 대한 전문가 중심의 정신의학적 접근은 자기 삶의 결정권을 타자에게 내어줌으로써 당사자가 자신의 병과 치료의 영역에서 개입하거나 전혀 영향을 끼칠 수 없었다. 그러나 SST의 도입과 당사자연구를 통해 당사자들은 스스로의 체험에 대하여 연구하는 경험을 하면서 그동안 전문가에게 전적으로 이양되어 왔던 것을 '나의 일'로 되찾아 옴으로써 삶에 대한 통제력과 책임성을 갖게 되었다. 또한 의사에 의해 설명되어지는 환자라는 수동적 객체에서 자신의 삶에 영향력을 발휘할 수 있는 능동적 주체가 되었다. 즉 당사자연구란 사람들과의 유대 속에서 고생을 되찾고 말을 되찾고 스스로의 역사성과 주체성을 되찾는 작업인 것이다(石原孝二, 2013).

2) 자유와 책임

이러한 실천 철학의 원류에는 빅터 프랭클(Viktor E. Frankl)의 실존분석 사상이 내재하고 있다. 빅터 프랭클은 실존분석과 로고테라피를 제창한 정신과의사로, 제2차 세계대전 중 아우슈비츠 강제수용소에서 유대인의 체험을 쓴 '죽음의 수용소에서'와 '삶의 의미를 찾아서'의 저자로도 유명하다. 그는 인간의 실존적 근거로서 무엇보다 '자유'와 '책임'을 강조하였다. 프랭클이 제창하는 자유는 무엇으로부터의 자유가 아닌 무엇을 선택하는 자유를 의미한다. 그는 강제수용소에서의 생활을 통해 어떠한 시련 속에서도 자신의 태도를 결정하고 삶의 길을 선택할 정신의 자유만은 그 누구도 빼앗을 수 없으며, 인간이 자신의 삶을 의미있게 만들어갈 수 있는 기회는 마지막 숨이 끊어지는 순간까지 사라지지 않는다는 것을 깨달았다. 결국 자신이 어떠한 사람이 될 것인가는 전적으로 본인의 손에 달려 있다는 것이다.

아무리 치유하기 힘든 정신장애를 가진 사람이라 할지라도 그 병이 인간의 가장 깊은 곳에 자리한 자유와 인격에까지 영향을 미칠 수 없다. 아무리 사회적 기능을 상실한 정신장애인이라 해도 고유한 인간으로서의 존엄성을 가지고 있으므로 이들이 경험하는 세계는 존중받아야 하는 것이다. 같은 병이라 할지라도 한 사람 한 사람의 정신장애 경험은 저마다 다르다. 따라서 정신장애에 대한 접근은 인간 정신을 기계적 구조로 해석하고 객관화하여 당사자의 주관적 세계를 부정하고 침범하는 접근이 되어서는 안 된다. 병의 배후에 있는 '사람'에게 눈을 돌려야 하는 것이다. 인간은 생물학적, 심리학적, 사회학적 조건들의 결과물이 아니다. 인간의 가장 큰 특징은 오히려 이러한 조건들을 넘어설 수 있다는 것이며, 어떤 유전과 환경적 제약 속에서도 한 인간을 규정하는 것은 결국 자기 자신이라는 점을 잊어서는 안 된다.

그러므로 자신의 병을 어떻게 규정하고 받아들일 것인가 결정하는 것 또한 자기 자신에게 귀속되어야 한다. 이러한 이념은 삶의 주체성을 되찾는 작업이자 당사자연구의 본질이다. 다만 여기서 말하는 당사자 주체, 즉 당사자성은 당사자운동의 이념인 '자신의 일은 자신이 정한다'는 당사자 주권과는 다르다는 점에 주목할 필요가 있다. 당사자연구에 있어서의 당사자성은 '자기의 일은 자기가 가장 이해하기 힘들다'는 이해 아래 '자신의 일은 혼자서만 결정하지 않는다'는 원칙을 견지하고 있다. 이 원칙은 아무리 '자기 결정'이라고 해도 사람과의 유대를 잃은 고립과 고독 속에서 행하는 '자기결정'은 위태롭다는 경험 원칙에서 만들어진 것이다(石原孝二, 2013). 이로써 당사자연구는 사람과의 유대로 이어지는 공동 작업을 통해 자신의 일을 규정하고 모두와 공유하는 실천적 특징을 가지게 되었다.

프랭클은 책임이 수반되지 않은 자유는 방종으로 치달을 위험성이 있다고 경고한 바 있다. 우리가 소중히 여겨야 할 가치는 자유와 책임이라는 것이다. 중요한 것은 우리가 삶에서 무엇을 기대하고 있느냐가 아니라 삶이 우리에게 무엇을 기대하고 있느냐라는 시각이다. 즉 삶의 의미가 무엇인가라고 우리가 물을 것이 아니라, 우리는 삶으로부터 질문을 받는 자로서 체험하고 그 질문에 대해 오로지 책임있는 행동만으로 답할 수 있다는 뜻이다. 그러므로 책임감은 인간 존재의 핵심으로 이해된다. 프랭클은 이처럼 인간이란 절망스러운 상황과 피치 못할 고통 안에서도 삶의 의미를 찾을 수 있으며 그 의미만 찾을 수 있다면 어떤 고통도 기꺼이 감수할 수 있는 존재라고 규정한다.

이처럼 고통을 의미를 이해하고 그 고통을 소중히 하는 인지요법의 아버지인 프랭클의 사상은 고생을 소중히 여겨온 베델 및 문제를 소중히 인식하는 당사자연구와 '문제지향'이라는 공통된 이념 위에 있다(佐藤絵美・

向谷地生良, 2006). 아울러 삶에서 마주치게 되는 고생이나 시련은 각각
의 존재에게 주어진 도전이며 이들이 풀어가야 할 문제라는 실존분석의
사상은 당사자들의 문제를 마주하는 태도와 관점의 근간을 이루며 당사자
의 삶을 중심으로 실천하는 당사자연구의 핵심 사상이다.

삶에 의미가 있다면 고통에도 반드시 의미가 있을 것이다. 하지만 그 의
미는 스스로의 힘으로 발견해야 하며 그 의미가 요구하는 책임 또한 스스
로 받아들여야 한다. 당사자연구는 인간이 바꿀 수 없는 운명을 받아들이
는 책임을 정신의료의 손에서 '자신의 일'로 되찾아 왔다. 다만 책임의 의
식화에서도 사람과의 유대를 강조해온 당사자연구는 '책임의 개인화·고
립화'를 수용하는 실존분석과 차이점을 갖는다(石原孝二, 2013). 하지만
이러한 방식 또한 개인의 면책이 아니라 자기수용을 통해 '무겁지만 마음
이 편한' 인책으로 받아들이는 것이 당사자연구의 기본적인 지향이다.

인간이 자신의 인생에 주체성을 가지고 살아간다는 것은 저마다 짊어진
삶의 무게를 각자가 고통스럽게 끌고 간다는 뜻이 아니다. 자기를 초월한
타자와의 관계 속에서 삶의 의미를 알아내고 그럼으로써 더 잘 끌어안고
갈 수 있는 방법을 함께 고민한다는 뜻이다. 이것이 자유성과 책임성을 갖
고 사람과의 유대 속에서 병을 지니고 살아가는 인간 본연의 자세이며, 당
사자연구의 궁극적인 철학이다.

2. 당사자연구의 방법

당사자연구는 정신장애 당사자들이 생활 속에서 병으로 인해 겪는 증상
과 어려움, 생활과제 등을 연구테마로 재구성하는 것으로 시작된다. 배후
에 있는 의미와 패턴, 구조 등을 파악하고, 당사자와 동료, 원조자 등의
독특한 발상과 의견을 활용해 당사자 각자에게 맞는 '자기를 돕는 방법'을
모색하여 병에 대한 이해를 도모해 가는 일련의 '연구 활동'을 총칭하는
말이라 할 수 있다(べてる しあわせ研究所, 2011). 당사자연구는 기존의
개념이나 일정한 형식에 얽매이지 않기 위해 매뉴얼을 만들지 않지만, 핵

심적인 요소와 용어, 기초지식과 같은 기본적이고 개괄적인 틀은 공유하고 있다. 당사자연구의 전체적인 진행방식과 공통된 요소는 다음과 같다 (浦河べてるの家, 2005).

    (1) 사람과 '문제'의 분리
    (2) 자기 병명 붙이기
    (3) 고생의 패턴, 과정, 구조의 해명
    (4) '자기를 돕는 방법'에 대한 구체적인 방법을 생각하고 장면을 만들어서 연습
    (5) 실천 결과의 검증

당사자연구 실천의 5가지 요소는 인지행동요법과 SST와 많은 부분을 공유하지만, 가장 독창적인 부분은 '자기병명 붙이기'라고 할 수 있다.

인지행동요법은 치료자와 클라이언트 간의 협조적 노력과 신뢰로 클라이언트의 능동적 참여를 촉구해 그의 문제해결능력을 향상시키는 접근방식으로 무엇보다 협동을 중시한다. 그러나 인지행동요법이 클라이언트와 치료자의 협동적 문제해결 과정이라고 해도, 당사자는 원조자가 제시한 문제의 가설을 받아들여 참여하는 입장이며 주도권은 원조자에게 있다. 이에 반해 당사자연구는 당사자 자신이 문제를 파악하는 것을 목표로 하고 있다. 또한 당사자연구는 문제해결을 목표로 하는 인지행동요법과 달리 문제에 대한 최종 진단이나 해법을 제시하는 것이 목표가 아니다. 당사자연구는 문제와 마주하는 태도, 관점의 변화를 통하여 해결가능성을 습득함으로써 문제를 해소하고, 당사자와 원조자, 동료가 연대하는 공동성을 중시하는 것에 역점을 둔다.

당사자연구의 핵심적 공통요소이자 특징으로 위에 제시한 다섯 가지 요소의 구체적인 과정 및 설명은 다음과 같다.

(1) 사람과 '문제'의 분리

당사자연구는 생활 속에서 문제나 고충을 안고 있다는 것에서 시작되

며, 연구 테마는 사람에 따라 상황에 따라 매우 다양하다. 가령, 당사자연구가 탄생하는 데 기폭제 역할을 했던 청년의 사례처럼, '폭발' 같은 증상이 일상에서 반복적으로 발생하게 되면 사람과 '문제'가 뒤엉켜 사람 자체를 문제시하게 되고 본인도 문제와 자신을 동일시해 생각함으로써 증상을 악화시켜 악순환의 고리에서 좀처럼 빠져나올 수 없게 된다. 그러므로 내재화되어 있는 고통을 밖으로 들어내어 연구 대상으로 바라보는 것이 우선적으로 중요하다. 사람과 분리하여 문제에 초점을 맞춤으로써 당사자가 상황이나 자기 체험을 대상화하고, 문제와 자신을 동일시하던 관점에서 벗어나 제 3자의 시점에서 거리를 두고 문제라고 판단되는 것을 바라보는 시선이 가능해진다.

사람과 문제의 분리는 주로 시트지, 도면, 도표 등 다양한 도구를 사용하여 외재화한다. 도구를 사용하여 외재화하면 당사자의 체험을 타자와 공유하기 쉬워지며, 이렇게 외재화한 내용은 자료로 보존할 수 있어 당사자의 변화를 확인하는 데에도 도움이 된다. 특히 연구과정에서 도구에 의한 외재화는 연구 참여자들의 시선이 도구로 향하게 되어 당사자의 불필요한 긴장을 없애고 화제에 집중하게 됨으로써 효율적인 대화를 가능하게 한다.

인지행동요법과 당사자연구에서 문제의 대상화에 대한 이미지를 비교해 보면 다음과 같다.

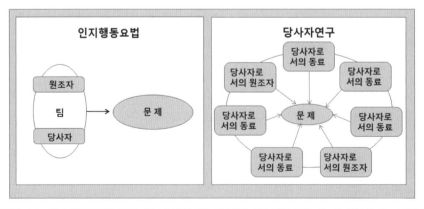

[그림 14-1] 인지행동요법과 당사자연구의 이미지 비교(佐藤絵美·向谷地生良, 2006)

인지행동요법은 원조자와 당사자의 협동적 치료관계를 강조하여 당사자가 안고 있는 문제에 대해 원조자와 당사자가 동등한 관계로 한 팀이 된다. 당사자는 치료에 능동적으로 참여하여 원조자와 협동 작업을 진행해 간다. 원조자와 당사자의 협력이 중요하지만 다만 궁극적인 책임이 원조자에게 있다고 할 수 있다. 이에 비해 당사자연구는 복수의 타자-당사자 혹은 원조자-가 관여하는 것을 전제로 한다. 여기서 타자는 제 3자로서 관여하기보다 각자가 당사자로 관여한다(佐藤絵美・向谷地生良, 2006). 무카이야치(向谷地生良, 2009)가 '병식은 혼자서 생기지 않는다'고 한 것처럼 이러한 공동 작업은 자기 자신의 문제나 과제에 대한 인식을 갖기 위한 장치라고 할 수 있으며, 이때 당사자연구는 '사람과의 유대의 회복'과 표리일체의 과정이 된다.

(2) 자기병명 붙이기

자기병명 붙이기는 당사자연구의 가장 독창적인 실천요소라고 할 수 있다. 베델공동체에서 자신의 증상이나 생활상의 고생을 외재화하는 방법으로 가장 유효하게 사용되는 것은 환청을 '환청씨'로, 자동적 사고에 기인하는 불안 유발 사고들은 '손님'으로 인격화해서 부르는 이름을 붙이는 것이다. 그 중에서도 자기병명 붙이기는 외재화의 좋은 예이다.

자기병명이란 의학적인 진단명이 아니라 당사자 자신이 안고 있는 고생과 발생되는 사건에 대한 의미와 패턴을 반영한 본래적인 병명을 말한다(べてる しあわせ研究所, 2011). 말하자면 자기병명은 '자신이 지금까지 살아온 역사와 앞으로 살아갈 방법으로 이어지는 중요한 상징'이라는 의미를 갖는다. 그것은 의사가 진단한 의학적 사실이나 단순히 꺼림칙한 기억이 아니라 한 사람의 인간으로서 열심히 살아온 증거이며 긍지의 표현이 된다(浦河べてるの家, 2002).

자기병명을 가지고 있다는 것은 자신의 고생을 인식하고 타자에게 설명할 수 있다는 표현으로, 회복에 있어서도 중요한 요소가 된다. 아울러 의학적 진단명을 내리는 전문가로부터 자신의 고생을 되찾아 '고생의 주인공'이 되기 위한 중요한 작업이라는 의미도 갖는다(べてる　しあわせ研究

所, 2011).

자기병명을 붙이는 방법에 특별한 규칙은 없다. 다만 병명으로 그 사람의 고생을 쉽게 이해할 수 있도록 유머감각을 발휘하여 붙이면 된다. 프랭클이 실존분석의 치료이념인 로고요법(logotherapy)에서 유머에는 문제와 거리를 두고 바라볼 수 있는 인간의 능력이 내재되어 있다고(Frankl, 1977) 말했듯이, 유머는 외재화의 유용한 방식이 된다.

예를 들어, 동네주민의 생활소음이 자신에 대한 공격이나 괴롭힘으로 들려 폭발과 이사를 반복하는 고생을 가진 사람은 '조현병 생활소음 공포 이사 고생형'이라는 자기병명을 가지고 있으며, 자신의 생각이 주위에 전해지는 고생을 가진 사람은 '조현병 사토라레형', 사람들과 유대감을 느끼지 못하거나 고독함을 느끼면 구급차를 부르는 고생을 가진 사람은 '상대 해줘병 구급차 자주 타는 타입' 등과 같이 당사자들의 경험에 기반한 현실감을 그대로 담은 병명을 붙이는 방법이다. 이 병명은 연구과정에서 변경되기도 하고 한 사람의 당사자가 다수의 병명을 갖기도 한다(べてる しあわせ研究所, 2009).

그러나 예시된 자기병명에서도 알 수 있듯이 자기병명이 반드시 의학적 진단명을 배제하지는 않는다. '여기 봐줘 증후군 자해형'나 '자기표현 실조증 성가신 장벽 타입' 등과 같이 의학적 진단명을 사용하지 않은 것도 있고, '조현병 사토라레형', '조현병 전력질주형' '조현병 모친으로부터 떨어지지 못하는 의존증'처럼 의학적 진단명에 자신이 곤란을 겪는 특징을 나타내는 말을 조합하기도 한다. 이는 자기병명이 전문가의 지식을 부정하거나 대립하는 대항지식을 만들어내는 것이 아니라, 의학적 지식을 사용할 수 있는 부분은 도입하되 전문적 진단명만으로는 파악할 수 없는 당사자 고유의 고생을 포함하려는 의도를 보여준다.

(3) 고생의 패턴, 과정, 구조의 해명

고생의 패턴, 과정, 구조의 해명에서는 당사자연구와 인지행동요법의 핵심 요소들은 매우 유사하면서 다른 한편으로는 차별성을 가진다.

인지행동요법의 특징은 환경과 개인의 상호작용을 파악하고 개인의 체험을 인지, 기분·감정, 신체반응, 행동(혹은 인지, 감정, 행동의 세 분야)으로 나누어 그 상호작용을 파악한다. 즉 [그림 14-2]와 같이 당사자가 안고 있는 문제를 환경과의 외적 상호작용과 개인에 있어서의 내적 상호작용이라는 이중적 상호작용이라는 관점에서 역동적으로 이해하는 것이 특징이다. 이 안에서 문제의 순환적 상호작용을 명확히 하고 인지, 기분·감정, 신체반응, 행동의 네 가지 요소 중 자신의 의지대로 조절이 가능한 '인지'와 '행동'에 초점을 맞추어 환경에서 발생되는 문제에 대처하는 인지적 전략과 행동적 전략을 모색한다. 인지행동요법에는 인지재구조화치료, 문제해결치료, 이완법, 호흡조절법, 자기모니터링 등 다양한 방식으로 인지와 행동을 고안하기 위한 전문적인 기법들이 있다(佐藤絵美·向谷地生良, 2006).

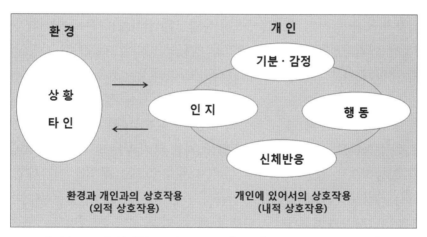

[그림 14-2] 인지행동요법 기본모델(佐藤絵美·向谷地生良, 2006)

인지행동요법의 핵심적인 요소는 다음과 같다

① 문제 중심의 초점
② 사례개념화의 개별화
③ 협력적이고 경험적인 치료적 관계
④ 소크라테스식 질문

⑤ 구조화하기, 심리교육, 학습을 촉진하기 위한 예행연습
⑥ 자동적 사고 이끌어 내기와 수정하기
⑦ 스키마 찾기와 변화시키기
⑧ 무기력, 자기 패배적 행동, 회피 등의 패턴을 바꾸기 위한 행동적 방법
⑨ 재발 방지를 돕기 위한 인지행동요법 익히기

인지행동요법에서 사정은 진단과 증상, 발달적 요인, 상황 및 대인관계 문제, 생물학적·유전적·의학적 요인들, 강점, 전형적인 자동적 사고, 정서, 행동 패턴, 기본 스키마 등의 영역에서 정보를 통합해 이루어진다 (Wright, Basco & Thase, 2006). 사정 과정에서는 당사자의 능동적인 참여를 유도하여 사고 기록하기, 심상, 역할극 등을 활용해 자동적 사고를 이끌어낸다. 또한 역기능적인 사고를 인식하고 변화시키기 위해 소크라테스식 문답법, 증거 검증하기 등을 사용한다. 특히 원조자와 당사자 간의 쌍방향적 소통 방식인 소크라테스식 문답법은 당사자의 문제에 대한 논박을 통해 인지과정을 발견하고 사건과 행동의 의미를 재발견해 자동적 사고를 수정해 가는 기초작업으로 중시되고 있다.

반면 당사자연구에서는 당사자 스스로 연구목적을 설정하고 유사체험을 하는 동료들과 의논해 그 규칙성에 대한 가설을 검증한다. 인간은 목적을 스스로 설정하고 재설정하면서 발달해 가는 존재라는 인식 아래, 비당사자가 일방적으로 정한 목적이 아니라 당사자 스스로 목적을 발견하고 설정하는 과정을 연구에 포함하여 당사자의 발달을 배제하지 않는다(石原孝二, 2013). 당사자연구에서도 고생의 패턴, 과정, 구조를 해명하는 과정에서 당사자가 가진 고생에 대한 정보수집과 고생의 분류 작업이 이루어진다. 과거의 시간 속에서 '고생의 프로필'을 수집하는 작업을 하지만 이는 생활체험을 공유하는 수단으로 데이터 및 정보를 수집하는 것일 뿐 문제의 원인을 찾기 위한 것은 아니다(佐藤絵美·向谷地生良, 2006). 이 과정에서 정신장애는 의학적 분류가 아니라 생활 속의 곤란한 일, 즉, 증상, 연애, 취업, 돈 등 문제(고생)의 종류에 따라 분류된다(べてる しあわせ研究所, 2011).

　당사자연구에서 과거의 고생과 현재 발생되는 고생에 대한 정보를 동료나 원조자와 공유하면서 [그림 14-3]과 같이 그림으로 그리거나 도표화하여 정리할 수 있다.

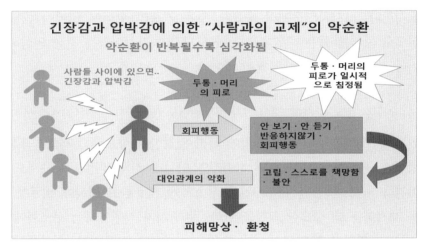

[그림 14-3] 문제의 정리 방법(べてる しあわせ研究所, 2011)

　고생이 발생되는 데는 반드시 규칙성과 반복되는 구조가 있다는 근거 아래, 당사자와 동료들의 주관적 세계와 감각을 공유하면서 고생의 패턴과 메커니즘을 밝혀 나간다. 고생의 메커니즘은 도식화하거나 그림, 역할극 등으로 시각화하여 공유한다. 이같이 고생의 구조를 밝혀가는 과정을 통하여 당사자는 '폭발이 가족과의 유일한 커뮤니케이션이었다'고 하는 당사자의 해석과 고찰로 문제의 이면에 있는 의미와 가능성을 탐색하고, 지금까지 문제에 대처해온 '자기를 돕는 방법'을 파악하게 된다(べてる しあわせ研究所, 2009). 즉 중요한 것은 어떻게 문제가 발생되었는가가 아니라 지금까지 어떻게 자신을 도와왔는가라는 관점으로 접근하는 것이다. 이렇게 이해하는 것에 의해 당사자가 문제와 맞서나갈 힘을 찾아내고 그 힘을 다른 방법으로 발휘할 수 있도록 생각해 나가게 된다(石原孝二・稲原美苗, 2013). 도표나 사정 시트 등을 사용하여 문제의 전체상을 외재화함으로써 부정적으로 일관해왔던 문제의 다양한 원인을 구명해 심적인 안정

을 얻고, 증상의 의미를 다른 식으로 파악하는 새로운 대처가 가능해진다.

당사자연구에서는 환청이나 망상 같은 증상을 전문가적 시각에서 제거하거나 치료해야할 병리적 관점으로 접근하지 않는다. 당사자의 욕구에 기초해 당사자가 증상과 잘 지낼 수 있도록 증상을 활용해 나가는 것을 중요시한다. 당사자연구에서 중요한 것은 기존의 방식에 얽매이지 않는 발상으로 자기를 돕는 주역은 철저하게 당사자 자신이라는 것을 인식하는 것이다(べてる しあわせ研究所, 2009).

(4) '자기를 돕는 방법'에 대한 구체적인 방법을 생각하고 장면을 만들어서 연습

인지행동요법은 구조화된 절차에 따라 일정한 방향으로 문제해결과정을 수행한다. 이러한 구조화는 각 회기뿐만 아니라 전체 과정을 통해서도 이루어진다. 구조화는 한정된 시간을 유효하게 사용하고 변화에 이르는 방향을 제시하는 데 중요한 역할을 한다. 즉 당사자와 원조자는 구조화에 의해 현재의 위치와 앞으로 가야할 방향을 이해하고 공유하며, 회기에서 반복되는 구조화의 체험을 통해 회기 이외의 일상생활에서 시간의 흐름을 구조화하는 데에도 도움을 받는다. 구조화는 당사자연구의 실천에 있어도 같은 기능을 하고 있다(石原孝二·稻原美苗, 2013).

당사자연구는 일반적으로 문제와 사람을 분리 → 문제의 패턴·과정·구조를 해명 → 도구를 사용한 외재화 → 정보공유의 흐름으로 진행된다. 이 과정이 끝나면 문제에 대한 새로운 대처법을 검토하고, 대처법의 효과를 확인한 후 기술로서 대처법을 익히는 과정으로 이어진다.

정신장애 당사자들은 대개 증상에 대해 이미 개별적으로 나름의 인지조절과 행동조절을 통해 다양한 자기대처를 실행하고 있다. 인지행동요법에서는 인지조절을 위해 자동적 사고에 의한 역기능적 인지를 수정해 보다 기능적인 사고로 변화시키는 인지재구성요법을 사용하고 있다. 또한 행동조절을 위해 문제에 대한 대응적인 인지를 통해 문제를 수용하고 문제 상황을 개선하기 위한 행동적 고안을 검토하는 문제해결기법을 사용하고 있다. 즉 인지행동요법의 기본모델에 준해 사정을 하고 악순환을 파악한 후 이에 대응하여 '어떻게 생각하면 되는가' 고안하는 것이 인지재구성법이

며, '어떻게 행동하면 되는가' 행동을 고안하는 것이 문제해결법이다(佐藤
絵美·向谷地生良, 2006).

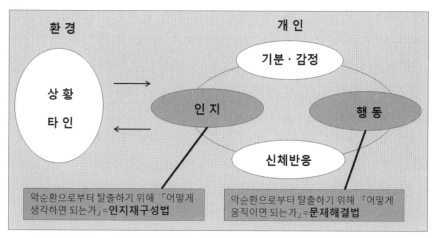

[그림 14-4] 인지재구성법과 문제해결법(佐藤絵美·向谷地生良, 2006)

당사자들의 자기대처 방법은 대부분 질병과 연관된 표현으로 은둔, 폭
식, 자해, 고성지르기 등으로, 이 행동은 고통을 완화하고 자신을 해방시
키기 위한 시도라고 이해된다. 그러나 그 효과가 일시적이며 인간관계를
어렵게 하고 스스로에게 더 깊은 상처를 준다는 부작용을 갖고 있다(べて
る しあわせ研究所, 2011). 따라서 당사자연구는 이러한 증상이 수행하고
있는 일정한 기능에 그 목표를 두는 대응전략을 택하고 있다. 즉 지금까지
해온 자조를 좀 더 좋은 자조로 실행할 수 있도록 당사자가 주체적으로
생각하고 실천해 나가는 것을 중시하는 것이다. 동료와 원조자는 당사자
의 주관적 현실에 함께 다가가 당사자가 존재의 밑바닥에서 진심으로 갈
구하는 것이 무엇인지 깨닫게 하여 문제에 대한 새로운 관점과 새로운 대
처법을 함께 모색해간다. 새로운 인지 방법과 행동 방법을 습득한다는 것
은 결과적으로 새로운 세계관과 삶에 대한 태도를 가지게 된다는 것을 의
미하게 된다.

당사자연구를 통해 구체화된 문제에 대해서는 동료들과 유머감각을 발

휘해 서로 의논하면서 새로운 대처 방법을 모색해 나간다. 동료의 경험을 의미있는 생활정보와 자원으로 활용하면서 자신의 경험과 통합해 나가는 것이다. 이때 유머는 경직된 사고 및 행동 패턴을 깨는 데 도움을 주고 스트레스에 대처하는 중요한 자원으로 활용되며, 인간적인 관계를 형성하는 데 도움을 주는 매우 적응적인 대처전략이라 할 수 있다.

새로운 대처법은 필요에 따라 SST를 사용하여 연습한다. SST는 그룹으로 실시되며 당사자연구를 통해 구체화된 문제를 동료가 협력해 실연함으로써 더욱 구체화한다. 문제에 대한 대처법을 참가자들이 검토하면서 여러 가지 아이디어를 내는데, 이와 같은 브레인스토밍을 통해 이전에는 인식하지 못한 다양하고 독특한 관점과 대안들을 접하게 된다. 그리고 이렇게 제시된 아이디어 중 하나를 대처법으로 정리하여 역할극으로 반복해서 연습한다. 당사자연구에서 지금까지의 과정이 이론 습득이었다면 SST는 실전연습에 해당된다고 할 수 있다. 예를 들어 환청으로 시달림을 받는 당사자의 경우 당사자가 경험하는 다양한 '환청씨'를 조사하여 각각의 '환청씨'를 패턴별로 정리하고 '환청씨'와 잘 지낼 수 있는 방법, 즉 대처법을 고안해 나간다. 이를테면 '환청씨에게 정중하게 물러 나주기를 부탁한다' '환청경찰관을 불러 도움을 요청한다' '콧노래를 부른다' '동료에게 전화로 상담한다' 등 여러 가지 대처법을 함께 고안하여 자신에게 맞는 대처법을 선택하고 그것을 실제로 동료들과 실연하여 연습해 봄으로써 실생활에 활용할 수 있도록 하는 것이다.

그러나 인지행동요법의 문제해결법이 원조자와 당사자 간에 일방향으로 진행되는 데 반해, 당사자연구의 문제해결과정은 복수의 참가자들과 쌍방향적, 다층적으로 진행되는 방법으로 더욱 풍부하게 이루어지고 있다(石原孝二·稲原美苗, 2006). 당사자연구는 기본적으로는 베델에서 실시하는 방법과 같이 SST형식을 도입해 원조자와 동료가 조력자로 함께 토론하고 당사자가 연구내용을 발표하는 식으로 진행되는데, 이때 유형은 혼자서 하는 당사자연구, 둘 이상이 하는 당사자연구, 그룹이 하는 당사자연구 등 다양하게 진행될 수 있다(べてる しあわせ研究所, 2011).

(5) 실천 결과의 검증

새로운 대처법을 통해 실제 생활 장면에서 시도한 후 그 실효성을 확인하거나 개선점을 찾아낼 수 있다. 당사자연구에서는 이를 '실험'이라고 부르며 생활의 장은 중요한 '실험실'이 된다. 일상생활에서 실제로 결과를 검증하는 실험을 실시해 동료들과 '좋았던 점'과 '더 좋아질 점'을 확인하고 공유하면서 다음 연구와 실천으로 연결한다. 효과가 있는 실험은 유용한 생활정보로 동료들과 공유하고, 효과가 없으면 다음 회기에서 재검토한다. 연구를 통해 얻은 모든 성과는 데이터화되어 동료들과 공유하는 정보로 제공하고 있다(べてる しあわせ研究所, 2009).

당사자연구는 베델의 실천이념이 그대로 녹아있는 자생적 실천기법이다. 이곳에서는 당사자가 안심하고 자신의 이야기를 할 수 있는 장이 마련되어 있으며, 당사자 자신의 약함을 공개하면서 사람들과 유대할 수 있는 실천적 환경이 전제되어 있다. 당사자연구는 이러한 환경을 배경으로 인지행동요법의 본질을 수용하면서 자율적인 시행착오를 거쳐 새로운 실천기법으로 정착해왔다. 당사자들이 자신의 현실을 이야기하는 새로운 말을 창출하고 생각과 행동을 새롭게 만들어 감으로써 자신의 고생과 사귀는 방법, 자기 자신과 사귀는 방법, 다른 사람들과 사귀는 방법을 추구하는 것이 당사자연구의 궁극적인 지향점인 것이다. 이러한 모든 과정은 동일한 지평에서 지속적인 삶의 체험으로 통합되고 있다.

제4절 Mad Studies와 베델의 집 당사자연구의 의의

1. Mad로 지칭되는 모든 것을 인정하는 것에서부터 시작한다.

Mad Studies는 Mad를 거부하는 것이 아닌, 받아들임에서부터 시작한다. 베델의 집의 당사자연구 또한 당사자의 경험, 고통 등을 인정하는 것에서부터 시작한다. 이러한 부분을 극명하게 드러내주는 것으로 베델의 집 표어 중 하나인 "나의 병을 멋대로 고치지마"라는 것이 있다. 정신장애는 그 자체에서 비롯되는 어려움 뿐 아니라, 정신장애로 지칭되면서 발생하는 수많은 문제를 파생한다. 그러나 지금까지 정신보건 서비스는 당사자의 삶을 무시한 채 진단명에 따라 하나로 뭉뚱그려 동일하게 접근하는 개입으로 일관해 부정적 결과를 초래해왔다.

기존의 정신의학 중심의 접근은 어쩌면 역설적으로 당사자로 하여금 자신을 더 받아들이지 못하게 만들었을 수 있다. 당사자연구는 자신의 운명을 무기력하게 받아들여야함을 떨쳐내고 '남의 일'이 아니라 '자신의 일'로 되찾아왔다. 당사자연구는 지금껏 관심에서 가장 밀려나 있던 당사자들이 개개인의 삶을 받아들이고 주체로서의 인식의 전환을 추구하는 것이다.

2. 해결책을 모색하는 데에 있어서 당사자의 경험적 지식이 주체로 작용

지금까지 소위 '광인(狂人, mad people)'이라 지칭된 사람들의 발언은 의식적, 무의식적으로 배제되었다. '어떤 미친놈이 자기가 스스로 미쳤다고 하겠는가'라는 말을 우리는 일반적으로 사용하곤 한다. 이 문장은 현실에서 정신장애인의 발언이 얼마나 쉽게 무시되고 있는지를 단편적으로 보여준다. 이러한 당사자의 배제는 정신보건서비스에서도 그대로 나타난다. 정신보건체계 내에서 정신장애인은 수동적으로 위치할 수밖에 없었으며, 발언권이 배제됨과 동시에 자기결정권 또한 사라지게 되었다.

당사자연구는 당사자들의 경험과 이야기를 배제하고 그 가치를 받아들이지 않는 전문가 중심의 연구에 대한 새로운 대안을 제시한다. 당사자연구의 핵심은 당사자들의 삶이 중심에 있다는 것이다. 지금까지 정신장애에 대한 접근방식은 기존의 관점과 이론에 근거하여 개입이 이루어지고 그 결과로서 당사자들의 삶이 존재하는 식이었다. Mad Studies 또한 기존의 정신장애인 관련 연구는 사람을 중요한 주제로 삼았음에도 불구하고, 직접 체험한 사람의 지식(first-person knowledge)을 배제하였음을 비판하고 있다.

당사자연구는 이러한 기존의 접근방식을 근본적으로 뒤엎으며, 당사자 개개인의 고유한 삶에서부터 시작한다. 즉 당사자연구는 당사자들의 생활 속에서 발생되는 문제나 곤란에서 출발하여 이를 지지하는 수단과 도구로서 당사자연구를 활용하고 구체적으로 개입하여 그것이 당사자들의 생활로 이어지는 순환적 개입인 것이다. 이는 Mad Studies가 연구과정에서 'Mad'로 정의된 사람들이 직접 경험한 고통에서 나오는 지식인 '경험적 지식(Experiential knowledge)'를 활용하는 것과 같은 맥락에 있다고 볼 수 있다.

3. 언어의 전복: 정신의료체계 내 용어를 당사자의 용어로 변화

프레임(frame)이란 우리가 세상을 바라보는 방식을 형성하는 정신적 구조물이다. 그리고 프레임을 재구성한다는 것은 대중이 세상을 보는 방식을 변화시키는 것이며, 프레임은 언어로 작동되기 때문에, 새로운 프레임을 위해서는 새로운 언어가 요구된다. 즉, 우리가 다르게 생각하기 위해서는 먼저 다르게 말해야 한다는 것이다.

Mad는 원래 비하와 멸시의 의미를 담고 있는 용어였지만 당사자의 용어로 변화되었다. 예를 들어 퀴어(Queer)는 원래 '괴짜의', '이상한'을 뜻하며 과거 동성애자를 가리키는 멸시적인 속어였으나 1980년대 미국 등지의 급진적인 동성애자 인권운동진영에서 이 용어와 개념을 긍정적이며 전복적인 방식으로 재정의하여 사용함으로써 오늘날 부정적인 함의는 거의 사라졌다. 이런 부분에서 Queer와 Mad는 비슷한 측면이 존재한다. Mad 또한 정신장애인을 비하하는 부정적인 용어였으나, 당사자에 의해 정신장애인의 새로운 정체성으로 전복되었기 때문이다.

당사자연구 또한 기존 의료패러다임 내에서 사용되던 용어를 거부한다. 예를 들어 '증상' 혹은 '발병'과 같은 단어를 '고생'이라는 단어로 변화시켰다. '병명'은 '고생의 프로필'로 전환하였으며, '환청'을 '환청씨'로, '망상'과

'불안사고' 등을 '손님'으로 인격화시키는 새로운 접근을 시도하였다.

Mad Studies에서는 정신장애가 있는 사람의 정체성에 대한 활발한 논쟁이 지속되고 있다. '환자'라는 정신의학적 정체성을 거부하고, 소비자, 생존자, 이전환자 등과 같은 새로운 정체성을 스스로 부여하였다. 한편 당사자연구는 자기병명으로 새로운 정체성을 구축한다. 자기병명은 '자신이 지금까지 살아온 역사와 앞으로 살아갈 방법으로 이어지는 중요한 상징'이라는 의미를 갖는다. 그것은 의사가 진단한 의학적 사실이나 단순히 꺼림칙한 기억이 아니라 한 사람의 인간으로서 열심히 살아온 증거이며 긍지의 표현이 된다. 이처럼 자기병명을 가지고 있다는 것은 자신의 고생을 인식하고 타자에게 설명할 수 있다는 표현으로, 회복에 있어서도 중요한 요소가 된다. 아울러 의학적 진단명을 내리는 전문가로부터 자신의 고생을 되찾아 '고생의 주인공'이 되기 위한 중요한 작업이라는 의미도 갖는다. 이 병명은 연구과정에서 변경되기도 하고 한 사람의 당사자가 다수의 병명을 갖기도 한다.

4. 당사자연구는 해결방안으로서 대안적 공동체에 대한 열망을 담고 있다.

Mad Studies가 어떤 개별적 문제에 대한 대안으로만 접근했다면 지금과 같은 운동의 확장성을 획득하지 못했을 것이다. Mad Studies는 정신의학으로 고통, 분노, 절망에 위치한 당사자에게 대안적인 사회의 희망을 주었다. 그렇기 때문에 변화에 동참할 수 있었고 대안적 공동체로 지금의 의료패러다임을 대체할 수 있다는 목표를 구축하게 되었다고 볼 수 있다.

당사자연구는 당사자들의 대안공동체에 대한 열망의 생생한 사례라고 할 수 있다. 실제 대안공동체는 열망은 있으나 어떻게 구성되어야하는지 답하기 어렵다. 그것은 세상으로부터 도피의 표현방식일 수도 있다. 베델의집과 당사자연구는 중요한 하나의 사례를 제공한다. 그들은 일반사회로부터 분리되어 있지 않지만 특유의 문화, 언어를 가진다. 정신장애의 증상을 마음 놓고 표현하도록 장려하며, 많이 고생하고 그 경험을 대회에서 발표하면 상을 받는다. 그 속에서 당사자연구는 자기완결적인 연구가 아니라 동료를 대표하여 동료와 연대하며 보편성을 확대해 나가는 공동의 작업이다.

5. 외부적 표출을 통한 집단적 자기옹호활동 중시

Mad Studies는 지금까지 그 누구도 해결해주지 않았던 자신들의 문제에 대해 자발적으로 목소리를 내고 있다. 대표적인 집단적 자기옹호활동으로 Mad Pride가 있다. 길거리를 지나가며 자신들의 목소리를 내고, 정신과약물 강제의 부당함을 알리기 위해 동그란 모양의 캔디를 시민들에게 나누어 주기도하며, 격리강박의 문제를 위해 구속복을 입고 돌아다니기도 한다. 한편, 60년대에 나타난 반정신의학 또한 기존 정신의학 중심의 패러다임에 반기를 드는 운동이었지만, 당사자중심이라기보다는 전문가중심으로 진행되었기 때문에 지적인 비판에 머무른 측면이 있다.

베델의 집의 당사자연구는 개별적 프로그램이 아니라, 집단적 옹호활동으로 나아가고 있다. 1995년 이후 매년 '환각·망상대회'를 개최하고, '편견·차별 대환영'과 같은 집회를 통해 정신장애에 대한 금기와 편견을 타파하기 위해 도전하고 있다. 이러한 행사의 컨텐츠는 바로 당사자연구로부터 생산되고 있다. 당사자연구를 통한 집단옹호활동을 명확하게 전달하기 위해 베델의 집은 단순하지만 명쾌한 표어를 적극 활용하고 있다. "환청에서 환청씨로" "스스로 붙이자 자기병명" "손을 움직이기보다 입을 움직여라" "공사혼돈대환영" "베델에 오면 병이 드러난다" "멋대로 고치지마 자기 병" "오르는 인생에서 내려가는 인생으로" "고생을 되찾다" 등 그 활동을 특징짓는 독특한 표어와 이념들은 적극적 자기옹호활동이라 할 수 있다.

6. 비원조의 원조: 돕는다는 것은 우산을 들어주는 것이 아니라 함께 비를 맞는 것

Mad Studies는 원조의 개념이 아니다. 전문가가 약자를 돕는 것이 아니라, 보다 당당하게 당사자들이 스스로의 목소리를 표출하는 것이다. <베델의 집>은 '지역전체의 사회복귀'라는 구상을 추구하며 30년 동안 지역사회 한편에서 이를 꾸준히 구현해 왔다. 그리고 정신보건 전문가들은 당사자들이 스스로 연대하여 자신의 문제를 해결할 수 있도록 지원하고 있다. 이른바 베델의 '비원조의 원조' 체계이다.

'비원조의 원조'란 당사자 주체의 실천, 즉 자조를 원조하는 실천으로 당사자를 고생에서 보호하는 원조가 아니라 고생을 활용해가는 원조를 통해 인간적 행위의 풍요로움과 가능성을 경험하고 고민하는 힘을 되찾아 가는 원조를 뜻한다. 이렇게 스스로 고민하는 당사자주체의 실천은 '당사자 연구'라는 형태로 당사자 스스로가 자신을 돕는 방법을 연구하는 실천으로 이어지고 있다. 이는 Mad Studies가 지향하는 전문가-당사자의 관계라고 하겠다.

제5절 맺는 말

현재 당사자연구는 일본을 넘어 국제적으로 하나의 실천적 기법으로 자리매김하고 있다. 우리나라에서 10여개의 집단에서 이 프로그램을 받아들이고 있다. 또한 당사자연구는 정신장애뿐 아니라 여러 문제나 장애를 가진 당사자단체, 자조그룹, 사회운동단체에도 확산되고 있다. 당사자연구가 이렇게 확산되는 것은 일반적 특성을 이론화해 개개 사례의 중요한 특수성을 놓쳐버리는 추상적인 과학적 지식보다 구체적인 실천적 지식에 가깝기 때문이다. 당사자가 설정한 가치와 방향성을 바탕으로 일상생활과 밀착된 구체적인 생활문제를 개선하고 고생에 대응해 나가는 것을 지향하는 해석과 대처법이 한결 유용한 지식을 제공하고 있기 때문이다.

정신장애 당사자연구가 표방하는 것은 결코 치료의 논리에 의한 정신장애의 접근이 아니며 정신의학과 대립되는 지식의 창출도 아니다. 당사자연구는 정신의학의 정의와 설명으로 파악할 수 없고 전문가적 시각으로 해결할 수 없는 부분을 당사자 스스로의 고찰과 해석을 통해 이념화하고, 이렇게 창출된 지식을 공존하는 전문가 지식과 공유하는 것이 그 궁극적인 지향점이다. 지식이란 전문가의 전유물이 아니라 모든 사람들이 공유해야할 공공재이므로, 정신의학과 당사자연구에 의한 지식은 상호 공유해야 한다는 인식을 기반으로 하고 있다. 정신의학과 당사자연구에 의한 실천적 지식은 서로의 영역에서 역할을 찾아 함께 수용하는 길을 모색함으로써 정신보건전문가와 당사자 간의 관계를 새로이 정의할 수 있는 길을 만들고 있다. 이제까지 치료라는 이름으로 전문가주의의 정신의학이 내던져버렸던 가치들을 회복할 수 있는 가장 근원적이며 인격적인 해답을 당사자연구는 보여주고 있다.

제15장 커뮤니티케어와 정신장애인[1]

제1절 커뮤니티케어 도입배경과 정신장애인

커뮤니티케어는 영국에서 유래된 용어이다. 그것은 지역사회에서 생활하는 데에 돌봄을 필요로 하는 사람들을 지원하는 위한 정책의 방향을 제시하는 상징적인 언어라고 할 수 있다. 커뮤니티케어는 돌봄을 필요로 하는 사람이 일정한 공간을 가진 병원이나 시설이 아니라 지역사회에서 살아갈 수 있도록 다양한 서비스를 개발하여 지원하고자 한다. 미국의 정책에서는 커뮤니티케어의 의미를 지역사회정신보건정책 혹은 지역사회지원시스템으로 표현하였고, 일본의 정책에서는 재택복지 혹은 지역포괄지원시스템이라고 제시되었다. 이러한 선발국가의 정책방향은 노인, 장애인, 정신장애인 등을 지원하는 서비스정책이 시설이 아니라 지역사회 돌봄으로 수렴되고 있음을 보여주고 있다. 사회적 돌봄이 필요한 사람의 증가는 시설보호에 소요되는 비용의 압박을 가져오고 사회적 격리에 따른 인권문제를 양산시키기 때문에 지역사회 돌봄을 견지하는 정책을 도모하는 보편적 경로를 걷게 된다.

우리나라에서도 사회적 돌봄을 필요로 하는 인구의 급증에 대응하기 위한 정책방안으로 커뮤니티케어에 관한 논의가 이루어져 왔으며, 2018년에 와서 정부는 커뮤니티케어 추진을 발표하였다. 그리고 2019년 1월 지역사회 통합돌봄 선도사업계획을 발표하고 동년 6월부터 8개 지방자치단체를

---

1 이용표 외(2020). 서울형 정신장애인 커뮤니티케어모형 개발연구. 서울특별시의회의 일부내용을 수정·보완하였음

대상으로 노인, 장애인, 정신장애인 등의 영역에서 시범사업을 실시하고 있다.

정신장애인의 경우 정신의료기관과 정신요양시설에 격리 수용된 인구가 가장 많은 데에 비하여 지역사회 돌봄 체계의 발전이 가장 미흡한 상황에 있다. 전국 장애인거주시설 입소자 수는 2017년 말 현재 27,089명인데 반해, 정신요양시설 및 정신의료기관에 입원 및 입소한 정신장애인 수는 77,161명(국립정신건강센터, 2018)으로 정신장애인의 격리·수용의 비율은 다른 장애유형에 비해 상당히 높다. 최근 코로나로 인한 사망자의 다수가 장기입원 상황의 정신장애인이었다는 사실이 정신장애인 격리수용의 문제를 드러내고 있다. 즉, 중앙방역대책본부가 발표한 국내 사망자 현황 및 특성에 따르면(2020년 4월 16일 기준) 사망자 중 98.7%가 기저질환을 가지고 있었고 기저질환으로는 치매와 조현병 등 정신질환이 25.3%를 차지하고 있었다. 2017년 정신건강복지법 시행 이후 장기입원/입소자의 탈시설이 기대되었으나 가시적인 성과는 매우 저조하다. 국회입법조사처(2019)에 따르면, 정신의료기관 입원환자 수는 정신건강복지법 시행 직전인 66,958명(2017년 4월)에서 시행 후 66,027명(2018년 12월)으로 미세하게 감소하였을 뿐이며, 퇴원율은 법 개정 이후 오히려 감소하는 추세를 보여 탈시설화에 역행하고 있었다. 동일병원 재입원율 역시 7일, 30일 이내의 경우 유의미하게 감소하는 경향이 있었으나 90일 이내의 경우 장기적으로 의미 있는 변화가 없었다.

정신장애인은 다수 격리수용의 문제뿐만 아니라 지역사회에 거주하는 경우에도 제공받을 수 있는 복지서비스가 매우 제한적이다. 장애인복지법 제15조는 정신건강복지법의 적용을 받는 정신장애인에 대하여 장애인복지법의 적용을 배제할 수 있도록 함으로써 정신장애인의 직업재활시설 이용 이외에 대부분의 장애인 서비스에서 배제되고 있는 상황이다. 그러나 실제적으로는 직업재활시설을 이용하는 정신장애인도 매우 소수에 불과하다. 이용표 외(2017)에 따르면, 정신건강복지법에 의한 직업재활시설과 장애인복지법에 의한 장애인직업재활시설이 공존하고 있으며, 장애등록한 정신장애인의 경우에는 장애인직업재활시설을 이용할 수 있음에도 정신장애인의 이용률은 약 4.5%에 그치고 있다. 그리고 장애인직업재활시설은 전국적으로 500개소가 설치되어 있으나 정신건강복지법에 따른 정신장애인직업재활시설은 11개소에 불과하다. 지역사회 서비스 빈약은 결과적으로 지역사회에서의 삶의 근거를 극도로 위축시킨다. 2017년 장애인실태조사(김성희 외, 2017)에 의하면 전체 장애인의 평균적인 경제활동참가율은 38.9%인 반면 정신장애인의 경제활동참가율은 19.2%에 불과하여 약 절반 수준만이 경제활동에 참가하고 있었다. 또한 정신장애인의 취업률은 전체 장애유형 중에서 두 번째로 낮았으며, 인구대비 취업자 비율도 15.7%에 불과하다. 그리고 정신장애인들은 모든 장애인들 중에서 인구대비 기초생활수급자의 비율이 다른 장애에 비하여 가장 높은 것으로 나타났다.

사실상 커뮤니티케어 정책은 급증하는 노인인구에 대한 대책을 중심으로 하면서, 장애인, 정신장애인 등에 대하여 정책의 범주를 확장해나가려고 하는 것이다. 지역사회에서 생활을 영위하는 데에 사회적 돌봄을 필요로 한다면 누구든 대상이 되어야할 것이다. 대규모의 시설이 한 개인의 자립적인 삶에 긍정적이지 못한 영향을 가져다줄 뿐만 아니라 사회도피증후군과 같은 예상치 못한 부작용도 나타난다. 그리고 대규모 시설은 가정집과 같은 소규모 환경보다 시설의 운영을 위해 부과되는 규제가 늘어날 수밖에 없다. 시설에서의 장기적 생활이 개인에게 미치는 부정적 영향은 노인, 장애인, 정신장애인 등 이용자와 관계없이 나타나고, 그것은 운영자의 도덕성과도 별개의 문제이다.

이 장에서는 커뮤니티케어에 관한 이론과 정부의 커뮤니티케어 추진상황을 살펴보고, 정신장애인 커뮤니티케어 시범사업의 내용을 학습하고자 한다. 그리고 우리나라에서 정신장애인 커뮤니티케의 발전을 위한 과제를 정리해본다.

제2절 커뮤니티케어에 관한 이론적 검토

1. 커뮤니티 케어의 역사와 이념

커뮤니티 케어(community care)는 영국에서 돌봄을 필요로 하는 사람이 병원이나 시설이 아닌 자신의 가정이나 지역사회의 가정과 유사한 공간에서 살아갈 수 있도록 서비스를 제공한다는 방향성을 의미한다(김용득, 2019). 영국에서는 제2차 세계대전 이후 노인과 장애인 돌봄에서 탈시설화가 시작되어 지역사회 돌봄체계 수립을 위한 방안이 모색되기 시작하였으며, 1980년대 이후에는 공공지출의 삭감을 위한 대안을 민간과 지역사회에서 찾고자 하였다(박정선, 2018). 이러한 정책적 흐름은 1988년 그리피스 보고서(The Griffiths Report)와 '국민보건서비스와 커뮤니티 케어법' 제정을 통하여 돌봄정책의 방향을 커뮤니티 케어로 재구조화하는 것으로 구체화하였다.

영국에서 커뮤니티 케어의 직접적 계기가 형성된 정책적 맥락은 시설보호의 급격한 증가였다. 커뮤니티 케어 이전에 노인 및 장애인에 대한 주거보호는 사회보장급여를 통한 주거보호비용의 지원이었다. 이러한 정책으로 시설 입소자가 급증함에 따라 시설입소 증가 현상을 통제하기 위해 자기가 살던 집에서 보호를 받을 수 있도록 하는 커뮤니티 케어 정책이 추진되었다. 이에 따라 돌봄에 지출되는 사회보장급여를 지방정부로 이전하여 책임성을 강화시키고, 돌봄서비스를 시장원리에 맡기는 복지다원주의를 지향하는 정책적 방안을 채택하였다. 영국에서 커뮤니티 케어가 추구하는 이념은 돌봄문제에 관한 지방정부의 책임성 강화와 공공지출의 효율성 확보로 정리해볼 수 있다.

2. 커뮤니티 케어의 개념 및 대상

커뮤니티 케어의 개념은 병원이나 시설이 아닌 지역사회라는 공간적 의미와 함께 자기결정, 자립, 회복 등의 노인, 장애인 그리고 정신장애인 서비스가 지향하는 이념을 내포하고 있다. 즉, 커뮤니티 케어의 공간적 의미와 서비스이념을 통합하면 그 개념은 돌봄을 필요로 하는 사람들이 자신의 집에서 자기결정에 의해 최대한 자립적으로 살아갈 수 있도록 지원하는 데에 필요한 다양한 서비스와 자원을 제공하는 것으로 규정될 수 있다. 단지 물리적 공간으로서의 커뮤니티케어는 지역사회에서의 고립을 초래할 수 있으며, 오히려 시설에서보다 돌봄의 질을 약화시킬 가능성이 상존한다. 그렇기 때문에 돌봄이 추구하는 이념으로서 자립, 자기결정 그리고 회복 등과 같은 이념적 좌표가 통합되어야만 커뮤니티케어는 그 소기의 목적을 달성하고 피돌봄자의 삶의 질을 높일 수 있다.

커뮤니티케어 정책을 주관하고 있는 보건복지부(2018)는 커뮤니티 케어의 개념을 '돌봄을 필요로 하는 주민들이 자택이나 그룹홈 등 지역사회에 거주하면서 개개인의 욕구에 맞는 복지급여와 서비스를 누리고, 지역사회와 함께 어울려 살아가며 자아실현과 활동을 할 수 있도록 하는 혁신적인 사회서비스 체계'라고 규정하고, 케어의 내용으로 복지, 보건의료, 요양, 돌봄, 주거, 고용 등 지역사회 생활을 위한 다양한 분야를 포괄한다.

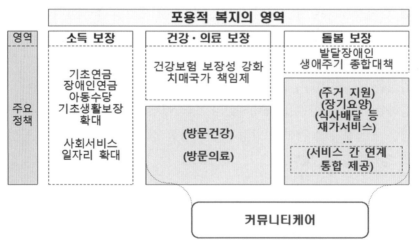

출처: 2018. 11. 관계부처합동, 지역사회 통합 돌봄 기본계획 자료.

[그림 15-1] 포용적 복지정책 내 커뮤니티케어

　그리고 보건복지부(2018)는 커뮤니티 케어의 대상을 첫째, 입원 치료 후 평소 살던 집으로 돌아가기 위해 재택의료, 요양, 복지, 생활지원 등의 케어가 필요한 사람, 둘째, 시설에 입소(노인, 장애인, 정신장애인 등)해 있으나 지역기반 케어가 제공되면 지역사회에서 이웃과 어울려 살기를 희망하는 사람, 셋째, 자택, 지역사회에 거주하고 있으나 일상생활의 어려움(노령, 장애, 정신질환 등)이 있어 계속 거주를 위한 케어가 필요한 사람 등으로 예시하고 있다. 이러한 커뮤니티 케어의 대상에 관한 규정은 현재 지역사회에서 살고 있는 사람이 병원이나 시설로 이동을 하는 것을 예방할 뿐만 아니라, 병원이나 요양시설에 장기간 거주하고 있는 사람을 탈시설할 수 있도록 지원한다는 의미를 가진다. 즉 장기간의 병원이나 시설에의 입원/입소를 억제하면서 동시에 장기 입원/입소자들의 퇴원/퇴소를 지원하는 체계를 마련하는 것이 필요하다고 하겠다.

3. 커뮤니티 케어의 구성요소

　Community care에서 'community'는 서구 사회에서 보건복지 서비스와 관련하여 세 가지 의미를 가지는데, 그 의미는 첫째, 시설이 아닌 일반 사람들이 생활하는 지역사회라는 공간으로서의 지역사회(in the community), 둘째, 보건복지 서비스 제공의 역할 및 책임의 지방정부로의 이양(decentralization), 셋째, 돌봄을 필요로 하는 사람과 지역사회의 상호의존을 강조하면서 다양한 주체의 참여를 의미하는 지역사회(by the community) 등으로 사용되고 있다(김용득, 2018). 그리고 김용득(2018)은 우리나라 서비스체계에서 돌봄으로 번역되는 'care'는 첫째, 일상적인 활동을 지원하는 돌봄 혹은 수발, 둘째, 의료서비스로서의 치료, 간호 등의 활동, 셋째, 관심, 지원, 지지 등을 위한 사회복지서비스 활동을 의미한다고 규정한다. 이러한 관점에서 커뮤니티의 세 가지 의미와 케어의 세 가지 뜻을 적용한다면, 커뮤니티 케어의 구성요소를 다음의 <표 15-1>과 같이 아홉 가지 활동 또는 지향으로 나누어볼 수 있다(김용득, 2018).

〈표 15-1〉 커뮤니티 케어의 구성요소

커뮤니티 케어	공간으로서의 지역사회 (in the community)	지방으로 권한 이양 (decentralization)	주체로서의 지역사회 (by the community)
돌봄, 수발	지역사회 돌봄	돌봄의 분권화	지역사회의 돌봄 참여
치료, 간호	지역사회 치료	의료의 분권화	치료적인 지역사회
관심, 지원	지역사회 복지서비스	복지서비스의 분권화	지지적인 지역사회

출처: 김용득(2018). 커뮤니티케어 무엇을 어떻게 해야 할까? 미간행교육자료집

공간으로서의 지역사회(in the community)에서의 케어는 ① 가정을 방문하여 식사, 청소, 주거관리, 간병, 정서지원, 옹호 등 지역사회 돌봄, ② 동네 의원, 방문간호 등 지역사회 치료, ③ 그룹홈 및 지원주택 제공, 위기지원, 주간보호, 직업재활 등으로 나누어볼 수 있는데, 주로 이용자의 서비스 수요에 기반하여 공식적 조직에 의해 제공되는 케어로 구성된다. 지방으로 권한 이양(decentralization)은 돌봄 서비스를 중앙정부에서 지방정부로 책임과 권한 이전하는 것을 포함한 전달체계 구축의 문제로서, 돌봄을 필요로 하는 사람의 욕구에 기반한 서비스의 포괄적, 연속적 제공을 추구한다. 그리고 주체로서의 지역사회(by the community)에서의 케어는 협동조합 등 사회적 경제조직을 통한 이용자와 제공자의 협동 생산, 사회적 약자에 대한 지원이나 옹호를 위한 지역사회 참여 촉진 그리고 사회적 약자의 대안공동체 지원 등으로 의미하는데, 지역사회에 존재하는 자산(asset)을 기반으로 연대와 소통을 통해 돌봄을 공유한다(김태환, 남일성, 2019).

4. 중앙정부의 커뮤니티 케어 추진상황

1) 커뮤니티 케어 추진 배경 및 경과

정부는 커뮤니티 케어의 추진배경을 첫째, 고령화의 급속한 진전으로 인한 돌봄문제의 보편화, 둘째, 지역사회 서비스의 양과 연계 부족으로 인한 입원/입소생활 지속, 셋째, 포용적 복지를 위한 보건복지 패러다임 전

환, 넷째, 사회보장제도의 지속가능성 확보의 필요 등을 제시하고 있다. 즉 고령화로 인하여 돌봄 문제가 보편화되고 있으나 지역사회 서비스가 부족한 상황에서 보건복지 패러다임을 시설보호에서 커뮤니티 케어로 전환함으로써 공공지출의 효율성을 강화하여 사회보장제도의 지속가능성을 확보한다는 것이다.

이러한 추진 배경 하에서 정부는 2018년 1월 연두 업무보고에서 커뮤니티 케어 추진을 발표하고, 동년 3월 보건복지부 내 커뮤니티 케어 추진본부(본부장: 복지부 사회복지정책실장)를 구성하였다. 그리고 5월에는 사회보장위원회에 커뮤니티 케어 전문위원회를 구성하고 11월 지역사회 통합돌봄 기본계획을 발표하였다. 2019년 1월에는 지역사회 통합돌봄 선도사업 추진계획을 발표하였으며, 6월에는 8개 지자체를 대상으로 1차 지역 선도사업을 시작하고 9월에는 추경예산을 반영하여 2차 지역 선도사업(8개 지자체)을 실시하였다.

2) 커뮤니티케어의 비전, 목표, 중점추진과제

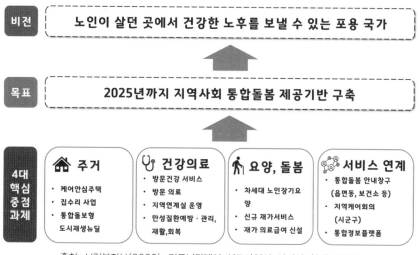

출처: 보건복지부(2020). 커뮤니티케어 선도사업의 성과와 한계, 22쪽

[그림 15-2] 커뮤니티 케어의 비전, 목표, 중점추진과제

정부의 지역사회 통합 돌봄 기본계획은 1단계에서 노인 중심으로 설계되었으며, 위의 [그림 15-2]에서 보는 바와 같이 비전을 '노인이 살던 곳에서 건강한 노후를 보낼 수 있는 포용국가'로 설정하고 있다. 이러한 비전을 달성하기 위하여 2025년까지 지역사회 통합돌봄의 제공기반을 구축하는 것을 목표로 하고 있으며, 주거지원 인프라의 대폭 확충, 찾아가는 방문건강 및 방문의료 서비스, 재가 장기요양 및 돌봄 서비스 획기적 확충 그리고 사람 중심 민-관 서비스 연계 및 통합제공 등을 4대 중점과제로 설정하고 있다.

4대 중점과제를 살펴보면 다음과 같다. 첫째, 주거지원 인프라의 대폭 확충을 위해 케어안심주택을 확충하고 주택개조 사업을 실시하며 통합 돌봄과 도시재생 뉴딜사업을 융합하여 추진한다. 둘째, 찾아가는 방문건강 및 방문의료 서비스를 위하여 주민건강센터 대폭 확충, 방문의료 본격 제공, 지역 동네의원을 중심으로 만성질환의 전담 예방 및 관리, 경로당 등 운동·건강예방 프로그램 활성화 그리고 병원 지역연계실 설치 및 운영 등을 추진한다. 셋째, 재가 장기요양 및 돌봄 서비스 획기적 확충을 위해 차세대 노인장기요양보험을 구축하고, 종합재가센터를 설치하고 재가 의료급여를 신설한다. 넷째, 사람 중심 민-관 서비스연계 및 통합제공을 위해 통합정보 플랫폼을 구축하고 시군구 지역케어회의와 읍면동 통합돌봄 안내창구를 운영하며 민-관 인력을 대폭 확충한다.

3) 선도사업의 추진현황

(1) 노인분야

노인 지역사회 통합돌봄의 목표는 살던 곳에서 오래 건강하게 살 수 있도록 하는 것이다. 이를 위해 퇴원지원, 주거 개보수, 방문건강관리 및 방문의료, 돌봄, 재가의료급여 등의 서비스가 지원된다. 통합돌봄의 체계는 크게 두 가지로 나누어 볼 수 있다. 첫째, 병원 입원자의 경우 지역연계실을 통해 퇴원준비와 지원이 이루어지며 시군구단위의 지역케어회의로 의뢰된다. 둘째, 재가생활자의 경우에는 통합돌봄 안내창구를 통해 지역케어

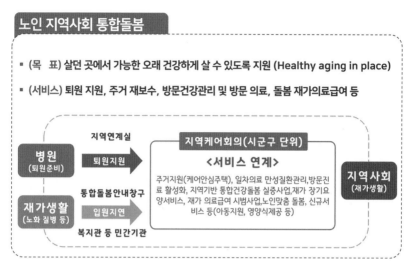

출처: 보건복지부(2020). 커뮤니티케어 선도사업의 성과와 한계, 27쪽

[그림 15-3] 노인 지역사회 통합돌봄 모형

회의로 의뢰된다. 지역케어회의로 의뢰된 노인은 지역사회가 확보하고 있는 다양한 서비스로 연계된다.

(2) 장애인분야

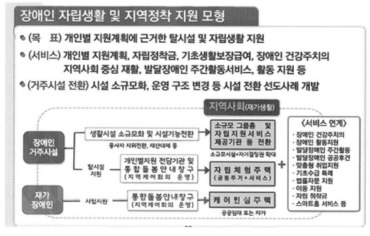

출처: 보건복지부(2020). 커뮤니티케어 선도사업의 성과와 한계, 27쪽

[그림 15-4] 장애인 자립생활 및 지역정착 지원 모형

장애인 자립생활 및 지역정착 지원모형의 목표는 개인별 지원계획에 근거하여 장애인 거주시설에서 탈시설하는 사람과 재가 장애인의 자립생활을 지원하는 것이다. 이를 위해 개인별 지원계획, 자립정착금, 기초생활보장급여, 장애인 건강주치의, 지역사회 중심 재활, 발달장애인 주간활동서비스, 활동지원 등의 서비스가 지원된다. 통합돌봄의 체계는 크게 두 가지로 나누어 볼 수 있다. 첫째, 장애인거주시설 거주자의 경우 개인별지원전담기관 및 통합돌봄안내창구를 통하여 자립체험주택에서 지역사회의 다양한 서비스를 제공받거나, 거주시설의 소규모화와 기능 전환을 통하여 그룹홈 및 자립지원서비스 제공기관에서 지역사회의 서비스를 제공받는다. 둘째, 재가장애인의 경우에는 통합돌봄 안내창구를 통해 케어안심주택에서 지역사회가 확보하고 있는 다양한 서비스를 제공받는다.

제4절 정신장애인 커뮤니티케어 선도사업

1. 화성시 정신장애인 커뮤니티케어 선도사업 현황

1) 화성시 정신장애인 커뮤니티케어 선도사업 추진방향

정신장애인 지역사회 정착지원모형의 목표는 지역복귀와 안정적 지역사회 정착을 지원하는 것이다. 이를 위해 자립체험주택과 케어안심주택 운영, 종합케어서비스, 방문관리 및 동료상담 등의 서비스가 지원된다. 그리고 상시 지원체계로서 퇴원예정자 정보제공 동의율 제고 및 외래치료 명령제 제도개선, 정기적 방문관리 실시, 정신재활시설 확충 등이 추진된다.

좀 구체적으로는 지역사회 정착지원모형에서는 대상자가 거주하고 있는 장소에 따라 정착지원의 경로를 두 가지로 나눌 수 있다. 첫째, 정신의료기관 및 정신요양시설 장기 입원/입소자는 광역 및 기초정신건강복지센터를 통해 퇴원을 지원하여 기능적 상태에 따라 자립체험주택이나 케어안심주택에서 생활하면서 지역 서비스를 연계하는 것이다. 둘째, 지역사회 사각지대에서 발굴된 정신장애인의 경우에는 읍면동 통합돌봄 안내창구와 시군구 지역케어회의를 통하여 기능적 상태에 따라 자립체험주택이나 케어안심주택에서 생활하면서 지역 서비스를 연계하도록 하고 있다. 두 가지 경로에 의한 주거지원은 지역케어회의를 통해 통합되어 자가, 자립체험주택, 케어안심주택 등 마련된 주거 거점을 중심으로 가사지원, 상담, 사회적응 건강관리 등을 위한 프로그램이 연계된다.

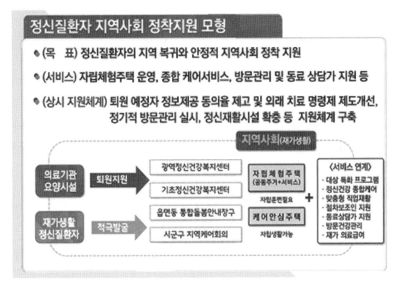

[그림 15-5] 정신질환자 지역사회 정착지원 모형

2) 화성시 정신장애인 커뮤니티케어 선도사업 추진체계

화성시 정신장애인 커뮤니티케어 선도사업의 주요 추진체계는 (1) 읍면동(보건소) 케어안내창구 (2) 지역케어회의 (3) 민관협의체 등으로 나누어 볼 수 있다.

(1) 읍면동(보건소) 케어안내창구

읍면동(보건소) 케어안내창구는 26개 읍면동별로 전담창구를 설치하며 전담인력(맞춤형복지팀 겸임)이 배치되었다. 지역케어회의는 '정신건강복지센터'와 보건소 '융합서비스(두드림)팀'이 주도적으로 운영하며, 읍면동 케어안내창구 및 정신재활시설과 협력하여 운영한다. 운영은 월 1회 이상 정기 회의를 개최하며 지역사회 복귀 지원 대상자들의 현 문제 분석, 필요 서비스 선택, 서비스 공급기관과 서비스 제공 절차, 사후 관리, 평가 및 종결 등에 대해 논의한다.

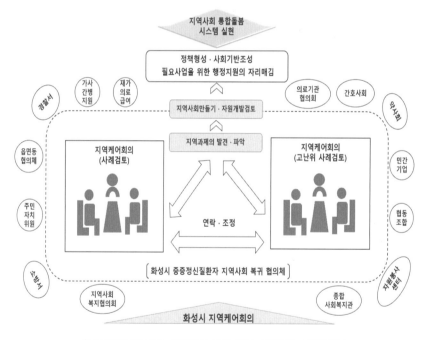

출처: 화성시(2019). 지역사회 통합 돌봄 선도사업 실행계획서

[그림 15-6] 화성시 지역케어회의 흐름도

(2) 지역케어회의

지역케어회의는 공공과 민간의 협력을 기초로 다음과 같이 구성한다.

- 공공: 커뮤니티케어추진단(화성시보건소 재활보건팀), 화성시청 복지

정책(고난도 사례관리팀), 읍면동 케어창구, 읍면동 맞춤형복지팀
- 민간: 화성시정신건강복지센터(중증정신질환관리사업팀), 화성시 중독
  관리통합지원센터, 복지관(종합복지관 4곳, 노인복지관 2곳, 장애인복
  지관 2곳), 관내 정신의료기관(새샘병원, 화성초록병원, 메타매디병원),
  관내정신재활시설 및 정신요양시설(사랑밭, 은혜원), LH화성권주거복지
  센터, 한국장애인고용공단(경기지사)

지역케어회의의 기능은 다음과 같다.
① 개별과제 해결 기능: 퇴원 가능한 장기 입원자 및 방임된 정신장애인
  발굴시, 지역케어회의를 통해 지역사회가 대상자의 퇴원을 함께 준비,
  지역사회 내에서 삶을 유지할 수 있도록 방안 마련
② 네트워크 구축 기능: 지역 내 방임되거나 도움을 필요로 하는 정신장
  애인이 있을 경우, 지역케어회의를 통해 대상자에게 복지자원과 정
  신건강서비스를 연계하여 제공
③ 지역 과제 발견 기능: 지역 내 정신장애인과 관련된 과제를 다기관이
  공유하고 지역사회가 함께 해결해 나가고자 함.
④ 정책 형성 기능: 화성시 정신질환 대상자 통합 돌봄에 관한 조례 제정,
  정책제안 등 정책 형성

(3) 민관협의체

민관협의체는 화성시에 주소를 두고 있는 정신장애인 중 정신장애로 등
록되어 있지만 방치되어 있거나, 장기입원으로 인해 지역사회 정신건강서
비스로부터 단절되어 있는 정신장애인의 지역사회 내 돌봄을 지원하기 위
한 부단체장 직속의 민·관 협의 기구이다.

그 기능은 다음과 같다.
· 장기입원정신장애인 및 정신장애 등록자의 발견과 평가를 위한 공공
  및 민간의 협조체계 마련(업무협약 등)
· 정신장애인의 퇴원, 지역사회 재배치에 필요한 보건·복지 서비스 체계
  구축

・정신장애인을 위한 주거복지서비스

・정신재활시설의 확충, 체험 홈 신규설치 등의 협의

민관협의체는 연 3회(4월, 8월, 12월) 개최를 하며, 구성은 부시장을 단장으로 화성시 관내 보건・복지 및 주거 등 유관기관 기관장들을 포함하여 다음과 같이 구성한다.

・지자체 : 화성시청, 화성시보건소

・공공・민간기관: 화성시정신건강복지센터, 화성시중독관리통합지원센터, 정신의료기관(3곳), 정신재활시설(6곳), 정신요양시설(1곳), 관내 종합사회복지관(5곳), 노인복지관(2곳), 장애인복지관(1곳), 화성도시공사, LH 화성권 주거복지센터

・전문가: '전문가 컨설팅단'에 참여하여 지역사회복귀협의체의 방향성 및 지역사회 자원 연계 및 구축에 대한 자문

2. 화성시 정신장애인 커뮤니티케어 선도사업 실행모델

정신장애인의 사회복귀와 지역사회정착을 지원하려는 화성시 선도사업의 실행모델은 ① 장기입원 정신장애인 지역사회 재배치 모델, ② 지역사회 정신보건복지 전달체계 강화모델, ③ 정신장애인 주거복지강화 모형, ④ 정신장애인 집중사례관리 및 위기개입 모형, ⑤ 정신질환 인식개선 및 정신건강증진모델 등 다섯 가지로 구성되어 있다(홍선미 등, 2020). 그리고 이러한 5개의 하위모델은 다시 2-6가지의 세부프로그램으로 구성되어 있다.

1) 장기입원 정신장애인 지역사회 재배치 모델

재배치모델은 6개월 이상 장기입원 정신장애인 중 퇴원이 가능할 정도로 회복된 사람들을 대상으로 한다. 이 모델은 대상자들을 정신건강복지센터를 중심으로 관내 정신의료기관, 정신재활시설, 복지관, 공동생활가정,

정신요양시설 등 다양한 자원들을 네트워킹하여 지역사회로 돌아올 수 있도록 통합돌봄을 시행하는 것이다.

정신장애인 커뮤니티케어의 가장 큰 난점은 정신장애인의 존재나 존재위치를 파악하는 것이다. 현실적으로 정신건강복지센터도 본인이 직접 알리지 않는 한 정신장애인이 어디에 있는지 파악하기 쉽지 않다. 따라서 공적 정보망을 통해 정신장애인을 파악하는 것이 사업의 첫 단계이다.

〈표 15-2〉 지역사회 재배치 모델에서의 관계기관 역할

기관	역할
보건소	행정지원
의료급여관리센터	의료급여 장기입원 정신장애인 파악/현장동행
정신건강복지센터	센터 이용자중 장기입원자 파악/퇴원적정성 평가 및 의료진 소견 취합, 가족상담
장애인복지관	등록장애인 중 정신장애인 파악
건강보험공단	건강보험으로 장기입원 정신장애인 파악

화성시 모델은 장기입원 정신장애인 파악을 위한 관계기관의 역할은 〈표 15-2〉와 같다. 의료급여관리센터의 자료와 건강보험공단의 빅데이터를 활용하며 정신건강복지센터와 장애인복지관 이용자 자료를 통해 장기입원자를 파악한다. 그리고 장기입원자를 파악한 후에는 방문하여 퇴원적정성을 평가하고 의료진 및 가족 의견을 청취하고 퇴원을 시도하려고 한다. 퇴원하게 되면 지역케어회의에서 지역사회 정착 지원방안을 모색한다.

이 모델의 구체적인 지원프로그램은 ① 의료기관 퇴원지원사업 ② 의료급여 사례관리 강화 ③ 정신장애인 절차보조사업 등이 있다.

의료기관 퇴원지원사업은 정신의료기관 사회사업팀과 화성시 두드림팀 그리고 정신건강복지센터가 업무협약을 통하여 퇴원관리시스템을 마련하여 퇴원계획을 수립하는 것이 골자이다. 이를 위해 퇴원적정성 평가를 바탕으로 대상군을 선별하고 정신건강복지센터는 직접 방문을 통한 대면상담을 실시한다. 퇴원후에는 증상관리, 지역사회서비스 이용정보, 가족교육 등 퇴원준비 프로그램을 실시한다.

의료급여 사례관리 화성시 정신의료기관에 장기 입원중인 정신장애인의 퇴원적절성을 평가하여 퇴원을 지원하거나 치료과정을 모니터링하여 입원적절성 평가후 지역사회복귀를 지원하는 것이다.

절차보조사업은 정신의료기관 비자의입원자를 대상으로 치료과정에서의 권익을 옹호하고 치료절차에의 참여와 의사표시를 지원하며 퇴원후 지역사회정착을 돕는다. 이 사업에는 회복된 동료지원가가 참가한다.

2) 지역사회 정신보건복지 전달체계 강화모델

지역사회 정신보건복지 강화모델은 ① 지역사회에 거주하면서도 정신건강복지서비스 이용하지 않거나 방임된 사람 ② 발병 5년 이내 20-30대 초반 정신장애인 ③ 경찰, 행정기관, 지역사회 등으로부터 의뢰된 정신질환 고위험군 ④ 지역내 정신의료기관 사회사업실 등에서 의뢰된 정신장애인 등을 지역케어회의에 상정하여 다양한 지역사회 서비스를 제공하려는 모델이다.

이 모델을 지원하는 프로그램은 ① 지역사회 초기적응지원사업 ② 지역사회 방문진료 수가 시범사업 ③ 초발 정신장애인 만성화 예방사업 ④ 통합건강지원사업 등이 있다.

지역사회 초기적응지원사업은 퇴원후 초기 적응을 지원하기 위하여 관내 정신건강복지센터, 정신재활시설, 장애인복지관, 직업재활시설 등이 협력하여 정신건강, 재활훈련, 직업재활, 생활훈련, 여가활동 프로그램을 제공하는 것이다.

지역사회 방문진료 수가 시범사업은 정신과적 증상으로 인하여 일상생활에 어려움이 있거나 병식이 낮아서 제때 치료를 받지 않고 있는 정신장애인에 대하여 맞춤형 방문진료 서비스를 제공하는 사업이다.

초발 정신장애인 만성화 예방사업은 발병 5년 이내의 20대, 30대 초발 정신장애인의 만성화를 막기 위하여 교육, 체험활동, 진로탐색 등의 서비스를 제공한다,

종합사회복지관에서 지역사회 초기적응사업을 실시한 것은 기존의 보건

과 복지가 분리된 체계를 극복할 수 있는 의미있는 사업모델이다. 이러한 기존 복지인프라를 정신장애인 커뮤니티케어에 활용할 수 있는 방안은 다각도로 모색될 필요가 있다. 즉, 현재 취약한 상태로 남아있는 취업증진 및 평생교육 프로그램을 활성화하기 위해서는 자활후견기관, 종합사회복지관, 장애인복지관 그리고 장애인직업재활시설 등으로 범위를 넓혀갈 필요가 있다.

그러나 보건복지강화모델이 정신장애인들 중 일부만을 대상으로 하고 있다. 실제 대상의 욕구와 상황에 따라 주간시간 동안 취업, 평생교육, 돌봄 등이 모든 사람에게 제공될 수 있도록 모델을 정교화하고 확대해나가야 할 것이다.

3) 정신장애인 주거복지강화모델

주거복지강화모형은 퇴원 이후 살 곳이 없어 장기적으로 입원하고 있는 정신장애인을 대상으로 다양한 거주형태를 제공함으로써 지역사회에서 자립적으로 생활할 수 있는 기반을 제공하려는 것이 목적이다. 이를 위해 ① 자립체험주택(단기 위기쉼터기능 포함), ② 자립지원주택(케어안심주택), ③ 자립정착 지원금 ④ 가사(간병)지원 서비스 ⑤ 돌봄 가족지원 프로그램 ⑥ 저소득 정신장애인 치료비지원 프로그램이 지원된다.

자립체험주택은 6개월 이내 거주하면서 집중 사례관리가 제공되며, 자립지원을 위해 일상생활훈련, 사회기술훈련, 약물증상 교육 그리고 직업교육 연계 등이 제공된다. 직원은 상시 배치되며 1개월 이내 단기 위기쉼터로서의 기능도 수행한다.

자립지원주택(케어안심주택)은 독립생활 욕구가 있지만 경제적·사회적 지지체계가 부족한 정신장애인에게 제공하여 안정적인 자립생활을 도모하도록 지원한다. 이를 위해 LH 임대주택을 활용하며 월 주거비용의 70%를 지원한다.

이와 더불어 자립정착 지원금, 가사(간병)지원 서비스, 돌봄 가족지원 프로그램 그리고 치료비 지원을 통하여 정신장애인이 자립할 수 있도록 지원한다.

주거지원은 대상자의 상황에 따라 자립체험홈, 자립지원주택, 위기쉼터 등이 구축되고 있다. 사업초기의 주거지원모형으로서는 일정 기능을 잘 포괄하고 있다. 다만, 퇴원 초기에 머물 곳이 없는 사람을 보호하는 기능과 체험 및 훈련이 필요한 주택은 구분될 필요가 있다. 체험기능은 장기입원자의 퇴원 자신감을 고취하기 위하여 1주간 생활하는 것과 같은 서비스로 개념화하고 재원으로 사회서비스바우처를 활용할 수 있다. 현재의 체험홈은 거주를 찾을 때까지 일정 기간 머무르는 기능으로 개념화되어 있어 기능을 다양화할 필요가 있다. 자립훈련은 실제 자기 주택이 있는 사람들은 본인이 살 곳에서 행해지는 것이 효과적일 수 있다. 현재와 같은 주거지원기능의 설정은 주거와 서비스를 분리시키는 못하는 이전 체계 답습의 한 모습이라고 할 수 있다. 그리고 주거와 서비스를 분리한다는 관점에서 본다면 현재의 가사지원서비스는 공급량이 매우 부족한 것으로 평가된다. 그리고 현재 이용기간이 제한된 공동생활가정 퇴소자들의 대책이 필요할 것이다.

4) 정신장애인 집중사례관리 및 위기개입 모형

집중사례관리 및 위기개입 모형은 입퇴원을 반복하고 집중적인 도움이 필요한 정신장애인을 대상으로 집중적인 사례관리, 주간재활프로그램, 24시간 응급대응체계를 통하여 지역사회정착을 지원하고자하는 것이다. 이를 지원하는 프로그램으로는 ① 24시간 위기대응사업과 ② 정신사회재활 프로그램이 있다.

24시간 위기대응사업은 위기대응 핫라인을 통해 접수된 유관기관 상담 의뢰과정의 일원화체계를 구축하여 위기상황에 대한 평가 및 분류, 즉각적 대응을 실시하도록 하는 것이다. 이를 위해 야간(오후 9시까지) 위기대응 핫라인 운영을 통하여 대상자의 욕구에 맞는 서비스를 제공하고, 유관기관과의 긴급사례회의 체계를 구축하여 신속하고 효과적인 개입을 도모한다. 그리고 관내 행정기관, 경찰, 소방서, 정신의료기관, 정신재활시설,

정신건강복지센터 등 지역사회 유관기관과의 상설 위기대응시스템을 구축한다.

정신사회재활프로그램 운영은 정신장애인의 사회적응능력과 대인관계능력을 향상시키기 위한 목적으로 실시되며, 지리적 여건상 기존 프로그램 참여가 용이하지 않은 지역에서 신규로 설치하여 운영한다.

위기관리가 추구하는 목표는 위기상황을 입원에 의존하지 않고 지역사회에서 극복하고 일상생활을 유지하는 것이다. 이러한 관점에서 본다면 위기 예방을 위한 집중관리도 지역사회프로그램이 체계화되어 있는 상황에서만 의미를 가진다. 왜냐하면 위기를 집중관리를 통해 발견한다고 하더라도 대응방법이 입원이라면 커뮤니티케어의 목적과 배치되기 때문이다. 현재 위기대응체계는 대상자의 상황에 따라 촘촘한 스펙트럼의 대응방법이 다원화되지 못하고 있다고 평가된다. 즉 심각한 위기상황에 대한 권역별 응급입원체계, 정신재활시설 등을 활용한 위기대응체계, 당사자운영 위기쉼터 등이 위기상황에 따라 체계화된 대응을 할 수 있는 체계 마련이 필요하다. 이를 위해서는 지역의 병원, 정신재활시설, 당사자단체 간의 위기지원협의체가 운영될 필요가 있다.

5) 정신질환 인식개선 및 정신건강증진모델

정신질환 인식개선 및 정신건강증진모델은 시민들의 정신질환에 대한 인식을 개선하고 중증 정신장애인의 사회복귀를 유도하기 위한 목적으로 수행된다. 이를 위해 시민 정신건강체험관을 설치하고 이동식 마음건강버스를 통해 권내 30개 임대아파트단지를 순회하여 다양한 프로그램을 제공한다.

제5절 정신장애인 커뮤니티케어의 발전을 위한 과제

장기입원/입소자가 가장 많고 지역사회의 서비스자원이 부족한 정신장애인 서비스체계의 현실에서 정부의 커뮤니티케어 추진은 서비스 발전의 기회가 될 수 있다. 커뮤니티케어는 주요 대상을 노인, 장애인, 정신장애인 등으로 하고 있으며, 지역단위의 돌봄체계 구축을 위해 지역사회의 자원을 재정비하고 재조직화하는 작업을 통해 이루어진다. 이러한 과정은 그 동안 일반 사회복지전달체계에서 소외되어 있던 정신장애영역이 본 전달체계에 통합될 수 있는 계기가 마련될 수 있다. 그러나 다른 한편으로는 커뮤니티케어체계가 적절하게 구축되지 못한다면 정신장애인에 대한 서비스차별이 더욱 공고하게 구조화될 수 있다.

정부의 정신장애인 커뮤니티케어 선도사업은 향후 정신장애인 돌봄체계 발전의 중요한 시험대로서의 의미를 가진다. 선도사업에 대한 적절한 평가가 이루어지지 못하거나 발견된 문제에 대한 대안이 합리적으로 모색되지 못 한다면 정신장애인 커뮤니티케어의 발전은 더욱 많은 시간을 필요로 할 것이기 때문이다. 여기에서는 경기도 화성시에서 실행된 정신장애인 커뮤니티케어사업을 검토하고 발견된 문제에 대한 정책적 과제를 정리해 본다.

첫째, 이원화된 돌봄전달체계는 통합될 필요가 있다. 화성시에서는 정신장애인 커뮤니티케어를 사회복지국이 아닌 정신건강복지센터와 보건소가 주도하는 모형이다. 커뮤니티케어의 핵심기제인 지역케어회의를 '정신건강복지센터'와 보건소 '융합서비스(두드림)팀'이 주도적으로 운영하고 있다. 전문성의 측면에서 타당성을 가질 수도 있으나 접근성과 책임성이라는 측면에서 한계를 가질 수도 있다. 실제 지역단위에서 사회복지관, 장애인종합복지관, 노인복지관, 자활후견기관 등의 다양한 복지서비스 자원은 복지전달체계에서 관리된다. 특정분야의 전문성은 전문적 기능에 해당하는 역할을 수행할 때 효과적일 수 있으나 커뮤니티케어는 전문적 서비스를 포함한 전반적 지역사회 자원을 활용할 때 효과성과 효율성을 담보할 수 있다. 보건복지부의 직제상 분리된 보건과 복지체계는 행정 최일선 단위에서 통합되어야 사업은 효과적으로 추진될 수 있으며 책무성을 가질 수 있다. 선도사업에서 최일선 정신장애인 돌봄체계의 컨트롤타워를 노인이나 장애인과는 달리 보건소에 두고 있는 것은 정신장애인의 서비스양의 부족을 해결하는 데에 장애요인이 될 가능성이 높을 뿐만 아니라 지속적인 서비스차별을 유지시키는 결과를 초래할 수 있다. 따라서 커뮤니티케어의 전달체계는 노인, 장애인, 정신장애인 등을 통합할 수 있도록 구축하여야 한다. 그리고 통합체계에서 정신건강복지센터는 위기대응을 중심으로 하는 기능을 부여하는 것이 체계의 전문화와 효율화를 가져올 수 있을 것이다.

　둘째, 돌봄부서는 정신의료기관 입원 정보에 대한 공적 접근이 가능해야 한다. 선도사업은 지역사회 사각지대에 있는 정신장애인을 발굴하여 서비스권에 포함시키는 데에서는 어느 정도 성과가 있었다. 그러나 정신장애인 커뮤니티케어의 핵심적 영역인 정신의료기관 장기입원자의 퇴원을 지원하는 체계가 제대로 작동되지 못하고 있다. 구체적으로 살펴보면, 공공 보건소나 시청의 행정력으로도 화성시에 주소를 두고 있는 사람들의 정신의료기관 입원현황을 파악할 수 없는 상황이다. 이는 개인정보보호를 이유로 건강보험공단의 입원 정보에 접근할 수 없기 때문이다. 그러나 인신구속이라는 권익침해와 개인정보보호 간의 법익의 차이를 고려한다면 개인정보보호를 위해 인신구속의 정보를 공적으로 제공하지 않는 것은 불균형적이고 과다한 보호라고 볼 수 있다. 현재 정신건강복지체계의 정보망은 장기 입원자의 파악에 어려움이 있고, 파악을 하는 경우에도 정신의료기관이나 가족의 협조 없이는 장기 입원자 퇴원지원이 어려운 상황이다. 이러한 문제를 개선하기 위해서는 정신의료기관 입원자에 대한 정보를 공적 목적으로 활용할 수 있도록 법적 근거를 마련하고, 입원자의 자기결정권을 옹호할 수 있는 권익옹호체계 마련이 동시에 이루어져야 한다. 이를 위해서는 적어도 의료급여 수급자와 비자의입원자를 지역별로 실시간 상황을 파악할 수 있는 서비스정보망 구축과 업무 담당자의 정신의료기관 방문면접권이 법적으로 보장될 수 있어야 한다. 이러한 정보망과 면접권을 기반으로 현재의 절차보조사업과의 연계를 통해 정신의료기관 입원자의 자기결정이 존중되는 체계를 구축하여야 한다. 그리고 지방자치단체에 사전정신의료의향서 등록을 통해 업무 담당자가 지속적 대리권을 가질 수 있는 방안을 검토될 필요가 있다. 왜냐하면 사전정신의료의향서의 등록을 통해 정신의료기관 입원 정보 활용에 대한 사전 동의를 얻는 경우 입원 정보의 취득이 가능할 뿐만 아니라 입원 장소의 선택도 보장할 수 있기 때문이다.

셋째, 장기입원자의 퇴원적절성을 평가하여 퇴원을 지원하는 방식은 재검토가 필요하다. 인권적 측면에서 퇴원지원의 대상은 당사자의 퇴원의사에 기초해야 한다. 현행 정신건강복지법에 근거할 때도 명백한 자·타해위험이 존재하지 않는 경우 퇴원은 법적으로 보장되고 있다. 실제 퇴원적절성은 증상, 사회적응능력, 사회지지체계 등으로 평가하고 있지만, 그러한 기준은 현행 정신건강복지법에서는 입원을 정당화할 수 없는 기준들이다. 퇴원 후 체험홈이나 안심케어주택에서 생활할 수 있도록 하면서 지역사회 적응을 위한 정당한 지원을 제공하는 것이 UN장애인권리협약의 이념과 원칙이다.

넷째, 정신장애인 커뮤니티케에서 일반 사회복지전달체계의 자원을 최대한 활용하여야 한다. 선도사업의 경우 지역사회 초기적응지원사업이 관내 정신재활시설뿐만 아니라 종합사회복지관을 거점으로 하고 있다. 이러한 전략은 정신장애인 지역사회서비스가 부족한 상황을 보완할 수 있는 지역인프라 활용의 측면에서 의미가 크다. 지역인프라를 더욱 적극적으로 활용한다면 직업재활, 생활훈련, 여가활동 프로그램 등을 용이하게 제공할 수 있다.

다섯째, 야간 위기대응사업은 지역사회정착과 재입원을 억제하는 데에 매우 주요한 전략이다. 지금까지의 정신건강복지체계는 단기적 위기에 대해서도 입원으로만 위기를 해결하려고 하였으며 이러한 이유로 불필요한 입원을 가중시키는 결과를 가져왔다. 위기대응사업의 활성화는 불필요한 입원을 조정하는 기능을 활성화함으로써 건강보험이나 의료급여재정의 효율성을 제고시킬 수 있을 것이다. 실제 위기대응서비스의 경우 서비스의 사전 동의의 문제가 발생할 수 있다. 이 문제를 해결하기 위하여 사전에 사전서비스동의서와 개인정보활동 동의서를 작성하여 정신건강복지센터에 등록하는 방안을 검토할 필요가 있다. 선도사업에서는 위기대응사업이 오후 9시까지만 수행되고 있기 때문에 여전히 관리상의 공백문제를 가지고 있다. 위기쉼터와 함께 지역사회의 정신의료기관이 순번을 정하여 일시보호를 제공하는 방안이 고려될 필요가 있다.

여섯째, 정신장애인 커뮤니티케어에서 위기쉼터를 필수불가결의 요소이다. 그리고 위기대응사업은 위기쉼터가 운영되어야만 입원의 대안을 만들 수 있다. 선도사업에서는 자립체험주택을 마련하여 장기입원자나 사각지대에 있는 정신장애인에게 체험 기회를 제공하면서 위기쉼터로서의 기능을 겸하고 있다. 실제 위기대응체계에서 자타해위험이 명백하지 않은 경우 응급입원을 할 수 없지만 일정 정도 위기가 지속되는 경우가 많다. 이 경우 지역사회의 위기쉼터는 입원의 대안으로 당사자를 보호할 수 있는 가장 합리적인 대안이다. 향후 위기쉼터의 기능이 활성화되면 쉼터는 독자적으로 운영되어야 한다.

일곱째, 전체적으로 화성시 선도모형에 보완이 필요한 부분은 권익옹호체계 미흡, 주간재활보다 높은 단계의 평생교육과 직업훈련 및 교육 프로그램 부재 등이 제시되고 있다. 단기적으로 이러한 서비스를 공급하기 위해서는 통합적인 서비스를 제공할 수 있는 정신장애인복지관 설치가 추진될 필요가 있다.

참고문헌

강상경(2018). 인간행동과 사회환경. 파주: 나남.

강성애(1997). 정신과 개방병동 환자를 위한 사회기술훈련 프로그램 효과에 관한 사례연구. 광주대학교 석사학위논문.

곽병은·김금열·김진미·서정화(2004). 사회복지시설의 정신장애인 수용의 변천에 관한 연구. 지역사회정신보건, 2004년 봄호, 239~277.

국립정신건강센터(2016). 국가 정신건강현황 2차 예비조사 결과보고서. 국립정신건강센터.

국립정신건강센터(2018). 국가 정신건강현황 보고서 2018. 국립정신건강센터.

국립정신건강센터(2018). 정신과적 응급상황에서의 현장대응안내 2.0. 국립정신건강센터.

국회입법조사처(2019). 정신질환자 비자의입원제도의 입법영향분석. 국회입법조사처.

김성희·변용찬·손창균·이연희·이민경·이송희·강동욱·권선진·오혜경·윤상용·이선우.(2011). 2011년 장애인실태조사. 보건복지부·한국보건사회연구원.

김성희·이연희·오욱찬·황주희·오미애·이민경·이난희·오다은·강동욱·권선진·오혜경·윤상용·이선우(2017). 2017년 장애인실태조사. 보건복지부·한국보건사회연구원.

김용득(2002). 장애개념의 변화와 사회복지실천 현장 함의. 한국사회복지학, 51, 157~182.

김용득(2018). 커뮤니티케어 무엇을 어떻게 해야 할까?. 미간행교육자료집.

김용득·윤재영·이동석·이호선·김재훈(2013). 지적장애인을 위한 권익옹호의 원리와 실천. 서울: EM커뮤니티.

김응철(1999). 불교복지사업이 걸어온 100년. 불교평론 창간호.

김철권·조진석(2001). 정신분열병 환자를 위한 사회기술훈련. 서울: 하나의학사.

김태환·남일성(2019). [자유주제 4] 자산기반(Asset Based) 노인 커뮤니티케어 모형 개발. 한국노인복지학회 학술대회, 247~267.

김종해(2005). 사회복지개론. 서울: EM커뮤니티.

남상희(2004). 정신질환의 생산과 만성화에 대한 의료사회학적 접근. 한국사회학, 38(2), 101~134.

박시성(2007). 라깡의 담론과 현대의학. 현대정신분석, 9(2), 33~63.

박인환·서정석·서진환·이선혜·이용표·최준혁·김정은·김민경·노수희·송승연
    (2016). 정신장애인의 차별경험과 지역사회 통합을 위한 연구. 보건복지부.
박인환·한미경(2018). 미국의 외래치료명령제도 및 위기대응과 국내적 시사점. 의
    료법학, 19(1), 23~80.
박정선(2018). 영국의 사회적 돌봄과 커뮤니티 케어의 역사적 변천과 복지의 혼
    합경제. 사회복지법제연구, 9, 182~208.
배진영(2020). 정신장애인의 약물중단 경험에 대한 연구. 가톨릭대학교 석사학위
    논문.
배진영·이용표(2020). 정신장애인의 약물중단 경험에 관한 연구. 사회복지연구,
    51(1), 41~82.
보건복지부(2018. 11. 20). 지역사회 통합 돌봄 기본계획(안). 관계부처 합동.
보건복지부(2005). 2005년도 정신건강사업안내, 보건복지부.
보건복지부(2020). 커뮤니티케어 선도사업의 성과와 한계.
손명자(1996). 기능평가: 재활정신의학의 진단. 한국심리학회지: 임상, 15(1), 235~
    254.
신권철(2012). 정신질환자의 법적 지위: 배제에서 통합으로. 서울대학교 박사학위
    논문.
신권철(2013). 성년후견제도와 사회복지제도의 연계. 집문당.
신권철·박귀천·김진·홍남희·양승엽(2014). 정신보건법상 입·퇴원제도 개선방안.
    보건복지부.
오생근(1985). 미셸 푸코, 지식과 권력의 해부학자. 외국문학 봄호.
이부영(1994). 일제하 정신과 진료와 그 변천-조선총독부의원의 정신과 진료
    (1913~1928)를 중심으로-. 의사학, 3(2), 147~169.
이명현·강대선(2015). 영국 권리옹호서비스의 자율적 의사결정 지원에 관한 연구:
    의사대변인(IMCA) 제도의 분석과 전망. 한국장애인복지학, 30, 71~96.
이수연(2003). 국가와 의사집단 그리고 전문주의. 사회복지연구, 21(0), 137~160.
이용표(2003). 전통적 정신보건패러다임 비판과 대안 모색. 지역사회정신보건,
    2003년 가을호, 135~159.
이용표(2003). 정신보건센터 법제화의 쟁점과 대안 모색. 상황과 복지, 15, 343~
    364.
이용표(2003). 현장과제를 활용한 정신장애인 사회기술훈련 프로그램의 효과: 역
    량강화와 증상에 관한 훈련효과를 중심으로. 정신건강과 사회복지, 15,
    77~105.

이용표(2017). 정신건강증진및정신질환자복지지원에관한법률 입법과정에 관한 평가와 과제-다중흐름모형의 적용을 중심으로. 한국사회복지교육, 38, 139~161.

이용표(2018). 일본 베델의 집은 정신장애인 대안공동체인가?-사회복지프로그램의 관점을 중심으로. 한국사회복지교육, 42, 57~84.

이용표(2019). 정신장애인의 정신의료기관 입·퇴원관련 의사결정지원제도 비교연구-시범 절차보조서비스를 중심으로. 비판사회정책, 63, 233~273.

이용표·강상경·김이영(2006). 정신보건의 이해와 실천패러다임. 서울: EM 커뮤니티.

이용표·강상경·김용득·박경수·박인환·하경희·김병수·김성용·배진영·송승연·이진의·황해민(2017). 지역사회 정신장애인 현황조사 및 지원체계 연구. 보건복지부

이용표·김도희·김성용·정유석·송승연·배진영·이승훈(2019). 서울시 정신질환자 지역사회지원체계 연구. 서울특별시의회.

이용표·송승연·정유석·박재우·배진영·이은미·이한결·홍승현·김근영(2020). 서울형 정신장애인 커뮤니티케어모형 개발연구. 서울특별시의회.

이용표·박인환(2020). 정신질환자 위기관리체계의 이중구속 상황과 입법과제. 법과 정책연구, 20(1), 31~58.

이용표·배진영(2020). 대안 정신보건프로그램에 관한 연구: 정신장애인 취업활동 증진을 위한 비약물 접근을 중심으로. 직업재활연구, 30(2), 21~52.

이용표·송승연·배진영(2018). 핀란드 오픈다이얼로그에 관한 탐색적 연구. 한국장애인복지학, 40, 291~319.

이용표 등(2017). 정신장애인 주거생활지원센터모형에 대한 당사자평가. 한울정신건강복지재단.

이인정·최해경(2001). 인간행동과 사회환경. 도서출판 나남.

이진의(2017). 정신장애인 '당사자연구' 참여경험에 관한 연구. 가톨릭대학교 석사학위논문.

장영수(2003). 기본권론. 홍문사.

장희정·박준영·구정훈·김인영·김선일·김재진(2006). 가상현실기법을 활용한 사회기술훈련 프로그램: 정신분열병 환자 적용에 관한 예비적 연구. 정신건강과 사회복지, 23, 88~119.

전석균(1991). 정신질환자를 위한 사회기술훈련에 관한 고찰. 한국사회복지학, 17, 67~86.

전석균(1995). 정신분열증 환자의 사회적응을 위한 사회기술훈련 프로그램. 정신건강과 사회복지, 2, 33~50.

정영인·박숙현(2006). 항정신병약물의 개발사. 대한정신약물학회지, 17, 283~290.

제철웅(2018). 지속적 대리권제도의 입법방향. 서울법학, 25(3), 227~267.

조병희(1991). 정신건강문제와 보건정책. 한국사회과학연구, 10, 321~336.

조병희(1995). 국가의 의료통제와 의료의 전문화: 한국의료체계의 갈등구조의 역사적 배경. 한국사회학.

조윤화·이용표·권오용·이선화·이의정·강경화·노수희(2014). 정신장애인 지역사회통합 방안연구. 한국장애인개발원.

하상락 편(1997). 한국사회복지사론. 박영사.

한국재활재단(1996). 한국장애인복지변천사.

홍선미·김도희·김문근·염형국·이용표·이선향·송승연(2016). 정신장애인 지역사회 통합을 위한 해외사례 비교연구 실태조사. 국가인권위원회.

홍선미·김문근·하경희·김수영·김병수(2010). 정신장애인의 지역사회적응을 위한 실태조사: 기초생활보장·주거권을 중심으로. 국가인권위원회.

홍선미·김민석·박남수·전진아·전준희(2020). 화성시 지역사회 통합돌봄(커뮤니티케어) 선도사업 연구.

화성시(2019). 지역사회 통합 돌봄 선도사업 실행계획서.

Aaltonen, J., Seikkula, J., & Lehtinen, K.(2011). The comprehensive open-dialogue approach in western lapland: I. the incidence of non-affective psychosis and prodromal states. Psychosis, 3(3), 179~191.

Alanen, Y. O.(2009). Towards a more humanistic psychiatry: Development of need‐adapted treatment of schizophrenia group psychoses. Psychosis, 1(2), 156~166.

Aldridge, M. A.(2012). Addressing non‐adherence to antipsychotic medication: A harm‐reduction approach. Journal of Psychiatric and Mental Health Nursing, 19(1), 85~96.

Alvarcz Jimcnez, M., O'Donoghue, B., Thompson, A., Gleeson, J. F., Bendall, S., Gonzalez-Blanch, C., ... McGorry, P. D.(2016). Beyond clinical remission in first episode psychosis: Thoughts on antipsychotic maintenance vs. guided discontinuation in the functional recovery era. CNS Drugs, 30(5), 357~368.

Anthony, W. A.(1993). Recovery from mental illness: The guiding vision of the mental heal service system in the 1990s. Psycho Social Rehabilitation Journal, 16(4), 11~23.

Anthony, W. A., Cohen, M., Farkas, M., & Gagne, C.(1998). Psychiatric Rehabilitation. Boston University. 손명자 역, 정신재활, 성원사.

Anthony, W. A., & Lieberman, R. P.(1992). Principles and practice of psychiatric rehabilitation. In R. P. Lieberman(Ed.). Handbook Of Psychiatric Rehabilitation, 1~29. New York: Macmillan, Inc.

APA.(2013). DSM-5. Diagnostic and Statistical Manual of Mental Disorders (5th ed.). Washington DC: American Psychiatric Association.

Bandura, A. & Walters, R.(1963). Social learning and personality development. NY: Holt, Rinehart and Winston.

Beck, A. T.(1976). Cognitive therapy and the emotional disorders. NY: International University Press.

Benas, N., & Hart, M.(2017). Mental Health Emergencies: A First Responder's Guide to Recognizing and Handling Mental Health Crises. Hatherleigh Press.

Bellack, A. S., Mueser, K. T., Gingerich, S., & Agresta, J.(1997). Social Skills Training for Schizophrenia: A Step by Step Guide. New YOR: The Guilford Press.

Bellack, A. S., & Hersen, M.(1979). Research and Practice in Social Skills Training. Springer Science & Business Media.

Berlim, M. T., Fleck, M. P. A., & Shorter, E.(2003). Notes on antipsychiatry. European Archives of Psychiatry and Clinical Neuroscience, 253(2), 61~67.

Bloom, Bernard. L.(1984). Community Mental Health. Monterey, California: Brook/Cole Publishing Company.

Bola, J. R., Lehtinen, K., Cullberg, J., & Ciompi, L.(2009). Psychosocial treatment, antipsychotic postponement, and low‐dose medication strategies in first‐episode psychosis: A review of the literature. Psychosis, 1(1), 4~18.

Boonstra, G., Burger, H., Grobbee, D. E., &Kahn, R. S.(2011). Antipsychotic prophylaxis is needed after remission from a first psychotic episode in schizophrenia patients: Results from an aborted randomised trial. International Journal of Psychiatry in Clinical Practice, 15(2), 128~134.

Bower, G. H. & Hilgard, E. R.(1981). Theories of Learning, Englewood Cliff, NJ: Prentice-Hall.

Bowtell, M., Ratheesh, A., McGorry, P., Killackey, E., & O'Donoghue, B. (2018). Clinical and demographic predictors of continuing remission or relapse following discontinuation of antipsychotic medication after a first episode of psychosis. A systematic review. Schizophrenia Research, 197, 9~18.

Breggin, P.(2013). Psychiatric Drug Withdrawal: A Guide for Prescribers, Therapists, Patients, and Their Families. New York: Springer Publishing Company

Brown, S.(1996). Treating Adult Children of Alcoholics: A Developmental Perspective. NY: Wiley.

Caplan G.(1964). Symptoms of Preventive Psychiatry. New York: Basic Books.

Chen, E. Y., Hui, C. L., Lam, M. M., Chiu, C. P., Law, C. W., Chung, D. W., ... Wong, Y. C.(2010). Maintenance treatment with quetiapine versus discontinuation after one year of treatment in patients with remitted first episode psychosis: Randomised controlled trial. BMJ, 341, c4024.

Ciompi, L.(1994). Affect logic: An integrative model of the psyche and its relations to schizophrenia. The British Journal of Psychiatry, 164(S23), 51~55.

Ciompi, L.(1997). The concept of affect logic: An integrative psycho-socio-biological approach to understanding and treatment of schizophrenia. Psychiatry, 60(2), 158~170.

Ciompi, L.(2014). The key role of emotions in the schizophrenia puzzle. Schizophrenia Bulletin, 41(2), 318~322.

Ciompi, L., Dauwalder, H., Maier, C., Aebi, E., Trütsch, K., Kupper, Z., & Rutishauser, C.(1992). The pilot project 'Soteria Berne'Clinical experiences and results. The British Journal of Psychiatry, 161(S18), 145~153.

Ciompi, L., & Hoffmann, H.(2004). Soteria berne: An innovative milieu therapeutic approach to acute schizophrenia based on the concept of affect-logic. World Psychiatry, 3(3), 140~146.

Ciompi, L.(2017). Soteria Berne: 32 years of experience. Swiss Archives of Neurology, Psychiatry and Psychotherapy, 168(01), 10~13.

Cook, J. A., & Jonikas, J. A.(2002). Self-determination among mental health consumers/survivors: Using lessons from the past to guide the future. Journal of Disability Policy Studies, 13(2), 87~95.

Corrigan, P. W., Schade, M. L., & Liberman, R. P.(1991). Social Skill Training. Handbook of Psychiatric Rehabilitation, 95~126.

Davison, G. C. & Neale, J. M.(1997). Abnormal psychology(7th ed.). New York, NY: John Wiley & Sons, Inc.

De Jonge, P., Huyse, F. J., Stiefel, F. C., Slaets, J. P. J., & Gans, R. O. B.(2001). Intermed -A Clinical Instrument for Biopsychosocial Assessment. Psychosomatics, 42, 106~109.

Deacon, B. J.(2013). The biomedical model of mental disorder: A critical analysis of its validity, utility, and effects on psychotherapy research. Clinical Psychology Review, 33(7), 846~861.

Deegan, P. E.(1988). Recovery: The lived experience of rehabilitation. Psychosocial Rehabilitation Journal, 11(4), 11~19.

Diamond, S.(2013). Reflections on Building Solidarity in Anti-sanist Praxis, in LeFrancois, B.A., Menzies, R.J., Reaume, G.(eds) Mad Matters: A Critical Reader In Canadian Mad Studies. Canadian Scholars Press, Toronto.

Dorsen, A.(2005). Applying the developmental perspective in the psychiatric assessment and diagnosis of persons with intellectual disability. Journal of Intellectual Disability Research, 49, 1~8.

Drake, R. E., Green, A. I., Mueser, K. T., & Goldman, H. H.(2003). The history of community mental health treatment and rehabilitation for person with severe mental illness. Community Mental Health Journal, 39(5), 427~440.

Ellison. M. L.(1996). Empowerment and Demedicalization In Mental Health Case Management. Boston University, Doctor dissertation.

Falloon, I. R., Marshall, G. N., Boyd, J. L., Razani, J., & Wood-Siverio, C.(1983). Relapse in schizophrenia: A review of the concept and its definitions1. Psychological Medicine, 13(3), 469~477.

Faulkner, A.(2017). Survivor research and Mad Studies: The role and value of experiential knowledge in mental health research. Disability & Society, 32(4), 500~520.

Fisher, D. B.(2017). Heartbeats of Hope. Massachusetts National Empowerment Center. 제철웅 외 역, 희망의 심장박동, 한울아카데미.

Frances, A.(2013). Saving normal: An Insider's Revolt Against Out-Of-Control Psychiatric Diagnosis, DSM-5, Big Pharma (1. ed. ed.). New York, NY: William Morrow.

Frankl, V. E.(1977). Trotzdem Ja zum Leben sagen. 이희재 역, 삶의 의미를 찾아서, 아이서브.

Freeman, M.(2005). Human Right: An Interdisciplinary Approach. 김철효 역, 인권 이론과 실천. 아르케.

Freud, S.(1922). Group Psychology And The Analysis Of Ego. London: International Psychoanalytic Press.

Freud, S.(1960). The Ego and the Id. NY: Norton.

Gamwell, L. & Tomes, N.(1995). Madness in America: Cultural And Medical Perspectives Of Mental Illness Before 1914. Ithaca, NY: Cornell University Press.

Gaebel, W., Riesbeck, M., Wölwer, W., Klimke, A., Eickhoff, M., Lemke, M., ... & Schmitt, A.(2011). Relapse prevention in first-episode schizophrenia-maintenance vs intermittent drug treatment with prodrome-based early intervention: Results of a randomized controlled trial within the german research network on schizophrenia. The Journal of Clinical Psychiatry, 72(2), 205~218.

Germain, C. B.(1979). Social Work Practice: People and Environments. NY: Comulbia University Press.

Ghaemi, S. N.(2003). The Concepts of Psychiatry: A Pluralistic Approach to the Mind and Mental Illness. Baltimore: Johns Hopkins University Press.

Gitlin, M., Nuechterlein, K., Subotnik, K. L., Ventura, J., Mintz, J., Fogelson, D. L., ... & Aravagiri, M.(2001). Clinical outcome following neuroleptic discontinuation in patients with remitted recent-onset schizophrenia. American Journal of Psychiatry, 158(11),

1835~1842.

Gleeson, J. F., Alvarez-Jimenez, M., Cotton, S. M., Parker, A. G., & Hetrick, S.(2010). A systematic review of relapse measurement in randomized controlled trials of relapse prevention in first-episode psychosis. Schizophrenia Research, 119(1-3), 79~88.

Goldberg, J. F., & Truman, C. J.(2003). Antidepressant‐induced mania: an overview of current controversies. Bipolar Disorders, 5(6), 407~420.

Gromer, J.(2012). Need-adapted and open-dialogue treatments: Empirically supported psychosocial interventions for schizophrenia and other psychotic disorders. Ethical Human Psychology and Psychiatry, 14(3), 162~177.

Harrow, M., Jobe, T. H., & Faull, R. N.(2012). Do all schizophrenia patients need antipsychotic treatment continuously throughout their lifetime? A 20-year longitudinal study. Psychological Medicine, 42(10), 2145~2155.

Hoeffer, A & Pollin W.(1970). Schizophrenia in the NAS-NRC panel of 15,909 veteran twin pairs. Archives of General Psychiatry, 23(5), 469~477.

Huitt, W. & Hummel, J.(1997). An introduction to classical(respondent) conditioning. Educational Psychology Interactive. Valdosta, GA: Valdosta State University.

Ingram, R.(2008). Mapping "Mad Studies": The birth of an in/discipline. Disability Studies Student Conference, San Jose, CA.

Jacobson, N. & Curtis, L.(2000). Recovery as policy in mental health service: Strategies emerging from the State. Psychiatric Rehabilitation Journal, 23(4), 333~341.

Johnson, J. G., Cohen, P., Dohrenwend, B. P., Link, B. G., & Brook, J. S.(1999). A longitudinal investigation of social causation and social selection processes involved in the association between socioeconomic status and psychiatric disorders. Journal of Abnormal Pychology, 108(3), 490~499.

Joseph, A. J.(2013). Empowering alliances in pursuit of social justice: Social workers supporting psychiatric-survivor movements. Journal of Progressive Human Services, 24(3), 265~288.

Kane, J. M., Rifkin, A., Quitkin, F., Nayak, D., & Ramos-Lorenzi, J.(1982). Fluphenazine vs placebo in patients with remitted, acute first-episode schizophrenia. Archives of General Psychiatry, 39(1), 70~73.

Karls, J. & Wandrei, K.(1994). Person in environment system. Washington DC: NASW Press.

Kessler, R. C., & Merikangas, K. R.(2004). The national comorbidity survey replication(NCS‐R): Background and aims. International Journal of Methods in Psychiatric Research, 13(2), 60~68.

LeFrancois, B.A., Menzies, R.J., & Reaume, G.(eds) Mad Matters: A Critical Reader In Canadian Mad Studies. Canadian Scholars' Press, Toronto.

Liegghio, M.(2013). A Denial of Being: Psychiatrization as Epistemic Violence, in Menzies, R., LeFrançois, B., Reaume, G. 2013. 'Introducing Mad Studies' in LeFrancois, B.A., Menzies, R.J., Reaume, G.(eds) Mad Matters: A Critical Reader In Canadian Mad Studies. Canadian Scholars' Press, Toronto.

Lakeman, R.(2014). The finnish open dialogue approach to crisis intervention in psychosis: A review. Psychotherapy in Australia, 20(3), 28~35.

Liberman, R. P.(Ed.). (1988). Psychiatric rehabilitation of chronic mental patients. American Psychiatric Pub.

Liberman, R. P., Mueser, K. T., & Mosk, M.(1989). Social Skill Training for Chronic Mental Patient, Hospital and Community Psychiatry, 36(4), 396~403.

Link, B.G. & Phelan, J.(1995). Social conditions as fundamental causes of disease. Journal of Health and Social Behavior, Spec. Iss, 80~94.

Maslow, A.(1970). Motivation and Personality. NY: Harper & Row.

McCreadie, R. G., Wiles, D., Grant, S., Crockett, G. T., Mahmood, Z., ... & Kershaw, P. W.(1989). The scottish first episode schizophrenia study: VII. two-year follow-up. Acta Psychiatrica Scandinavica, 80(6), 597~602.

Mendel, W. M.(1967). Brief hospitalization techniques. In Masserman, J.(Ed.) Current psychiatric therapies. New York, Grune & Stratton.

Mezzich, J. E. & Cotrman, G. A.(1985). Factors influencing length of hospital stay. Hosp Comm Psychiatry, 36, 1262~1270.

Moncrieff, J.(2011). Questioning the 'neuroprotective'hypothesis: Does drug treatment prevent brain damage in early psychosis or schizophrenia? The British Journal of Psychiatry, 198(2), 85~87.

Moncrieff, J., Crellin, N. E., Long, M. A., Cooper, R. E., & Stockmann, T.(2019). Definitions of relapse in trials comparing antipsychotic maintenance with discontinuation or reduction for schizophrenia spectrum disorders: a systematic review. Schizophrenia Research, Schizophrenia Research, 225, 47~54.

Morgan, C., Lappin, J., Heslin, M., Donoghue, K., Lomas, B., Reininghaus, U., ... & Murray, R. M.(2014). Reappraising the long-term course and outcome of psychotic disorders: The AESOP-10 study. Psychological Medicine, 44(13), 2713~2726.

Morrison, R. L., & Bellack, A. S.(1984). Social skills training. In A. S. Bellack(Ed.), Schizophrenia: Treatment, management, and rehabilitation. Orlando: Grune and Stratton.

Mosher, L. R., & Bola, J. R.(2004). Soteria-california and its american successors: Therapeutic ingredients. Ethical Human Psychology and Psychiatry, 6, 7~24.

Mosher, L. R., & Menn, A.(1979). Soteria: An alternative to hospitalization for schizophrenia. New Directions for Mental Health Services, 1979(1), 73~84.

Minkowiz. T.(2006). 정신 의학의 유저 및 서바이버(정신장애인)의 권리에 대한 관점 및 방향 모색. 국제장애인권리조약초청강연집.

Murray, R. M.(2017). Mistakes I have made in my research career. Schizophrenia Bulletin, 43(2), 253~256..

NAMI.(2018). Navigating a Mental Health Crisis.

NASW.(1999). 사회복지대백과사전. 이문국·이용표 외 역. 나눔의집 출판사

Newman, B., & Newman, P. R.(1987). Development Through Life: A Psychosocial Approach. IL: Dorsey Press.

Peursen. C. A.(1978). Body, Soul, Spirit. 손봉호·강영안 역, 몸, 영혼, 정신. 서광사.

Piaget, J.(1965). The Moral Judgement Of The Child. NY: Free Press.

Priestley, M.(1998). Constructions and Creations: Idealism, Materialism and Disability theory. Disability and Society, 13(1), 75~94.

Räkköläinen, V., Lehtinen, K., & Alanen, Y. O.(1991). Need-adapted treatment of schizophrenic processes: The essential role of family-centered therapy meetings. Contemporary Family Therapy, 13(6), 573~582.

Rogers, C.(1951). Client-centered Therapy. NY: Houghton Mifflin.

Sadler, J. Z.(2005). Values and Psychiatric Diagnosis. Oxford: Oxford University Press.

SAMHSA.(2009). Practice Guidelines: Core Elements for Responding to Mental Health Crisis.

SAMHSA.(2014). Crisis Services: Effectiveness, Cost-Effectiveness, and Funding Strategies.

Schulz, D. & Schulz, S. E.(1998). Theories of Personality(6th ed.). CA: Brook/Cole Publishing Company.

Scull, A.(2016). Madness in Civilization. 김미선 역, 광기와 문명, 뿌리와 이파리.

Seikkula, J.(2003). Open dialogue integrates individual and systemic approaches in serious psychiatric crises. Smith College Studies in Social Work, 73(2), 227~245.

Seikkula, J., Aaltonen, J., Alakare, B., Haarakangas, K., Keränen, J., &Lehtinen, K.(2006). Five-year experience of first-episode nonaffective psychosis in open-dialogue approach: Treatment principles, follow-up outcomes, and two case studies. Psychotherapy Research, 16(2), 214~228.

Seikkula. J., & Alakare. B. (2007). Open Dialogues. In P. Stastny et al., (Eds.), Alternatives beyond Psychiatry. Peter Lehmann Pub.

Seikkula, J., &Olson, M. E.(2003). The open dialogue approach to acute psychosis: Its poetics and micropolitics. Family Process, 42(3), 403~418.

Shorter, E.(1998). A History Of Psychiatry: From The Era Of The Asylum To The Age Of Prozac. New York, NY: John Wilcy & Sons, Inc.

Skinner, B. F.(1953). Science and Human Behavior. New York: Macmillan.

Skinner, B. F.(1954). The science of learning and the art of teaching.

Harvard Educational Review, 24(2), 86~97.

Skinner, B. F.(1957). Verbal Learning. New York: Appleton-Century-Crofts.

Skinner, B. F.(1968). The Technology of Teaching. New York: Appleton-Century-Crofts.

Spandler, H., & Calton, T.(2009). Psychosis and human rights: Conflicts in mental health policy and practice. Social Policy and Society, 8(2), 245~256.

Turner, H.(1997). Adult Psychopathology and Diagnosis. New York: John Wiley & Sons Inc.

University of Hawaii(UH).(2020). What is the difference between a mental health emergency and a mental health crisis? Retrieved from https://www.honolulu.hawaii.edu.

Ventura, E.(2017). Casebook for DSM-5: Diagnosis and Treatment Planning. New York: Springer Publishing Company.

Wakefield, J. C.(1992). The Concept of Mental Disorder: On the Boundary Between Biological Facts and Social Values. American Psychologist, 47(3), 373~388.

Whitaker, R.(2001). Mad In America: Bad Science, Bad Medicine, and The Enduring Mistreatment of The Mentally Ill Basic Books.

Whitaker, R.(2010). Anatomy of An Epidemic: Magic Bullets, Psychiatric Drugs, And The Astonishing Rise Of Mental Illness In America. New York, NY, US.

Wils, R. S., Gotfredsen, D. R., Hjorthøj, C., Austin, S. F., Albert, N., Secher, R. G., ... & Nordentoft, M.(2017). Antipsychotic medication and remission of psychotic symptoms 10 years after a first-episode psychosis. Schizophrenia Research, 182, 42~48.

Wright, J. H., Basco, M. R., & Thase, M. E.(2006) 『Learning Cognitive-Behavior Therapy』. 김정민 역(2009), 『인지행동치료』, 학지사.

Wolfensberger, W., Nirje, B., Olshansky, S., Perske, R. & Roos, P.(1972). Principle of Normalization In Human Services. 김용득 역, 사회복지서비스와 정상화이론. 나눔의집.

Wunderink, L., Nieboer, R. M., Wiersma, D., Sytema, S., & Nienhuis, F. J.(2013). Recovery in remitted first-episode psychosis at 7 years of follow-up of an early dose reduction/discontinuation or maintenance treatment strategy: Long-term follow-up of a 2-year randomized clinical trial. JAMA Psychiatry, 70(9), 913~920.

Wunderink, L., Nienhuis, F. J., Sytema, S., Slooff, C. J., Knegtering, R., & Wiersma, D.(2007). Guided discontinuation versus maintenance treatment in remitted first-episode psychosis: Relapse rates and functional outcome. Journal of Clinical Psychiatry, 68(5), 654~661.

朝鮮總督府醫院(1914). 朝鮮總督府醫院 第3回 年報. 474~475.

杉野博昭(2007). 障害学－理論形成と射程. 東京大学出版会.

向谷地生良(2009) 技法以前. 医学書院.

佐藤絵美·向谷地生良(2006). 認知行動療法、べてる式. 医学書院.

斉藤道雄(2002). 悩む力 べてるの家の人びと. みすず書房. 송태욱 역(2006), 지금 이대로도 괜찮아, 삼인.

浦河べてるの家(2002). べてるの家の「非」援助論. 医学書院. 송태욱 역(2008), 베델의 집 사람들, 궁리.

浦河べてるの家(2005). べてるの家の当事者研究. 医学書院.

石原孝二 編(2013). 当事者研究の研究. 医学書院.

石原孝二·稲原美苗(2013). 共生のための障害の哲学: 身体語り共同性をめぐって.

べてる しあわせ研究所(2009). レッツ！当事者研究1. 地域精神保健福祉機構·コンポ.

べてる しあわせ研究所(2011). レッツ！当事者研究2. 地域精神保健福祉機構·コンポ.

411

찾아보기

강박 및 관련 장애 137
강박장애 138
강제입원 289
강화 244
결격조항 275, 276, 277, 288
경도 신경인지장애 149
고생 250
고생 되찾기 347
고생의 패턴 251, 254, 357, 360, 362, 363
고지된 동의 266, 270, 273
공공후견 286, 287
공병 증상 173
공황장애 133
과제 245
과학습 248
광기 17, 18, 39, 184, 185, 192, 196, 197, 217, 218
광인들의 배 15
광장공포증 134
군주권 263
《국제 질병 분류》 117
군주권 263
권익옹호 201, 202, 203, 205, 234, 235, 236, 237, 279, 282, 287, 288, 398

권익옹호의 유형 282
근대화론적 시각 13
급성기 290
기능력 200, 204, 205, 210, 219, 225, 227, 229, 230
기본권 263, 264, 276, 277

내려가는 삶 347, 348
노인의료급여 39
노화 146

다차원에 대한 통합적 진단 175
단기정신병적 장애 128
당사자 9, 10, 21, 28, 29, 30, 33, 38, 57, 58, 75, 76, 77, 78, 91, 117, 151, 152, 180, 184, 186, 187, 188, 190, 195, 196, 197, 200, 203, 205, 206, 208, 209, 210, 211, 213, 215, 216, 217, 220, 222, 225, 228, 232, 233, 234, 235, 238, 243, 249, 250,

251, 253, 271, 273, 274, 275,
279, 280, 281, 284, 285, 286,
289, 291, 293, 294, 295, 298,
300, 301, 302, 303, 304, 306,
307, 310, 316, 317, 320, 321,
322, 323, 324, 325, 334, 335,
336, 337, 338, 339, 340, 341,
342, 343, 344, 345, 346, 347,
348, 349, 351, 352, 353, 355,
356, 357, 358, 359, 360, 362,
363, 364, 367, 368, 369, 370,
372, 373, 396
당사자관점의 회복 210, 216, 218,
229
당사자연구 250, 251, 252, 253, 254,
256, 257, 258, 259, 344, 345,
346, 350, 351, 352, 353, 354,
356, 357, 358, 359, 362, 363,
364, 365, 366, 367, 368, 369,
370, 371, 372, 373, 400
당사자운동 29, 30, 31, 32, 180,
346, 355
대안성 335
대안적 공동체 370
대안정신보건 312, 344, 345
대안정신보건프로그램 312, 339
도덕치료 18, 21, 22, 29, 38

로렌 모셔 326

매드스터디(Mad studies) 184
몸과 영혼의 이원론 179
무력감 300
무의식 결정론적 관점 95
문제해결모형 249
물질 관련 및 중독장애 145
미국정신의학회 315

반정신의학 30, 184, 185, 189, 190,
191, 195, 196, 197, 198, 371
발달론적 관점 156, 160, 161
발달론적 관점 156, 160, 161
베델의 집 250, 252, 344, 345, 346,
347, 348, 350, 367, 371, 372,
400, 411
보충적 소득보장 39
보편성 263, 351, 371
불가침성 263
보호의무자에 의한 입원 53, 61, 64,
76, 77, 272, 298
부랑인시설 34, 42, 47, 49, 50, 51, 55
불가침성 263
불안 132
불안장애 132
비원조의 원조 348, 372
비자의입원 61, 68, 79, 237, 269,
271, 272, 273, 285, 290, 298,

310, 398
빈민구조사업 44

사람-중심 301
사례관리 151
사정(assessment) 152
사정의 영역 162
사회기술 200, 219, 224, 225, 227,
　　228, 229, 231, 232, 239, 240,
　　241, 242, 243, 245, 247, 248,
　　249, 252, 255, 257
사회기술훈련 9, 222, 228, 231, 239,
　　240, 241, 242, 243, 244, 245,
　　247, 250, 251, 252, 352, 391,
　　398, 400, 401
사회도피증후군 22, 38, 376
사회보장 수급권 274, 288
사회복귀지원체계 234, 235
사회선택(social selection) 이론 110
사회원인(social causation) 이론 110
사회적 관계망 321
사회적 돌봄 374, 376, 399
사회학습이론 242
사회행동모형 247
생물학적 관점 112
생물학적 정신의학 313
생애사 168
생존자 31, 32, 186, 197, 198, 217,
　　370

생화학적 구속 20
선택 25, 26, 28, 32, 33, 68, 210,
　　216, 234, 243, 249, 253, 256,
　　269, 280, 281, 285, 306, 324,
　　331, 334, 337, 343, 354, 366,
　　386, 396
성인불구시설 47, 48, 49, 50, 67
세계인권선언 262, 263
소비자 31, 32, 186, 189, 217, 370
소테리아 326
소테리아 베른 329
소테리아 캘리포니아 327
수용시설 16, 34, 35, 37, 48, 78
시범 245
시설수용 34, 36, 37, 38, 40, 41, 42
신경발달장애 120
신경이완제 악성 신드롬 182
신경인지장애 146
신경전달물질 112, 113, 127, 181,
　　315, 340
신체적 측면의 사정 164
신체·심리·사회적 사정 151
심리사회생물학적 모델 331
심리사회적 및 환경적 요인에 대한
　　사정 167
심리학적 관점 94

안전감 301
약물치료 43, 203, 205, 219, 222,

223, 224, 230, 266, 273, 297, 316, 317, 321, 322, 327, 328, 335, 342, 345, 346

양극성 장애 및 관련 장애들 129

양성증상 127, 180, 182

언어의 전복 369

역할시연 244

오픈다이얼로그 319

외상 및 스트레스 관련 장애 139

외상후 스트레스 장애 140

욕구계층이론 107

욕구맞춤접근 319

우울장애 129, 132

원시적 질병관 14, 42

위기 289

위기개입 27, 201, 202, 301, 304, 388, 392

위기지원 289

유엔(UN)장애인권리협약 266, 269, 278, 281, 396

의료모델 9, 91, 199, 200, 201, 203, 204, 209, 218

의료화 189, 194, 195, 313

의사결정지원 237, 279, 280, 281, 282

의학적 치료모델 312

이전환자 217, 370

인간중심이론 105

인권개념 262, 263

인본주의 이론 105

인슐린쇼크 30, 180

인지이론 108

일반화 248

임상적 특성 사정 163

자기개념 292

자기결정 31, 190, 206, 207, 210, 233, 234, 270, 273, 274, 277, 278, 281, 355, 378, 396

자기결정권 210, 218, 270, 274, 275, 278, 285, 368, 395

자기를 돕는 방법 250

자기병명 250, 251, 253, 254, 258, 357, 359, 360, 370, 371

자기옹호활동 371

자의입원 53, 60, 61, 64, 271, 283, 285, 286, 298

자타해위험 290

자폐스펙트럼장애 122

장기입원 유인구조 75, 76, 77, 78

재발 292

재원 적절성 37

저항과 순응 273

전기충격치료 30, 31, 180

전두엽절제술 180, 313

전문가관점에서 회복 210

절차보조 271, 285

접근성 80, 267, 278, 394

정동장애 129

정동장애의 증상과 진단기준 130

정보처리 단계 249

정서-논리 329

정서적 심폐소생술 211, 213, 214, 215, 216

정신건강복지법 9, 58, 59, 62, 64,

65, 66, 69, 71, 73, 75, 76, 77, 78, 83, 84, 91, 271, 272, 273, 275, 278, 285, 286, 287, 288, 290, 310, 375, 376
정신건강복지센터 67
정신건강전문요원 72, 73, 74, 75, 238, 271, 286, 287
정신건강증진법 8, 63
정신과적 응급 290
정신보건법 8, 34, 42, 50, 51, 52, 54, 56, 58, 59, 60, 61, 62, 63, 64, 65, 67, 72, 73, 74, 76, 77, 79, 80, 83, 87, 90, 91, 272, 283, 399
정신보건복지 전달체계 강화모델 388, 390
정신보건의 역사 12, 13, 16
정신분석 19, 97, 98, 191
정신분석이론 95
정신약물 20, 25, 39, 180, 182, 183, 219, 223, 225, 230, 231, 266, 314, 315, 316, 317, 333, 342, 343, 350
정신역동 319
정신요양시설 37, 47, 50, 51, 52, 54, 55, 56, 61, 67, 68, 70, 72, 78, 86, 222, 274, 285, 286, 287, 375, 384, 387, 388, 389
정신장애 92
정신장애 진단분류 116
정신장애의 본질 203, 338, 339, 340, 344
정신장애인복지지원법 63

정신장애인의 보호와 정신보건 의료 향상의 원칙(MI원칙) 264
《정신장애 진단 통계 편람》 117
정신재활 9, 200, 210, 219, 220, 222, 226, 227, 228, 229, 230, 231, 232, 238, 402
정신재활과 치료 230
정신재활의 기본원리 227
정신적 역량과 능력 277
정신활성물질 사용장애 145
정체성 186, 189, 216, 217, 218, 315, 333, 369, 370
제1형 양극성 장애 132
제2형 양극성 장애 132
조선총독부의원 43, 44, 399
조증과 경조증 131
조합주의적 전문주의 41
조현병 65, 66, 67, 98, 116, 118, 119, 126, 127, 128, 129, 163, 181, 193, 211, 283, 312, 314, 320, 321, 327, 329, 331, 332, 333, 349, 350, 360, 375
조현병 스펙트럼 장애 126
조현형양상장애 128
주거복지강화모델 391
주립정신병원운동 20, 22
주요 신경인지장애 148
주요 우울증상 130
주의력결핍 과잉행동장애 124
주의집중모형 249
지배이데올로기 13, 40
지역사회 재배치 모델 388, 389
지역사회생존권연대 9, 62

지역사회정신보건   22, 23, 26, 27,
    58, 90, 150, 200, 219, 398, 399
지역사회지원체계   199, 201, 202, 400
지역케어회의   382, 385, 386, 387,
    389, 390, 394
지연성 운동장애   182
지적장애   120
진단분류   119
집단지지체계   340
집중사례관리   388, 392
짧은 혼란   292

천부성   263
체계이론   156
체계이론적 관점   156
체계적 관점   112
총체적 기능에 대한 사정   169
추적조사   317
치료매개체   340
치료회의   320
치매   147

클로르프로마진   180, 182, 3143

탈사회화   345
탈시설   25, 39, 56, 69, 375, 379,
    384
탈원화   27, 39, 40, 63, 80, 84, 91,
    199, 200, 201, 309
통합적 접근   114
트라우마   301
특수치료   269, 272, 273

폭정   262
피드백   244

항구성   263
항우울제   183, 314
항정신병약물   20, 25, 30, 39, 40,
    56, 181, 182, 183, 278, 314,
    319, 326, 401
행동조성   248
행동주의   241
행동주의이론   100
행려병인구호소   45
행정입원   61, 64, 271, 298

헨리 코튼 313
화학적 불균형 315
환경 결정론 100
환경속의 인간 112
환청 180, 204, 257, 359, 364, 366,
    369, 371
회복의 기본 원리 206
회복정책 204, 207, 208, 210, 232,
    233, 234
회복패러다임 9, 74, 199, 238

GAF 171

ICD 117
ICF 171

being with 327

DSM 117, 315
DSM-5 118, 119, 155
DSM-5 Case Book 150
DSM-IV 118

PIE 117
PIE 체계 153

SST 250

인권과 대안을 위한 정신건강사회복지론

초판1쇄 인쇄 2021년 2월 23일 / 초판1쇄 발행 2021년 2월 23일
개 정 판 인쇄 2022년 1월 3일 / 개 정 판 발행 2021년 1월 3일

펴낸곳 | EM실천
주 소 | 서울시 금천구 서부샛길 648 대륭테크노타운 6차 1004호
전 화 | 02)875-9744
팩 스 | 02)875-9965
e-mail | em21c@hanmail.net

ISBN 979-11-960753-9-2   03000